烟叶风格定位及基地建设技术

以文山州烟区为例

YANYE FENGGE DINGWEI JI JIDI JIANSHE JISHU
YI WENSHAN ZHOU YAN QU WEI LI

张一扬　谭智勇　李鹏飞 ◎著

吉林大学出版社
JILIN UNIVERSITY PRESS

图书在版编目（CIP）数据

烟叶风格定位及基地建设技术：以文山州烟区为例 / 张一扬，谭智勇，李鹏飞著. —长春：吉林大学出版社，2019. 6

ISBN 978-7-5692-5382-5

Ⅰ. ①烟… Ⅱ. ①张… ②谭… ③李… Ⅲ. ①烟叶 - 原料 - 生产基地建设 - 研究 - 文山壮族苗族自治州 Ⅳ. ①F426.89

中国版本图书馆CIP数据核字（2019）第183317号

书　　名　烟叶风格定位及基地建设技术——以文山州烟区为例
　　　　　YANYE FENGGE DINGWEI JI JIDI JIANSHE JISHU——YI WENSHAN ZHOU YAN QU WEI LI

作　　者　张一扬　谭智勇　李鹏飞　著
策划编辑　刘明明
责任编辑　高欣宇
责任校对　张文涛
装帧设计　中尚图
出版发行　吉林大学出版社
社　　址　长春市人民大街4059号
邮政编码　130021
发行电话　0431-89580028/29/21
网　　址　http：//www.jlup.com.cn
电子邮箱　jdcbs@jlu.edu.cn
印　　刷　河北盛世彩捷印刷有限公司
开　　本　710mm×1000mm　1/16
印　　张　24
字　　数　400千字
版　　次　2019年11月　第1版
印　　次　2019年11月　第1次
书　　号　ISBN 978-7-5692-5382-5
定　　价　89.00元

目录

Contents

第一部分　烟叶风格定位及与生态环境的关系

第二部分　高端品牌基地单元建设与开发

第三部分　基地单元建设生产技术体系

第一部分

烟叶风格定位及与生态环境的关系

第一章　烟区生态条件与烟叶质量风格特征研究

第一节　植烟土壤主要养分分析与评价

文山壮族苗族自治州（以下简称：文山州）地处云南省东南部，北回归线横穿全境，东与广西壮族自治区百色市接壤，南与越南社会主义共和国接界，西与红河哈尼族彝族自治州毗邻，北与曲靖市相连。东西横距255km，南北纵距190km，土地面积31 456km^2。其中：山区和半山区占总土地面积的97.0%，2007年人口密度为108人 / km^2，国境线长438km，距省会昆明市356km。

1. 文山州土壤条件

1.1 土地和土壤资源条件

文山州国土面积3.145 6×10^4km^2，折合4 718.4万亩（1亩≈667m^2），根据云南省国土资源厅2003年详查数据和《基于GIS的云南烤烟种植区划研究》结果（见表1-1-1、表1-1-2），全州共有耕地951万亩，占全省总面积的10.25%，其中，适宜以上的耕地782.2万亩，涉及全州8个县（市）99个乡镇，占耕地总面积的82.3%，除保证粮食生产及其他经济作物正常生产外，年均可种植烤烟150万亩以上，发展潜力巨大。烤烟发展潜力较大的县（市）有文山、砚山、丘北和广南，其次为马关、麻栗坡、西畴和富宁。

表1-1-1　文山州耕地面积表

县（市）名	全州	文山	砚山	西畴	麻栗坡	马关	丘北	广南	富宁
面积（万亩）	951	121.5	160	39.2	60.6	134.3	143.5	188	103.9

表1-1-2 文山州烤烟适宜种植区域分布

县（市）名称	耕地面积（万亩）	适宜以上的耕地面积（万亩）	适宜以上的耕地面积占耕地总面积的百分比（%）
合计	951	782.2	82.3
砚山	160	156.4	97.8
广南	188.0	163.7	87.1
丘北	143.5	140	97.6
文山	121.5	120	98.8
马关	134.3	76.9	57.3
西畴	39.2	36.8	93.9
富宁	103.9	57.8	55.6
麻栗坡	60.6	30.6	50.5

全州共有500亩以上耕地面积的坝子166个，其中1 000亩耕地以上的坝子共85个，占总耕地面积的24.34%；山地（含梯田）、山间1 000亩以下盆地占总耕地面积的75.66%。在85个1 000亩以上耕地的坝子中，10 000亩以上的有16个，5 000～10 000亩的12个，2 000～5 000亩的有29个，1 000～2 000亩的有28个。10 000亩以上的坝子占全州面积的1.35%，占总耕地面积的19.2%。耕地主要分布有红壤、黄棕壤、紫色土、石灰岩土和水稻土等5个土类、8个亚类、15个土属以及45个土种。

2. 文山州植烟土壤主要养分分析

土壤是一种具有生产力、生命力、环境净化力的物质，是烟草生长的介质，也是烟草赖以生存和生长的根本，它含有植物生长必需的营养元素、水分等适宜条件。适宜的土壤环境是生产优质烟叶的基础，也是烟叶生产可持续发展的先决条件。优质烟叶的生产与土壤的养分状况有着密切的联系。植烟土壤养分含量是评价植烟土壤肥力的重要标志，也是烟草栽培与营养调控的依据，其丰缺状况和供应强度直接影响烟草生长发育的营养水平，进而影响烟叶的产量和质量。

2.1 植烟土壤pH分析

2.1.1 土壤pH状况

植烟土壤pH是影响烤烟生产的一个重要土壤因素。土壤pH的高低，不仅会影响烤烟对养分的吸收、土壤养分的有效性及土壤微生物的分布，还直接影响烤烟的生长及产量、质量。烤烟对土壤酸碱度的适应性极强，在pH为3.5～9.0的土壤中均能生长并完成生命周期，但在碱性土壤条件下难以获得内在品质优良的烟叶，pH处于4.5～7.5之间适宜烤烟的正常生长。优质烟叶对植烟pH范围有一定要求，世界各国推荐的最适宜烤烟生长的土壤pH为5.5～6.5，即微酸性土壤最有利于烤烟生长，其品质最好。文山州植烟土壤pH变幅为4.68～8.01，平均值为6.23，变异系数为0.138，为弱变异。由图1-1-1可知，文山土壤pH处于适宜范围内（4.5～7.5）的样本占88.03%，处于最适宜范围内（5.5～6.5）的样本占42.25%，“酸性”的样本占21.13%，“微碱性”和“碱性”和样本分别占24.65%和11.97%，无“强酸性”（<4.5）和“强碱性”（>8.5）的样本。

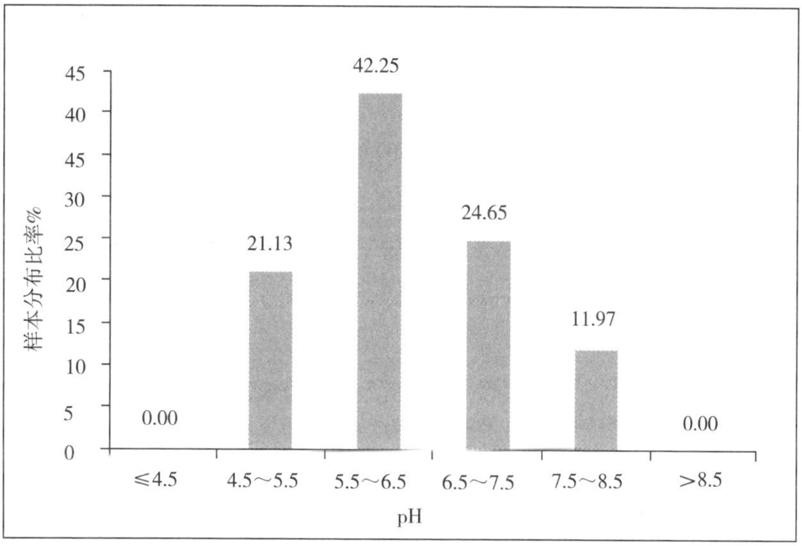

图1-1-1 文山植烟土壤pH分布比率

2.1.2 植烟土壤pH地区差异

由图1-1-2可知，7个县市植烟土壤pH平均值在5.77～6.75之间，按从高到低依次为：广南县、西畴县、麻栗坡县、文山市、砚山县、丘北县、马关县，其中，广南县土壤pH偏高，其他县市都在适宜范围内。7个县市植烟土壤pH适宜样本比例在15.00%～52.17%，按从低到高依次为：广南县、麻栗坡县、马关县、砚山县、西畴县、丘北县、文山市。

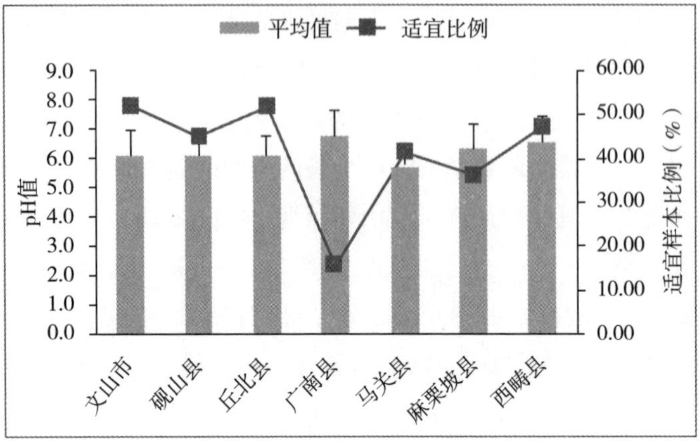

图1-1-2 不同县市植烟土壤pH含量

2.1.3 植烟土壤pH空间分布

文山州植烟土壤pH以5.5～6.5为主要分布面积，pH在5.5以下及7.0以上的分布面积都较少。在广南县中北部、文山市东南部和马关县东北部等地各有一个高值区，在砚山县西部有一个低值区。文山州大部分地区植烟土壤为弱酸性，能满足优质烟叶生产的土壤酸碱度条件。

2.2 植烟土壤有机质含量分析

2.2.1 土壤有机质含量状况

有机质是土壤肥力的重要指标，它关系到土壤的结构、耕性、保肥、供肥特性以及生产性能。植烟土壤有机质对烟草品质的影响主要是通过对土壤供氮能力的影响来实现的。在一定范围内，土壤有机质含量愈高，土壤养分含量也愈高，肥力状况愈好，能生产出品质较好的烟叶。但土壤有机质含量过高，烟叶后期贪青晚熟，不容易正常落黄，甚至产生“黑暴烟”。合适的有机质含量是生产优质烟叶的一个非常重要的指标，有机质过高或过低都不利于烟草的正常生长发育，对烟叶质量也有不利影响。一般土壤有机质在20.0～40.0 g/kg 之间比较适合烤烟生产。文山州植烟土壤有机质含量变幅为10.6～57.3 g/kg，平均含量为27.22 g/kg，变异系数为0.298。由图1-1-3可知，文山土壤有机质处于适宜含量范围内（20.0～40.0 g/kg）的样本占77.47%，“很低”（<10.0 g/kg）和“低”（10.0～20.0 g/kg）的样本分别占0.00%、16.90%，“中等”（20.0～30.0 g/kg）、“高”（30.0～40.0 g/kg）和“很高”（>40.0 g/kg）的样本分别占52.82%、24.65%和5.63%。

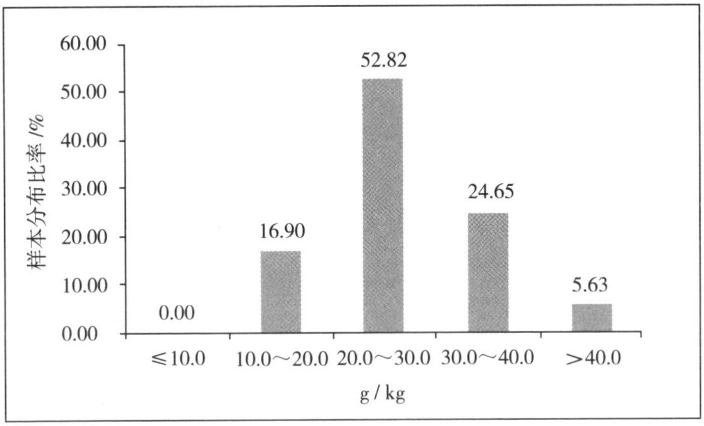

图1-1-3　文山植烟土壤有机质分布比率

2.2.2　植烟土壤有机质含量地区差异

由图1-1-4可知，7个县市植烟土壤有机质平均值在21.6～33.0 g/kg之间，按从高到低依次为：西畴县、丘北县、麻栗坡县、马关县、文山市、砚山县、广南县，7个县市土壤有机质均值在适宜范围内。7个县市植烟土壤有机质适宜样本比例在45.00%～92.86%之间，除广南县外，其他县市植烟土壤有机质适宜样本比例都较大。

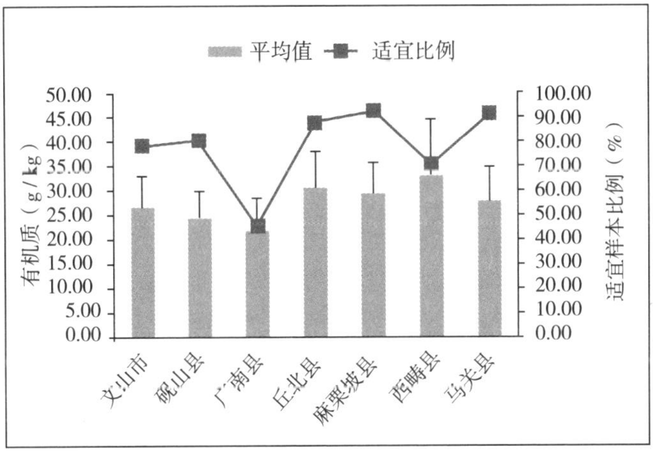

图1-1-4　不同县市植烟土壤有机质含量

2.2.3 植烟土壤有机质含量空间分布

文山州植烟土壤有机质含量以20～25 g/kg和25～30 g/kg为主要分布面积，在30～35 g/kg范围内也有一定分布面积。在广南县的中部等地有一个低值区域，在西畴县的中部和马关县西部等地有一小片高值区域。文山州植烟土壤有机质含量为较丰富状态。

2.3 土壤碱解氮含量分析

2.3.1 植烟土壤碱解氮含量状况

氮素营养对烤烟产量、化学成分及品质的影响最为重要，全氮含量只能反映出土壤潜在肥力的高低，但还不足以完全反映土壤供给烟株氮素养分的能力，而碱解氮是土壤有效氮的一个常用指标，是土壤速效氮供应水平的主要评价依据。氮素在烟草植株生长发育过程中起着重要作用，特别是对烟草产量、品质影响最大，可直接影响烟叶内化学成分的积累。一般来说，在适宜的氮、磷、钾营养水平下，随着氮素含量的增高，烟叶产量和品质也随之相应提高。当超过一定限度时，过量的氮使烟叶成熟推迟，干物质减少，含水量增大，烘烤时变黄脱水困难，导致产量和品质下降，特别是烟碱含量过高，会影响烟叶的可用性。植烟土壤中适量的氮含量是优质烤烟生产的前提，一般碱解氮含量大于60 mg/kg有利于烤烟的生长。植烟土壤中的碱解氮含量受降雨量、海拔高度、土壤质地、气温和施肥等众多因素的影响，可作为当季烟草推荐施氮的参考指标。文山州植烟土壤碱解氮含量变幅为40.6～216.6 mg/kg，平均含量为116.75 mg/kg，变异系数为0.277。由图1-1-5可知，文山土壤碱解氮处于适宜含量范围内（60～120 mg/kg）的样本占61.97%，“很低”（≤30 mg/kg）和“低”（30～60 mg/kg）的样本分别占0.00%和1.41%，“高”（120～150 mg/kg）和“很高”（>150 mg/kg）的样本分别占23.24和13.38%。

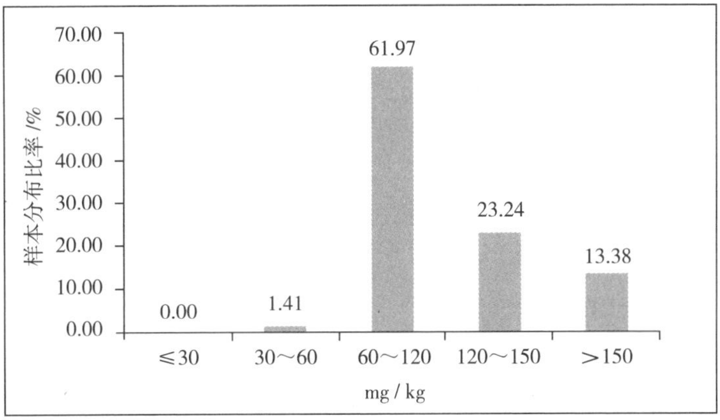

图1-1-5　文山植烟土壤碱解氮分布比率

2.3.2　植烟土壤碱解氮含量地区差异

由图1-1-6可知，7个县市植烟土壤碱解氮含量平均值在94.78～145.8 mg/kg之间，按从高到低依次为：西畴县、马关县、麻栗坡县、丘北县、砚山县、文山市、广南县。其中，西畴县植烟土壤碱解氮含量略微偏高。7个县市植烟土壤碱解氮含量适宜样本比例在17.65%～90.00%之间，县市之间差异较大，按从低到高依次为：西畴县、麻栗坡县、马关县、丘北县、砚山县、文山市、广南县。

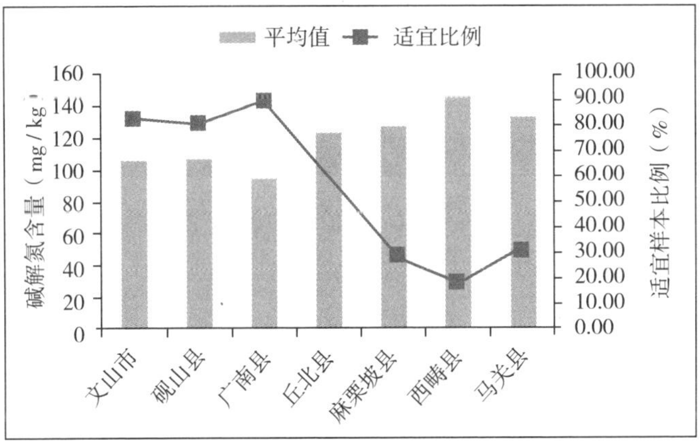

图1-1-6　不同县市植烟土壤碱解氮含量

2.3.3 植烟土壤碱解氮含量空间分布

文山州植烟土壤碱解氮含量总体上呈现南高北低的分布趋势，以90～120 mg/kg和120～150 mg/kg为主要分布面积，碱解氮含量在60 mg/kg以下和180 mg/kg以上的分布面积很少。在西畴县的中部、马关县的西部和麻栗坡县东南部有一个高值区，在广南县的北部有一个低值区。文山州植烟土壤碱解氮含量为丰富状态。

2.4 土壤速效磷含量分析

2.4.1 植烟土壤速效磷含量状况

土壤全磷包括土壤速效磷和迟效磷，速效磷只占土壤全磷的很小一部分，且土壤速效磷与全磷无明显的相关性，所以土壤全磷含量只能作为土壤磷素库容水平的一个指标，不能作为评价土壤肥力的依据，土壤中的速效磷含量常作为土壤磷素有效供应指标。磷素不足时，烟株的正常生长发育受到影响，烟叶香吃味下降；而磷素过多时，烟株生长浓绿，烤后叶片过厚发脆、油分差、僵硬。植烟土壤速效磷含量对烤烟生长非常重要，一般速效磷含量大于10 mg/kg时比较适宜烤烟的生长。文山州植烟土壤速效磷含量变幅为0.8～81.0 mg/kg，平均含量为20.83 mg/kg，变异系数为0.695。由图1-1-7可知，文山土壤速效磷处于适宜含量范围内（15～30 mg/kg）的样本占46.48%，“很低”（≤5 mg/kg）和“低”（5～15 mg/kg）的样本分别占4.93%和31.69%，“高”（30～40 mg/kg）和“很高”（>40 mg/kg）的样本分别占7.04%和9.86%。

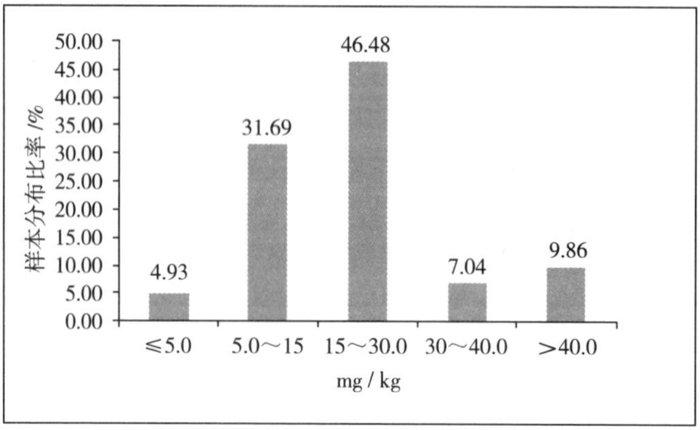

图1-1-7 文山植烟土壤速效磷分布比率

2.4.2 植烟土壤速效磷含量地区差异

由图1-1-8可知，7个县市植烟土壤速效磷含量平均值在14.77～30.16 mg/kg之间，按从高到低依次为：麻栗坡县、马关县、文山市、丘北县、西畴县、广南县、砚山县。其中，麻栗坡县植烟土壤速效磷含量偏高，砚山县偏低，其他县市之间差异不大。7个县市植烟土壤速效磷含量适宜样本比例在35.0%～75.0%之间，按从低到高依次为：马关县、麻栗坡县、文山市、西畴县、丘北县、砚山县、广南县。

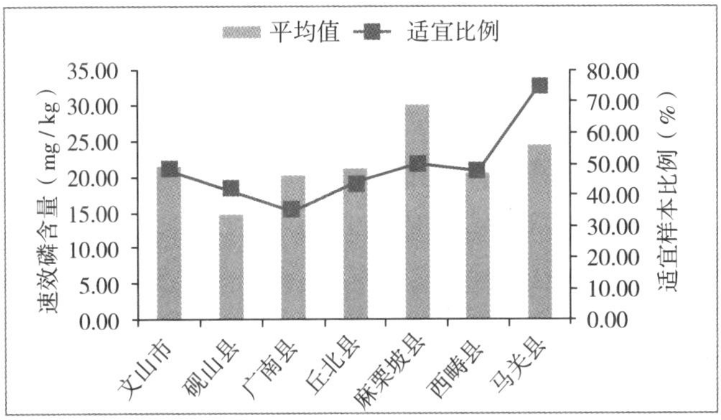

图1-1-8 不同县市植烟土壤速效磷含量

2.4.3 植烟土壤速效磷含量空间分布

文山州植烟土壤速效磷含量分布比较均匀，以15～30 mg/kg为主要分布面积，速效磷含量在5 mg/kg以下和40 mg/kg以上的分布面积很少。在丘北县北部和马关县东部等地有一个高值区，在砚山县西北部和广南县东北部等地有一个低值区。文山州植烟土壤有效磷含量呈较丰富状态。

2.5 土壤速效钾含量分析

2.5.1 植烟土壤速效钾含量状况

烤烟是典型的喜钾作物，钾素供应状况直接影响着烟草的产量和质量。烤烟吸收钾元素比其他任何元素都多。钾是多种酶的活化剂，参与植株的光合、呼吸、氮代谢等多种生命过程，充足的钾素供应可保证烟株代谢正常进行，有助于植株健壮生长。钾素不仅与烤烟生长密切相关，还对烟叶品质有较大的影响，它能有效地提高烟叶的香气质和香气量，改善烟叶的燃烧性，降低烟叶燃烧时的温度，减少烟气中的有害物质和焦油释放量，提高烟制品的安全性。土壤全钾含量只能作为植烟土壤钾素库容水平的一个指标，而速效钾是烤烟吸收利用土壤钾素的主要形式，是衡量植烟土壤中钾含量的重要指标。土壤中钾含量对烤烟品质影响很大，一般认为速效钾含量大于100 mg/kg适宜烤烟的生长。文山州植烟土壤速效钾含量变幅为39.7～419.4 mg/kg，平均含量为163.13 mg/kg，变异系数为0.485。由图1–1–9可知，文山土壤速效钾处于适宜含量范围内（100～200 mg/kg）的样本占到52.11%，“很低”（≤50 mg/kg）和“低”（50～100 mg/kg）的样本分别占0.70%和21.83%，“中等”（100～150 mg/kg）、“高”（150～200 mg/kg）和“很高”（>200 mg/kg）的样本分别占30.28%、21.83%和25.35%。

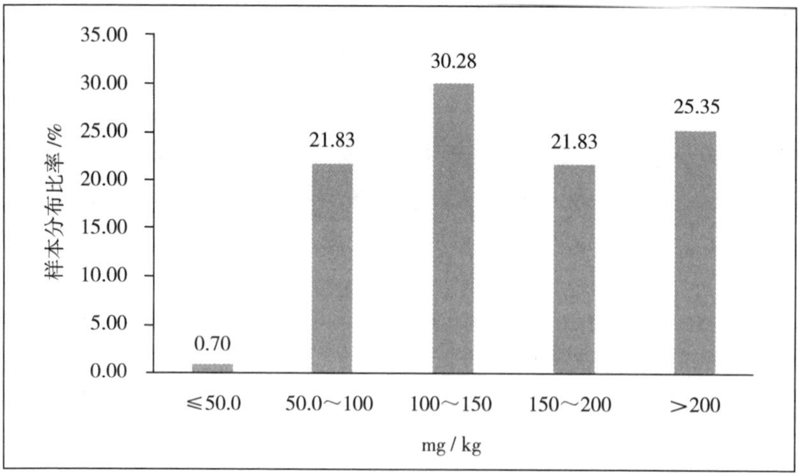

图1–1–9 文山植烟土壤速效钾分布比率

2.5.2 植烟土壤速效钾含量地区差异

由图1–1–10可知，7个县市植烟土壤速效钾含量平均值在122.96～195.20 mg/kg，按从高到低依次为：麻栗坡县、文山市、广南县、马关县、丘北县、西畴县、砚山县，都处于较适宜的水平。7个县市植烟土壤速效钾含量适宜样本比例在35.29%～61.29%之间，按从低到高的顺序依次为马关县、麻栗坡县、文山市、西畴县、丘北县、砚山县、广南县。

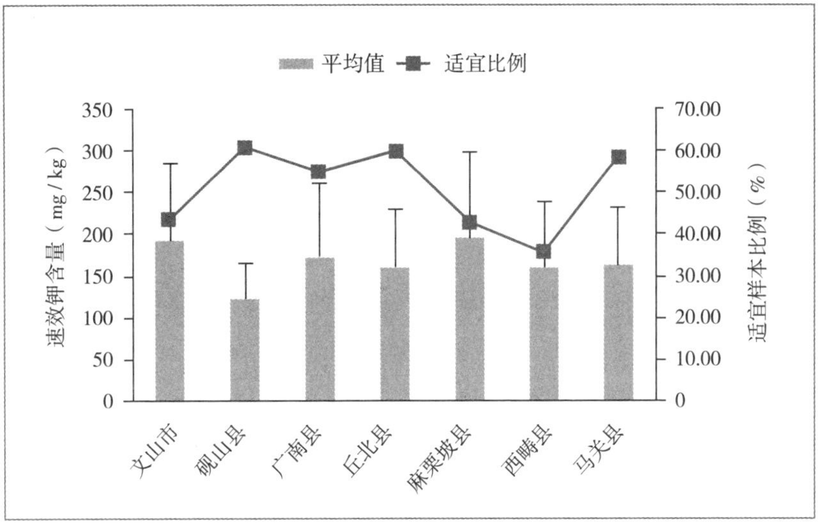

图1-1-10　不同县市植烟土壤速效钾含量

2.5.3　植烟土壤速效钾含量空间分布

文山州植烟土壤速效钾含量呈现中部偏低、南北偏高的趋势，以100～150 mg/kg和150～200 mg/kg为主要分布面积，在200～300 mg/kg范围内也有一部分分布面积，100 mg/kg以下分布面积很少。在广南县中南部有个低值区。从图1-1-10中可以看出，文山州植烟土壤速效钾含量大都为丰富状态。

2.6　土壤交换性钙含量分析

2.6.1　植烟土壤交换性钙含量状况

钙是烤烟吸收数量仅次于钾的矿质元素，也是构成灰分的主要成分之一，钙含量高的烟叶往往表现过厚、粗糙、僵硬，工业可用性低。植烟土壤的钙含量及有效性不仅直接影响烤烟的正常生长发育，而且由于元素之间的相互促进和拮抗作用而影响烤烟的其他营养元素。文山州植烟土壤交换性钙含量变幅为500～31 700 mg/kg，平均含量为3313.81 mg/kg，变异系数为1.789。由图1-1-11可知，文山土壤交换性钙含量处于适宜含量范围内（800～1200 mg/kg）的样本占11.97%，“低”（400～800 mg/kg）的样本分别占23.24%，“高”（1200～2000 mg/kg）和“很高”（≥2000 mg/kg）的样本分别占28.87%和35.92%。

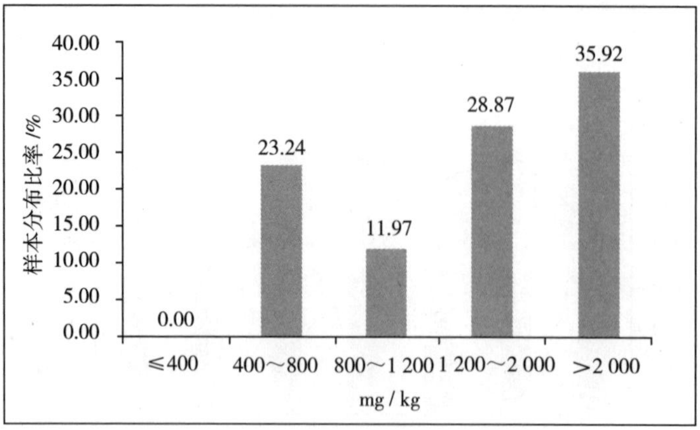

图1-1-11 文山植烟土壤交换性钙分布比率

2.6.2 植烟土壤交换性钙含量地区差异

由图1-1-12可知，7个县市植烟土壤交换性钙含量平均值在1 065.42～6 869.65 mg/kg范围内，按从高到低依次为：广南县、文山市、麻栗坡县、西畴县、砚山县、丘北县、马关县，县市之间差异较大，除马关县土壤交换性钙含量处于适宜水平外，其他县市都处于极丰富水平。7个县市植烟土壤交换性钙含量适宜样本比例在0.00%～21.43%，按从低到高依次为：西畴县、广南县、马关县、文山市、砚山县、丘北县、麻栗坡县。

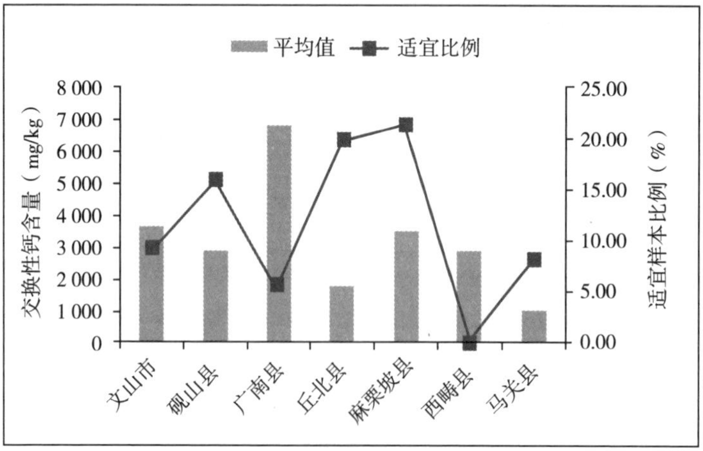

图1-1-12 不同县市植烟土壤交换性钙含量

2.7　土壤交换性镁含量分析

2.7.1　植烟土壤交换性镁含量状况

镁是烟草必需的营养元素，适量的镁可促进烟草的生长发育，有利于烟叶内在品质的提高。镁含量不足时，烟叶叶片失绿，光合强度下降，碳水化合物、脂肪和蛋白质的合成受阻，影响烟草产量和品质。缺镁烟叶调制后光泽差、油分差、无弹性，燃烧性差，燃烧后烟灰呈暗灰色、烟灰凝结性差。随着烟区作物复种指数的提高，以及不科学的耕种制度和施肥措施（特别是钾肥用量），导致越来越多的植烟土壤表现出镁营养供应不足的现象，使镁含量成为限制烟草产量和质量的重要因素之一。文山州植烟土壤交换性镁含量变幅为25～950 mg/kg，平均含量为196.32 mg/kg，变异系数为0.873。由图1–1–13可知，文山土壤交换性镁处于最适宜含量范围内（50～150 mg/kg）的样本占39.58%，"很低"（≤25 mg/kg）和"低"（25～50 mg/kg）的样本分别占4.93%和15.49%，"中等"（50～100 mg/kg）、"高"（100～150 mg/kg）和"很高"（>150 mg/kg）的样本分别占13.38%、16.20%和50.00%。

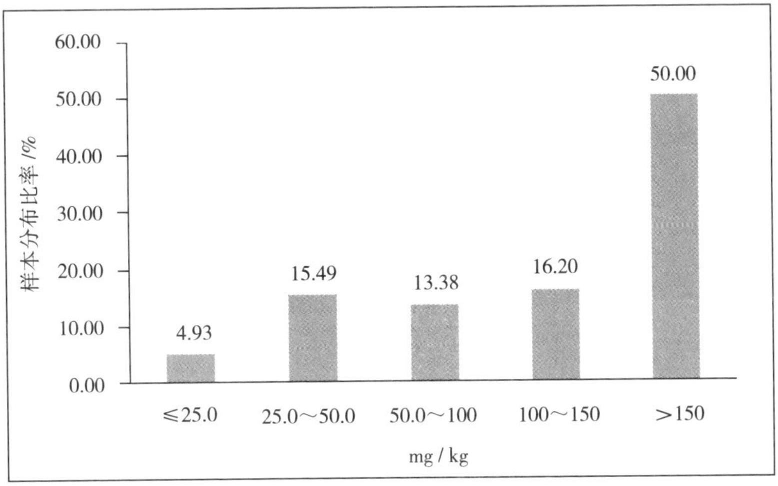

图1–1–13　文山植烟土壤交换性镁分布比率

2.7.2　植烟土壤交换性镁含量地区差异

由图1–1–14可知，7个县市植烟土壤交换性镁平均值在108.71～273.40 mg/kg，按从高到低依次为：丘北县、广南县、文山市、砚山县、麻栗坡县、马关县、西畴县，县市之间差异较大，其中丘北县土壤交换性镁含量较高，西畴县和马关县较低，西畴县、马关县和麻栗坡县处于适宜水平。7个县市植烟土壤交换性镁含量适宜样本比例在16.67%～41.18%，按从低到高依次为：马关县、麻栗坡县、文山市、砚山县、丘北县、广南县、西畴县。

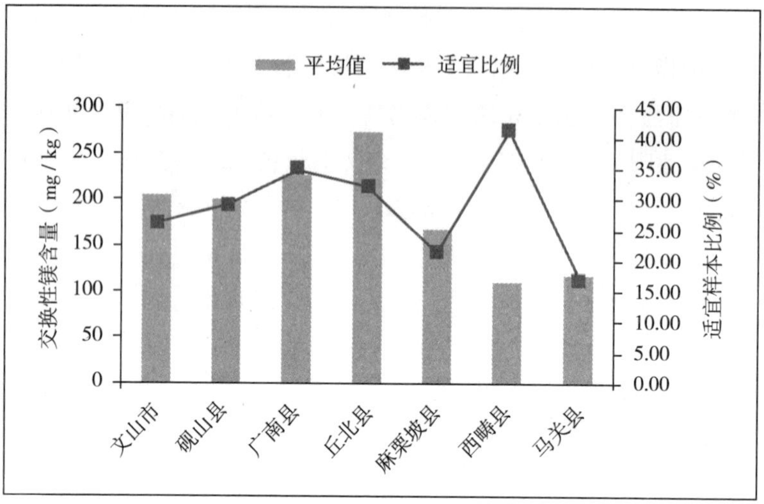

图1-1-14　不同县市植烟土壤交换性镁含量

2.8　土壤有效硼含量分析

2.8.1　植烟土壤有效硼含量状况

硼是影响烤烟正常生长和最终产量、质量的必需微量元素之一。烤烟体内硼的积累和转移与植烟土壤中硼的含量、有效性及土壤理化性质有着密切关系。硼含量不足或过量都会引起烤烟生理机能失调，生长发育不良，抗病性降低。土壤有效硼不仅影响烟叶硼含量，还影响烟叶的糖碱比和氮碱比以及其他烟叶所含化学成分的协调性。文山州植烟土壤有效硼含量变幅为0.2～1.41 mg/kg，平均含量为0.51 mg/kg，变异系数为0.373。由图1-1-15可知，文山土壤有效硼含量处于最适宜含量范围内（0.5～1.0 mg/kg）的样本占46.48%；“很低”（≤0.25 mg/kg）的样本占5.63%，“低”（0.25～0.5 mg/kg）的样本占46.48%，“高”（1.0～2.0 mg/kg）的样本占1.41%。无“很高”（>2.0 mg/kg）的样本。

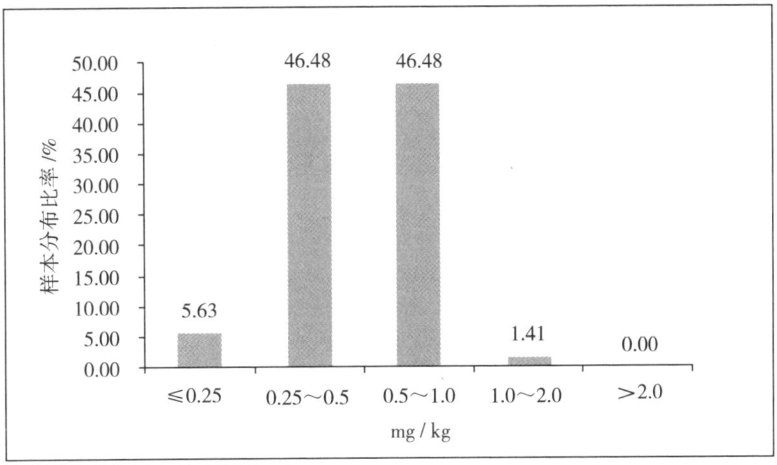

图1-1-15 文山植烟土壤有效硼分布比率

2.8.2 植烟土壤有效硼含量地区差异

由图1-1-16可知，7个县市植烟土壤有效硼平均值为0.41～0.64 mg/kg，按从高到低依次为：广南县、丘北县、西畴县、麻栗坡县、马关县、文山市、砚山县，其中，砚山县植烟土壤有效硼含量偏低，其他县市都处于或接近适宜水平。7个县市植烟土壤有效硼含量适宜样本比例在22.58%～76.00%，按从低到高依次为：砚山县、文山市、马关县、麻栗坡县、广南县、西畴县、丘北县。

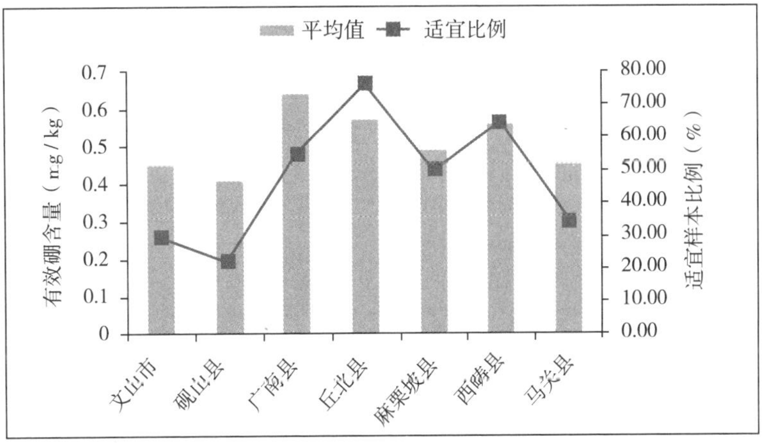

图1-1-16 不同县市植烟土壤有效硼含量

2.8.3 植烟土壤有效硼含量空间分布

植烟土壤有效硼含量总体上呈现北高南低的分布趋势，以0.35～0.5 mg/kg和0.5～0.75 mg/kg为主要分布面积，有效硼含量在0.35 mg/kg以下的分布面积很少。在麻栗坡县东北部有一小片低值区。文山州植烟土壤有效硼含量为较丰富状态。

2.9 土壤有效锌含量分析

2.9.1 植烟土壤有效锌含量状况

锌是植物生长不可缺少的元素，适量保持锌在土壤中的含量能够预防生理病害，同时锌肥能提高植物的抗寒性和耐盐性。施锌肥不仅可以促进烟草生长，而且还可以改善烟叶的香气质、香气量、杂气和余味。文山州植烟土壤有效锌含量变幅为2.19 mg/kg，平均含量为0.4～7.3 mg/kg，变异系数为0.621。由图1-1-17可知，植烟土壤有效锌处于适宜含量范围内的样本占到49.30%；“很低”和“低”的样本分别占2.11%和8.45%；“高”和“很高”的样本占33.80%和6.84%。

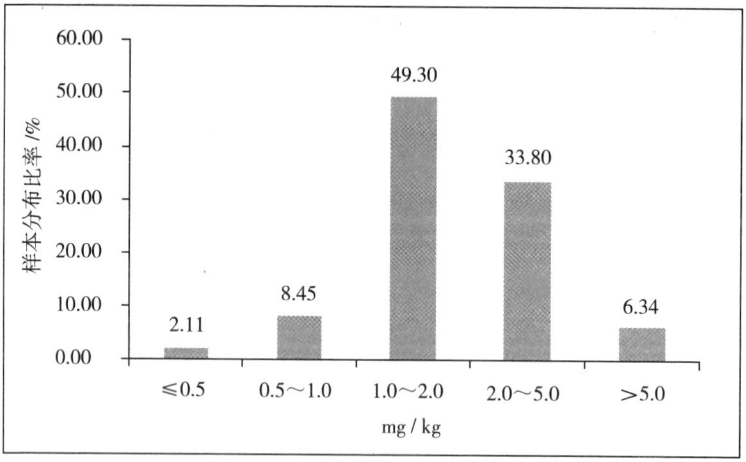

图1-1-17 文山植烟土壤有效锌分布比率

2.9.2 植烟土壤有效锌含量地区差异

由图1-1-18可知，7个县市植烟土壤有效锌平均值为1.55～1.82 mg/kg，按从高到低依次为：西畴县、麻栗坡县、马关县、砚山县、文山市、丘北县、广南县，其中，西畴县植烟土壤有效锌含量偏高，丘北县和广南县含量偏低，其他县市之间差异不大。7个县市植烟土壤有效锌含量适宜样本比例在

30.00%～92.00%，按从低到高依次为：丘北县、马关县、砚山县、麻栗坡县、文山市、西畴县、广南县。

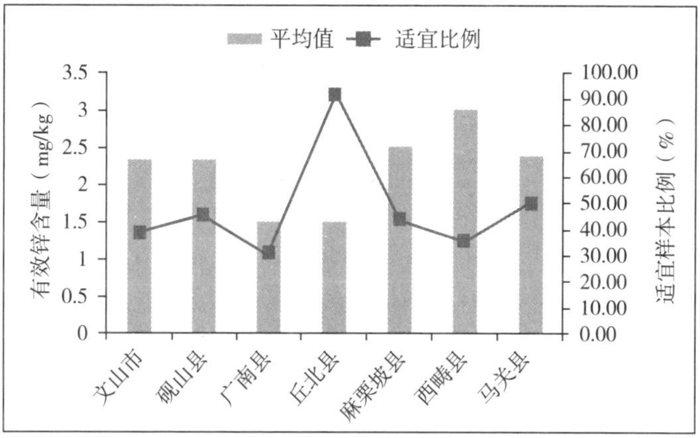

图1-1-18　不同县市植烟土壤有效锌含量

2.9.3　植烟土壤有效锌含量空间分布

文山州植烟土壤有效锌含量有从东向西递减的分布趋势。以有效锌含量1.5～2.0 mg/kg和2.0～3.0 mg/kg为主要分布面积，1.0～1.5 mg/kg也有一部分分布面积。在广南县中部有一小片低值区；在马关县东北部有一片高值区。从图1-1-18中可以看出，文山州大部分地区植烟土壤有效锌含量为丰富状态。

2.10　土壤有效硫含量分析

2.10.1　植烟土壤有效硫含量状况

硫是作物生长发育不可缺少的营养元素，就需要量而言仅次于氮、磷和钾，被列为第4大营养元素，是植物蛋白质、多种酶和生理活性物质的重要组成元素。在植烟土壤中，过高的土壤有效硫含量，会使烟叶的硫含量增加，影响烟叶的燃烧性，降低烟叶内在品质。由于长期以来大量施用普通过磷酸钙和硫酸钾等含硫较高的肥料，且在酸性土壤中硫的有效性高，因此烟株很少会出现缺硫的现象。一般认为土壤中硫含量的临界值为12 mg/kg。文山植烟土壤有效硫含量变幅为35.27～157.68 mg/kg，平均含量为51.98 mg/kg，变异系数为0.281。文山州植烟土壤有效硫含量大于12 mg/kg的样本占到100%。

2.10.2 植烟土壤有效硫含量地区差异

由图1-1-19可知，7个县市植烟土壤有效硫平均值为46.24～58.03mg/kg，按从高到低依次为：麻栗坡县、砚山县、文山市、丘北县、广南县、西畴县、马关县，都处于较高水平。

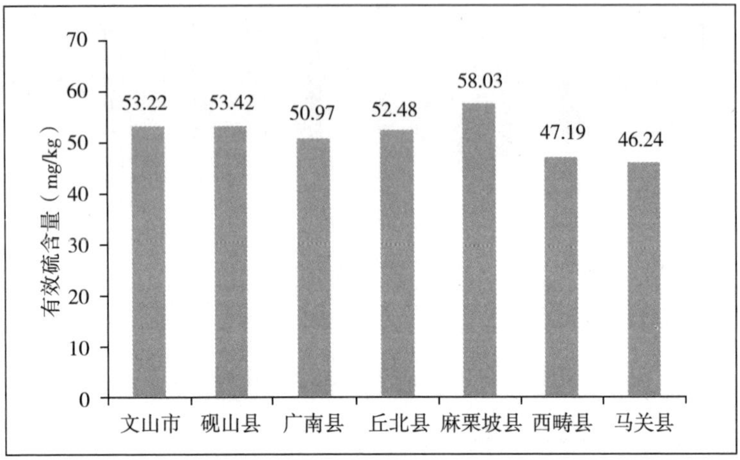

图1-1-19 不同县市植烟土壤有效硫含量

2.11 土壤水溶性氯含量分析

2.11.1 植烟土壤水溶性氯含量状况

烟草被列为“忌氯作物”，但氯又是烤烟生长必需的营养元素之一，烟株缺氯同样影响烟叶品质。氯离子在烟草植株内积累过多，会干扰烟草碳水化合物的代谢活动，烟叶厚而脆，使淀粉积累过多，导致叶缘向上卷起；并使烘烤后色味不佳，原料烟燃烧性变差；在贮藏期间易吸湿，引起霉烂。但少量的氯离子能促进烟株生长，提高抗旱能力。由于多年来烤烟生产严格限制含氯肥料的施用，植烟土壤水溶性氯的平均含量并不高。土壤中氯的含量自然成为烟草生产中人们关注的重点之一。一般要求植烟土壤氯离子含量在40 mg/kg以下，植烟土壤中水溶性氯含量在大于2.0 mg/kg而小于30.0 mg/kg时较适宜烤烟生长。文山州植烟土壤氯离子含量变幅为0.32～26.05 mg/kg，平均含量为13.18 mg/kg，变异系数为0.437。由图1-1-20可知，文山土壤氯含量处于适宜含量范围内的样本占47.18%；“低”的样本占36.62%，“高”的样本占16.20%。

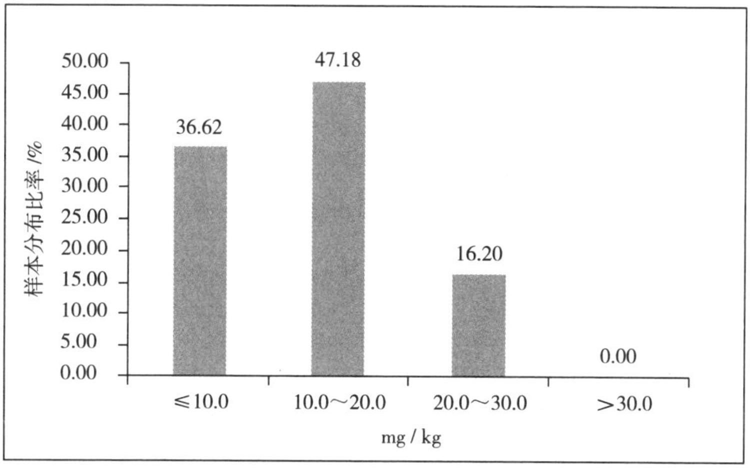

图1-1-20　文山植烟土壤氯含量分布比率

2.11.2　植烟土壤水溶性氯含量地区差异

由图1-1-21可知，7个县市植烟土壤氯含量平均值在8.80～18.96 mg/kg之间，按从高到低依次为：马关县、麻栗坡县、丘北县、文山市、砚山县、广南县、西畴县，除西畴县土壤氯含量偏低外，其他县市都在适宜范围内。7个县市植烟土壤氯含量适宜样本比例在29.41%～58.33%，按从低到高依次为：西畴县、文山市、广南县、麻栗坡县、丘北县、砚山县、马关县。

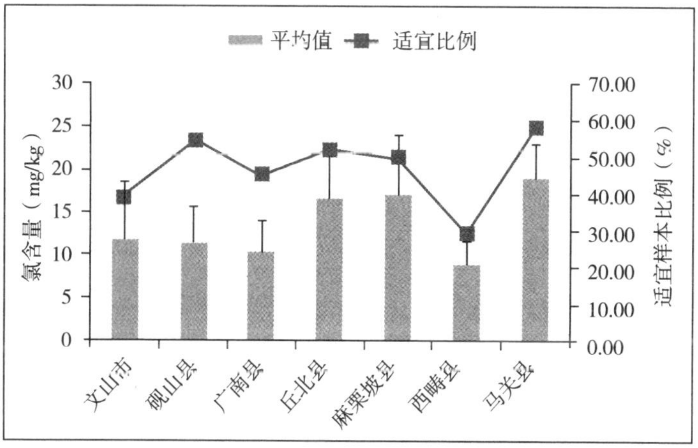

图1-1-21　不同县市植烟土壤氯含量

2.11.3 植烟土壤水溶性氯含量空间分布

文山州植烟土壤水溶性氯含量总体上分布比较均匀，以10.0～15.0 mg/kg的范围为主要分布面积，其次是15.0～20.0 mg/kg的分布面积，占四分之一左右。其中，丘北县和马关县大部分地区植烟土壤氯含量较高。在马关县南部有一个高值区，在广南县北部有一个低值区。文山植烟土壤水溶性氯含量适宜优质烤烟生产。

3. 小结

根据以上分析结果得出文山州植烟土壤养分现状，文山植烟土壤呈微酸性，有机质含量偏低，碱解氮、速效磷、速效钾含量适宜，中微量元素中B含量相对较低，其他元素含量适宜，总体适合优质烤烟生长。各县情况为：

文山市土壤呈微酸性，有机质、碱解氮、速效钾含量适宜，速效磷含量偏低，中微量元素中B含量相对较低，其他元素含量适宜；砚山县土壤呈微酸性，有机质、碱解氮、速效钾含量适宜，速效磷含量偏低，中微量元素中B含量相对较低，其他元素含量适宜；广南县土壤呈微酸性，有机质、碱解氮、速效钾含量适宜，速效磷含量偏低，中微量元素中B含量相对较低，其他元素含量适宜；丘北县土壤呈微酸性，有机质、碱解氮、速效钾含量适宜，速效磷含量偏低，中微量元素中B含量相对较低，其他元素含量适宜；麻栗坡县土壤呈微酸性，有机质、碱解氮、速效磷含量略低，速效钾含量适宜，中微量元素中，Zn、Cu含量中等，Mg含量高，Mn、Fe含量丰富；西畴县土壤呈微酸性，有机质、碱解氮、速效钾含量适宜，速效磷含量偏低，中微量元素中B含量相对较低，其他元素含量适宜；马关县土壤呈微酸性，有机质、碱解氮、速效钾含量适宜，速效磷含量偏低，中微量元素中B含量相对较低，其他元素含量适宜。

第二节 文山烟区气候特征分析

烟叶品质问题是烟草业可持续发展的核心问题，生态决定优质烟叶的风格特色，其中气候因素是形成优质烟叶特色的主要生态学外因。烟草生长发育需要在一定的光、温、水等气象条件下才能得以顺利进行，才能形成丰富的内含物和独特的香气风格。气候资源是烟叶生产获得优质、高效不可缺少的基本因素。能否达到烤烟大面积优质、适产，很大程度上取决于能否有效地根据当地当时的气候条件进行组织、做出科学安排。

本研究拟通过对文山烟区气候资源特征与分布特点的分析，并运用模糊数学对其适宜性进行评价，以期为更好地适应当地气候条件，为文山烤烟生产、烤烟种植布局和现代烟草农业建设提供科学依据。

气候条件是决定该区域是否能够种植烤烟和影响烤烟品质的重要因素之一。文山州地处云贵高原东南低纬季风区，北回归线横穿全境，夏季受西南及东南暖湿气流影响，冬季受偏西及西北干冷气流影响，属低纬度高原季风气候，有北热带、南亚热带、中亚热带、北亚热带、南温带和中温带等6种气候类型。全州气候温和，年平均气温在16.1～19.5℃之间；最冷月为1月份，平均气温为8.6～11.4℃；最热月为7月份，平均气温在20.9～25.4℃之间；文山州雨量充沛，年雨量在900～1 300 mm之间；但年内分布不均，雨量集中在5—8月之间，降雨量占到全年总降雨量的82%～86%。形成明显的干雨两季。年平均日照时数在1 600～2 000h之间。光照条件充足。由于文山州境内山川交错，峰谷纵横，地形复杂，高低悬殊，具有“一山分四季”“十里不同天”的立体气候和“立体农业”的特征。文山州降雨量年份间比较如图1-2-1所示，文山州大田日照时数年份间比较如图1-2-2所示，文山州规划主要乡镇气象一览表如图1-2-1所示。

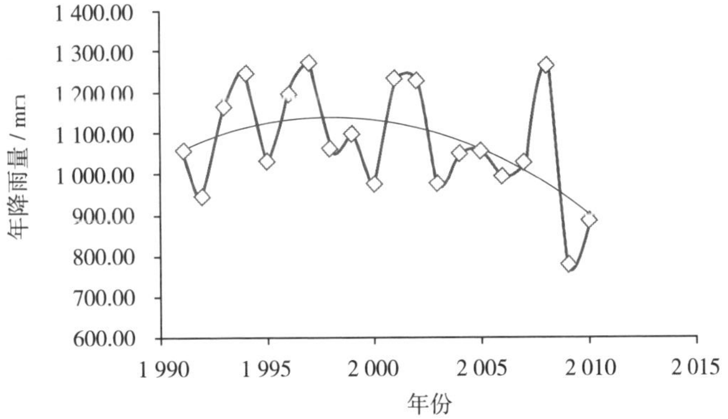

图1-2-1　文山州降雨量年份间比较

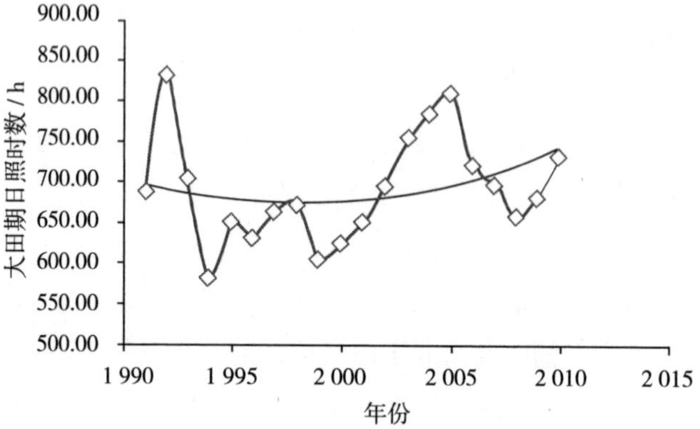

图1-2-2 文山州大田日照时数年份间比较

表1-2-1 文山州规划主要乡镇气象要素一览表

县（市）	乡镇	乡镇驻地海拔（m）	年平均气温（℃）	相对湿度（%）	年降水（mm）	年日照时数（h）
文山	坝心	1 468	15.7	75	1 205	1 746
	秉烈	1 420	16.9	73	880	2 080
	德厚	1 430	16.7	74	866	2 063
	东山	1 550	15.5	74	967	1 842
	红甸	1 470	17.1	73	824	2 101
	老回龙	1 450	17.1	73	902	2 029
	乐诗冲	1 850	13.9	78	1 426	1 616
	马塘	1 390	17.4	74	858	2 094
	攀枝花	1 260	17.7	76	1 034	1 927
	平坝	1 567	14.7	78	1 408	1 625
	喜古	1 400	16.0	74	1 002	1 982
	小街	1 750	14.5	78	1 452	1 628
	新街	1 865	14.4	79	1 461	1 608
	追栗街	1 430	16.3	79	1 215	1 724
	柳井	1 400	16.6	78	1 298	1 698
	古木	1 405	16.3	79	1 312	1 703
文山平均值			16.0	76	1 121	1 851

续表

县（市）	乡镇	乡镇驻地海拔（m）	年平均气温（℃）	相对湿度（%）	年降水（mm）	年日照时数（h）
砚山	阿基	1 510	16.2	81	1 010	1 869
	阿猛	1 480	16.2	81	1 153	1 832
	干河	1 440	16.7	80	976	1 806
	稼依	1 440	17.2	76	845	2 056
	江那	1 540	16.1	80	1 002	1 862
	盘龙	1 520	16.3	79	988	1 883
	平远	1 480	16.4	76	943	2 079
	维摩	1 510	16.3	79	957	1 857
	者腊	1 520	16.2	79	1 008	1 865
砚山平均值			16.4	79	987	1 901
西畴	蚌谷	1 360	16.5	83	1 268	1 439
	法斗	1 400	16.3	83	1 416	1 562
	莲花塘	1 224	16.9	84	1 360	1 479
	西洒	1 473	16.3	84	1 428	1 442
	新马街	1 150	17.0	84	1 360	1 480
	兴街	1 124	17.4	83	1 297	1 539
西畴平均值			16.7	83	1 355	1 490
麻栗坡	大坪	1 550	15.6	86	1 144	1 503
	董干	1 635	15.1	84	1 524	1 455
	麻栗镇	1 094	17.2	86	1 306	1 611
	新寨	1 350	16.5	85	1 172	1 555
麻栗坡平均值			16.1	85	1 287	1 531
马关	八寨	1 720	15.9	84	1 498	1 650
	大栗树	1 540	15.6	82	1 324	1 716
	夹寒箐	1 510	16.0	83	1 583	1 583
	浪桥	1 526	16.5	84	1 503	1 640
	马白	1 333	16.5	83	1 346	1 719
	木厂	1 370	16.3	82	1 548	1 548
	仁和	1 600	15.9	82	1 368	1 698
马关平均值			16.1	83	1 453	1 651

续表

县（市）	乡镇	乡镇驻地海拔（m）	年平均气温（℃）	相对湿度（%）	年降水（mm）	年日照时数（h）
丘北	官寨	1 240	17.4	81	1 066	2 021
	腻脚	2 035	14.3	77	1 169	1 844
	平寨	1 390	16.5	80	1 103	1 953
	树皮	1 680	15.6	75	1 146	1 880
	温浏	1 430	16.3	80	1 233	1 747
	八道哨	1 432	16.1	77	1 200	1 950
	锦屏	1 451	16.4	78	1 175	1 993
	双龙营	1 467	16.0	77	1 203	1 935
	天星	1 520	16.3	81	1 046	2 332
	曰者	1 431	15.3	76	1 228	1 905
丘北平均值			16.0	78	1 157	1 956
广南	黑支果	1 500	15.9	83	1 132	1 904
	旧莫	1 220	16.4	77	984	1 869
	莲城	1 289	16.7	79	1 042	1 651
	那洒	1 480	16.1	82	1 156	1 914
	曙光	1 550	15.7	83	1 124	1 924
	五珠	1 609	16.1	76	861	1 941
	杨柳井	1 400	16.9	77	1 016	1 875
	珠林	1 460	16.3	74	848	1 962
	董堡	1 270	16.8	80	1 053	1 605
广南平均值			16.3	79	1 024	1 849
富宁	花甲	1 140	17.2	84	1 344	1 653
	木央	1 400	15.9	86	1 427	1 542
	睦伦	1 420	15.8	87	1 442	1 541
	田蓬	1 500	15.4	88	1 488	1 487
富宁平均值			16.1	86	1 425	1 556
总计平均值			16.2	80	1 182	1 780

1. 热量条件

烤烟属喜温作物，适宜的温度条件对烟叶的产量和质量起着决定性作用。优质烤烟对温度条件的要求：种子萌发的温度应大于12℃，无霜期大于120 d，活动积温不低于2 400℃，大田生育期（5—9月）温度不宜低于18℃，适宜温度为20～28℃，而在20～24℃比较理想。若温度超过25℃，虽然生长快，但烟株生长纤弱，品质下降；若烟叶成熟期温度低于20℃，尤其是低于17℃，则生育期迟缓，烟叶品质受到显著影响。全州年均气温为13.7～18.2℃，≥10℃的活动积温达4 850～5 800℃，全州规划植烟乡镇年均温为16.2℃左右，总体适宜烤烟生长，各县（市）年平均气温差异不大，具体如下：

文山市：规划植烟乡镇海拔1 000～1 865m，年平均气温为16.0℃，大田生育区的温度基本在20℃以上，符合优质烟栽培的要求，植烟乡镇各月平均温度变化趋势基本一致，最冷月是1月，气温一般为11.1℃，最热月是7月，气温大致为22.7℃，年温差与日温差大。

砚山县：规划植烟乡镇海拔1 140～1 650m，年平均气温为16.4℃，大田生育区的温度基本在20℃以上，符合优质烟栽培的要求，植烟乡镇各月平均温度变化趋势基本一致，最冷月是1月，气温一般在9.0℃左右，最热月是7月，气温大致为20.9℃，年温差与日温差大。

西畴县：规划植烟乡镇海拔1 042～1 574m，年平均气温为16.7℃，大田生育区的温度基本在20℃以上，符合优质烟栽培的要求，植烟乡镇各月平均温度变化趋势基本一致，最冷月是1月，气温一般为8.9℃，最热月是7月，气温大致为21.2℃，年温差与日温差大。

麻栗坡县：规划植烟乡镇海拔1 094～1 751m，年平均气温为16.1℃，大田生育区的温度基本在20℃以上，符合优质烟栽培的要求，植烟乡镇各月平均温度变化趋势基本一致，最冷月是1月，气温一般在9℃，最热月是7月，气温在21～22℃之间，年温差与日温差大。

马关县：规划植烟乡镇海拔1 035～1 725m，年平均气温为16.1℃，大田生育区的温度基本在20℃以上，符合优质烟栽培的要求，植烟乡镇各月平均温度变化趋势基本一致，最冷月是1月，气温一般在10.2℃，最热月是7月，气温大致为21.8℃，年温差与日温差大。

丘北县：规划植烟乡镇海拔1 240～2 037m，年平均气温为16.0℃，7月最热，平均气温为21.7℃，大田生育区的温度基本在20℃以上，符合优质烟栽培的要求，植烟乡镇各月平均温度变化趋势基本一致，最冷月是1月，气温一般为8.8℃，最热月是7月，气温大致为21.7℃，年温差与日温差大。

广南县：规划植烟乡镇海拔1 167～1 609m，年平均气温为16.3℃，7月最热，平均气温22.0～22.7℃。各植烟乡镇大田生育区的温度基本在20℃以上，符合优质烟栽培的要求，植烟乡镇各月平均温度变化趋势基本一致，最冷月是1月，气温一般为8.5℃，最热月是7月，气温在22～23℃之间，年温差与日温差大。

富宁县：规划植烟乡镇海拔1 140～1 500m，热量丰富，年平均气温为16.1℃，7月最热，平均气温为21.7℃，大田生育区的温度基本在20℃以上，符合优质烟栽培的要求，各月平均温度变化趋势基本一致，最冷月是1月，气温一般为8.0℃，最热月是7月，气温在21～23℃之间。

2. 降水条件

烤烟虽是比较耐旱的作物，要想获得理想的产量和品质，需要种植在降雨量比较充足的地方，才能满足烟株对水分的要求，但雨水过量也不利于优质烤烟的生产。烤烟生长发育对水分的要求是前期少、中期多、后期又少。云南优质烟生产实践证明，烤烟大田期降雨量月平均100～130 mm，大田期的降雨量400～500 mm，采烤期的降雨量250～300 mm，烟叶的产量和品质都比较好。全州雨量适中，年降雨量达1 000～1 300 mm，规划植烟乡镇年降雨量达1 182mm，其中，西畴、马关、麻栗坡、富宁等县年降雨量在1 200mm以上，砚山县年降雨量较低，仅为987 mm。各县降雨量如下：

文山市：平均年降水日数145.3 d，规划植烟乡镇年降雨1 121 mm，大田生长期（5—9月）的降雨量为700～800 mm，月平均降雨量为160 mm，相对优质烟成熟期的雨水量较适宜。

砚山县：平均年降水日数151.6 d，规划植烟乡镇年降雨为987 mm，大田生长期（5—9月）的降雨量为800 mm左右，月平均降雨量为160 mm，烤烟在移栽时降雨量较少，但在烤烟旺长、中下部叶成熟时降雨量较多。

西畴县：平均年降水日数179.9 d，规划植烟乡镇年降雨为1 355 mm，大田生长期（5—9月）的降雨量为900 mm左右，月平均降雨量为180 mm，相对优质烟成熟期的雨水量较适宜，大田生产前期雨水多，后期降雨量急速下降，但仍然处于较高位置。对烤烟的生长有一定的影响。

麻栗坡县：平均年降水日数166.6 d，规划植烟乡镇年降雨为1 287 mm，大田生长期的降雨量为791.1 mm，月平均降雨量为156.2 mm，相对优质烟成熟期的雨水量略为偏多，但后期降雨量急速下降，极有利于烤烟的成熟。若烤烟成熟期在8月中下旬至9月，则干物质积累将更加理想。

马关县：平均年降水日数184.3 d，规划植烟乡镇年降雨为1 453 mm，大田生长期（5—9月）的降雨量为1 000 mm左右，月平均降雨量为200 mm，相对优质烟成熟期的雨水量略为偏多，大田生产前雨水期高，虽然后期降雨量急速下降，但仍然处于较高位置，不利于烤烟的成熟。

丘北县：平均年降水日数164.6 d，规划植烟乡镇年降雨为1 157 mm，大田生长期（5—9月）的降雨量为900 mm左右，月平均降雨量180 mm，丘北县烤烟在移栽时降雨量较少，但在烤烟旺长、中下部叶成熟时降雨量较多；有利于烤烟的生长。

广南县：平均年降水日数152.1 d，规划植烟乡镇年降雨为1 024 mm，大田生长期（5—9月）的降雨量为900 mm左右，月平均降雨量为180 mm，在移栽时降雨量较少，但在烤烟旺长、中下部叶成熟时降雨量较多。

富宁县：规划植烟乡镇年降雨为1 425 mm，大田生长期（5—9月）的降雨量为1 100 mm左右，月平均降雨量为219 mm，整个烤烟生长期降雨量较多。

3. 光照条件

烟草是喜光作物，要生产优质烟叶，晴朗、多日照是必要条件。如果光照不足，会导致干物质积累少，叶大而薄，组织疏松，香气不足，油分少，品质下降。云南烟区生产实践证明，年日照时数在2 200 h以上，大田期日照时数达550～650 h，日照百分率达30%～44%，晴间多云和多云间晴的天气形成的日照条件，有利于烟株生长和品质的提高。全州规划植烟乡镇平均年日照时数为1 785 h，西畴、麻栗坡、富宁县规划乡镇年日照时数相对较少，在1 500～1 600 h之间，马关县规划乡镇年日照时数为1651 h，文山、砚山、丘北县（市）规划乡镇年日照时数均在1800 h以上，其中丘北县最高，为1 956 h。

文山市：规划植烟乡镇年日照时数为1 851 h，大田期（5—9月）的日照时数约为750 h，满足优质烟叶的生长要求。

砚山县：规划植烟乡镇年日照时数为1 901 h左右，大田期（5—9月）的日照时数约为800 h，满足优质烟叶的生长要求。

西畴县：规划植烟乡镇年日照时数为1 490 h，大田期（5—9月）的日照时数约为600 h，满足优质烟叶的生长要求。

麻栗坡县： 规划植烟乡镇年日照时数为1 531 h，大田期（5—9月）的日照时数约为730 h，满足优质烟叶的生长要求。

马关县： 规划植烟乡镇年日照时数为1 651 h，大田期（5—9月）的日照时数约为750 h，满足优质烟叶的生长要求。

丘北县： 规划植烟乡镇年日照时数为1 956 h左右，大田期（5—9月）的日照时数约为830 h左右，满足优质烟叶的生长要求。

广南县： 规划植烟乡镇年日照时数为1849 h，大田期（5—9月）的日照时数将近800 h，满足优质烟叶的生长要求。

富宁县： 规划植烟乡镇历年日照时数为1 556 h左右，相对云南优质烟叶生产要求（年日照时数在2 200 h以上）较低，大田期（5—9月）的日照时数约为612 h，虽能满足优质烟叶的生长要求，与州内马关县、西畴县烤烟种植轮作规划乡镇相比较，各月日照时数明显低于马关县，略低于西畴县。

综上所述：文山州的光、热、水等气候条件有利于优质烟叶的生产，结合文山州灌溉条件相对较差的实际情况，在文山州烤烟生产措施的制定中应结合当地实际，确定合理移栽期。

第三节　烤烟质量特征分析及风格定位

烟叶是卷烟工业的基础，也是烟草产业链条上最为薄弱的环节。烟叶的稳定发展和质量的持续提升直接关系到整个烟草行业的未来发展。烟叶质量决定着卷烟风格特征，直接影响烟叶的工业可用性和卷烟产品的安全性。烟叶质量是烟区可持续发展的核心，也是现代烟草农业的主攻方向。

1.　材料与方法

1.1　材料来源

收集文山州2010—2012年的初烤烟叶样品，共计142个。在指定农户中采集在上、中、下部烟叶具有代表性的B2F、C3F、X2F三个等级样品，品种主要为云烟87、K326，用于烟叶质量评价指标的检测和量化评定。

1.2　外观质量量化评定

根据《烤烟》(GB 2635—92)，参照文献[1]，并采用专家咨询方法，建立外观质量量化评价体系（见表1–3–1）。各项质量指标最大标度分值为10，分值越高，质量越好。样品外观质量量化评定前，平衡含水率至16% ~18%。聘请5名以上烤烟烟叶分级专家，根据视觉和触觉感受以及相应的标度分值对样品逐项进行判断评分。然后计算出几何平均值作为该样品某项指标的量化评定分值。

采用外观质量指数对烟叶外观质量进行综合评价。烟叶外观质量指数越高，其外观质量越好。参照文献[2]，计算外观质量指数。

表1–3–1　烤烟外观质量评价指标的分值及权重

指标	分值				
	10	9	8	7	5
成熟度	好	较好	一般	过熟	欠熟
叶片结构	疏松、弹性好	较疏松、弹性较好	尚疏松、有弹性	较僵硬、弹性较差	僵硬、弹性差
身份	适中	稍厚	稍薄	过厚	薄
油分	足	较足	有	较差	差
色度	色正、饱满、光泽强、	色较正、尚饱满、光泽较强、	色欠正、略饱满、有光泽、	色不正、欠饱满、尚有光泽	色不正、饱满度差、色泽暗、
色均匀度	均匀、色差小、无褪色	均匀、色差较小、无褪色	较均匀、色差明显、无褪色	欠均匀、色差较大、略有褪色	均匀度差、色差大、褪色
发育状况	营养协调，发育充分	营养协调，发育较好	营养一般，发育一般	营养欠协调，发育不良	营养失调，发育较差
光滑或微青	全无	无	稍有	有	较多

1.3　物理特性测定

物理特性测定指标有：开片度、单叶重、含梗率、叶厚、叶质重、密度和平衡含水率等。测定方法参照文献[3]。

1.4 化学成分测定

1.4.1 常规化学成分测定

采用YC/T 159–2002规定的方法测定总糖和还原糖；采用YC/T 160–2002规定的方法测定烟碱；采用YC/T 161–2002规定的方法测定总氮；采用YC/T 173–2003规定的方法测定钾；采用YC/T 162–2002规定的方法测定氯；各检测数据都换算成百分率。糖碱比是指总糖与烟碱之比；氮碱比是指总氮与烟碱之比；钾氯比是指钾与氯之比。

1.4.2 致香成分测定

（1）香气前体物主要测定：

①质体色素主要测定叶绿素、胡萝卜素和质体色素总量；

②其他包括多酚总量、挥发性有机酸总量、高级脂肪酸总量和氨基酸总量。

采用气相色谱法测定烟叶中性香气物，具体测定方法详见文献[4]。

（2）中性香气物主要测定：新植二烯、质体色素降解产物总量、西伯烷酮类总量、芳香族氨基酸降解物总量和美拉德（Maillard）反应产物总量。

采用气相色谱法测定烟叶中性挥发性香气物，具体测定方法详见文献[4]。

1.5 单料烟感官评吸质量评定

将采集的烟叶样品单独切丝，不加香加料，用同一种纸卷制成长短、粗细、松紧一致的烟支供评吸用。参照文献[5]和标准YC/T 138—1998建立了单料烟评吸质量指标及评分标准，采用9分制进行评分。聘请5名感官评吸专家，按照评分标准进行感官评吸。根据香气质、香气量、杂气、浓度、劲头、刺激性、余味、燃烧性和灰色等9个指标对评吸样品分别打分，以所有专家评吸评分的平均值作为最终评吸结果（见表1–3–2）。采用专家咨询法并借鉴相关研究方法，对9个指标分别赋以25%、15%、12%、10%、10%、13%、10%、2.5%和2.5%的权重，计算出评吸质量总分。

表1-3-2 烤烟评吸质量指标及评分标准

香气质	香气量	杂气	浓度	劲头	刺激性	余味	燃烧性y	灰色
很差（1）	很少（1）	很重（1）	很淡（1）	很少、很大（1～2）	很大（1）	不净、不舒适（1）	熄火（1～3）	黑灰（1～3）
差（2）	少（2）	重（2）	淡（2）		大（2）	略净、略舒适（2）		
较差（3）	较少（3）	较重（3）	较淡（3）	小、大（3～4）	较大（3）	尚净、尚舒适（3）		
稍差（4）	稍有（4）	稍重（4）	稍淡（4）		稍大（4）	较净、稍舒适（4）	中等（4～6）	灰白（4～6）
中（5）	有（5）	有（5）	中（5）	较小、较大（5～6）	有（5）	较净、尚舒适（5）		
稍好（6）	稍多（6）	略有（6）	稍浓（6）		略有（6）	较净、较舒适（6）		
较好（7）	较多（7）	稍有（7）	较浓（7）	稍小、稍大（7～8）	稍有（7）	尚纯净、舒适（7）	强（7～9）	白（7～9）
好（8）	多（8）	似有（8）	浓（8）		似有（8）	较纯净、舒适（8）		
很好（9）	很多（9）	无（9）	很浓（9）	中（9）	无（9）	纯净、舒适（9）		

注：括号内数字为分值。

2. 结果与分析

2.1 外观质量

烟叶外观质量即烟叶外在的特征特性，是指人们通过感官可以作出判断的质量方面。目前以眼观、手摸和鼻闻等方法对烟叶部位、颜色、叶片结构、身份、色度、宽度、长度和残伤破损等外在质量因素进行感官判定，这些因素与烟叶质量都有密切关系。通常主要依据烟叶的烟叶着生部位、颜色、油分、光泽、组织、成熟度和破损度来确定。烟叶在烟株上的着生部位不同，其组织结构、化学成分均有所不同。一般下部烟叶干物质积累少，叶片较薄，组织疏松，油分少，烟碱含量低；中部烟叶，干物质积累较多，叶片厚薄适中，组织较疏松，水溶性糖含量较高，烟碱含量适中；上部叶片较厚，组织结构粗糙，烟碱含量较高，香气较浓。因此，烟叶分级时，大都把部位作为分级因素，通常分上、中、下三个部位。而上等烟大部分都产生在上部和中部叶，即通常所说的腰叶。

文山烟叶的成熟度好，颜色以橘黄为主；组织结构疏松；身份厚薄适中；油分充足，尚有或富有油分，表观油润感较强；叶面皱缩柔软，韧性较强，弹性较好；叶表面颜色尚均匀至均匀，色泽趋于饱和，光泽鲜亮；叶面与叶背颜色基本一致（见表1–3–3）。

表1–3–3 烟叶外观质量

等级	成熟度	组织结构	身份	油分	色度
B2F	成熟（较好）	尚疏松	稍厚	有—多	强
C3F	成熟	疏松	适中	有—多	中
X2F	成熟	疏松	稍薄	稍有	中

2.2 烟叶物理特性

烟叶的物理特性是指影响烟叶质量以及工艺加工的一些物理方面的特性。主要包括燃烧性、填充性、吸湿性、弹性、单位面积质量、含梗率、抗破碎能力和导电性等。这些物理特性直接影响着卷烟制造过程及产品风格、成本及其他经济指标。

烟叶物理特性不仅反映烟叶质量特征，同时还反映烟叶的耐加工性和烟叶使用的经济性状。烟叶的物理特性对烟制品的影响主要是在产品的风格、安全性及经济效益等方面，主要的物理特性有吸湿性、弹性、填充性、单位叶面积质量和含梗率（见表1–3–4）。

表1–3–4 烟叶物理特性

等级	长（cm）	宽（cm）	单叶重（g）	叶面密度（g/m^2）	含梗率（%）	填充值（cm^3/g）	平衡含水率（%）
X2F	51.30	22.60	8.96	69.19	28.08	3.60	12.70
C3F	55.30	21.00	9.23	73.02	30.32	3.25	13.47
B2F	56.95	18.05	11.45	92.24	31.19	3.93	12.37

2.3　烟叶化学成分

随着科学技术的发展，几十年来，国内外烟草研究工作者对各种类型的烟草，如烤烟、白肋烟和香料烟等，进行了大量的化学研究工作，以寻求化学成分与烟叶内在质量、物理性等方面的关系，从而探索出测定烟叶内在质量的方法。但由于化学成分与烟叶质量关系极其复杂，目前，有些国家虽已弄清楚烟叶的化学成分有数千种，但还不能对烟叶质量全貌得出定论。而对某些化学成分与内在质量的关系已基本搞清楚，并有了统一的见解。所以，当今在国际烟草贸易中，都重视选择化学成分协调、香气足、味好而又比较安全的烟叶。化学成分是衡量烟叶质量的最主要依据之一。烟叶的化学成分按大类划分有十几类，每一类都对烟叶和烟气的品质有一定影响。目前已通过统计分析方法初步探明了一些化学成分与烟叶质量的关系，并在此基础上构建了部分化学品质指标来辅助判定烟叶质量。烟叶中化学成分是烟叶质量的内涵，烟草及其制品的品质主要是由其内在化学成分的组成含量所决定的。因此，要更科学、更具体地掌握烟草品质，就必须对烟草内在的化学成分进行深入的研究。

烟叶的主要化学成分包括总糖、还原糖、烟碱、总氮、蛋白质和淀粉等，这些化学成分含量的协调性与烟叶质量关系密切，目前普遍认为优质烤烟化学成分为总糖含量为25%～35%、还原糖含量为20% ～30%、上部叶烟碱含量为3.0%～3.5%、中部叶烟碱含量为2.0～3.0%、下部叶烟碱含量为1.5%～2%、总氮含量为1.4% ～2.7%、氯含量小于0.8%，钾含量大于2%，钾氯比大于4，糖碱比为8～12%。

由表1-3-5可以看出，文山烟叶化学成分协调，均在质量目标的要求范围内，但烟碱含量稍高，尤其是上部叶；两糖含量水平较高；钾离子含量略低，氯离子含量低，钾氯比较高。在下一步工作中，应加强测土配方施肥工作，控制氮肥施用量，降低烟叶烟碱含量，提高内在化学成分协调性；增施有机肥，提升烟叶香气量和吃味；增施钾肥。

表1-3-5 烟叶常规化学成分

	等级	还原糖（%）	总糖（%）	总植物碱（%）	Cl（%）	K（%）	N（%）	两糖比	糖碱比	氮碱比	钾氯比
文山	X2F	28.58	33.43	1.79	0.25	1.78	1.71	0.85	18.83	0.96	7.43
	C3F	26.75	31.03	2.31	0.20	1.50	1.91	0.86	13.97	0.84	7.72
	B2F	22.13	24.80	3.30	0.26	1.50	2.38	0.89	7.58	0.72	6.22
砚山	X2F	26.08	29.05	1.90	0.19	1.42	1.70	0.90	15.40	0.89	7.45
	C3F	23.73	26.08	2.43	0.18	1.44	2.16	0.91	11.93	0.94	8.40
	B2F	20.48	22.18	3.31	0.21	1.48	2.55	0.92	6.94	0.78	7.45
丘北	X2F	25.70	29.20	1.97	0.31	1.56	1.81	0.88	15.26	0.93	5.85
	C3F	25.63	29.93	2.35	0.22	1.75	2.00	0.86	13.11	0.86	8.06
	B2F	20.87	23.27	3.52	0.23	1.33	2.60	0.90	6.60	0.74	5.83
广南	X2F	25.87	30.20	1.97	0.19	1.56	2.05	0.86	15.50	1.06	8.13
	C3F	22.13	24.30	2.54	0.19	1.52	2.00	0.91	9.83	0.80	7.87
	B2F	18.67	20.13	3.23	0.22	1.64	2.74	0.93	6.30	0.85	7.45
西畴	X2F	26.45	29.75	1.73	0.25	1.97	1.71	0.89	17.42	1.00	8.05
	C3F	27.65	30.90	2.27	0.21	1.71	1.88	0.89	13.62	0.83	8.39
	B2F	24.75	26.70	3.87	0.18	1.43	2.32	0.93	6.92	0.60	8.95
麻栗坡	X2F	27.25	30.30	1.89	0.19	1.98	1.76	0.90	16.64	0.97	10.42
	C3F	30.25	34.25	2.08	0.17	2.00	1.75	0.88	16.91	0.85	12.07
	B2F	28.60	31.60	3.29	0.18	1.68	2.22	0.91	9.66	0.67	9.57
马关	X2F	24.50	27.30	1.87	0.23	2.21	1.79	0.90	14.57	0.96	9.66
	C3F	27.45	30.75	2.16	0.22	1.90	1.91	0.89	14.24	0.88	8.80
	B2F	24.05	26.25	3.39	0.23	1.59	2.35	0.92	7.75	0.69	7.14
平均	X2F	26.49	30.14	1.88	0.23	1.72	1.79	0.88	16.33	0.96	7.88
	C3F	25.80	29.15	2.33	0.20	1.64	1.97	0.89	13.10	0.86	8.54
	B2F	22.19	24.36	3.39	0.22	1.51	2.48	0.91	7.27	0.74	7.29

2.4 烟叶内在质量

烟叶的内在质量（烟质）是指烟支或烟丝通过燃烧所产生的特征特性，衡量烟质的因素主要包括香气和吃味两个方面，目前，评吸是鉴定烟叶内在质量的重要手段。烟叶的外观质量与内在质量，经过许多研究证明是密切相关的，分级标准基本上可以代表烟叶外观与内在的综合质量水平。外观质量好，其内在质量亦好，外观较差者，内在质量亦较差，两者是基本统一的，具有普遍性。但也有不同之处，如有些烟叶的外观质量基本相同或相似，由于产区或品种不同，内在质量往往存在着不同程度的差异。安全性的提出，使人们更为关注烟叶的内在质量。

烟叶是吸食品，对烟叶品质的评价除外观性状外，主要是通过燃吸反映在烟气中的烟质来评定的。烟叶的内在质量，是指烟叶通过燃烧所产生的烟气的特征特性。衡量烟气质量的因素很多，主要的是香气、吸味、风格特色和烟气特征。香气包括香气质、香气量和杂气；吸味包括劲头、刺激性、浓度和余味；风格特色包括浓度、劲头和香型；烟气特征包括成团性、干燥感、甜度和柔和性等。长期以来，对烟草香气质量及香型的评价，一直建立在评吸人员对烟叶燃烧所形成烟气的感官评价上。而烟草及其制品的品质主要是由烟叶内在化学成分决定的，原料烟叶化学成分的组成和含量直接影响卷烟产品的香味、风格、质量和安全性。由于烤烟种植的生态环境不同，各地采用的品种、肥料、栽培技术及烟叶成熟度、调制和醇化技术不同，导致烟叶内在化学成分及性质等均出现较大的差异，尤其是烟叶香气成分的差异更加明显，而在卷烟产品的原料配方设计和产品质量上则要求原料烟叶的香气质量必须具有一定的稳定性。因此，仅仅依靠感官来评价烟叶原料的香气质量和可用性，已不能适应高质量卷烟产品生产对配方的要求。

类胡萝卜素是烟草香气中重要的萜烯类化合物。烟叶挥发性香气物质中有很多化合物与类胡萝卜素的降解产物有关，其中许多都是烟草中关键的致香成分。在烟叶总挥发性香气成分中，类胡萝卜素降解产物的含量仅次于叶绿素降解产物（占8%～12%），类胡萝卜素降解产生的香味物质阈值相对较低、刺激性较小，香气质较好，对烟叶香气贡献率大，是影响烟叶香气质和香气量的重要组分。叶绿素是烟叶成熟和调制过程中变化最剧烈的标志性物质，叶绿素降解产物新植二烯含量达到所测定的挥发性香气成分总量的75%～87%。新植二烯本身具有清香气且刺激性较强，通常认为新植二烯这类物质的含量和与其他香气物质的比值，可能是烟叶形成清香特色的主要因素之一。西柏烷类降解产物、芳香族氨基酸代谢产物、美拉德反应产物和酚类物质等均是烤烟挥发性香气成分的重要组成部分，有研究表明在南方具有清香型特色的烟叶中，茄酮、糠醛、5-甲基糠醛等西柏烷类降解产物和美拉德反应产物含量较高。

2.4.1 烟叶香气成分

2.4.1.1 文山烟区类胡萝卜素降解产物的含量

类胡萝卜素类香气物质是构成烟叶香气品质的重要组分，它产生的香味阈值相对较低，刺激性较小，对香气贡献率大。由表1-3-6可见，全州烤烟中类胡萝卜素降解物含量达29.72 μg/g。胡萝卜素降解物以广南含量最高，为33.10 μg/g，砚山为30.76 μg/g，西畴为30.65 μg/g，马关为30.44 μg/g，丘北为26.60 μg/g，文山为28.30 μg/g，麻栗坡为23.93 μg/g。在类胡萝卜素降解产物中，广南巨豆三烯酮 A、B、C、D含量高于其他几个县（市），β-大马酮也较高；丘北香叶基丙酮及β-大马酮高于其他县（市）；文山二氢猕猴桃内酯高于其他几个县；马关β-大马酮高；西畴3-氧代-α-紫罗兰醇高；麻栗坡香叶基丙酮、β-大马酮、二氢猕猴桃内酯、巨豆三烯酮 A、B、C、D均低于其他县（市）。

表1-3-6 类胡萝卜素降解产物的含量（μg/g）

	芳樟醇	β-大马酮	β-二氢大马酮	去氢去甲基烟碱	香叶基丙酮	β-紫罗兰酮	二氢猕猴桃内酯	巨豆三烯酮 A	巨豆三烯酮 B	巨豆三烯酮 C	巨豆三烯酮 D	3-氧代-α-紫罗兰醇	金合欢基丙酮A	金合欢基丙酮B	合计
文山	0.27	4.64	1.36	0.29	1.32	0.59	1.19	1.83	4.09	1.26	4.20	0.28	6.64	0.33	28.30
砚山	0.29	5.12	1.49	0.33	1.23	0.69	1.18	1.90	4.91	1.51	5.31	0.37	6.12	0.31	30.76
丘北	0.24	4.71	1.41	0.28	1.40	0.70	0.92	1.99	4.84	1.35	4.78	0.24	6.47	0.28	29.60
广南	0.28	5.23	1.72	0.41	1.25	0.70	0.96	2.06	5.88	1.54	6.12	0.36	6.27	0.33	33.10
西畴	0.24	4.57	1.53	0.29	1.29	0.64	1.10	2.02	4.51	1.53	5.06	0.45	7.07	0.35	30.65
麻栗坡	0.22	3.88	1.26	0.38	0.97	0.55	0.80	1.53	3.79	1.12	4.05	0.23	4.76	0.40	23.93
马关	0.28	4.37	1.43	0.36	1.34	0.71	0.77	2.08	5.32	1.34	4.96	0.28	6.95	0.26	30.44
平均	0.26	4.73	1.46	0.33	1.27	0.66	1.02	1.92	4.77	1.39	4.94	0.32	6.34	0.32	29.72

2.4.1.2　文山烟区美拉德反应产物的含量

如表1-3-7所示，全州烤烟美拉德反应产物含量均值为2.07 μg/g。其中广南最高位2.25 μg/g，西畴为2.18 μg/g，砚山为2.15 μg/g，丘北为2.06 μg/g，文山、麻栗坡为1.95 μg/g，马关最低，为1.91 μg/g。砚山、丘北、广南的糠醛、糠醇、5-甲基糠醛含量较高，马关较低；但丘北、广南的2，4-庚二烯醛 A、2，4-庚二烯醛 B的含量偏低，麻栗坡2，4-庚二烯醛A、B含量均较高。

表1-3-7　文山烟区美拉德反应产物的含量（μg/g）

	糠醛	糠醇	5-甲基糠醛	2，4-庚二烯醛 A	2，4-庚二烯醛 B	小计
文山	1.34	0.31	0.04	0.11	0.15	1.95
砚山	1.54	0.33	0.04	0.10	0.14	2.15
丘北	1.48	0.34	0.07	0.07	0.10	2.06
广南	1.66	0.35	0.08	0.06	0.10	2.25
西畴	1.49	0.31	0.06	0.17	0.16	2.18
麻栗坡	1.26	0.27	0.03	0.21	0.18	1.95
马关	1.44	0.25	0.05	0.07	0.09	1.91
平均	1.47	0.31	0.05	0.11	0.13	2.07

2.4.1.3　文山烟区苯丙氨酸类降解产物的含量

由表1-3-8可知，文山烤烟苯丙氨酸类降解产物的含量均值为9.90μg/g。在苯丙氨酸类降解产物中以苯甲醇含量最高；广南的苯丙氨酸类降解产物高于其他各县（市），砚山、西畴次之，再次为文山、丘北，麻栗坡、马关苯丙氨酸类降解产物含量最低。

表1-3-8　文山烟区苯丙氨酸类降解产物的含量（μg/g）

	苯甲醛	苯甲醇	苯乙醛	苯乙醇	吲哚	小计
文山	0.09	6.10	0.38	2.37	0.40	9.34
砚山	0.11	6.84	0.56	2.98	0.48	10.97
丘北	0.09	6.13	0.43	2.55	0.34	9.54
广南	0.11	7.29	0.56	3.52	0.51	12.00
西畴	0.13	6.21	0.57	2.47	0.79	10.17
麻栗坡	0.11	5.20	0.46	1.95	0.34	8.06
马关	0.09	4.77	0.44	2.13	0.43	7.86
平均	0.10	6.22	0.48	2.64	0.46	9.90

2.4.1.4 文山烟区西柏烷类降解产物的含量

由表1-3-9可知，文山烟区的西柏烷类降解产物的含量达到了25.37 μg/g，新植二烯的含量达到了426.94 μg/g。西柏烷类降解产物以麻栗坡（30.49 μg/g）、广南（29.09 μg/g）含量较高，马关最低，为19.59 μg/g；新植二烯以西畴（534.55 μg/g）、马关（510.54 μg/g）含量较高，麻栗坡最低为355.81 μg/g。新植二烯是烤烟中性挥发物中含量最高的成分，由于它可直接大量转移到烟气中，并具有减轻刺激和柔和烟气的作用，因而与烟气品质密切相关。周冀衡等[6]认为新植二烯这类物质的含量和与其他香气物质的比值,可能是烟叶形成清香特色的主要因素之一。

表1-3-9 文山烟区西柏烷类降解产物、新植二烯等的含量（μg/g）

	茄酮	西柏三烯二醇	小计	新植二烯
文山	14.19	9.79	23.98	427.42
砚山	12.88	12.41	25.29	378.74
丘北	15.19	9.09	24.28	427.94
广南	13.92	15.17	29.09	409.52
西畴	11.64	13.38	25.03	534.55
麻栗坡	11.11	19.38	30.49	355.81
马关	10.93	8.67	19.59	510.54
平均	13.15	12.22	25.37	426.94

2.4.1.5 文山烟区各类中性致香物质的含量

由表1-3-10可知西畴的烤烟中性致香成分含量最高达602.58 μg/g，大于马关（570.35 μg/g）大于丘北（493.42 μg/g）大于文山（491.0 μg/g）大于广南（485.96 μg/g）大于砚山（447.91 μg/g）大于麻栗坡（420.24 μg/g）。广南美拉德反应产物、芳香族氨基酸类降解产物和类胡萝卜素降解产物的含量均较高。主要是由于新植二烯含量相差较大所致。新植二烯具有携带烟叶中挥发性香气物质和致香成分进入烟气的能力，是烟叶的重要增香剂，它可进一步分解转化为植物呋喃，这些物质对形成烤烟的清香气息将产生积极的影响。

表1-3-10　文山烟区各类中性致香物质的含量（μg/g）

	美拉德反应产物类	芳香族氨基酸类降解产物	西柏烷类降解产物	类胡萝卜素降解产物	合计（除新植二烯外）	新植二烯	合计
文山	1.95	9.34	23.98	28.30	63.58	427.42	491.00
砚山	2.15	10.97	25.29	30.76	69.17	378.74	447.91
丘北	2.06	9.54	24.28	29.60	65.48	427.94	493.42
广南	2.25	12.00	29.09	33.10	76.44	409.52	485.96
西畴	2.18	10.17	25.03	30.65	68.03	534.55	602.58
麻栗坡	1.95	8.06	30.49	23.93	64.43	355.81	420.24
马关	1.91	7.86	19.59	30.44	59.81	510.54	570.35
平均	2.07	9.90	25.37	29.72	67.06	426.94	494.01

2.4.2　烟叶评吸质量

烟叶内在质量包括评吸质量、风格特色和烟气特征等。烟叶的评吸质量指标主要有香气质、香气量、杂气、刺激性、余味、燃烧性和灰色等；风格特色有浓度、劲头和香型等；烟气特征有成团性、干燥感、甜度和柔和性等。

2011年3月28至30日，文山州烟草专卖局（公司）邀请国内外15家卷烟工业企业部分国家级和省级评吸委员在文山州对全州2010年度烟叶样品进行了感官质量评价。本次评吸会从文山州所辖砚山、丘北、广南、文山、麻栗坡、马关、西畴7个县（市）51个植烟乡镇所采集的216套烟叶样品中抽取具有代表性的20套（B2F、C3F、X2F）样品进行感官质量评价。感官质量评价采用暗评法，对烟叶样品的风格特色、质量水平进行了定性和定量两个方面的感官质量评价。经专家们认真评吸和充分讨论，形成以下评价意见。

（1）文山州烟叶总体表现为：清香型风格特征明显，清甜香韵突出，香气底蕴丰富，香气量足；烟气的清晰度、轮廓明显，具有飘逸、优雅的特点；烟气细腻饱满、透发性强，流畅感及成团性好；口感舒适，甜润感明显。

（2）不同部位烟叶的风格和品质特征明显。

①上部烟：焦甜香突出，香气质较细腻，透发性较好，香气量充足，浓度较强，杂气较轻，余味舒适，劲头适中或偏大。

②中部烟：香气质细腻，成团性及绵延性较好，香气量充足，留香时间长，愉悦感较好，杂气轻，刺激性较小，口腔较干净，普遍有甜润感，劲头适中。

③下部烟：香气质较细腻，柔和性较好，香气量较充足，浓度适中，杂气较轻，刺激性较小，余味较干净舒适，普遍有湿润感及回甜感，劲头适中。

（3）文山州不同产区烟叶风格特征分析。

①文山市烟叶香气质好，香气量充足，烟气细腻柔和，透发性强，烟气饱满，清甜感较好，余味干净舒适，劲头适中。

②砚山县烟叶清香型风格较明显，香气较丰富饱满，烟气纯净，舒适性好。

③丘北县烟叶香气透发性好，香气量较足，有一定的爆发性，浓度强。

④广南县烟叶具有成熟香韵，香气量足、透发性好，余味舒适，杂气较少、刺激性小，劲头适中。

⑤马关县烟叶清香型特征明显，香气质较好，透发，香气量较足，浓度较高。

⑥麻栗坡县烟叶香气质较好，香气量足，余味干净、舒适，透发性强，浓度稍浓。

2.5 烟叶安全性

重金属是影响我国烤烟品质安全性的主要因素之一。烟草属于易累积重金属的植物，烟草中的砷（As）、镉（Cd）、铬（Cr）、铅（Pb）、镍（Ni）、铜（Cu）、汞（Hg）等重金属元素通过烟气的形式进入人体，在形成累积后，会给人体造成伤害。在世界范围内越来越关注烟草安全的形势下，加强烤烟重金属问题的深入研究，提出切实可行的烤烟重金属治理技术，无论在保护消费者的健康方面还是在提高烟草品质、增强我国烤烟在国际市场上的竞争力方面都具有重要意义。

由表1-3-11可知，文山部分烟叶中重金属As含量偏高。

表1-3-11 烟叶重金属检测数据（mg/kg）

产区	部位	As	Cd	Hg	Pb	Cr
文山	C	5.58	0.87	0.03	2.17	0.41

注：该数据引自上海烟草集团关于文山烟叶的质量评价报告。

2.6 总结

文山烟叶是保持云南烟叶香气风格底蕴基础上的独特高香气烟叶，具有优于传统浓香型烟叶的独特工业使用价值。文山州烟叶总体表现为：成熟度较好，以橘黄色为主，油分、色度较好，身份适中，叶片结构疏松，等级符合度较高，总糖和还原糖含量高，总氮、烟碱含量适中，钾含量略微偏低，香气质量稳定，烟气特性良好。清香型风格特征明显，清甜香韵突出，香气底蕴丰富，香气量足；烟气的清晰度、轮廓明显，具有飘逸、优雅的特点；烟气细腻饱满、透发性强，流畅感及成团性好；口感舒适，甜润感明显。

第四节　文山烟叶风格特色评价指标体系的构建

烟叶风格特色关系到中式卷烟的原料保障体系，关系到卷烟工业的长远健康发展；烟叶风格特色的研究同时还关系到烟区区域烟叶质量目标定位。

1. 烟叶风格特色评价指标体系的概念

1.1 烟叶风格特色评价指标

《辞海》对“指标”一词的释义是：“综合反映社会现象某一方面的绝对数、相对数、平均数。”从其功能来说，指标是指可以反映或测量一些情况的指征，它有助于将分散的信息转化为更易理解的形式，并以简单的方式来描述复杂的状况。指标通常包含较为概括的内容，通过利用比零散数据和统计资料更为综合的形式来描述相互关联的各方面。一般来说，评价指标可分为综合指标、基本指标和要素指标。烟叶风格特色状况是由影响烟叶风格特色的各种因素决定的。因此，评价烟叶风格特色状况，首先要分析影响烟叶风格特色的因素，然后根据全面性、独立性和层次性等原则对这些影响因素进行分析归类，归类后的各个层次的影响因素即为评价指标。

1.2 烟叶风格特色评价指标体系

广义的指标体系是通过一系列指标的逻辑分类和组合汇总建立的一套用于反映一种现象和状态的数据和方法体系。指标体系一般应具有解释功能、评价功能和预警功能；用同一套指标体系评价相同属性的对象，评价结果一般应具有可比性。由于烟叶风格特色问题是一个涉及烟草农业、烟草工业和烟区生态条件等多方面的复杂系统，因此需要建立一个反映烤烟风格特色的综合指标体系来对其进行分析和评价。

烟叶风格特色评价指标体系是通过对各种烟叶风格特色影响方面的一系列构成指标进行分析研究、计算等确立评价指标体系并对指标体系进行定量分析、评价烟叶风格特色的一种科学方法。国内外对烟叶风格特色评价指标体系的研究较少。本研究在前人研究的基础上，结合文山州烟叶生产现状和生态特点，研究文山州特色优质烟叶风格特色评价指标体系，评价内容不仅考虑烟叶本身的因素，还将影响烟叶风格特色的生态因素和人为因素也纳入烟叶风格特色评价指标体系当中。研究更为全面，更具现实意义。

2. 烟叶风格特色评价指标体系框架的建立

在界定指标特点和指标体系建立原则的基础上，从影响烟叶风格特色的各类因素中，通过合理的分类归并，建立层次分明、逻辑清晰的评价指标框架体系。

2.1 构建烟叶风格特色评价指标体系的意义

建立烟叶风格特色评价指标体系的根本目的是应用指标体系对区域烟叶风格特色状况进行量化评估，其主要意义在于：

对文山州烟区烟叶风格特色进行描述和区域定位，从烟叶风格特色层面对烟区进行区划，进而进行定目标质量特色和定目标风格特征、规模化生产特色优质烟叶，满足各工业企业对文山州烟叶不断增长的需求。

2.2 指标体系构建原理

2.2.1 指标体系须具备功能

根据建立指标体系的一般要求，烟叶风格特色评价指标体系应具备以下三方面的功能：

（1）能够描述和表征出区域烟叶风格特色各个方面的现状；

（2）能够对不同区域烟叶的风格特色加以区分；

（3）能够挖掘潜在的烟叶生产区域。

2.2.2 指标选择的原则

指标体系的建立，要视具体评价问题而定，但一般来说，在建立评价指标体系时，选择指标应遵循以下原则：

（1）稳定性原则：所选评价指标应是比较稳定的指标，由此评价的结果具有可靠性和稳定性。

（2）主导性原则：所选评价指标应是对烟叶风格特色起主要影响的因素，而且指标之间相关程度小，这就要考虑因素间的包含与被包含、因与果的关系，在众多的因子中，必须选择那些主导因素作为评价指标，以免重复计算。

（3）可量化性原则：所选指标应可以定量化描述、在区域内有较大的变化范围，其变化对烟叶风格特色影响显著。

（4）指标应可行，所选指标应尽可能是可获取，可测量、客观准确的。

2.2.3　指标体系构建的原则

指标体系建立的基本原则有以下四点：

（1）科学性：指标体系必须能客观反映烟叶风格特色与各种影响因素，以及各影响要素之间的内在联系、本质特点和规律性，客观反映烟叶风格特色的实际情况。另外，科学性原则也包括要保证评价方法如调查手段、数字模型等的科学性，特别是对评价指标体系中所涉及的定性指标，如果不采取严谨、科学的态度，就无法保证评价结论的可信度。

（2）明确性：所选择的指标对评价对象来说要有明确的极性，即对某一指标要能确定其与烟叶风格特色的大致关系：指标值高烟叶表现何种风格特色（某个方面），指标值低烟叶表现何种风格特色（某个方面），或者是存在一个理想的取值区间（超出这一区间烤烟基本质量都达不到要求）。值得注意的是，有的指标从表面上看似乎与烟叶风格特色有关，但究竟有何种关系无法说清，这样的指标就不能列入指标体系中。

（3）可比性：所选取的指标应能在评价烟叶样品间进行比较，包括指标含义、统计口径和计算方法等内容在评价对象间应有一致性，以保证评价结果真实、客观和可用于不同评价对象间的比较。

（4）简洁性：所建立的指标体系应当简单明确、层次清晰，用尽可能少的指标反映烟叶风格特色，做到全面性和代表性的统一。

2.2.4 指标体系构建的技术路线（见图1-4-1）

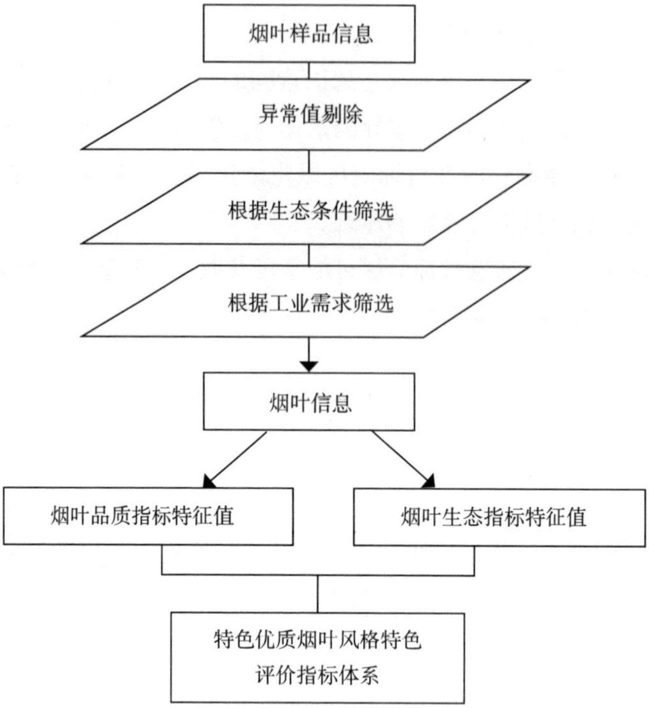

图1-4-1 指标体系构建的技术路线

2.3 指标体系的层次框架

目前的研究中，指标体系的框架大致可以分为单一指标类型、综合核算体系类型、菜单式多指标类型和菜单式少指标类型等。由于烟叶风格特色受多方面因素的影响，而每一个方面又需要通过多个指标或多级指标来衡量，因此本书选择三层的菜单式少指标类型框架结构。初步设想烟叶风格特色评价指标体系的层次框架由综合性指标、基本指标和要素指标三个层次构成（见图1-4-2）。

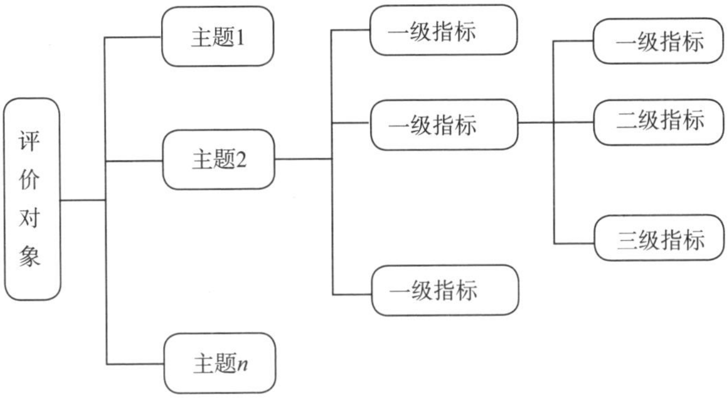

图1-4-2　评价指标体系的框架结构

2.3.1　综合评价（指标）

用以反映区域烟叶风格特色全貌的概括性指标。拟用“风格特色类别”表示。

2.3.2　基本指标

用以反映一个地区烟叶风格构成要素基本情况的指标。拟选取的基本指标有两个大类，八个基本指标：气候、土壤、地形地貌、烟株田间生长参数、烟叶物理质量、烟叶化学成分、烟叶评吸质量和烟叶外观质量。

2.3.3　要素指标

是指反映和表征基本指标的各种因素，其具体构成及与烟叶风格特色的关系见下文。

经过初步筛选确定的指标体系层次框架如表1-4-1所示。

表1-4-1　烟叶风格特色指标体系框架

综合评价	主题	基本指标（一级指标）	要素指标（二级指标）
风格特色类别	生态条件	气候	伸根期降雨量、旺长期降雨量、成熟期降雨量、伸根期均温、旺长期均温、成熟期均温、大田期日照时数、大田积温、空气湿度
		土壤	pH、有机质、全氮、全磷、有效钙、碱解氮、速效磷、速效钾、全钾、有效镁、有效铜、有效锌、有效铁、有效锰、有效硼、有效硫、水溶性氯、有效钼（区域内土壤物理特性变异较小，因而未加考虑）
		地形地貌	海拔、坡度、坡向

续表

综合评价	主题	基本指标（一级指标）	要素指标（二级指标）
风格特色类别	烟叶状况	烟株田间生长参数	群体数量参数、株高、株形指数、叶面积指数、留叶数
		烟叶化学成分	还原糖、总氮、烟碱、钾、淀粉、钾氯比、氮碱比、糖碱比、石油醚提取物、总多酚、挥发性酸、挥发性碱
		评吸质量	香气质、香气量、杂气、刺激性、燃烧性、余味、灰色、浓度、劲头、香型、柔和性、甜度、干燥感、成团性
		外观质量	成熟度、颜色、身份、油分、色度、结构
		物理质量	单叶重、叶长、叶宽、含梗率叶面密度、填充值、平衡含水率

3. 主要评价指标简介

3.1 气候

3.1.1 降雨

烟草大田期降水量的多少与分布直接影响着烟叶的产量和品质。如果降水过多，则根系发育差，叶片徒长纤弱，易枯黄，且易染病害。如果降水少，土壤干旱，则烟株长势差，产量低，所产烟叶小而厚，组织粗糙，质味下降。由此可见，降水过多或过少对于优质烟的生产都是不利的。降雨与烟叶烟碱的积累呈极显著正相关，烟叶石油醚提取物含量与大田期（5—8月）平均降水量均具有显著的负相关关系，因此大田期阴雨过多，会使烟叶香气明显下降。降水对烟草的影响不仅决定于生育期降水量，更决定于降水量的分布。优质烟叶生产对降雨的要求是：还苗期与伸根期降雨量80～100 mm，旺长期降雨量100～200 mm，成熟期降雨量80～120 mm。

3.1.2 温热

烤烟生长的最低温度和最高温度分别是18～22℃和昼温28～32℃。大田生长最适宜温度是24～28℃，低于17℃时烟叶不能正常成熟。然而，对烟草生产来说，如果栽培季节经常处于上述最适温度条件时，烟草虽然生长迅速，形成庞大的营养体，但品质往往不佳。从烤烟的品质出发，烟株对气温条件的要求以前期比较低、中期较高、成熟期不太高为适宜，一般来讲，还苗期与伸根期气温在18～28℃之间，旺长期气温在20～28℃之间，成熟期气温在20～25℃之间，这样有利于叶内积累较多的同化物质。除此，烟叶生长期日平均气温＞

20℃持续天数也是影响烟叶品质的关键因子，《全国烟草种植区划》将日平均气温＞20℃持续天数＞70 d作为烤烟最适宜或适宜生态类型的重要标准。在烤烟成熟期，气温高于35.0℃，特别是高于38.0℃时，烟叶的烟碱含量将明显升高，烟叶的经济价值将大大降低。不同烟叶种植区的烟叶品质受不同气象因子的影响。烟草为了正常完成自己的生命周期，需要一定的积温。有效积温是影响烤烟品种叶片发生、生长、成熟过程的主导因子。苏联的H.N.沃罗达尔斯基提出，烟草大田期所需的总积温为2 200～2 800℃。我国烟草种植区划研究表明，在＞10℃的活动积温低于2 600℃的地区不适宜种植烤烟。

3.1.3 光照条件

烟草既是喜温植物，又是喜光植物。从烟草系统发育形成的特性来说，充足的阳光才能使烟株生长旺盛，叶厚茎粗，繁殖力强。在大田期，充足而不强烈的日光对烟叶品质形成有利，尤其是在成熟期。如果日光不足，细胞分裂慢，机械组织发育差，植株细软纤弱，叶肉变薄，干物质少，单位叶面积质量轻，香气不浓，油分少，品质下降。但在强烈的日光照射下，烟草叶片的栅栏组织和海绵组织加厚，机械组织发达，叶片厚而粗糙，叶脉凸出，易形成“粗筋暴叶”，叶片氮化合物含量高，影响烟叶品质。烤烟生长最合适的光照条件是：全年日照百分率大丁50%，日照时数大于2 000 h；大田生长期日照百分率在40%左右，日照大于500 h。大田期旬均光照强度是影响云南烤烟多酚类物质积累的主要气候要素。伸根期到采烤初期的日照条件是提高烤烟品质的重要因子。

3.2 土壤

3.2.1 土壤酸碱度

土壤酸碱度是土壤重要的基本性质之一，是土壤形成过程和熟化培肥过程的一个重要指标，土壤的酸碱度通常用pH来表示。土壤pH指土壤溶液中氢离子（H^+）浓度的负对数。土壤溶液中氢离子（H^+）浓度直接影响土壤微生物活动和各种营养元素的转化形态，如在酸性土壤中，钾、钙、镁、锌、硼、锰等元素容易转化成有效养分，但在雨水过多或灌溉水次数过多的情况下，这些养分也容易流失而发生一些缺素症状，在酸性土壤中因活性铁、铝含量高，土壤中的有效磷容易被固定而降低磷的有效性。在石灰性土壤中，锌、锰等元素的有效性低，钾、镁、硼等元素因钙的拮抗作用，也会造成这些元素的缺乏。因此掌握土壤pH的变化情况对制定施肥方案和判断烟草缺素症状尤为重要。一般土壤的pH在4.0～9.0之间，烤烟虽然在pH为4.5～8.5时都能正常生长，但碱性土壤条件下难以获得内在品质优良的烟叶，pH处于4.5～7.5适宜烤烟的正常生长。

3.2.2 土壤有机质含量

土壤有机质含量的多少是土壤肥力的重要指标之一，它能反映土壤的熟化程度和土壤的供肥能力，同时也能改善土壤的物理性质和影响土壤微生物环境。土壤有机质含量处于动态平衡之中，它的变化取决于每年加入土壤中的有机肥的数量和有机物矿化的损失量，只有加入土壤的有机物数量多于矿化作用的分解数量时，才能逐渐提高土壤有机质的含量。土壤有机质在土壤环境中有非常重要的作用，它对土壤具有缓冲性、保水保肥性，能够调剂土壤环境，提供植物所需的各种营养元素。合适的有机质含量是生产优质烟叶的一个非常重要的指标，有机质过高或过低都会对烤烟生产不利，一般土壤有机质在20～40 g/kg之间比较适合烤烟生产。

3.2.3 土壤全氮及碱解氮含量

氮是农业生产中重要的养分限制因子，但通常多数土壤的含氮量却都比较低。土壤氮素含量受土壤类型、水热条件、有机质含量、质地、耕作措施和化学氮肥的施用等多种因素的影响。土壤中氮的形态一般分为无机态和有机态两种，其中95%以上都为有机态氮，大部分不能被植物直接吸收，只有当它转化为无机态氮后才容易被植物吸收利用；无机态氮主要又包括铵态氮、硝态氮和少量亚硝态氮，植物吸收的氮主要来自无机态氮，在测土施肥过程中，氮主要是以全氮和碱解氮两种形式出现，全氮包括有机氮和无机氮，它受植被、气候、地形、土壤质地和人为等因素影响，是评价土壤氮素肥力的一个重要指标；无机氮中速效部分主要是用碱解扩散法测定，通常称为碱解氮，是土壤速效氮供应水平的主要评价依据。氮也是烤烟生产中的养分限制因子，它不仅是烤烟生长中的主要营养元素，还对烤烟的产量、质量和烟叶品质的协调性等都有较大的影响，准确掌握土壤中氮的含量才能在烤烟生产的关键时期，适量、合理地施用氮肥，才能使烟株生长正常，光合能力增强，干物质积累较多，成熟落黄较好，烟叶品质达到上乘。

3.2.4 土壤全磷速效磷含量

磷是作物必需的重要营养元素之一，也是农业生产中最为重要的养分限制因子。在磷未被作为肥料应用于农业之前，土壤中可被植物吸收利用的磷基本上来源于地壳表层的风化释放以及成土过程中磷在土壤表层的生物富集。农业中磷肥的应用在很大程度上增加了土壤磷素肥力，为农业生产带来了巨大的效益。磷在土壤中的形态分为有机态磷和无机态磷，其中有机态磷主要来源于植物、微生物残体及施用的有机肥料，主要有核蛋白、核酸和植素等。无机态磷主要有3类，分别是水溶性磷化物、弱酸溶性磷化物和难溶性磷化物。土壤全磷包括土壤速效磷和迟效磷，速效磷只占土壤全磷的很小一部分，且土壤速效磷与全磷无明显的相关性，所以土壤全磷含量只能作为土壤磷素库容水平的一个指标，不能作为评价土壤肥力的依据，而土壤速效磷含量才是衡量土壤磷素供应状况的重要指标。土壤磷含量对烤烟生长非常重要，一般全磷含量大于1.2 g/kg、速效磷含量大于20 mg/kg比较适宜烤烟的生长。

3.2.5　土壤全钾及速效钾含量

钾是植物必需的大量营养元素之一，是植物体内非常活泼的元素，主要分布在代谢最活跃的器官和组织中，是多种酶的活化剂。主要作用有：促进光合作用和可食用部分的形成；有利于蛋白质合成，碳水化合物的代谢，共生固氮，从而提高氮肥的肥效；促进糖分和淀粉的转移，加速合成产物的流动、积累，从而提高产量；保持植株张力，减少水分损失，防止植株枯萎；活化多种酶，使作物生长健壮，从而提高植物抗霜冻、干旱、病害和倒伏等抗逆能力，提高农作物的产量和品质。烟草是喜钾作物，吸收钾元素比其他任何元素都多，钾是多种酶的活化剂，参与植株的光合、呼吸、氮代谢等多种生命过程，充足的钾素供应可保证烟株代谢正常进行，有助于植株健壮生长。钾素不仅与烤烟生长密切相关，还对烟叶品质有较大的影响，它能有效地提高烟叶的香气质和香气量，改善烟叶的燃烧性，降低烟叶燃烧时的温度，减少烟气中的有害物质和焦油释放量，提高烟制品的安全性。因此，通常把烟叶的含钾量作为评价烟叶品质优劣的一个重要指标。土壤全钾含量只能作为土壤钾素库容水平的一个指标，不能作为评价土壤肥力的依据，跟土壤速效钾含量也无必然的相关关系，土壤中全钾可分为三类：矿物态钾、缓效钾和速效钾，矿物态钾主要存在于土壤矿物中，对植物生长来说是相对无效的；缓效钾存在丁胀缩性层状黏土矿物及黑云母矿物中，这类钾不能被作物迅速吸收，但可以转化为速效钾，并与速效钾保持一定的平衡关系，对速效钾含量起着调节作用；速效钾是溶解或吸附在土壤表面容易被植物直接吸收利用的钾，是判断土壤钾素的主要指标。土壤钾含量对烤烟生长非常重要，一般优质烤烟生产要求全钾含量大于18 g/kg，速效钾含量大于100 mg/kg。

3.2.6 植烟土壤有效钙、镁、硫含量

钙是构成细胞壁的重要元素，植物体中绝大部分钙存在于细胞壁中。作物缺钙时，细胞壁不能形成，细胞不能正常分裂，生长点会坏死，钙是烟草灰分中的主要成分，对植物抗病有一定作用。所以缺钙症状常会首先表现在顶端叶片上。缺钙常会由温度、水分条件剧烈变化造成，而非单纯的养分供应问题，因此植烟土壤中有效钙的含量对烤烟生产非常重要。土壤钙含量对烤烟生长非常重要，一般优质烤烟生产要求有效钙含量大于400 mg/kg。

镁是植物生长必需的矿质营养元素之一，具有重要的营养作用和生理功能，它在植物体内除了成为叶绿素中心原子、直接参与光合作用外，还作为多种酶的活化剂，参与光合作用、碳水化合物、脂肪、蛋白质以及核酸的合成。当土壤中镁的含量不足时，烟株会产生缺镁症导致叶片失绿，影响光合作用，缺镁烟叶调制后颜色灰暗，油分差、无弹性。如果镁含量过高，会影响烟株对钾的吸收，烟叶难以成熟。土壤镁含量对烤烟生长非常重要，一般优质烤烟生产要求有效镁含量大于50 mg/kg。

硫是作物生长发育不可缺少的营养元素，就需要量而言仅次于氮、磷和钾，被列为第4大营养元素。在植烟土壤中，由于长期以来大量施用普通过磷酸钙和硫酸钾等含硫较高的肥料，且在酸性土壤中硫的有效性高，因此烟株很少会出现缺硫的现象。一般优质烤烟生产要求有效硫含量为8～12 mg/kg。

3.2.7 土壤微量元素含量

铜是植物必需的营养元素，是多种氧化酶的辅基，是植物体内多酚氧化酶、吲哚乙酸氧化酶的组成成分，能促进烟草体内氧化还原过程，增强吸收率。铜能保持叶绿素的稳定性，叶绿素中含有较多的含铜的酶，并且铜与铁卟啉辅基结合，与叶绿素的形成有直接关系。铜还能使其他色素稳定性增强。植物中高达70%的铜集中在叶绿素中，因此，铜在同化作用中占有很重要的地位。铜对蛋白质和糖类的代谢有促进作用。当烟株缺铜时，体内的可溶性含氮化合物增加，还原糖减少，烟株上部叶出现凋萎现象。一般优质烤烟生产要求有效铜含量在0.2 mg/kg以上。

锌也是植物体内的必要元素，锌在植物体内的主要功能是作为某些组成成

分和活化剂。锌是谷氨酸脱氢酶、磷脂酶、羧基酞酶和黄素酶的组成成分。这些酶对体内的物质水解、氧化还原过程和蛋白质合成起着重要作用。锌在植物体内参与生长素的合成，烟株缺锌会导致生长素和色氨酸的含量下降；锌还参与了叶绿素的形成，对碳水化合物的形成有重要作用。一般优质烤烟生产要求有效锌含量在1.5 mg/kg以上。

植物中铁以离子态或有机复盐的形态被吸收，但在体内的移动性很小，以不溶性氧化物或有机磷酸铁化合物的形式呈沉淀状态存在。铁主要分布在叶绿素体内，参与叶绿素的形成。如果缺铁，叶绿素的形成将明显受到影响；铁在烟叶体内是许多重要酶的辅基，同时铁还参与了蛋白质的合成，缺铁会引起糖含量特别是还原糖含量，有机酸以及维生素的含量下降。一般优质烤烟生产要求有效铁含量在2.5 mg/kg以上。

锰是多种酶的活化剂，它能促进碳水化合物和氮的代谢，与烟株生长发育和烟叶产量密切相关，锰主要以二价离子状态被吸收，它对烟株体内生长素的重组，叶绿素合成以及叶绿体的发育、增殖，片层结构的维持有着重要作用，但锰含量过高也会对烟株造成毒害。一般优质烤烟生产要求有效锰含量在5 mg/kg以上。

烟草是中等需硼作物，硼也是烟草生长中很重要的营养元素。因为烟株组织的正常发育和分化需要硼，硼又参与蛋白质代谢、生物碱合成、物质运输，同时与钾、钙等主要元素又有相互作用，硼对烟叶产量和质量有着极大的影响。一般优质烤烟生产要求有效硼含量在0.5 mg/kg以上。

氯离子虽然对烟叶品质有负面影响，但少量的氯离子能促进烟株生长，提高抗旱能力。氯离子在烟草植株内积累过多，会干扰烟草碳水化合物的代谢活动，烟叶厚而脆，使淀粉积累过多，导致叶缘向上卷起；并使烘烤后色味不佳，原料烟燃烧性变差；在贮藏期间易吸湿，引起霉烂。因此，烟草被列为“忌氯作物”。但氯又是烤烟生长必需的营养元素之一，烟株缺氯同样会影响烟叶品质。因此土壤中氯的含量自然成为烟草生产中人们关注的重点之一。经过长期研究得出，植烟土壤中水溶性氯含量在大于2.0 mg/kg而小于30.0 mg/kg时较适宜烤烟生长。

钼虽然是微量元素中植物需求很少的一种，但也是植物生长必需的元素，钼还是组成固氮酶和硝酸还原酶的成分。硝酸还原酶对烟草非常重要，它能促进氮代谢中硝态氮还原成氨的反应，烟株缺钼会使硝酸还原酶的活性降低，硝态氮便积累在体内，造成氮供应不足而使氨基酸合成受阻，使蛋白质不能进行代谢，对烟叶的产量和质量有一定影响。一般优质烤烟生产要求有效钼含量在0.15 mg/kg以上。

3.3 地形地貌

3.3.1 海拔

海拔高度是影响气温的最重要、最直接因素，而气温是影响烤烟生长和物质合成的重要因素。文山州地处高原山区，海拔跨度较大，是典型的立体型气候烟区，因此海拔高度是影响烟叶风格特色的重要因素。

3.3.2 坡向

坡向是山地条件下影响光照的重要因素之一。坡向还影响降雨。

3.3.3 坡度

在农业种植上，坡度影响水分、养分和耕层堆积厚度等指标。例如坡度在25° 以上时极易造成水土流失，对烟草生长不利。而坡度太小的平原或低洼地区，水易聚集，水肥过剩，对烤烟生长不利，影响烟叶品质的形成。理想的烟草生长条件为缓缓起伏的坡地，一般坡度以5° 为宜，这类缓坡地不仅土层较厚，而且排水通畅，空气流通；在冬季夜间温度降低时，冷空气顺坡下注，聚集于谷地中，而坡上空气则比较温暖，利于烤烟生长。

3.4 烟株田间生长参数

3.4.1 群体数量参数

株距、行距。

3.4.2 田间生长参数

株高、叶面积指数、留叶数、株形、生育期。

3.5 烟叶化学成分

3.5.1 总糖和还原糖

烟叶中的糖含量是评价内在品质的重要指标，一般认为，影响烤烟吃味的主要因素是烟叶燃烧时热解呈酸性（水溶性糖类）及碱性（含氮化合物）物质的平衡与协调。烟叶中的糖可以消除蛋白质燃烧产生的不良气味，与烟碱、总氮等化合物一起决定烟叶的吸味和刺激性，对烟叶质量起到平衡作用，总糖与烟碱之比（糖碱比）是从酸碱协调角度衡量烟叶吃味品质好坏的重要参考指标。

研究表明，水溶性总糖和还原糖含量对烤烟品质都产生极显著影响，是形成烤烟中香气物质的前提，与其他化学成分的协调能够提高烟叶的香气质和香气量。我国烟叶普遍存在烟叶含糖量过高或过低而使叶片化学成分失衡的问题，还原糖是目前制约烤烟吃味品质的主要化学成分，提高还原糖相对于总糖的比例，将糖碱比维持在合适范围一直是烟草行业关注的问题。

3.5.2 总氮

氮是烟草体内许多重要有机化合物如蛋白质、核酸、叶绿素、酶、维生素和生物碱等物质的组分，是构成生命活动的物质基础；氮素是影响烟草生长的快慢、叶片的大小以及产量的关键因素；氮是烟碱的重要组成成分，对烟叶香气组成、吸味及刺激性均有重要作用。总氮含量、氮碱比是常用的衡量烤烟内在品质的化学指标。有研究表明，与评吸质量有关的化学成分主要是糖组分、含氮化合物以及烟叶燃烧时热解呈酸性（水溶性糖类）及碱性（含氮化合物）物质的平衡与协调。

3.5.3 烟碱

烟碱又名尼古丁（Nicotine），是烟草中极为重要的化学成分，烟碱决定着烟叶的香吃味和生理强度，是烤烟中最重要的化学成分之一，其含量直接决定烟叶的内在品质、安全性和可用性。一般认为，烤烟烟碱含量的变化范围是1.5%～3.5%，其中上部叶是2.5%～3.5%，中部叶是2.0%～2.8%，下部叶是1.5%～2.0%。烟叶烟碱含量的高低是烟叶原料和卷烟产品质量控制的一个重要指标，烟碱含量与自然条件、烟草类型、农业栽培措施以及调制方法等多种因素有关。

3.5.4 钾

烟草是需钾量较高的叶用经济作物，吸收钾素比其他任何元素都高，一般是氮素的1.4倍，磷素的3.5倍。钾是烤烟以及其他植物生长所必需的营养元素。钾素在烟株体内以离子态游离存在，是合成酶类、氧化还原酶类和转移酶类等60多种酶的活化剂。钾可以促进烟株光合作用，提高烟株的呼吸效率，参与糖类、脂类和蛋白质的代谢过程。充足的钾素供应能够保证烟株生长代谢的正常进行和烟株的健壮生长。钾更是烤烟的品质元素，钾含量高的烟叶外观和内在品质都较好。钾含量高的烟叶色泽呈深橘黄色，吃味好，富有弹性和韧性，填充性强。钾可以促进烟叶中糖类、芳香类等与品质有关物质的合成和积累，从而影响烤烟的香气质和香气量；钾与烟叶的燃烧性有关，钾含量高的烟叶有较好的燃烧性和阴燃持火力，钾含量高的烟叶燃烧温度低，有利于减少有害物质产生和提高烟草制品的品质及安全性。美国和津巴布韦的烟叶含钾量多在4%～6%之间，在我国优质烤烟要求的含钾量应不低于2.0%。

3.5.5 氯

氯是烤烟以及其他植物生长所必需的营养元素。氯对烟草而言是一个十分特殊的元素。烟草是公认的忌氯作物，但氯也是烟草生长的必需营养元素和烟叶重要的品质元素，烟叶氯含量过高或过低对烟叶质量都有不良影响。含氯在0.8%以上时，烟叶质量明显下降，烟叶颜色杂色斑驳或暗淡无光泽，质地过于疏松，难贮存，易发霉，燃烧性差，易熄火，当含氯量高于1.0%时，吸食时会有令人不愉快的海藻腥味。适当的氯含量是有利于烟叶品质的，含氯小于0.3%时，烟叶身份薄，内含物不足，弹性差，干燥粗糙，易破碎，切丝率低；一般认为烟叶氯含量在0.3%～0.8%之间较为适宜，这时烟叶质地柔软，具有弹性和油润度，膨胀性好，破碎率低，可提高烟叶的切丝率。

3.5.6 淀粉

烟叶光合产物的主要贮藏形式是淀粉。在叶绿体中，光合产物除了满足细胞自身代谢活动和合成蔗糖并转运出去所需的物质和能量之外，多余的部分基本上转化为淀粉储藏起来；在烟株生命活动所需之时，淀粉又可降解并转化为其他形式的糖类供给各种需求。淀粉积累是烟叶物质和能量的一种储存形式。烟叶在生长期间，淀粉含量逐步增加，随叶片的衰老而显著减少。成熟烟叶的淀粉含量通常在25 g/kg左右，烤后烟叶的淀粉含量在20.00～80.00 g/kg之间，含量超过50.00 g/kg时，则认为对烟叶的品质不利。淀粉转化所形成的糖含量的高低，直接影响烟叶燃吸的香吃味特性。

3.5.7 钾氯比

钾氯比是用于判定烟叶燃烧性的重要指标。氯会对烟叶燃烧性带来不利影响，而钾是促进烟叶燃烧的有利元素，两者的比值可以反映烟叶燃烧质量的好坏。钾氯比值是描述烟叶燃烧性的简单可靠的指标，其比值大于1时烟叶不熄火；比值大于2时燃烧性好。烟叶中氯素达到适宜范围（0.4%～0.8%）时，钾氯比值越大，烟叶的燃烧性越好，适宜的钾氯比值为4～10。

3.5.8 氮碱比

通常认为氮/碱比值在1左右为宜，若此值小于0.6，通常是因为烟碱含量过高。

3.5.9 糖碱比

糖碱比是衡量烟叶吸味优劣、刺激性大小的一个指标，一般来讲，该比值接近10：1的烟叶为好。比值过高，两种成分不协调，表现为香气平淡，劲头不足，比值过低表现为劲头大，香气粗糙，刺激性大，并具有较强的苦味。

3.5.10 石油醚提取物

烤烟叶片中的石油醚提取物是用石油醚作溶剂，通过对烟叶样品进行萃取得到的物质的总称。关于石油醚提取物的具体成分，目前并无明确的结论。一般认为石油醚提取物主要包括烟叶的挥发油、脂肪酸、脂肪酸酯、脂肪醇、类脂物、蜡质、甾醇和色素等物质，其中有些是香气成分，有些是香气成分的前体物，还有些则是挥发性、刺激性或其他不良成分的前体物。烟叶石油醚提取物含量与烟草的香气量有关，在烟叶成熟、调制、陈化和燃吸过程中，经过一系列的分解、转化形成致香物质，产生香气，石油醚提取物常作为衡量烟叶品质和香气的重要指标。一般石油醚提取物含量越高，其香气物质越多。

3.5.11 总多酚

多酚是烟叶中的一类重要物质，在烟草等级、色泽和烟气香味等方面起着重要作用，在改善烟叶的外观品质和内在质量方面都有着良好的作用，其中对改善烟叶等级作用大的两个多酚物质是绿原酸和芸香苷。多酚类物质在烟草中的含量与烟叶品质的芳香吃味和商品等级基本是一致的。研究表明，不同烤烟品种间多酚含量存在差异，各部位多酚含量的差异与烤烟品种有关。烟叶多酚含量因烟叶部位和颜色差异而不同，随着烟叶等级的升高而增加。随着烟叶色域转深和油分水平的提高，多酚含量逐渐降低。在不同卷烟配方中，多酚含量的差异与使用不同产地的原料有关，多酚含量随着卷烟档次和内在质量的升高而增加，不同产地烤烟原料中多酚含量与产区生态环境相关。

3.5.12 挥发性酸

在生长发育和代谢期间烟叶中可产生近百种有机酸，不同类型烟草所含有机酸的种类基本相同，但各种酸的含量相差很大。这些有机酸大体上可分为挥发性、半挥发性和不挥发性酸。其中相对分子质量较小的（10个碳原子以下的）一元酸都具有挥发性，6个碳以下的一元酸挥发性较强，烟草中所含的挥发酸主要是指这些酸。挥发酸的含量对烟叶品质有较大的影响，含量适宜时烟气吸味醇和，香气量大，乙酸和甲酸是烟叶中主要的挥发酸，次要的挥发酸主要有丙酸、α-呋喃酸、苯甲酸、α-甲基丁酸和β-甲基戊酸。挥发性有机酸包括10个碳以下的低级脂肪酸和部分芳香酸如苯甲酸、苯乙酸等，由于其挥发性在卷烟抽吸过程中可直接进入烟气，对香气和吸味有明显的影响。

3.5.13 挥发性碱

烟草挥发性碱可使烟气的酸性减弱，碱性增强；若含量过高，会使烟气的刺激性较大，辛辣、刺喉、呛咳等；若含量过低，则烟气强度不足，吸味平淡，影响烟气的丰满度和满足感。

3.6 烟叶感官质量

3.6.1 烟叶评吸质量

3.6.1.1 香气质和香气量

烟叶香气是指烟叶本身或燃烧后烟气中发出的一种给人愉快感觉的气息，主要通过香气质和香气量来体现。烟叶香气的主要化学成分大部分都是含有羰基的化合物和萜烯类化合物。致香成分大多存在于烟气的酸性组分中，香气较浓的烟叶，酸性组分含量高，缺乏香气的烟叶酸性组分含量低。香气与烟叶中蛋白质及其分解产物氨基酸的含量，以及与糖类作用的条件有很大关系，因而不同类型的烟叶具有不同的香气。一般含蛋白质较多的烟叶比蛋白质含量少的烟叶调制后香气浓度更高。所以，着生在烟株上部的叶片比下部叶香气浓。香气主要通过香气质和香气量来体现，其评价标准和分值分别如下。香气质：好18、较好16、中等偏强14、中等12、中等偏弱10、较差8、差6；香气量：足20、较足18、尚足偏强16、尚足14、尚足偏弱12、较少10、少8。

3.6.1.2 吃味（杂气和余味）

烟叶中每种成分燃烧后对吃味都有一定影响。吃味主要通过杂气和余味来体现，吃味是烟气中各种成分含量不同比例的配合。一般认为，各种成分的适当配合，才能产生协调的烟气。例如，在烤烟中，如果蛋白质缺乏或含量过低，就会感到烟气不充实丰满。总糖与蛋白质含量的合适比例一直是衡量烟叶吃味质量的一个指标。烟叶中糖含量与品质密切相关，在一定范围内，糖含量越高，品质越好。糖与烟碱比例常用来作为评价烟叶劲头和吃味的依据，现在认为总糖含量与烟碱含量的比例以10：1为好。吃味主要通过杂气和余味来体现，其评价标准和分值分别如下。杂气：无15、较轻13、有偏轻11、有9、有偏重7、较重5、重3；余味：舒适20、较舒适18、尚舒适偏好16、尚舒适14、尚舒适偏差12、不舒适10以下。

3.6.1.3　刺激性

烟气中对感觉起刺激作用的，主要是呈碱性的成分，主要是氨。烟气中的碱性物质有70%～80%由氨及其衍生物所产生。烟碱也是产生刺激性的成分，主要是以游离状态存在的烟碱在烟气中形成零散的液体细珠，多数残留在呼吸器官中，引起强烈的刺激。因此，游离烟碱在总烟碱中所占的比例愈大，刺激性愈大，烟质愈差。另外，木质素和纤维素燃烧后能产生引起呛咳的气味。挥发性酸虽然有好的作用，但含量过高，会使烟气产生辛辣、灼热的感觉，也是增加刺激性的因素，刺激性评价标准和分值如下：无18、微有16、有偏小14、有12、有偏大10、较大8、大6。

3.6.1.4　燃烧性

烟叶燃烧性对内在质量有一定的影响。燃烧性好的烟叶，它的香气充足，吸味好；燃烧性差的，影响香气的发挥，吸味亦较差，并有一种不良气味，焦油含量亦多，安全性差。因此，烟叶燃烧性亦是用户选择质量关注的内容之一，其评价标准和分值如下：强5、较强4、中等3、较差2、差1、熄火0。文山州烤烟样本燃烧性得分均为4分，说明文山州烤烟燃烧性较强，且一致性极好。

3.6.1.5　灰分

灰分是烟草经燃烧后所剩下的残渣。从灰分的外观形状和它所含的成分可以判断烟叶质量的优劣。质量好的烟叶，燃烧时，燃烧区是均匀的，灰分呈白色，并且是黏聚的。对燃烧有利的物质是纤维素、硝酸盐和钾。蛋白质、碳水化合物、氯是阻燃的。特别是当氯离子含量超过1%时，燃烧速度就会减慢，超过1.5%则显著阻燃，2.5%以上则黑灰熄灭。因此，灰分中钾、氯的比值是评价烟叶燃烧性的一个重要指标。灰分主要通过灰色来体现，其评价标准和分值如下：白色4、灰白3、灰2、黑灰1。

3.6.2　烟叶评吸风格

风格特色包括浓度、劲头、香型，其评价标准和分值分别如下。浓度：浓5、较浓4、中等3、较淡2、淡1；劲头：大5、较大4、适中3、较小2、小1；香型：清香5、清—中4、中3、中—浓2、浓香1、其他0。

3.6.3 烟叶评吸烟气特征

烟气特征包括成团性、干燥感、甜度和柔和性，其评价标准和分值分别如下。成团性：好5、较好4、中等3、较差2、差1；干燥感：湿润5、较湿润4、中等3、较干燥2、干燥1；甜度：明显3、较明显2、不明显1；柔和性：柔和5、较柔和4、中等3、较硬朗2、硬朗1。

3.7 外观质量

3.7.1 成熟度

成熟度是影响烟叶质量的重要因素。采收时应掌握适当的成熟度，才能获得高质量的烟叶。未成熟的烟叶，叶绿素含量高，黄色色素含量少，干物质积累少，单叶重轻，组织紧密，油分少，不易烘烤，易烤青，烟叶光泽差，烤后烟叶质量差。过度成熟的烟叶，采收时已进入衰老期，干物质分解较多，细胞组织过度疏松，烤后烟叶干物质少，单叶重轻，叶尖和叶缘易出现杂色或棕色，同样造成质量差。只有采收成熟度好的烟叶，才能形成颜色正、光泽好、组织结构适中、干物质较多、油分足的优质烟叶。成熟度标准可分为完熟、成熟、尚熟、欠熟和假熟。

3.7.2 颜色

烟叶颜色指新鲜烟叶经调制后呈现的色彩。烟叶的颜色是因色素的存在而产生的。烟叶中含有多种色素，随各种色素存在比例的不同而形成不同的颜色。颜色的差异在很大程度上反映了叶内化学成分的变化，也就是说，颜色的差异反映着不同的烟叶内在质量，不同颜色的烟叶必然具有不同的内在质量特点。颜色可分为橘黄、柠檬、红棕、杂色和微带青等档次。从化学成分和吸食质量来看，均以橘黄色烟叶为最佳。

3.7.3 身份

烤烟要求厚度适中，组织细致，身份可分为厚、稍厚、中等、稍薄和薄5个档次。

3.7.4 油分

烟叶油分通常是指烟叶组织细胞内含有的柔软半液体或液体物质。油分足的烟叶，给人以油润丰满之感，烟叶质量就好。油分不足的烟叶则枯干，易焦碎，烟叶质量就差。油分标准可分为多、有、稍有和少。

3.7.5 色度

所谓色度是指烟叶表面色彩的纯净鲜艳程度。色度好的烟叶香气和吃味都好。烟叶的色度与烟叶的油分基本上是相一致的，烟叶表面的黏性物质（主要是树脂和挥发油）多在调制过程中形成一层有光泽的油性物，烟叶的油分就足，光泽就好。但是，如果烘烤不当，造成挂灰，即便是油分足的烟叶，烤后烟叶光泽也不会好。色度一般分为浓、强、中、弱和淡。

3.7.6　叶片结构

烤烟要求叶片结构疏松，其标准主要有：疏松、尚疏松、稍密和紧密。

3.8　物理指标

3.8.1　烟叶叶长、叶宽和单叶重

烟叶的长宽和单叶重反映了烟叶的发育状况。

3.8.2　烟叶含梗率

含梗率是指烟叶里烟梗所占的比例，以百分比表示。含梗率与烟叶主脉的粗细、叶片的厚薄有关。在叶片厚度相同的情况下，主脉粗者含梗率高；主脉粗细相同时，叶片薄的含梗率高。烟叶含梗率与烤烟品种及烟叶部位有关，部位不同的烟叶含梗率差异很大，下部含梗率最高，上部含梗率较小，烤烟含梗率一般在25%左右。

3.8.3　烟叶叶质重

叶质重是指已平衡水分的烟叶单位面积叶片的质量，一般以g/m^2表示。叶质重的大小与叶片厚度及密度有密切的关系，叶片厚及密度大者叶质重较大，反之较小。叶质重以中等为宜。它影响填充值，与单箱消耗丝量有关。

3.8.4　烟叶填充值

填充值是指单位质量的烟丝在标准压力下所占有的体积，单位为cm^3/g。填充值的大小在一定程度上反映了烟叶质量和工艺上的经济性。一般评吸质量好的烟叶填充值较小，评吸质量差的烟叶填充值较大。影响填充值的因素是多方面的，如烟叶的纤维素含量愈高，它的填充值也愈大；烟叶总糖含量愈低，填充值愈大；下部烟叶比上部烟叶填充值大些，成熟度好的烟叶比成熟度差的填充值大些；平衡水分含量低的烟叶，填充值大。从不同类型烟草来看，一般白肋烟的填充值比烤烟大，而烤烟的填充值又比香料烟大。填充值的大小对烟厂来说有很重要的意义，填充值大者单箱耗丝量较少，填充值小者则单箱耗丝量较多。在其他质量相同的情况下，填充值越大越受烟厂的欢迎。

3.8.5 烟叶平衡含水率

烟叶依空气湿度的变化从空气中吸收水分和向空气中散发水分的能力称为平衡含水率（吸湿性）。烟叶之所以具有吸湿性，是由于烟叶属毛细管多孔性物质，内表面很大，且含有亲水胶体。由于烟叶的组织结构和化学成分之间的差异，不同地区、品种、部位及不同质量的烟叶，吸湿性强弱不等。一般同一地区的烟叶，品级越高，吸湿性越强。同一等级而不同地区的烟叶吸湿性也有差异，如同一级别的烟叶中，云南、福建所产烟叶的吸湿性强于河南所产烟叶的。吸湿性与烟叶的可溶性糖含量及烟叶的组织结构有关，质量好的烟叶，组织结构疏松，弹性好，可溶性糖含量较高，吸湿性较好。因此，吸湿性在一定程度上反映了烟叶质量的优劣。另一方面，熄火烟或含氯量高的烟叶吸湿性也较好。吸湿性的强弱与贮存保管和加工工艺关系很大，因此在烟叶的整个加工过程中必须严格地控制湿度。

第五节　文山烟叶风格特色评价指标体系构建实证分析

文山州植烟区海拔为1 400～1 900 m，土壤为典型的黄壤和部分红壤，形成的烟叶特色是成熟度好、身份适中、叶片结构疏松、油分多、香气质好、香气量足、劲头适中、烟叶配伍性好，是各工业企业争抢的优质特色烟叶。

1. 烟叶样品采集和分析

采用GPS定位技术，2010—2012年在文山州采集C3F等级（中部橘黄三级）初烤烟叶样品145份。烟叶样品采集由专职评级人员按照《烤烟》（GB 2635—92）进行，确保等级合格率在95%以上，每个样品取3.0 kg。

将烤烟叶片去除主脉后，置于60℃恒温干燥箱中烘干，粉碎并过60目筛，装入自封袋中用于测试分析。烤烟样品化学成分检测方法如下：还原糖含量采用沸水浸提-铜还原-直接滴定法测定；总氮含量采用浓硫酸-双氧水消化-凯氏定含量氮法测定；烟碱含量采用活性炭-紫外分光光度法测定；钾含量采用乙酸提取-火焰光度法测定；淀粉含量采用HCl水解-铜还原-直接滴定法测定；氯离子含量采用电位自动滴定法测定；挥发酸和挥发碱含量采用蒸馏滴定法测定；总多酚含量采用分光光度计法测定；石油醚提取物含量采用称量法测定。所有项目均参照《烟草化学》一书中的方法。

参照《烟草及烟草制品感官评价方法》（YC/ T138—1998），建立单料烟评吸质量指标及评分标准，由云南省烟草公司文山州公司召集省级以上卷烟评吸专家11名对样品进行盲评，分别按香气质、香气量、杂气等14个感官质量指标进行打分，取其平均值，计算评吸质量总得分。

2.　评价指标体系构建及实证分析

原始数据筛选，首先剔除异常值，即把分布于平均值 ± 3倍标准差之外的数值剔除；然后将海拔1 600～1 900 m之间的烟叶样品筛选出来；最后根据工业企业对于文山州烟叶的描述和核心质量目标“清香型风格典型、香气量足、香气质纯”，将香气质得分在12.50以上的烟叶样品筛选出来，用于后面的分析。

2.1　文山州烟叶感官质量评价指标体系

经过数据筛选和统计分析，探明了文山州烟叶的感官质量特征（见表1-5-1），进一步构建了文山州烟叶感官质量评价指标体系（见表1-5-2至表1-5-4）。

表1-5-1　文山州烟叶评吸质量、评吸风格和烟气特征描述

指标	平均值 ± 标准差	变幅	95%置信区间	描述
香气质	14.92 ± 0.72	13.5～16	14.77～15.07	中等～好
香气量	15.49 ± 1.17	13～17	15.25～15.74	尚足～较足
杂气	11.76 ± 0.91	10～13	11.57～11.95	有～较轻
刺激性	13.41 ± 0.84	12.5～15	13.24～13.59	有～微有
余味	15.3 ± 0.91	13.5～17	15.11～15.49	尚舒适
燃烧性	4.44 ± 0.5	4～5	4.34～4.54	中等～较强
灰色	3.97 ± 0.11	3.5～4	3.95～4	白色
上述指标和（总分100）	79.3 ± 3.79	74～85.5	78.51～80.09	中等～良好
浓度	3.12 ± 0.22	3～3.5	3.08～3.17	中等
劲头	3.01 ± 0.22	2.5～4	2.96～3.06	适中
香型	4.26 ± 0.55	3～5	4.14～4.37	清香型典型
成团性	3.36 ± 0.45	3～4	3.26～3.45	中等
干燥感	3.39 ± 0.48	3～4	3.29～3.49	中等
甜度	2.32 ± 0.4	2～3	2.24～2.4	较明显
柔和性	3.51 ± 0.33	2.5～4	3.44～3.57	中等

表1-5-2 文山州评吸质量评价指标体系

指标	一般（4级）	中等（3级）	良（2级）	优（1级）
香气质	13～14	14～15	15～16	16～17
香气量	14～15	15～16	16～17	17～18
杂气	10	11～12	12～13	13～15
刺激性	12～13	13～14	14～15	15～17
余味	13～14	14～15	15～16	16～20
燃烧性	4	4	4	4～5
灰色	4	4	4	4
总得分	70～75	75～80	80～85	85～100

表1-5-3 文山州烟叶评吸风格评价指标体系

项目	浓度	劲头	香型
范围	3～4	2.5～4	3～4
描述	中等	适中	清香型典型

表1-5-4 文山州烟气特征评价指标体系

指标	一般（4级）	中等（3级）	良（2级）	优（1级）
成团性	2～3	3～3.5	3.5～4	4～5
干燥感	2.5～3	3～3.5	3.5～4	4～5
甜度	1.5~2	2	2～2.5	2.5～3
柔和性	2.5～3	3～3.5	3.5～4	4～4.5

2.2 文山州烟叶化学品质评价指标体系

经过数据筛选和统计分析，探明了文山州烟叶的化学成分特征（见表1-5-5），进一步构建了文山州烟叶化学成分评价指标体系（见表1-5-6）。

表1-5-5　文山州烟叶化学成分特征描述

指标	平均值±标准差	变幅	95%置信区间
还原糖（%）	23.82±3.35	16.4～30.33	23.12～24.51
总氮（%）	1.77±0.23	1.3～2.46	1.72～1.82
烟碱（%）	2.16±0.49	1.19～3.24	2.06～2.26
钾（%）	2.16±0.42	0.35～3.22	2.07～2.24
水溶性氯（%）	0.32±0.3	0.04～1.52	0.26～0.39
淀粉（%）	3.42±1.48	1.24～7.58	3.11～3.73
两糖差（%）	6.53±2.85	1.1～12.62	5.94～7.12
糖碱比	11.77±3.87	5.88～25.09	10.97～12.58
氮碱比	0.85±0.18	0.51～1.31	0.81～0.89
钾氯比	16.43±15.57	0.79～60.75	13.19～19.67
挥发性酸（%）	0.13±0.02	0.08～0.17	0.12～0.13
挥发性碱（%）	0.29±0.06	0.17～0.45	0.28～0.3
石油醚提取物（%）	5.73±0.63	4.12～7.15	5.6～5.86
绿原酸（mg/g）	14.4±2.52	8.98～19.65	13.88～14.93
莨菪亭（mg/g）	0.13±0.05	0.03～0.27	0.12～0.14
芸香苷（mg/g）	12.53±2.78	6.28～19.62	11.95～13.11

表1-5-6　文山州烟叶化学成分评价指标体系

项目	还原糖（%）	总氮（%）	烟碱（%）	钾（%）	水溶性氯（%）	氮碱比	糖碱比
范围	23～26	1.7～2.0	2～2.4	2～2.5	0.2～0.4	0.8～1.1	11～13
典型值	24	1.8	2.2	2.5	0.3	0.9	12
项目	两糖差（%）	钾氯比（%）	淀粉（%）	挥发性酸（%）	挥发性碱（%）	石油醚提取物（%）	多酚（%）
范围	5～7	13～20	3～4	0.1～0.3	0.25～0.35	5.5～6.0	25～30
典型值	5	13	3	0.12	0.3	5.7	>25

2.3　文山州烟叶物理特性评价指标体系

经过数据筛选和统计分析，探明了文山州烟叶的物理指标特征（见表1-5-7），进一步构建了文山州烟叶物理特性评价指标体系（见表1-5-8）。

表1-5-7 文山州烟叶物理指标特征描述

指标	平均值±标准差	变幅	95%置信区间
单叶重（g）	11.35±1.81	8.39～16.45	10.97～11.73
叶长（cm）	65.3±3.96	56.27～74.27	64.48～66.13
叶宽（cm）	22.82±1.77	19.4～26.4	22.45～23.19
含梗率（%）	33.36±3.12	22.24～39.69	32.71～34.01
叶面密度（g/m^2）	0±0	0～0	0～0
填充值（cm^3/g）	3.51±0.36	2.8～4.41	3.44～3.59
平衡含水率（%）	13.08±1.39	9.19～16.82	12.78～13.37

表1-5-8 文山州烟叶物理特征指标体系

项目	单叶重（g）	叶长（cm）	叶宽（cm）	含梗率（%）	叶面密度（g/m^2）	填充值（cm^3/g）	平衡含水率（%）
范围	10～12	60～70	20～30	30～35	-	3.4～3.6	12.5～15.5
典型值	11	65	22	32	-	3.5	13

2.4 文山州烟叶外观质量评价指标体系

文山州烟叶外观质量指标特征描述见表1-5-9，根据该描述建立了如表1-5-10所示的评价指标体系。

表1-5-9 文山州烟叶外观质量指标特征描述

指标	平均值±标准差	变幅	95%置信区间	描述
成熟度	9.57±0.6	8～10	9.45～9.7	成熟
颜色	8.88±1.41	6～10	8.59～9.17	橘黄
身份	6.2±1.33	4～8	5.92～6.47	稍薄—中等
油分	4.07±0.51	2～7	3.96～4.17	稍有—有
色度	4.89±0.53	3～6	4.78～5	中
结构	9.95±0.52	5～10	9.84～10.05	疏松

表1-5-10 文山州烟叶外观质量评价指标体系

成熟度	颜色	身份	油分	色度	结构
成熟	橘黄	稍薄	稍有—有	中	疏松

2.5　文山州烟叶田间生长评价指标体系

通过调查资料，确定株距、行距、株高、叶面积指数、留叶数、株形和生育期为文山州烟叶田间生长评价的主要指标。建立评价指标体系如下（见表1–5–11）：

表1–5–11　文山州烟叶田间生长评价指标体系

项目	株距（cm）	行距（cm）	株高（cm）	叶面积指数	留叶数（片）	株形	生育期（d）
范围	55～65	115～125	110～130	3～3.5	19～22	筒形	115～130
典型值	60	120	120	3.1	20	筒形	125

2.6　文山州土壤肥力特性评价指标体系

土壤养分是烤烟生长所需营养的来源，适宜的土壤养分条件也是生产文山州特色优质烟叶的基础之一。利用主成分分析法，确定pH、有机质、碱解氮、速效磷、速效钾、有效钙、有效镁、有效锌、有效硼和水溶性氯等10个主要指标（见表1–5–12）。

表1–5–12　文山州区域土壤肥力性状指标特征描述

生态指标	平均值 ± 标准差	变幅	95%置信区间
pH值	6.64 ± 0.66	4.91～7.92	6.5～6.78
有机质（g/kg）	40.38 ± 10.31	9.77～77.99	38.23～42.52
碱解氮（N）（mg/kg）	170.13 ± 36.66	51.74～281.49	162.5～177.77
速效磷（P）（mg/kg）	37.96 ± 27.15	4.68～171.84	32.3～43.61
速效钾（K）（mg/kg）	247.1 ± 120.85	62～882.89	221.93～272.26
有效钙（Ca）（mg/kg）	2 127.27 ± 1 032.33	803.6～7 265.18	1 912.28～2 342.27
有效镁（Mg）（mg/kg）	336.91 ± 137.47	114.21～792.46	308.28～365.54
有效锌（Zn）（mg/kg）	3.63 ± 2.04	0.61～11.9	3.21～4.06
有效硼（B）（mg/kg）	0.48 ± 0.34	0.08～1.81	0.41～0.55
水溶性氯（Cl）（mg/kg）	27.93 ± 11.69	7.25～90.64	25.5～30.37

根据文山州区域土壤肥力状况，结合烤烟营养需求特性，建立文山州区域土壤肥力性状评价指标体系（见表1–5–13）。

表1-5-13 文山州土壤肥力性状评价指标体系

项目	pH	有机质（g/kg）	碱解氮（N）（mg/kg）	速效磷（P）（mg/kg）	速效钾（K）（mg/kg）
范围	6～7	35～45	160～180	30～45	220～280
典型值	6.5	40	170	38	250
项目	有效钙（Ca）（mg/kg）	有效镁（Mg）（mg/kg）	有效锌（Zn）（mg/kg）	有效硼（B）（mg/kg）	水溶性氯（Cl）（mg/kg）
范围	1 900～2 400	300～370	3～4	0.4～1.0	25～30
典型值	2 100	340	3.5	＞1.0	30

2.7 文山州气候评价指标体系

文山州气候指标描述如表1-5-14所示。

表1-5-14 文山州气候指标描述

指标	平均值 ± 标准差	变幅	95%置信区间
伸根期日照（h）	194.31 ± 21.1	148.72～223.5	176.67～211.95
旺长期日照（h）	192.35 ± 22.77	140.95～215.95	173.31～211.38
成熟期日照（h）	482.41 ± 71.92	328.16～561.16	422.28～542.54
大田期日照（h）	961.49 ± 119.34	680.39～1 087.27	861.72～1 061.26
伸根期均温（℃）	18.63 ± 1	17.46～20.47	17.79～19.46
旺长期均温（℃）	20.33 ± 0.95	19.03～21.83	19.53～21.12
成熟期均温（℃）	18.65 ± 0.83	17.43～20.03	17.96～19.34
大田期均温（℃）	20.04 ± 0.95	18.75～21.65	19.25～20.83
伸根期降雨量（mm）	131.19 ± 29.94	88.3～177.1	106.16～156.22
旺长期降雨量（mm）	266.96 ± 68.67	194～364	209.56～324.37
成熟期降雨量（mm）	429.38 ± 87.27	317.69～548.52	356.42～502.34
大田期降雨量（mm）	827.53 ± 158.95	614.29～1 075.22	694.64～960.41

建立文山州区域气候评价指标体系如表1-5-15所示。

表1-5-15　文山州区域气候评价指标体系

项目	伸根期日照（h）	旺长期日照（h）	成熟期日照（h）	大田期日照（h）
范围	180～210	170～210	420～520	860～1060
典型值	220	200	500	900
项目	伸根期均温（℃）	旺长期均温（℃）	成熟期均温（℃）	大田期均温（℃）
范围	18～20	20～22	18～20	19～21
典型值	18.5	20.5	19	20
项目	伸根期降雨量（mm）	旺长期降雨量（mm）	成熟期降雨量（mm）	大田期降雨量（mm）
范围	110～160	210～330	350～500	700～960
典型值	130	270	430	830

2.8　文山州地形地貌评价指标体系

文山州区域地形地貌特征描述见表1-5-16。

表1-5-16　文山州区域地形地貌评价指标特征描述

指标	平均值±标准差	变幅	95%置信区间
海拔（m）	1 668.88±191.91	1 433～2041	1 628.91～1 708.85
坡向（°）	202.33±92.88	9.11～359.5	182.98～221.67
坡度（°）	5.67±5.71	0.09～29.4	4.49～6.86

通过调查资料，建立文山州地形地貌评价指标体系（见表1-5-17）。

表1-5-17　文山州区域地形地貌评价指标体系

项目	海拔（m）	坡度（°）	坡向（°）	地形	地貌
范围	1 600～1 900	4～7	180～220	山地	缓坡地、台地
典型值	1 700	5.5	200	山地	缓坡地、台地

第二章　生态环境与烟叶品质风格关系研究

本章通过分析文山州烟区的生态环境特征，探讨并揭示生态环境与烟叶质量风格特征两者之间的关系，从而建立特色优质烟叶基地生态环境和烟叶质量评价体系，系统地挖掘和解析烟叶质量与生态环境的内在联系，科学评价和预测文山烟叶原料的质量风格特点。以此为基础形成文山特色优质烟叶的区域定位和定向生产技术，提高烤烟的内在品质，建立适应高端卷烟品牌发展需要的特色优质烟叶原料生产供应体系，优化特色优质烟叶基地规划布局。

第一节　文山烟叶质量风格特征与气候条件的关系

烟草是适应性很强的作物，可以在不同的环境条件下生长，从北纬60° 到南纬40° 的广阔区域内都有烟草种植，但烟草同时也是一种对生态条件十分敏感的作物，在不同生态条件下，烟株的生长发育、生理代谢、烟叶的产量和品质都有明显差异。相关的研究表明，优质烟叶的生产需要特定的生态条件，虽然品种和栽培调制技术是影响烟叶质量的重要因素，但生态条件才是决定烟叶质量的最基本因素，是优良品质和风格形成的基础和前提。生态条件主要包括气候、土壤和地形等条件，其中气候条件对烟叶品质的影响最为显著。有关烟叶品质与气候因素关系的研究也越来越受到广泛的重视。黄中艳等[7]对云南烟区、黎妍妍[8]对湖南烟区、石俊雄等[9]对贵州烟区、张波[10]和陈向东[11]对四川烟区、周翔[12]对山东烟区、夏范讲[13]对福建烟区、赵铭钦[14]对河南烟区、汪璇[15]对重庆烟区进行过气候因素与烟叶化学成分关系的研究；有关气候因素对烤烟感官质量影响的研究也有所报道，如秦松[16]对贵州烟区、周翔[17]和丛日兴[18]对山东烟区等进行了相关研究；彭新辉[19]研究了气候因素对烤烟物理特性的影响。文山烟区幅员辽阔，地形地貌复杂，气候类型多样，并且立体气候特征十分明显，有“一山有四季，十里不同天”之说。有关文山烟区气候要素与烤烟品质关系的研究目前未见报道。

本研究采用统一栽培法，通过在文山烟区植烟乡镇开展定点试验，研究气候要素与烤烟品质（化学品质和感官质量）的关系，以期为文山烟区烤烟品质区划、种植布局及卷烟工业企业烟叶原料基地规划提供理论依据和实践参考。

1. 烤烟化学成分与气候的关系

1.1 烤烟化学成分与气温的关系

1.1.1 烤烟化学成分与各生育期气温的典型相关分析

对伸根期均温（x_1）、旺长期均温（x_2）、成熟期均温（x_3）、大田期均温（x_4）和烟叶主要化学成分总糖（y_1）、还原糖（y_2）、总氮（y_3）、烟碱（y_4）、钾（y_5）、水溶性氯（y_6）、两糖差（y_7）、钾氯比（y_8）、氮碱比（y_9）、糖碱比（y_{10}）、淀粉（y_{11}）进行典型相关分析，得到4组典型相关变量，它们的典型相关系数和显著性检验列于表2-1-1中，只有第1组和第2组典型相关变量极显著，其他2组典型相关变量未达显著水平。

第1对和第2对典型相关变量的结构见表2-1-2，第1对典型相关系数为0.683，*P*值为0.0001，表明在第1对典型相关变量中，温度因子第1典型变量U_1对烟叶化学成分因子第1典型变量V_1影响最大。在第1典型变量的U_1的线性组合中，各因子载荷由大到小分别为大田期均温（x_4）、成熟期均温（x_3）、旺长期均温（x_2）和伸根期均温（x_1），伸根期均温作用相对较小；在V_1的线性组合中，起主要作用的因子由大到小依次是两糖差（y_7）、氮碱比（y_9）、总氮（y_3）、糖碱比（y_{10}）、还原糖（y_2）、总糖（y_1）和烟碱（y_4）。说明大田期均温（x_4）、成熟期均温（x_3）和旺长期均温（x_2）对烤烟的两糖差（y_7）、氮碱比（y_9）、总氮（y_3）、糖碱比（y_{10}）、还原糖（y_2）、总糖（y_1）和烟碱（y_4）的影响较大。

第2对典型相关系数为0.6263，*P*值为0.041。在第2典型变量U_2的线性组合中，各因子载荷由大到小分别为大田期均温（x_4）、成熟期均温（x_3）、伸根期均温（x_1）和旺长期均温（x_2），旺长期均温（x_2）作用相对较小；在V_2的线性组合中，起主要作用的因子由大到小依次是总糖（y_1）、还原糖（y_2）、两糖差（y_7）、氮碱比（y_9）和烟碱（y_4）。说明大田期均温（x_4）、成熟期均温（x_3）和伸根期均温（x_2）对烤烟总糖（y_1）、还原糖（y_2）、两糖差（y_7）、氮碱比（y_9）和烟碱

（y_4）的影响较大。

对前两对典型相关变量的分析显示，各时期温度对烟叶化学成分均有较大的影响，主要表现在对总糖、还原糖、总氮、烟碱、两糖差、氮碱比和糖碱比等化学成分（指标）的影响。

在典型相关分析的基础上，进一步采用回归分析法探讨各时期均温对烟叶化学成分的影响。

表2-1-1 温度因子与烟叶化学成分的典型相关系数

典型变量	相关系数	卡方值	自由度	P值
1	0.683 0	86.183 2	44	0.000 1
2	0.626 3	44.712 5	30	0.041 0
3	0.359 7	11.850 8	18	0.854 8
4	0.200 5	2.707 3	8	0.951 4

表2-1-2 温度因子和烤烟化学成分的第1对和第2对典型相关变量

$U_1=-0.4669x_1+0.9716x_2+4.8114x_3-4.8438x_4$
$V_1=1.439y_1-1.4569y_2-1.806y_3+1.277y_4-0.1095y_5-0.1957y_6-2.0029y_7+0.2401y_8+1.9912y_9-1.7699y_{10}+0.0367y_{11}$
$U_2=2.6357x_1-0.3869x_2+4.0482x_3-6.8533x_4$ $V_2=1.8736y_1-1.7838y_2+0.0894y_3-0.5256y_4-0.3584y_5-0.4025y_6-1.0012y_7-0.0129y_8-0.5341y_9+0.4455y_{10}-0.2987y_{11}$

1.1.2 总糖含量与气温的关系

烤烟总糖含量与各时期平均气温的回归分析结果显示（见图2-1-1），烤烟总糖含量与各时期气温符合二次曲线关系，呈现随气温的增加，烤烟总糖含量先上升后下降的趋势，四个时期均温分别大约为16.5℃（伸根期）、18℃（旺长期）、17℃（成熟期）和18℃（大田期）时，区域内烤烟总糖含量达到峰值。4个时期回归方程的R^2呈旺长期（0.461 6）大于成熟期（0.445）大于大田期（0.433 1）大于伸根期（0.367），推测可能在一定程度上反映各时期降雨量对烟叶总糖含量的影响程度，这与戴冕[20]的研究结果基本一致。

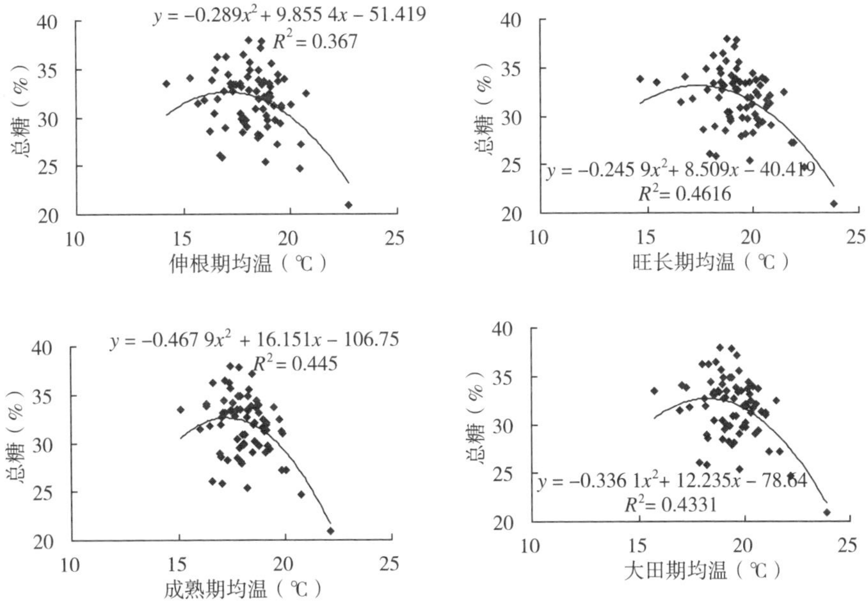

图2-1-1　烤烟总糖含量与各时期平均气温的关系

1.1.3　还原糖含量与气温的关系

烤烟还原糖含量与各时期平均气温的回归分析结果显示（见图2-1-2），烤烟还原糖含量与各时期气温符合二次曲线关系，呈现随气温的增加，烤烟还原糖含量先上升后下降的趋势，四个时期均温分别大约为17.5℃（伸根期）、19℃（旺长期）、18℃（成熟期）和19℃（大田期）时，区域内烤烟还原糖含量达到峰值，比总糖含量出现峰值的温度要更高。4个时期回归方程的R^2呈成熟期（0.347 1）大于大田期（0.342 7）大于旺长期（0.332 3）大于伸根期（0.313），推测可能在一定程度上反映各时期降雨量对烟叶还原糖含量的影响程度，这与戴冕的研究结果基本一致。

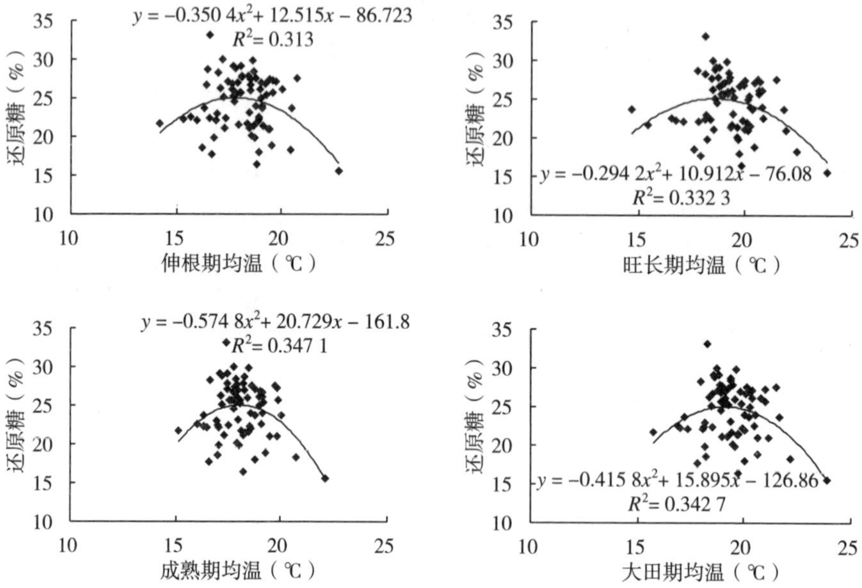

图2-1-2　烤烟还原糖含量与各时期平均气温的关系

1.1.4　总氮含量与气温的关系

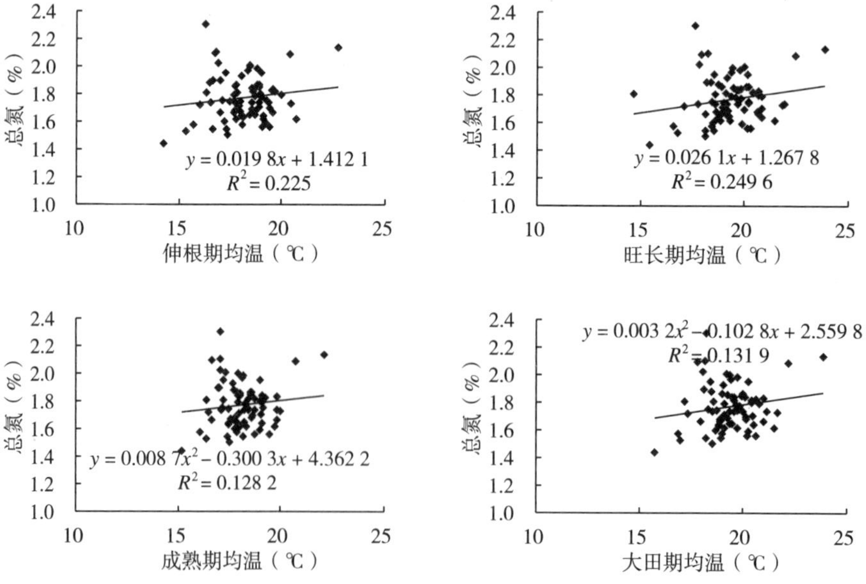

图2-1-3　烤烟总氮含量与各时期平均气温的关系

烤烟总氮含量与各时期平均气温的回归分析结果显示（见图2-1-3），烤烟总氮含量与各时期气温符合线性关系，呈现随气温的增加，烤烟总氮含量增加趋势，4个时期回归方程的R^2呈旺长期（0.249 6）大于伸根期（0.225）大于大田期（0.131 9）大于成熟期（0.128 2），推测可能在一定程度上反映各时期均温对烟叶总氮含量联系的紧密程度，这与戴冕的研究结果基本一致。

1.1.5 烟碱含量与气温的关系

烤烟烟碱含量与各时期平均气温的回归分析结果显示（见图2-1-4），烤烟烟碱含量与各时期气温符合线性关系，呈现随气温的增加，烤烟烟碱含量增加趋势，4个时期回归方程的R^2呈旺长期（0.228 2）大于伸根期（0.197 3）大于大田期（0.131 9）大于成熟期（0.128 2），其中伸根期和旺长期的回归方程达显著水平，推测可能在一定程度上反映各时期均温与烟叶烟碱含量联系的紧密程度，与黎妍妍[8]在湖南的研究结果基本一致。

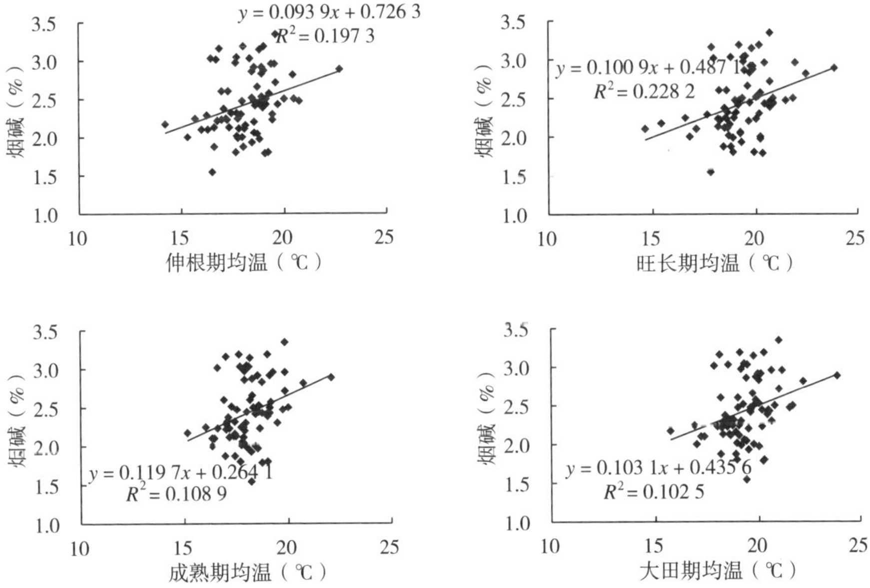

图2-1-4 烤烟烟碱含量与各时期平均气温的关系

1.1.6 两糖差与气温的关系

烤烟两糖差与各时期平均气温的回归分析结果显示（见图2-1-5），烤烟两糖差与各时期气温符合二次曲线关系，呈现随气温的升高，烤烟两糖差呈减速下降的趋势，当各个时期气温分别达17.5℃（伸根期）、19℃（旺长期）、18℃（成熟期）和19℃（大田期）时，烤烟两糖差逐渐趋于稳定。4个时期回归方程的R^2呈旺长期（0.187 2）大于成熟期（0.181 4）大于大田期（0.171 4）大于伸根期（0.143）。

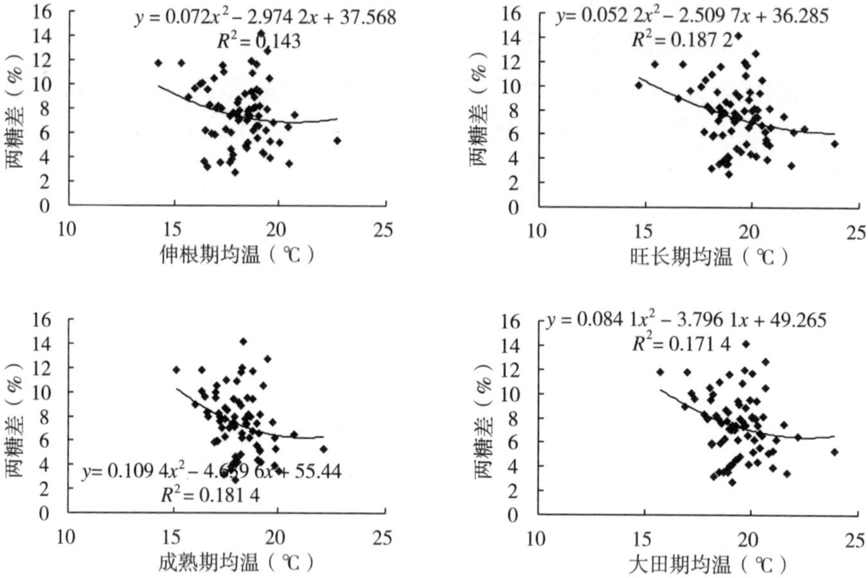

图2-1-5　烤烟两糖差与各时期平均气温的关系

1.1.7　氮碱比与气温的关系

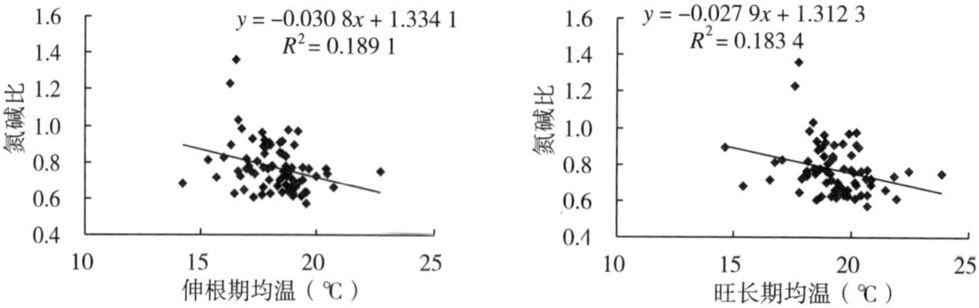

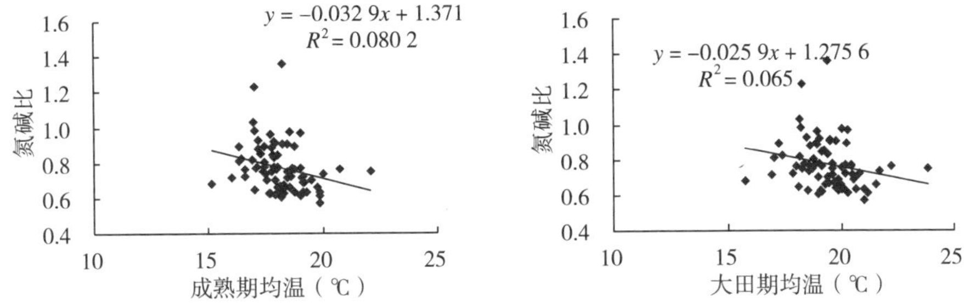

图2–1–6　烤烟氮碱比与各时期平均气温的关系

烤烟氮碱比与各时期平均气温的回归分析结果显示（见图2–1–6），烤烟氮碱比与各时期气温符合线性关系，呈现随气温的增加，烤烟氮碱比增加趋势，4个时期回归方程的R^2呈伸根期（0.189 1）大于旺长期（0.183 4）大于成熟期（0.080 2）大于大田期（0.065），其伸根期和旺长期的回归方程达显著水平，其他2个时期的回归方程未达显著水平，推测可能在一定程度上反映各时期均温与烟叶氮碱比联系的紧密程度。

1.1.8　糖碱比与气温的关系

烤烟糖碱比与各时期平均气温的回归分析结果显示（见图2–1–7），烤烟糖碱比与各时期气温呈二次曲线关系，呈现随气温的升高，烤烟糖碱比呈先上升后下降的趋势，当各个时期气温分别达17.5℃（伸根期）、19℃（旺长期）、18℃（成熟期）和19℃（大田期）时，烤烟糖碱比逐渐趋于稳定。4个时期回归方程的R^2呈旺长期（0.259 2）大于成熟期（0.247 1）大于大田期（0.241）大于伸根期（0.220 5），与黎妍妍的研究结果一致。

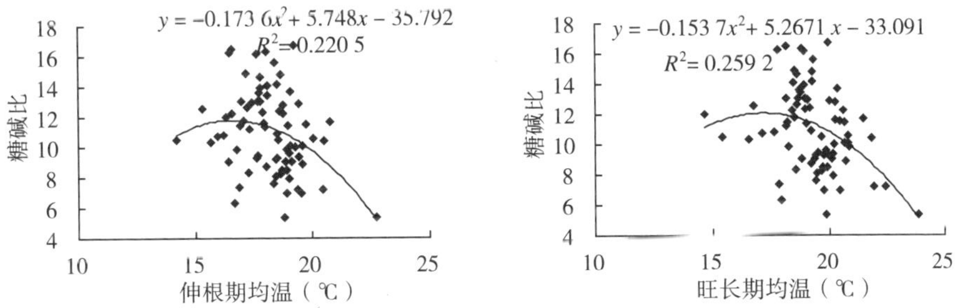

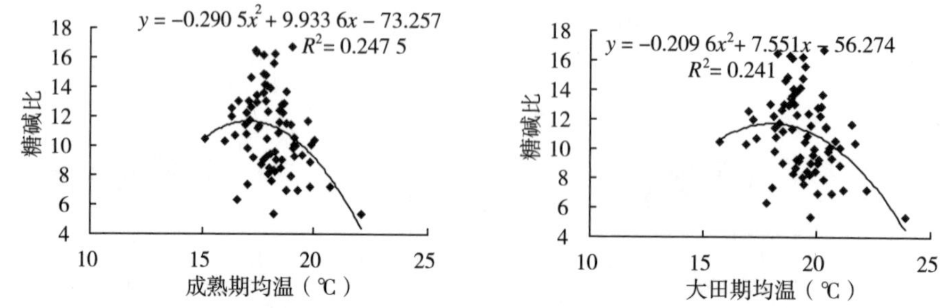

图2-1-7　烤烟糖碱比与各时期平均气温的关系

1.1.9　化学质量综合得分与气温的关系

烤烟化学协调性综合得分与均温的回归分析结果显示（见图2-1-8），随各时期均温升高，烤烟化学综合得分有小幅上升趋势。各回归方程均未达显著水平，但可在一定程度上反映温度对烤烟品质的影响规律。

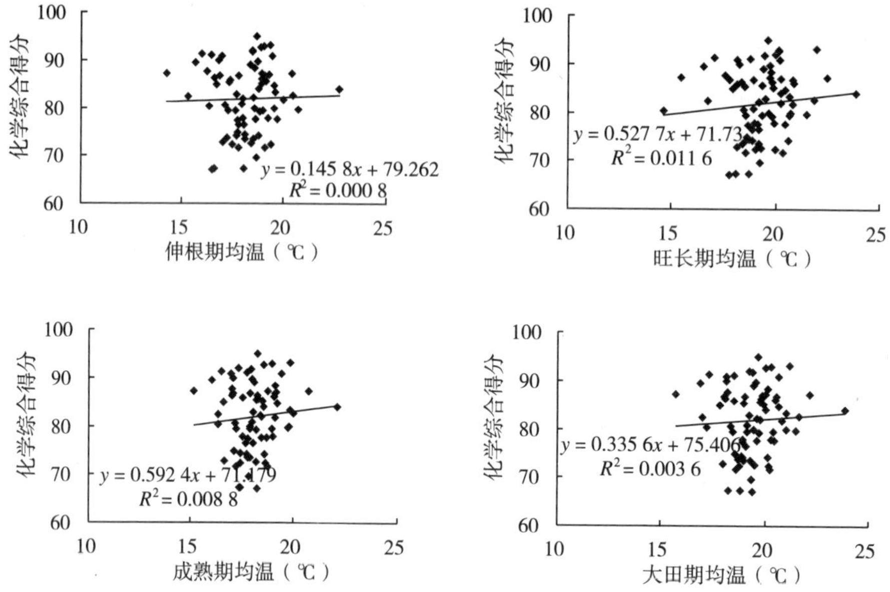

图2-1-8　烤烟化学协调性综合得分与各时期平均气温的关系

1.2　烤烟化学成分与降雨量的关系

水分条件与烤烟的生长发育、各种生理代谢活动关系密切。烤烟大田生育期的降雨量及其时间分布对烟叶产量和质量有着直接的影响。降雨量与烤烟品质的关系是一个复杂的综合系统问题，不同时期降雨量对烤烟品质的影响存在差异，简单相关分析和回归分析常被用于此类相关的研究，但不能反映各个时期降雨对烟叶质量影响的重要程度。这里以75个烤烟中部叶及与之对应的各个生育期的降雨量为研究对象，运用典型相关分析和回归分析相结合的方法，探讨各时期降雨量对烟叶品质的影响。

1.2.1 烤烟化学成分与各生育期降雨量的典型相关分析

对伸根期降雨量（x_1）、旺长期降雨量（x_2）、成熟期降雨量（x_3）、大田期降雨量（x_4）和烟叶主要化学成分总糖（y_1）、还原糖（y_2）、总氮（y_3）、烟碱（y_4）、钾（y_5）、水溶性氯（y_6）、两糖差（y_7）、钾氯比（y_8）、氮碱比（y_9）、糖碱比（y_{10}）、淀粉（y_{11}）进行典型相关分析，得到4组典型相关变量，它们的典型相关系数和显著性检验列于表2-1-3中，只有第1组典型相关变量极显著，其他3组典型相关变量未达显著水平。

表2-1-3 降雨因子与烟叶化学成分的典型相关系数

典型变量	相关系数	卡方值	自由度	P值
1	0.653 0	68.263 7	44	0.011 0
2	0.469 8	31.571 1	30	0.387 7
3	0.452 4	15.109 9	18	0.654 4
4	0	0	8	0.999 9

第1对典型相关系数为0.653 0，P值为0.011 0，第1对典型相关变量的结构见表2-1-4，表明在第1对典型相关变量中，降雨因子第1典型变量U_1对烟叶化学成分因子第1典型变量V_1影响最大。在第1典型变量的U_1的线性组合中，各因子载荷由大到小分别为成熟期降雨量（x_3）、伸根期降雨量（x_1）、旺长期降雨量（x_2）和大田期降雨量（x_4），大田期降雨量作用相对较小；在V_1的线性组合中，起主要作用的因子由大到小依次是氮碱比（y_9）、糖碱比（y_{10}）、还原糖（y_2）、烟碱（y_4）、总氮（y_3）和钾（y_5）。说明降雨量对烤烟的氮碱比（y_9）、糖碱比（y_{10}）、还原糖（y_2）、烟碱（y_4）、总氮（y_3）和钾（y_5）的影响较大。

对第1对典型相关变量的分析显示，伸根期降雨量、旺长期降雨量和成熟期降雨量对烟叶化学成分均有较大的影响，主要表现在对氮碱比、糖碱比、还原糖、烟碱、总氮和钾等化学成分（指标）的影响。

表2-1-4 降雨因子和烤烟化学成分的第1对典型相关变量

U_1=0.834 6x_1+0.585 4x_2+0.878 2x_3−0.452 3x_4
V_1=−0.365 3y_1+1.259 2y_2−0.608 5y_3+0.740 6y_4+0.572 2y_5+0.054 8y_6−0.089 2y_7+0.250 7y_8 +1.909 2y_9−2.208 5y_{10}+0.341 4y_{11}

下文将在典型相关分析的基础上，进一步采用回归分析法探讨伸根期降雨量（x_1）、旺长期降雨量（x_2）、成熟期降雨量（x_3）对烟叶氮碱比（y_9）、糖碱比（y_{10}）、还原糖（y_2）、烟碱（y_4）、总氮（y_3）和钾（y_5）的影响。

1.2.2 还原糖含量与降雨量的关系

烤烟还原糖含量与各时期降雨量的回归分析结果显示（见图2-1-9），烤烟还原糖含量与各时期降雨量符合线性关系，R^2分别为0.235 4（伸根期）、0.288 4（旺长期）和0.261 4（成熟期），呈现随降雨量的增加，烤烟还原糖含量逐渐下降的趋势。3个时期回归方程的决定系数，呈旺长期大于成熟期大于伸根期的规律，推测可能在一定程度上反映各时期降雨量对烟叶还原糖含量的影响程度，虽然暂时尚不能从机理上加以解释，但这一规律得到汪璇[15]和黄中艳[7]等人相关研究结果的支持。

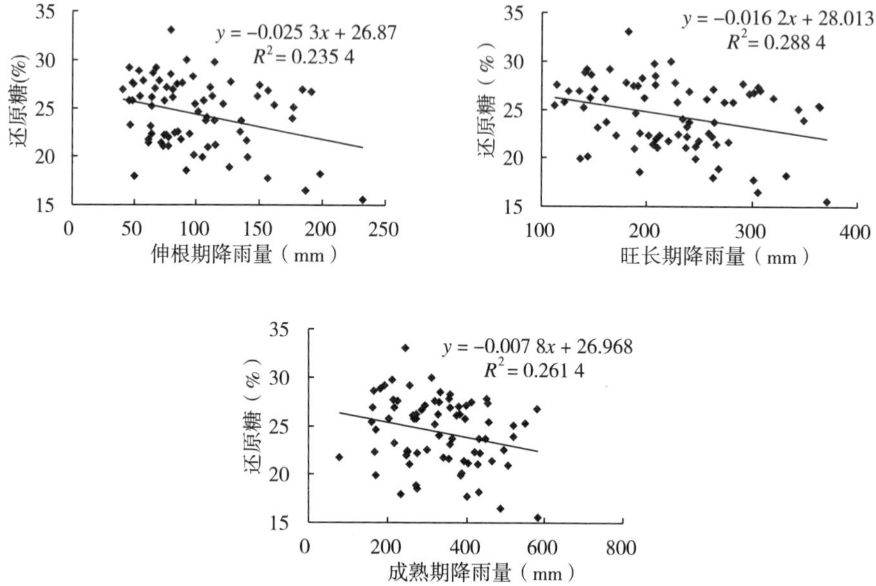

图2-1-9 烤烟还原糖含量与各时期降雨量的关系

1.2.3　总氮含量与降雨量的关系

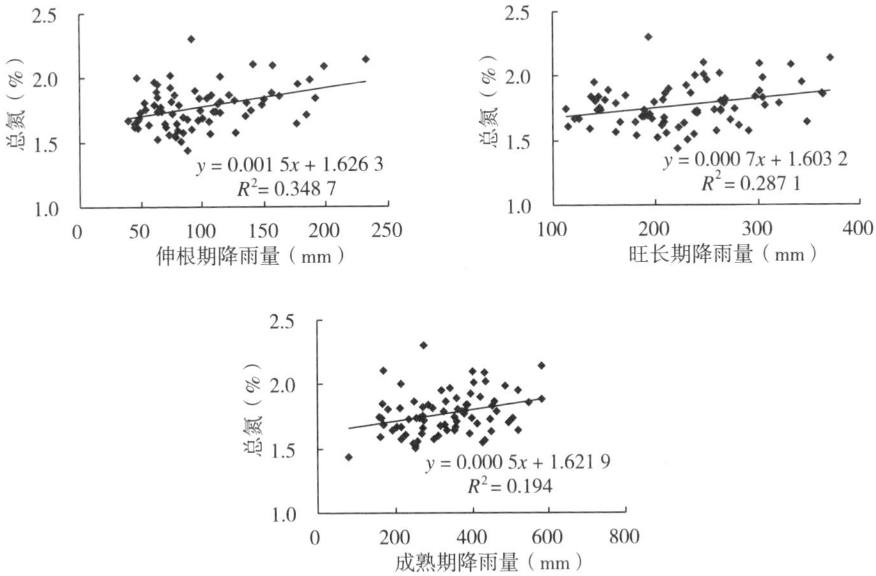

图2–1–10　烤烟总氮含量与各时期降雨量的关系

烤烟总氮含量与各时期降雨量的回归分析结果显示（见图2–1–10），烤烟总氮含量与各时期降雨量符合线性关系，R^2分别为0.348 7（伸根期）、0.287 1（旺长期）和0.194（成熟期），呈现随降雨量的增加，烤烟总氮含量逐渐上升的规律。3个时期降雨量与总氮含量回归方程的决定系数，呈伸根期大于旺长期大于成熟期的规律，推测可能在一定程度上反映了烟叶总氮含量与不同生育期降雨量联系的紧密程度，虽然尚不能从机理上加以解释，但这一规律与黄中艳在云南的研究有相似之处。

1.2.4　烟碱含量与降雨量的关系

烤烟烟碱含量与各时期降雨量的回归分析结果显示（见图2–1–11），烤烟烟碱含量与各时期降雨量符合线性关系，R^2分别为0.346 5（伸根期）、0.443 4（旺长期）和0.387 9（成熟期），呈现随降雨量的增加，烤烟烟碱含量逐渐上升的规律。3个时期降雨量与烟碱含量回归方程的决定系数，呈旺长期大于成熟期大于伸根期的规律，推测可能在一定程度上反映了烟叶烟碱含量与不同生育期降雨量联系的紧密程度，这一规律与黄中艳的研究结果有类似之处。

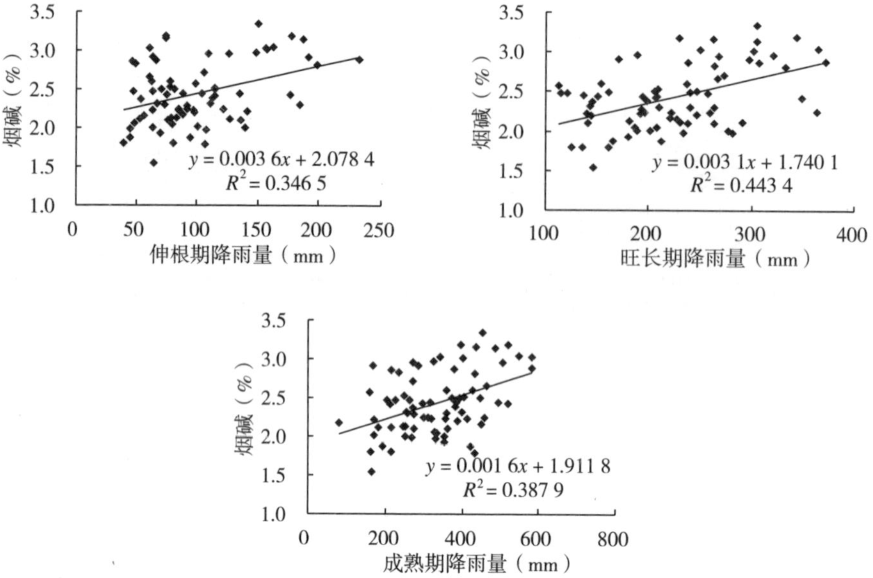

图2-1-11 烤烟烟碱含量与各时期降雨量的关系

1.2.5 钾含量与降雨量的关系

烤烟钾含量与各时期降雨量的回归分析结果显示（见图2-1-12），烤烟钾含量与各时期降雨量符合线性关系，呈现随降雨量的增加，烤烟钾含量逐渐上升的规律，3个时期降雨量与钾含量回归方程的R^2呈伸根期（0.340 1）大于旺长期（0.321）大于成熟期（0.237 3），说明充沛的水分供应有利于烤烟对钾素的吸收，与以往的研究结论一致；此外各个时期降雨量与烟叶钾含量回归方程的斜率存在一定差异，反映了烟叶钾含量随降雨量变化幅度存在差异，表现为伸根期大于旺长期大于成熟期，说明烤烟生长前期的降雨量是影响烟叶钾素积累的主要因素，而Sims关于烤烟中70%～80%的钾素积累主要在移栽后7周内完成的结论，从侧面佐证了这一结论。

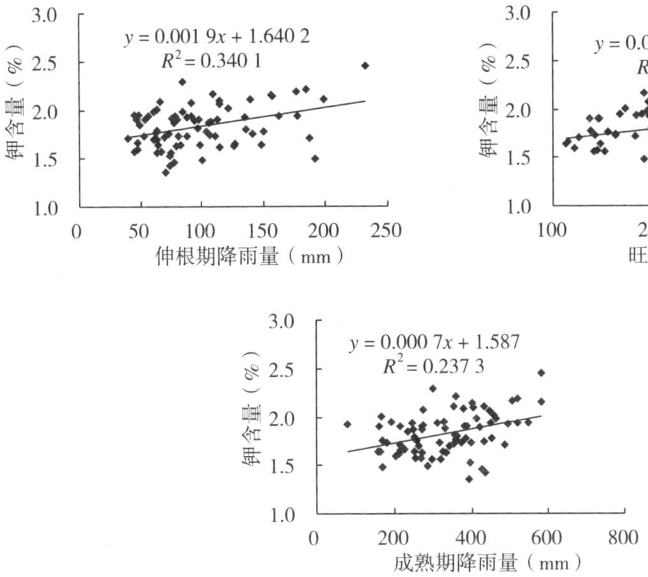

图2-1-12　烤烟钾含量与各时期降雨量的关系

1.2.6　氮碱比与降雨量的关系

烤烟氮碱比与各时期降雨量的回归分析结果显示（见图2-1-13），烤烟氮碱比与各时期降雨量符合线性关系，呈现随降雨量的增加，烤烟氮碱比缓慢下降的规律。决定系数R^2分别为0.133 8（伸根期）、0.223 2（旺长期）和0.079 4（成熟期），相关性较差，仅有旺长期降雨量与氮碱比的相关性达到显著水平，反映了影响氮碱比变化的因素较为复杂。

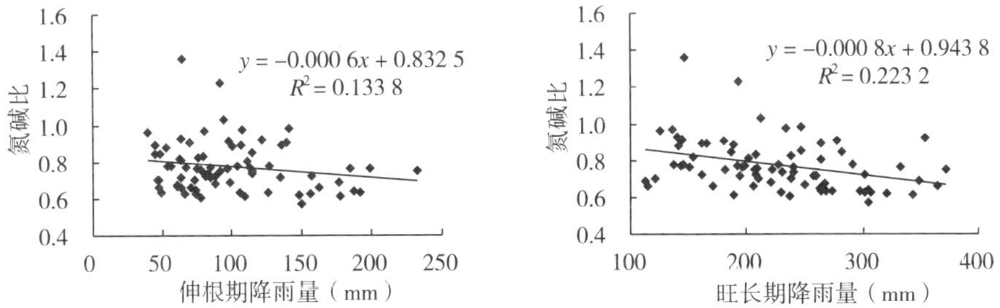

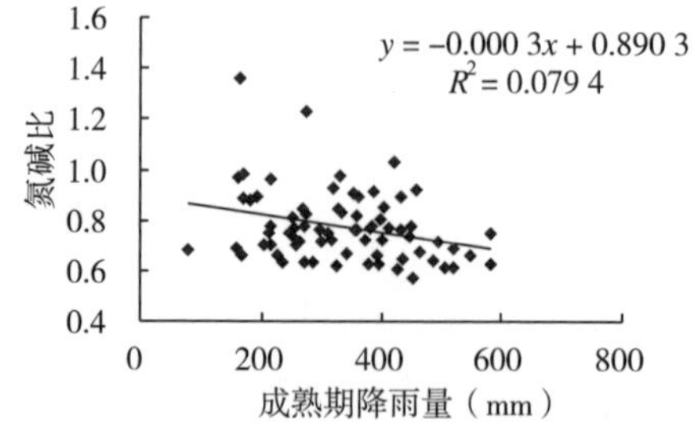

图2-1-13　烤烟氮碱比与各时期降雨量的关系

1.2.7　糖碱比与降雨量的关系

烤烟糖碱比与各时期降雨量的回归分析结果显示（见图2-1-14），烤烟糖碱比与各时期降雨量符合线性关系。3个时期降雨量与糖碱比回归方程的决定系数（R^2），呈旺长期（0.437 1）大于成熟期（0.376 5）大于伸根期（0.281 4）的规律，在一定程度上反映了烟叶糖碱比与不同生育期降雨量联系的紧密程度，这一规律与石俊雄等[9]在贵州的研究结果有类似之处。

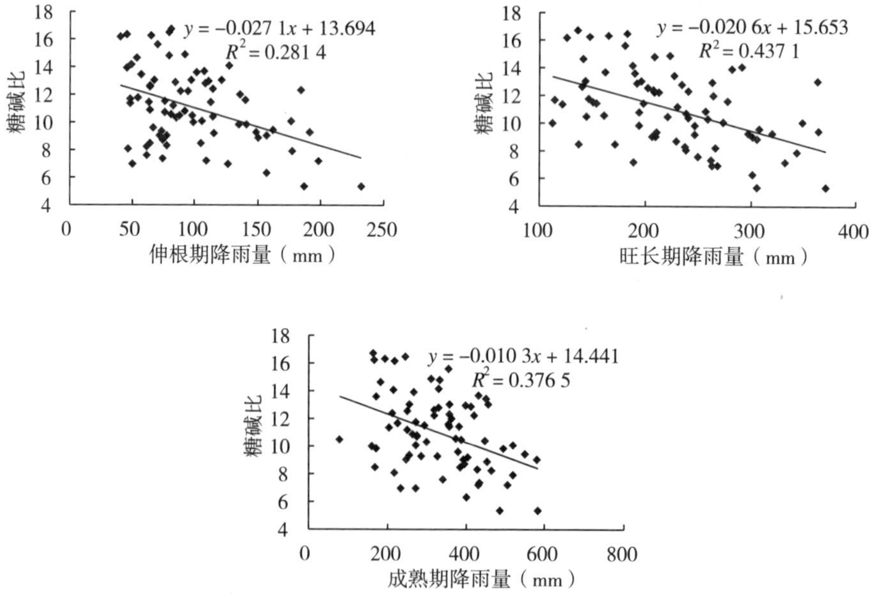

图2-1-14　烤烟糖碱比与各时期降雨量的关系

1.2.8　化学综合得分与降雨量的关系

烤烟化学协调性综合得分与降雨量的回归分析结果显示（见图2–1–15），随各时期降雨量的增加，烤烟化学综合得分呈小幅上升趋势，但各回归方程均未达显著水平，反映了影响烤烟化学综合质量的因素较为复杂。

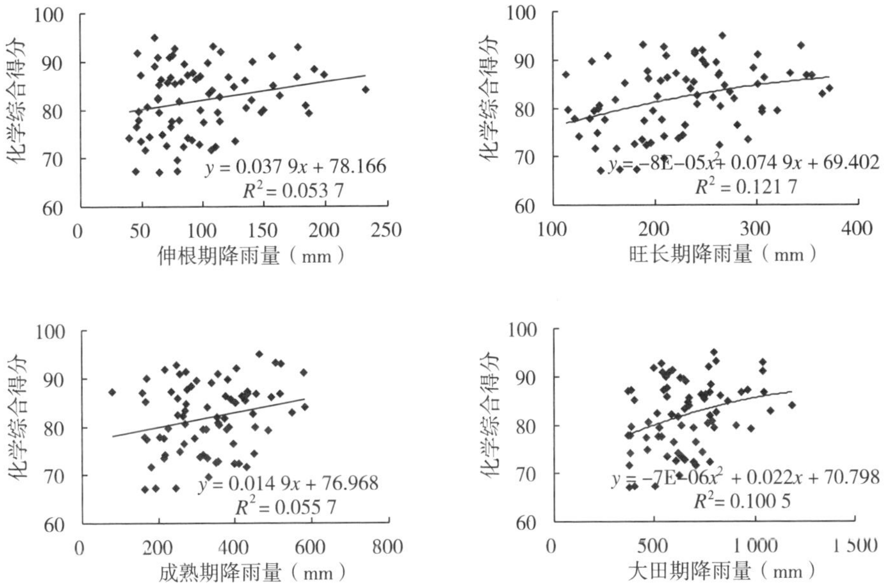

图2–1–15　烤烟化学协调性综合得分与各时期降雨量的关系

1.3　烤烟化学成分与日照时数的关系

1.3.1　烤烟化学成分与各生育期日照时数的典型相关分析

对伸根期日照时数（x_1）、旺长期日照时数（x_2）、成熟期日照时数（x_3）、大田期日照时数（x_4）和烟叶主要化学成分总糖（y_1）、还原糖（y_2）、总氮（y_3）、烟碱（y_4）、钾（y_5）、水溶性氯（y_6）、两糖差（y_7）、钾氯比（y_8）、氮碱比（y_9）、糖碱比（y_{10}）、淀粉（y_{11}）进行典型相关分析，得到4组典型相关变量，它们的典型相关系数和显著性检验列于表2–1–5中，只有第1组典型相关变量极显著，其他3组典型相关变量未达显著水平。

表2-1-5 日照时数因子与烟叶化学成分的典型相关系数

典型变量	相关系数	卡方值	自由度	P值
1	0.737 3	89.832 8	44	0.000 1
2	0.550 2	38.066 6	30	0.148
3	0.333 9	14.271 4	18	0.711 2
4	0.305 6	6.469 4	8	0.594 8

第1对典型相关系数为0.737 3，P值为0.000 1，第一对典型相关变量的结构见表2-1-6，表明在第1对典型相关变量中，日照时数因子第1典型变量U_1对烟叶化学成分因子第1典型变量V_1影响最大。在第1典型变量U_1的线性组合中，各因子载荷由大到小分别为大田期日照时数（x_4）、成熟期日照时数（x_3）、旺长期日照时数（x_2）和伸根期日照时数（x_1），其中伸根期日照时数和旺长期日照时数作用相对较小；V_1的线性组合中，起主要作用的因子由大到小依次是还原糖（y_2）、两糖差（y_7）、总糖（y_1）、水溶性氯（y_6）和糖碱比（y_{10}）。说明日照时数对烤烟的还原糖（y_2）、两糖差（y_7）、总糖（y_1）、水溶性氯（y_6）和糖碱比（y_{10}）的影响较大。

对第1对典型相关变量的分析结果显示，成熟期日照时数和大田期日照时数对烟叶化学成分均有较大的影响，主要表现在对还原糖、两糖差、总糖、水溶性氯和糖碱比等化学成分（指标）的影响。

表2-1-6 日照时数和烤烟化学成分的第1对典型相关变量

U_1=0.289 6x_1+0.374 4x_2+1.207 8x_3−1.177x_4
V_1=−0.950 8y_1+1.807 5y_2−0.296 4y_3−0.284 1y_8−0.427 4y_5+0.544y_6+1.261 2y_7+0.277 5y_8+0.430 7y_9−0.550 3y_{10} −0.077 5y_{11}

下文将在典型相关分析的基础上，进一步采用回归分析法探讨伸根期降雨量（x_1）、旺长期降雨量（x_2）、成熟期降雨量（x_3）对烟叶氮碱比（y_9）、糖碱比（y_{10}）、还原糖（y_2）、烟碱（y_4）、总氮（y_3）和钾（y_5）的影响。

1.3.2 总糖含量与日照时数的关系

烤烟总糖含量与成熟期及大田期日照时数的回归分析结果显示（见图2-1-16），烤烟总糖含量与各时期日照时数符合线性关系，呈现随日照的增加，烤烟总糖含量增加的趋势，决定系数R^2分别为0.305 8（成熟期）和0.196 6（大田期），均达到显著水平，较大的R^2反映了总糖含量与成熟期日照时数联系更为密切，而回归方程的斜率则表明总糖含量的增加随成熟期日照时数的上升的幅度较大。

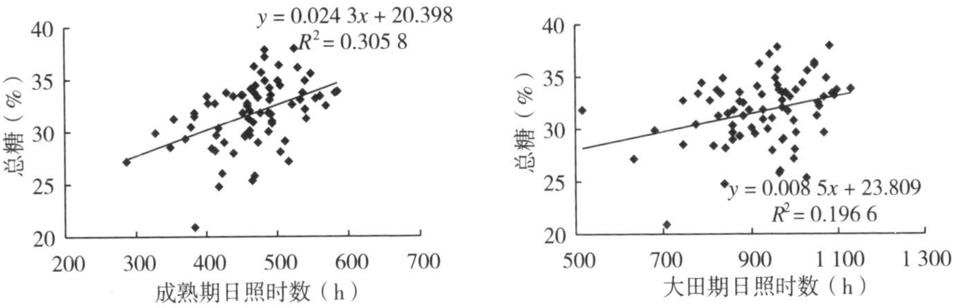

图2-1-16　烤烟总糖含量与日照时数的关系

1.3.3　还原糖含量与日照时数的关系

烤烟还原糖含量与成熟期及大田期日照时数的回归分析结果显示（见图2-1-17）烤烟还原糖含量与各时期日照时数符合线性关系，呈现随日照的增加，烤烟还原糖含量呈增加的趋势，决定系数R^2分别为0.183 1（成熟期）和0.126 7（大田期），成熟期日照时数与还原糖含量的回归方程达显著水平，反映了还原糖含量与成熟期日照时数的联系更为密切，而较大的回归方程斜率则表明成熟期日照时数对还原糖含量的影响较大。

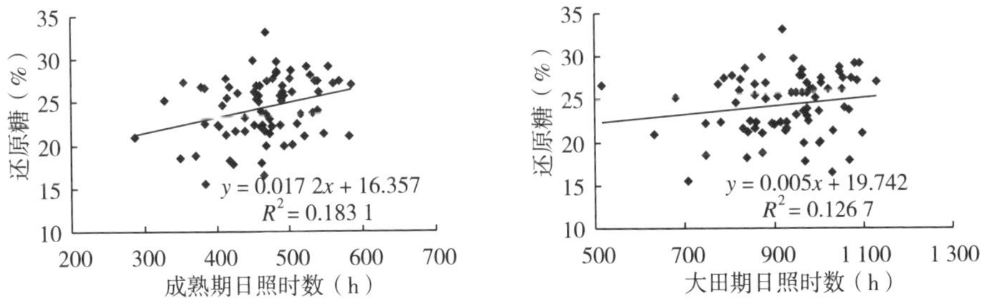

图2-1-17　烤烟还原糖含量与日照时数的关系

1.3.4　两糖差与日照时数的关系

烤烟两糖差与成熟期及大田期日照时数的回归分析结果显示（见图2-1-18），烤烟两糖差与日照时数符合线性关系，呈现随日照的增加，烤烟两糖差增加的趋势，决定系数R^2分别为0.171 2（成熟期）和0.133 7（大田期），成熟期日照时数与两糖差的回归方程达显著水平，反映了两糖差与成熟期日照时数的联系更为密切，较大的回归方程的斜率则表明成熟期日照时数对两糖差的影响幅度较大。

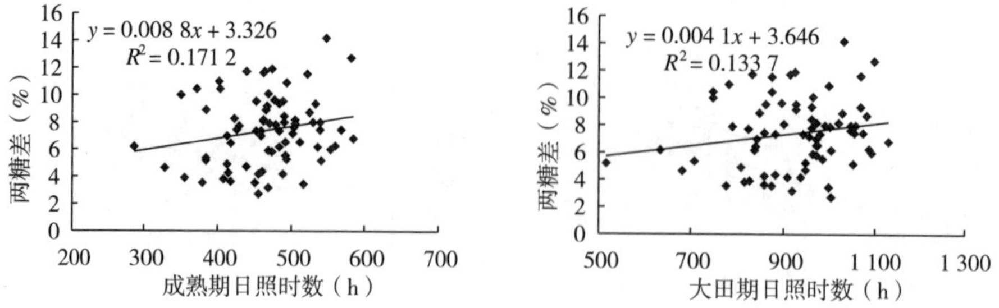

图2-1-18 烤烟两糖差与日照时数的关系

1.3.5 水溶性氯含量与日照时数的关系

烤烟水溶性氯含量与成熟期及大田期日照时数的回归分析结果显示（见图2-1-19），烤烟水溶性氯含量与日照时数符合线性关系，呈现随日照的增加，烤烟水溶性氯含量增加的趋势，决定系数R^2分别为0.228 3（成熟期）和0.221 1（大田期），两个时期日照时数与水溶性氯含量的回归方程均达显著水平，虽然尚不能从机理上对这一现象加以解释，但这一规律与谢华东、汪璇等[21]在重庆的研究结果有相似之处。

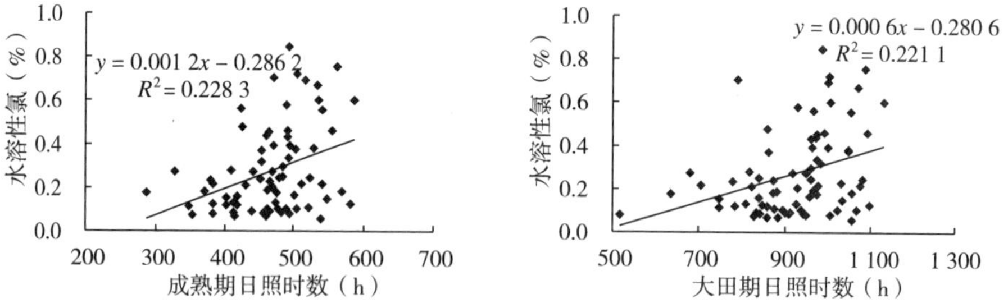

图2-1-19 烤烟水溶性氯含量与日照时数的关系

1.3.6 糖碱比与日照时数的关系

烤烟糖碱比与成熟期及大田期日照时数的回归分析结果显示（见图2-1-20），烤烟糖碱比与日照时数符合线性关系，呈现随日照的增加，烤烟糖碱比增加的趋势，决定系数R^2分别为0.188 3（成熟期）和0.132 9（大田期），成熟期日照时数与糖碱比的回归方程达显著水平，反映了糖碱比与成熟期日照时数的联系更为密切，较大的回归方程的斜率则表明成熟期日照时数对糖碱比的影响幅度较大。

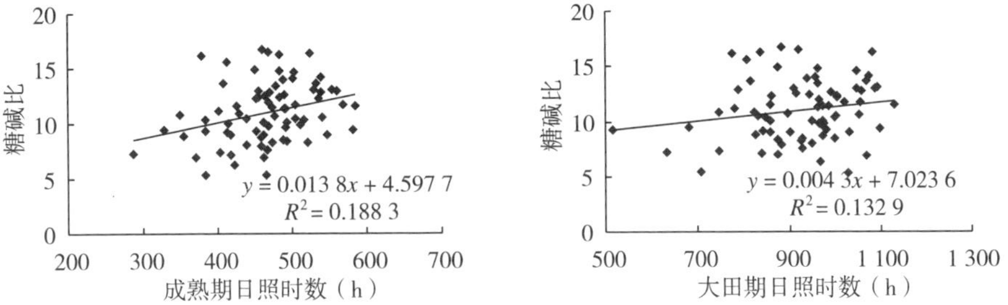

图2-1-20　烤烟糖碱比与日照时数的关系

1.3.7　化学综合得分与日照时数的关系

烤烟化学协调性综合得分与日照时数的回归分析结果显示（见图2-1-21），随伸根期日照时数升高，烤烟化学综合得分先升高后下降，随旺长期、成熟期及大田期日照时数增加，烤烟化学综合得分呈下降趋势。各回归方程均未达显著水平，但仍在一定程度上反映了日照时数对烤烟品质的影响规律。

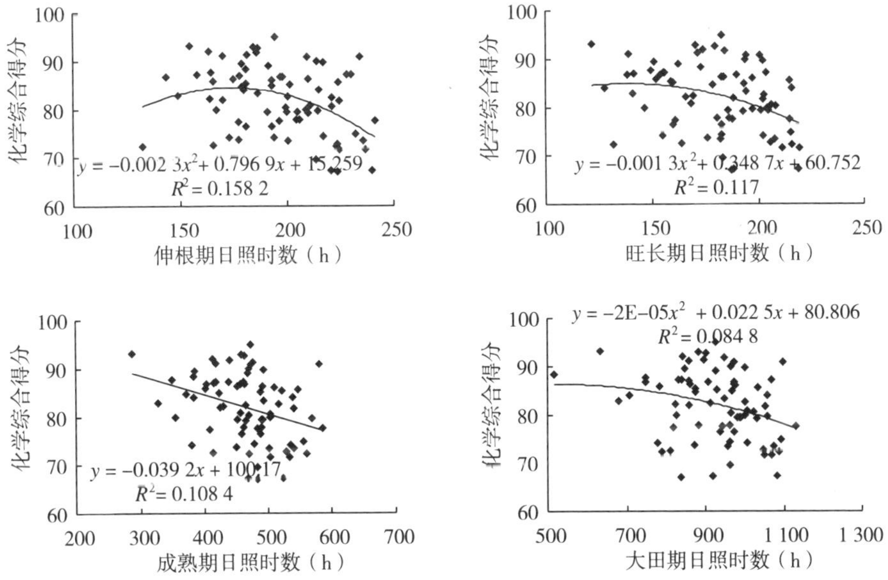

图2-1-21　烤烟化学协调性综合得分与日照时数的关系

2. 烤烟感官质量与气候的关系

2.1 烤烟感官质量与气温的关系

烤烟感官质量与各时期均温的简单相关分析结果显示（见表2–1–7），各时期均温与烤烟感官质量呈现不同程度的相关性，其中香气量、燃烧性和灰色得分与旺长期均温呈显著或极显著正相关关系；大田期均温与燃烧性得分呈显著正相关关系。其他指标与各时期均温之间的相关性未达显著水平。

表2–1–7 烤烟感官质量与各时期均温的相关分析

指标	香气质	香气量	杂气	刺激性	余味	燃烧性	灰色	感官综合得分
伸根期均温	0.037	0.177	0.148	–0.032	–0.091	0.190	0.213	0.093
旺长期均温	0.031	0.266*	0.141	–0.088	–0.165	0.283*	0.328**	0.097
成熟期均温	0.061	0.114	0.165	0.003	–0.104	0.156	0.218	0.088
大田期均温	0.045	0.191	0.158	–0.043	–0.128	0.220	0.270*	0.094

注：*表示同列值在0.05水平上差异显著，**表示同列值在0.01水平上差异显著。

2.2 烤烟感官质量与降雨量的关系

烤烟感官质量与各时期降雨量的简单相关分析结果显示（见表2–1–8），各时期降雨量与烤烟感官质量呈现不同程度的相关性，其中烤烟香气量得分与旺长期降雨量和成熟期降雨量呈显著正相关关系；烤烟余味得分与各时期降雨量均呈极显著正相关关系，燃烧性得分与成熟期降雨量及大田期降雨量呈极显著正相关关系；灰色得分与伸根期、成熟期和大田期降雨量呈极显著正相关关系；其他指标与各时期降雨量之间的相关性未达显著水平。

表2–1–8 烤烟感官质量与各时期降雨量的相关分析

指标	香气质	香气量	杂气	刺激性	余味	燃烧性	灰色	感官综合得分
伸根期降雨量	–0.045	0.272*	–0.02	–0.211	–0.507**	0.206	0.441**	–0.068
旺长期降雨量	–0.097	0.267*	–0.024	–0.067	–0.299**	0.059	0.191	–0.156
成熟期降雨量	–0.197	–0.061	–0.044	–0.22	–0.401**	0.409**	0.517**	–0.131
大田期降雨量	–0.162	0.201	–0.039	–0.203	–0.460**	0.312**	0.476**	–0.148

注：*表示同列值在0.05水平上差异显著，**表示同列值在0.01水平上差异显著。

2.3　烤烟感官质量与日照时数的关系

烤烟感官质量与各时期日照时数的简单相关分析结果显示（见表2-1-9），各时期日照时数与烤烟感官质量呈现不同程度的相关性，其中烤烟香气质得分与成熟期日照时数呈显著正相关关系；香气量得分与旺长期日照时数及大田期日照时数分别呈极显著正相关和显著正相关关系，感官质量综合得分与旺长期及成熟期日照时数呈显著正相关关系；其他指标与各时期日照时数之间的相关性未达显著水平。

表2-1-9　烤烟感官质量与各时期日照时数的相关分析

指标	香气质	香气量	杂气	刺激性	余味	燃烧性	灰色	感官综合得分
伸根期日照	0.108	0.127	0.025	0.124	0.165	0.036	–0.146	0.157
旺长期日照	0.167	0.350**	–0.012	0.026	0.003	0.206	0.096	0.239*
成熟期日照	0.240*	0.174	–0.055	0.099	0.047	0.165	–0.031	0.246*
大田期日照	0.124	0.227*	–0.019	0.007	0.015	0.215	0.032	0.161

注：*表示同列值在0.05水平上差异显著，**表示同列值在0.01水平上差异显著。

3.　烟区烟叶风格与气候的关系

3.1　烟叶香型与大田期均温的关系

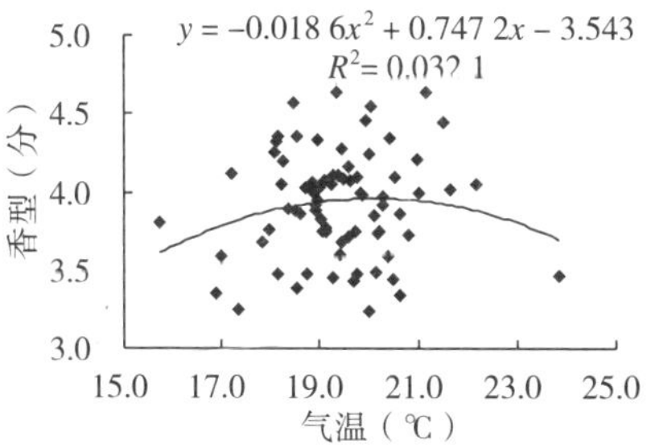

图2-1-22　烤烟香型得分与大田期均温的关系

烤烟香型得分与温度的回归分析结果显示（见图2-1-22），随大田期均温的升高，烤烟香型得分大致呈现先升高后下降的趋势，大田期均温在19～21℃之间时，香型得分最高达峰值。回归方程虽未达显著水平，但仍在一定程度上反映了气温对烤烟香型的影响规律。

3.2 烟叶香型与大田期降雨量的关系

烤烟香型得分与降雨量的回归分析结果显示（见图2-1-23），随大田期降雨量增加，烤烟香型得分大致呈现先升高后下降的趋势，降雨量在600～800mm之间时，香型得分最高达峰值。回归方程虽未达显著水平，但仍在一定程度上反映了降雨量对烤烟香型的影响规律。

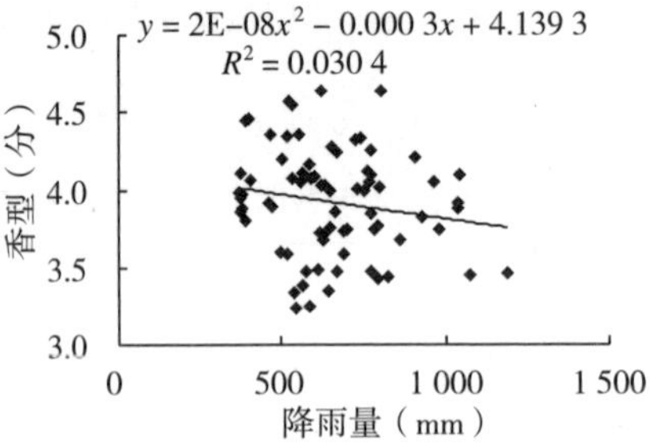

图2-1-23 烤烟香型得分与大田期降雨量的关系

3.3 烟叶香型与大田期日照时数的关系

烤烟香型得分与日照时数的回归分析结果显示（见图2-1-24），随大田期日照时数的增加，烤烟香型得分大致呈现先升高后下降的趋势，日照时数在900～1 000 h之间时，香型得分达峰值。回归方程虽未达显著水平，但仍在一定程度上反映了日照时数对烤烟香型的影响规律。

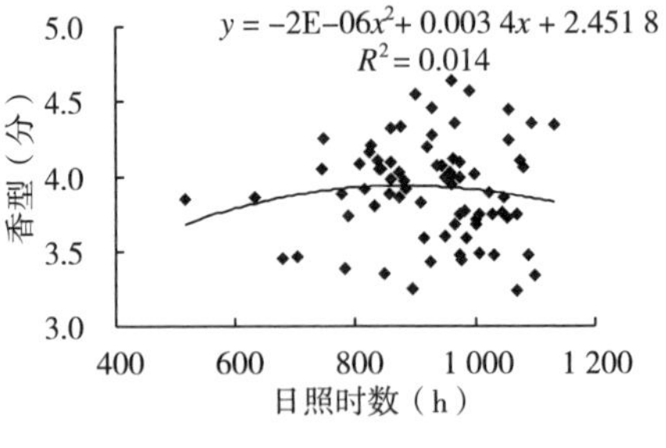

图2-1-24 烤烟香型得分与日照时数的关系

4. 小结

光、温、水是烤烟生长发育的基础，也是影响烟叶品质的重要因素。烟区在低纬度、高海拔、地形地貌复杂多样等地理条件的综合影响下，受季风气候的制约形成了四季温差小、干湿季分明、垂直差异明显、亚热带与温带共存的复杂立体气候，具有低纬度气候、季风气候、高原气候的特点，烟区光、温、水资源时空分布差异明显。研究烤烟品质与气候因子的关系，对于提高烟叶品质、优化烤烟种植布局以及区域烤烟品质定位具有指导意义。本研究采用典型相关分析和回归分析相结合的方法研究了烤烟生长各时期气候因子与烤烟品质的关系。

4.1 烟叶品质与气温的关系

典型相关分析结果表明各时期温度均对烟叶化学成分有较大的影响，主要表现在对总糖、还原糖、总氮、烟碱、两糖差、氮碱比和糖碱比等化学成分（指标）的影响。总糖和还原糖含量与各时期均温符合二次曲线关系，当各时期均温分别大约为16.5℃（伸根期）、18℃（旺长期）、17℃（成熟期）和18℃（大田期）时，区域内烤烟总糖含量达到峰值，当各时期均温分别大约为17.5℃（伸根期）、19℃（旺长期）、18℃（成熟期）和19℃（大田期）时，区域内烤烟还原糖含量达到峰值；烤烟总氮含量、烟碱含量、氮碱比与伸根期及旺长期均温符合线性关系，随着这两个时期均温的升高，总氮及烟碱含量增加，氮碱比下降；烤烟两糖差与各时期均温符合二次曲线关系，随温度升高，烤烟两糖差呈减速下降的趋势；烤烟糖碱比与各时期均温符合二次曲线关系，各个时期气温分别达17.5℃（伸根期）、19℃（旺长期）、18℃（成熟期）和19℃（大田期）左右时，烤烟糖碱比逐渐达到峰值；化学协调性综合得分与各时期均温相关性不显著。

烤烟感官质量与各时期均温的简单相关分析结果显示，香气量、燃烧性和灰色得分与旺长期均温呈显著或极显著正相关关系；燃烧性得分与大田期均温呈显著正相关关系。其他指标与各时期均温之间的相关性未达显著水平。

4.2 烟叶品质与降雨量的关系

典型相关分析结果表明，降雨量对烟叶化学成分的影响在伸根期、旺长期和成熟期均有所体现，主要表现在对氮碱比、糖碱比、还原糖、烟碱、总氮和钾等化学成分（指标）的影响。烤烟还原糖含量、糖碱比与各时期降雨量符合线性关系，随着降雨量的增加，烤烟还原糖含量和糖碱比下降；烤烟总氮、烟碱、钾含量与各时期降雨量符合线性关系，随着降雨量的增加，总氮、烟碱、钾含量增加；烤烟氮碱比与旺长期降雨量符合线性关系，随着降雨量的增加，烤烟氮碱比下降；烤烟化学协调性综合得分与各时期降雨量相关性不显著。

烤烟感官质量与各时期降雨量呈现不同程度的相关性，烤烟香气量得分与旺长期及成熟期降雨量呈显著正相关关系；烤烟余味得分与各时期降雨量均呈极显著正相关关系，燃烧性得分与成熟期及大田期降雨量呈极显著正相关关系；灰色得分与伸根期、成熟期和大田期降雨量呈极显著正相关关系；其他指标与各时期降雨量之间的相关性未达显著水平。

4.3 烟叶品质与日照时数的关系

典型相关分析结果表明日照时数对烤烟化学成分的影响主要体现在成熟期和大田期，主要表现在对还原糖、两糖差、总糖、水溶性氯和糖碱比等化学成分（指标）的影响。烤烟总糖、水溶性氯含量与成熟期及大田期日照时数符合线性关系，随日照时数增加，烤烟总糖及水溶性氯含量增加；还原糖、两糖差、糖碱比与成熟期日照时数符合线性关系，随成熟期日照时数增加，烤烟还原糖含量、两糖差及糖碱比增加；烤烟化学协调性综合得分与伸根期日照时数符合二次曲线关系，随伸根期日照时数的增加，烤烟化学综合得分先升高后下降。

各时期日照时数与烤烟感官质量呈现不同程度的相关性，其中烤烟香气质得分与成熟期日照时数呈显著正相关关系；香气量得分与旺长期及大田期日照时数分别呈极显著正相关和显著正相关关系，感官质量综合得分与旺长期及成熟期日照时数呈显著正相关关系；其他指标与各时期日照时数之间的相关性未达显著水平。

第二节 文山烟叶质量风格与土壤因素的关系

土壤是母质、地形、生物、气候等成土因素共同作用的产物。成土因素的差异造就了千差万别的土壤类型，不同土壤类型因其成土因素的不同，在物理质量、化学质量、生物质量等方面均存在较大差异。以土壤为载体的作物生产，不同土壤类型、肥力水平下作物生长、产量及品质的差异必然是普遍存在的，相关报道较多。烤烟适应能力很强，在不同土壤类型、不同肥力水平的土壤中均可以正常生长，但品质差异较大，近年来有大量文献进行了相关研究。赵巧梅[22]研究认为褐土与潮土土壤养分的释放与烟草需肥规律基本一致，所产烟叶品质表现较好，而砂姜黑土则表现较差；李明海[23]在贵州烟区的研究表明，黄壤、水稻土、石灰土三种土壤类型中，以黄壤所产烟叶品质最好,水稻土所产烟叶产量最高，石灰土在产量和品质方面均表现较差；梁洪波[24]在山东的研究结果表明，褐土上生产的烟叶品质较好，潮土上生产的烟叶品质较差。烤烟必须的17种营养元素中，除C、H、O三种元素主要从空气和水中获取外，其他营养元素主要依靠烤烟根系从土壤中吸收，这些营养元素与烤烟生命活动关系密切，而这些生命活动多与烤烟品质形成密切相关。烤烟的养分吸收主要来自土壤和施肥，部分养分甚至主要来自土壤，土壤养分对烟叶品质的影响是毋庸置疑的，并早已引起科研工作者的注意。近年来的一些报道如下：黎妍妍[8]的研究表明，湖南烟区烤烟糖含量与土壤氮素营养呈显著负相关关系，与土壤钾素含量呈正相关关系，而与其他土壤养分相关性较小；孙公[25]的研究表明，烤烟烟碱、总氮、蛋白质含量与土壤有机质、土壤碱解氮含量呈显著正相关，与土壤pH呈显著负相关，烤烟总糖、还原糖含量与土壤有机质、土壤碱解氮含量呈显著负相关，与土壤pH呈显著正相关；罗华元[26]研究认为烤烟钾含量与土壤有机质、土壤速效钾含量呈极显著正相关，与土壤pH呈极显著负相关。文山州地域广阔，地形地貌复杂，气候、植被类型多样化，土壤类型丰富，养分含量和肥力水分差异巨大，但有关烟区烤烟品质与土壤类型及养分含量关系的研究目前未见报道。

本研究采用土壤-烟叶定位取样法，在烟区设置248个土壤取样点，并在其中158个样点上定位采集烟样，通过多重比较法、养分指标分组-回归分析法和相关分析法，研究土壤类型、土壤养分与烤烟品质（化学品质和感官质量）的关系，以期为烟区烤烟施肥方案优化、植烟土壤改良及卷烟工业企业烟叶原料基地建设提供理论依据和实践参考。

1.　不同土壤类型烤烟品质的比较

1.1　不同土壤类型烤烟化学品质的比较

1.1.1　不同土壤类型烤烟糖含量的比较

不同土壤类型间烤烟总糖含量表现为紫色土大于水稻土大于新积土大于红壤大于黄壤（见图2-2-1），紫色土、水稻土、新积土与红壤及黄壤烤烟总糖含量存在显著差异；不同土壤类型间烤烟还原糖含量表现为水稻土大于新积土大于紫色土大于红壤大于黄壤（见图2-2-2），但还原糖含量在不同土壤类型间差异不显著。

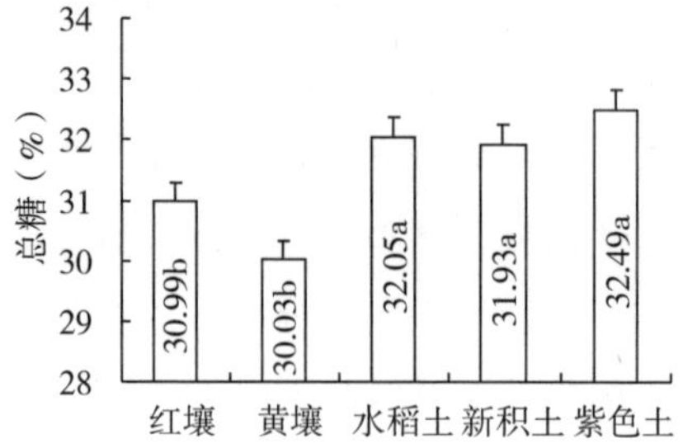

图2-2-1 不同土壤类型烤烟总糖含量的比较

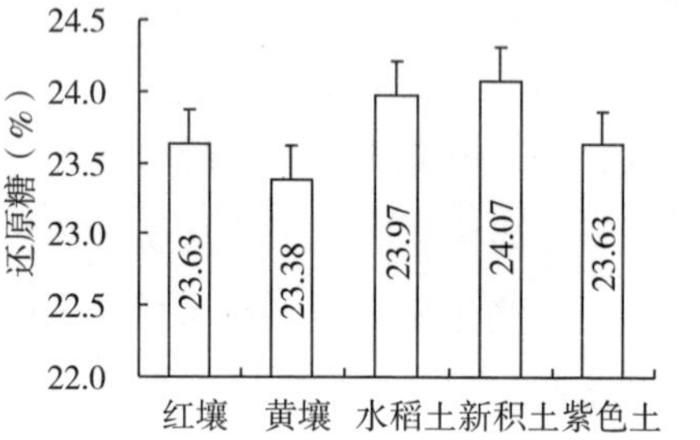

图2-2-2 不同土壤类型烤烟还原糖含量的比较

1.1.2 不同土壤类型烤烟总氮和烟碱含量的比较

不同土壤类型间烤烟总氮含量表现为黄壤大于红壤大于水稻土大于新积土大于紫色土，红壤、黄壤、水稻土与紫色土、新积土烤烟总氮含量存在显著差异（见图2-2-3）；不同土壤类型间烤烟烟碱含量表现为水稻土大于紫色土大于新积土大于红壤大于黄壤（见图2-2-4），但烤烟烟碱含量在不同土壤类型间差异不显著。

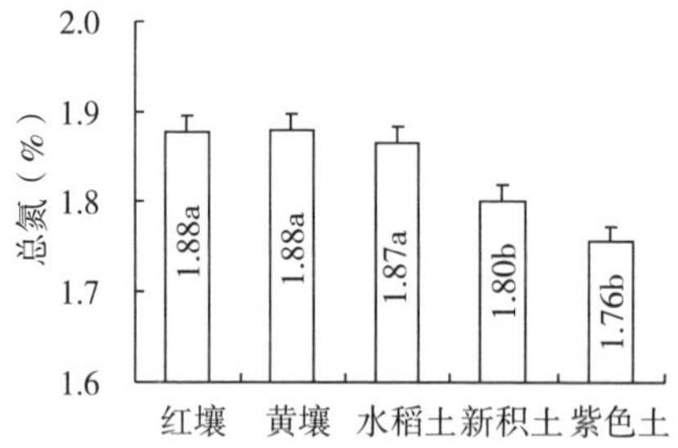

图2-2-3 不同土壤类型烤烟总氮含量的比较

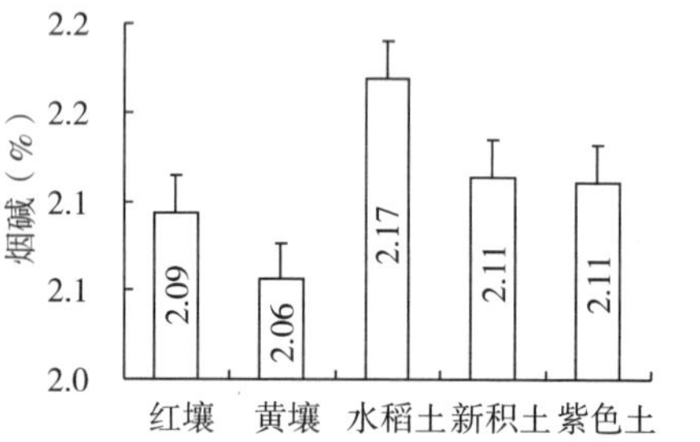

图2-2-4 不同土壤类型烤烟烟碱含量的比较

1.1.3 不同土壤类型对烤烟钾和水溶性氯含量的比较

不同土壤类型间烤烟钾含量表现为黄壤大于新积土大于红壤大于水稻土大于紫色土，其中黄壤烤烟钾含量显著高于其他土壤类型，其他土壤类型之间亦存在不同显著水平的差异（见图2-2-5）；不同土壤类型间烤烟水溶性氯含量表现为水稻土大于红壤大于黄壤大于新积土大于紫色土（见图2-2-6），在不同土壤类型间差异达显著水平，其中水稻土、红壤、黄壤与新积土、紫色土水溶性氯含量差异达显著水平。

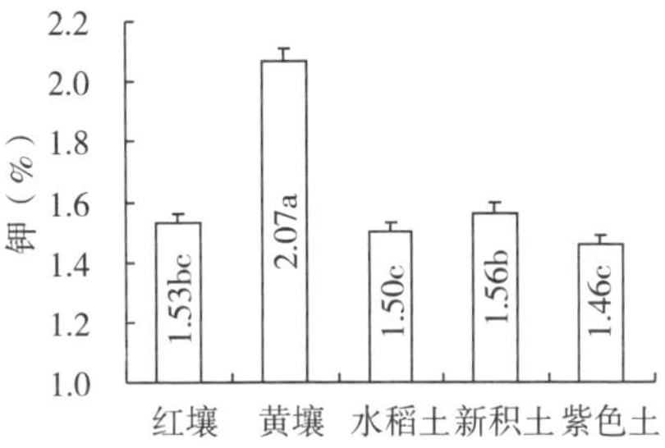

图2-2-5　不同土壤类型烤烟钾含量的比较

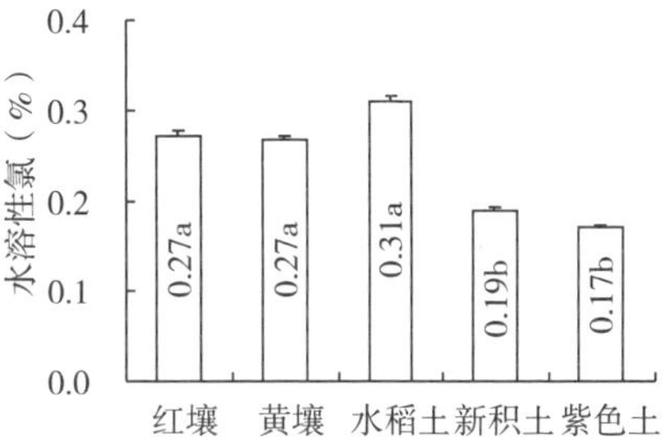

图2-2-6　不同土壤类型烤烟氯含量的比较

1.1.4　不同土壤类型烤烟淀粉含量的比较

不同土壤类型间烤烟淀粉含量表现为紫色土大于水稻土大于新积土大于黄壤大于红壤，其中紫色土烤烟淀粉含量显著高于其他土壤类型，其他土壤类型淀粉含量差异未达显著水平（见图2-2-7）。

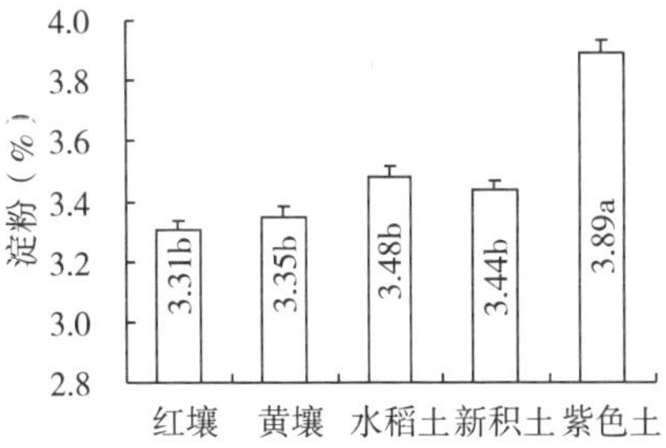

图2-2-7　不同土壤类型烤烟淀粉含量的比较

1.1.5　不同土壤类型烤烟两糖差的比较

不同土壤类型间烤烟两糖差表现为紫色土大于水稻土大于新积土大于红壤大于黄壤，其中紫色土烤烟两糖差显著高于其他土壤类型，其他土壤类型间两糖差亦存在显著差异（见图2-2-8）。

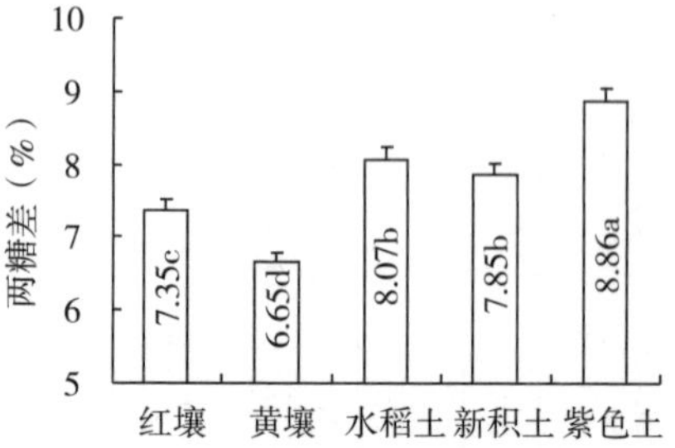

图2-2-8　不同土壤类型烤烟两糖差的比较

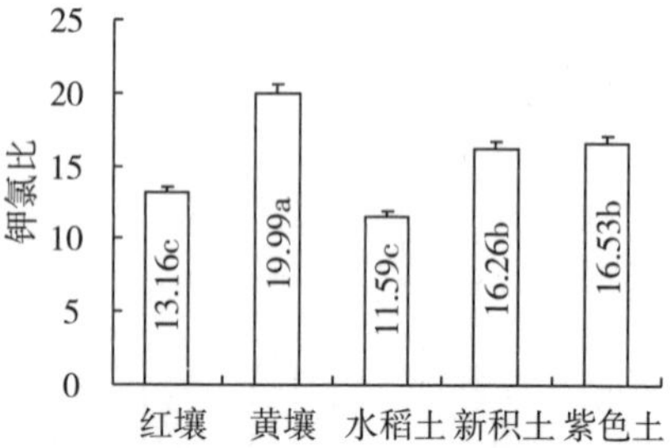

图2-2-9　不同土壤类型烤烟钾氯比的比较

1.1.6　不同土壤类型烤烟钾氯比的比较

不同土壤类型间烤烟钾氯比表现为黄壤大于紫色土大于新积土大于红壤大于水稻土（见图2-2-9），其中黄壤烤烟钾氯比显著高于其他类型土壤，其他土壤类型间烤烟钾氯比亦存在显著差异。

1.1.7　不同土壤类型烤烟氮碱比的比较

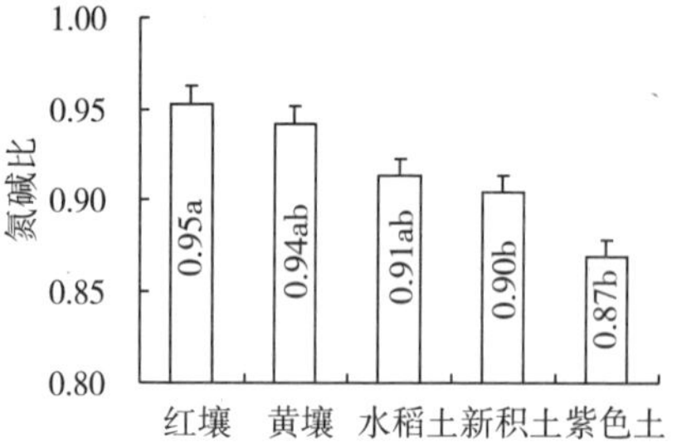

图2-2-10　不同土壤类型烤烟氮碱比的比较

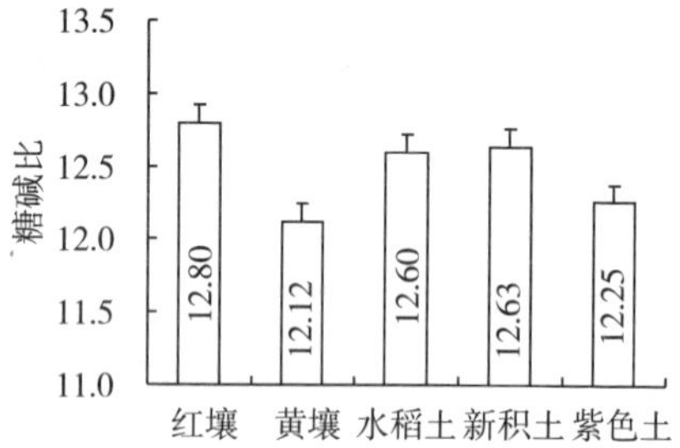

图2-2-11　不同土壤类型烤烟糖碱比的比较

不同土壤类型间烤烟氮碱比表现为红壤大于黄壤大于水稻土大于新积土大于紫色土（见图2-2-10），其中红壤烤烟氮碱比显著高于新积土和紫色土，其他土壤类型间烤烟氮碱比差异不显著。

1.1.8　不同土壤类型烤烟糖碱比的比较

不同类型土壤间烤烟糖碱比表现为红壤大于新积土大于水稻土大于紫色土大于黄壤（见图2-2-11），但不同土壤类型间烤烟糖碱比差异未达显著水平。

1.1.9　不同土壤类型烤烟化学综合得分的比较

不同类型土壤间烤烟化学综合得分表现为黄壤大于紫色土大于红壤大于新积土大于水稻土（见图2-2-12），其中黄壤烤烟化学综合得分显著高于其他类型土壤，其他土壤类型之间化学综合得分差异不显著。

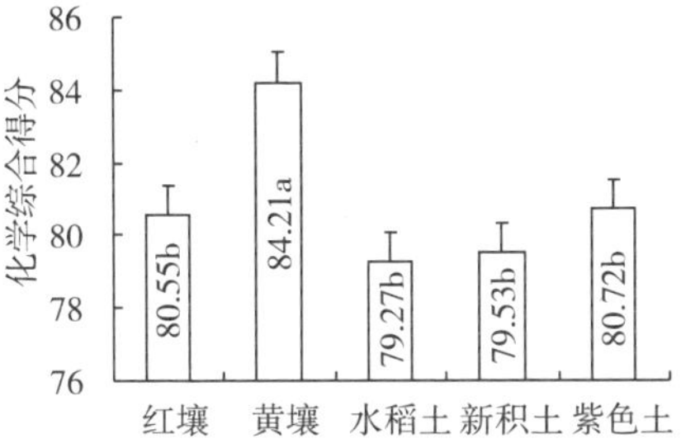

图2-2-12　不同土壤类型烤烟化学综合得分比较

1.2　不同土壤类型烤烟感官质量的比较

1.2.1　不同土壤类型烤烟香气质得分的比较

不同类型土壤间烤烟香气质得分表现为黄壤大于紫色土大于新积土大于水稻土大于红壤，其中黄壤烤烟香气质得分极显著高于红壤（见图2-2-13），其他土壤类型之间香气质得分差异未达极显著水平。

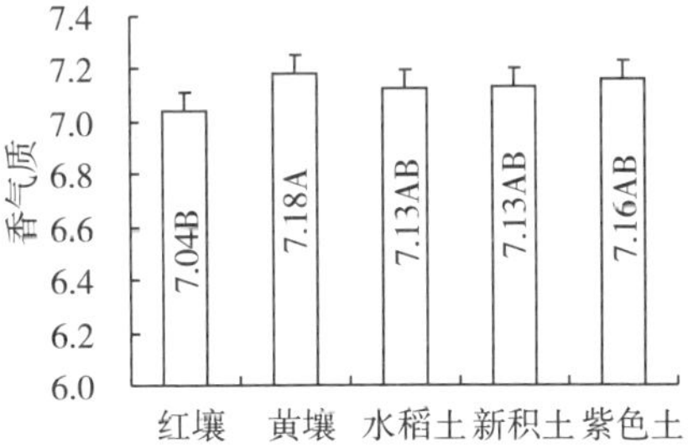

图2-2-13　不同土壤类型烤烟香气质得分比较

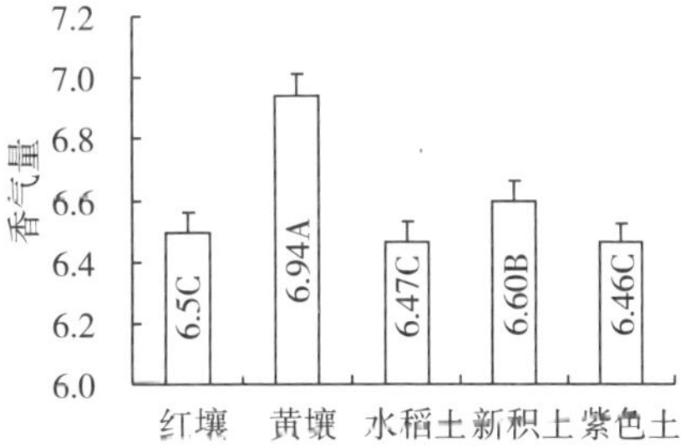

图2-2-14　不同土壤类型烤烟香气量得分比较

1.2.2　不同土壤类型烤烟香气量得分的比较

不同类型土壤间烤烟香气量得分表现为黄壤大于新积土大于红壤大于水稻土大于紫色土（见图2-2-14），其中黄壤烤烟香气量得分极显著高于其他类型土壤，其他土壤类型之间香气量得分亦存在极显著差异。

1.2.3　不同土壤类型烤烟杂气得分的比较

不同类型土壤间烤烟杂气得分表现为黄壤大于红壤大于水稻土大于紫色土大于新积土（见图2-2-15），其中黄壤烤烟杂气得分极显著高于其他类型土壤，其他土壤类型之间杂气得分差异不显著。

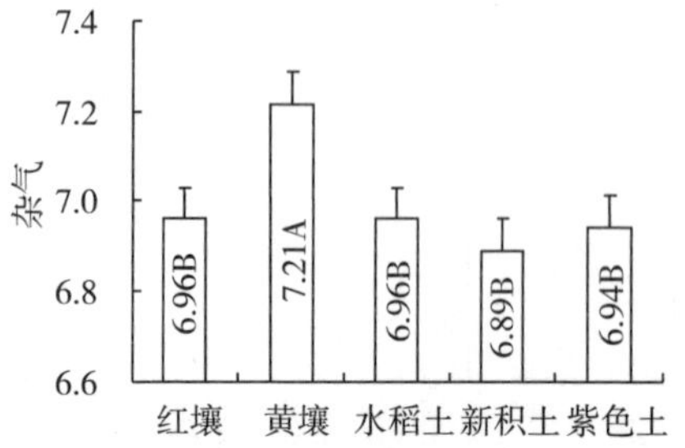

图2-2-15 不同土壤类型烤烟杂气得分比较

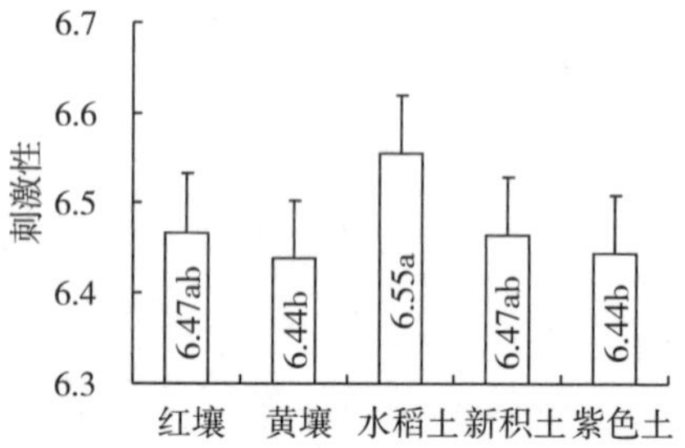

图2-2-16 不同土壤类型烤烟刺激性得分比较

1.2.4 不同土壤类型烤烟刺激性得分的比较

不同类型土壤间烤烟刺激性得分表现为水稻土大于红壤大于新积土大于紫色土大于黄壤（见图2-2-16），其中水稻土烤烟刺激性得分显著高于其他类型土壤，其他土壤类型之间刺激性得分差异不显著。

1.2.5 不同土壤类型烤烟余味得分的比较

不同类型土壤间烤烟余味得分表现为紫色土大于水稻土大于新积土大于红壤大于黄壤（见图2-2-17），其中黄壤烤烟余味得分极显著低于其他类型土壤，其他土壤类型之间余味得分差异不显著。

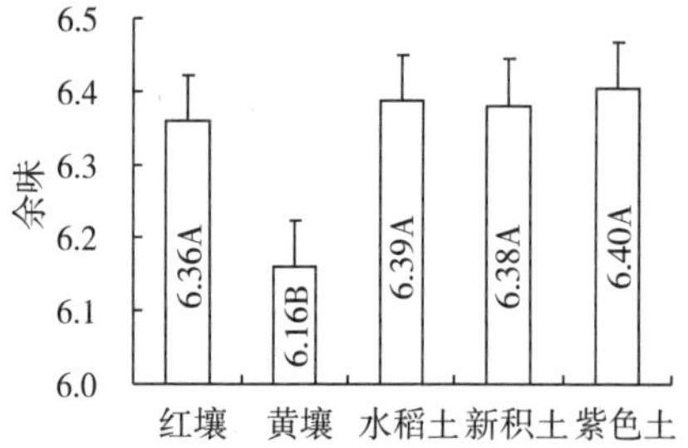

图2-2-17 不同土壤类型烤烟余味得分比较

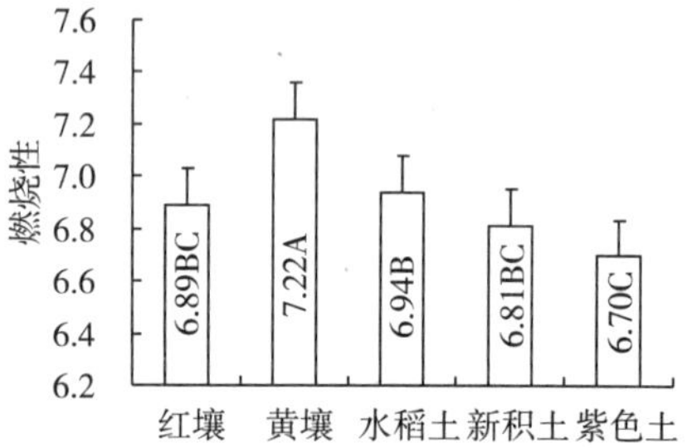

图2-2-18 不同土壤类型烤烟燃烧性得分比较

1.2.6 不同土壤类型烤烟燃烧性得分的比较

不同类型土壤间烤烟燃烧性得分表现为黄壤大于水稻土大于红壤大于新积土大于紫色土（见图2-2-18），其中黄壤烤烟燃烧性得分极显著高于其他类型土壤，其他土壤类型之间燃烧性得分差异未达极显著水平。

1.2.7 不同土壤类型烤烟灰色得分的比较

不同类型土壤间烤烟灰色得分表现为黄壤大于新积土大于红壤大于水稻土大于紫色土（见图2-2-19），其中黄壤烤烟灰色得分极显著高于其他类型土壤，其他土壤类型之间灰色得分差异亦达极显著水平。

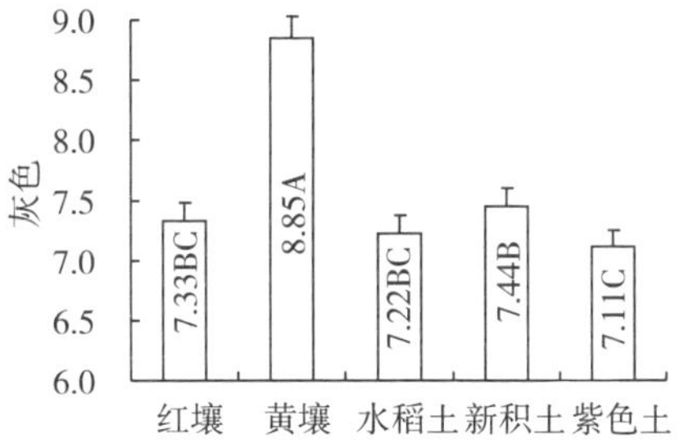

图2-2-19 不同土壤类型烤烟灰色得分比较

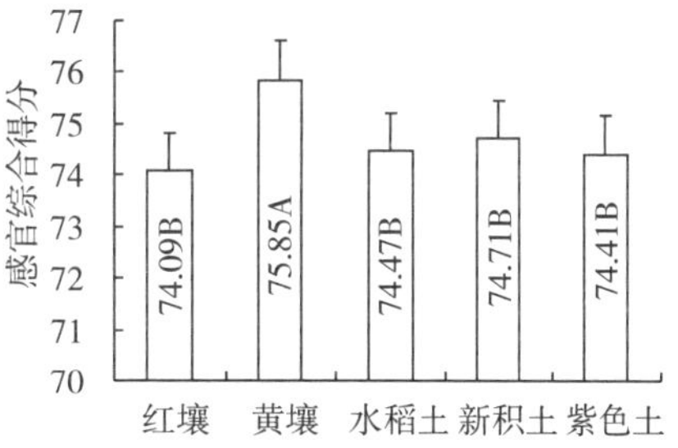

图2-2-20 不同土壤类型烤烟感官质量综合得分比较

1.2.8 不同土壤类型与烤烟感官质量综合得分的比较

不同类型土壤间烤烟感官质量综合得分表现为黄壤大于新积土大于水稻土大于紫色土大于红壤（见图2-2-20），其中黄壤烤烟感官质量综合得分极显著高于其他类型土壤，其他土壤类型之间感官质量综合得分差异未达极显著水平。

2. 土壤养分与烤烟品质的关系

2.1 土壤养分与烤烟化学品质的关系

2.1.1 土壤pH与烤烟化学成分的关系

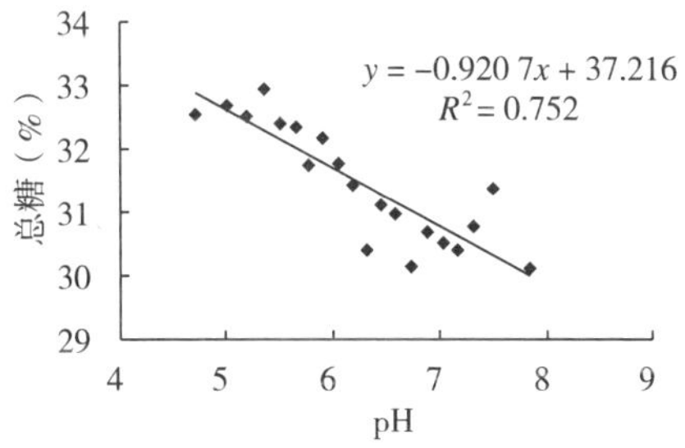

图2-2-21 烤烟总糖含量与土壤pH的关系

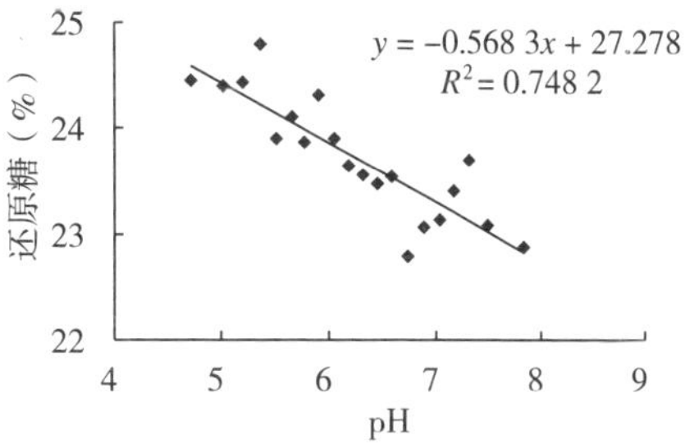

图2-2-22 烤烟还原糖含量与土壤pH的回归分析

烤烟总糖、还原糖含量与土壤pH的回归分析结果显示（见图2-2-21、图2-2-22），烤烟总糖和还原糖含量与土壤pH符合线性关系，R^2分别为0.752和0.748 2，回归方程达极显著水平（P值均为0.000），随pH的升高，烤烟总糖含量和还原糖含量呈下降的趋势。

烤烟总氮和烟碱含量与土壤pH的回归分析结果显示（见图2-2-23、图2-2-24），烤烟总氮和烟碱含量与土壤pH呈二次曲线关系，R^2分别为0.282 3和0.330 5，回归方程达显著水平（P值分别为0.023和0.013），随pH的升高，烤烟总氮含量和烟碱含量呈增加的趋势，但决定系数R^2较小，回归方程可信度较低。

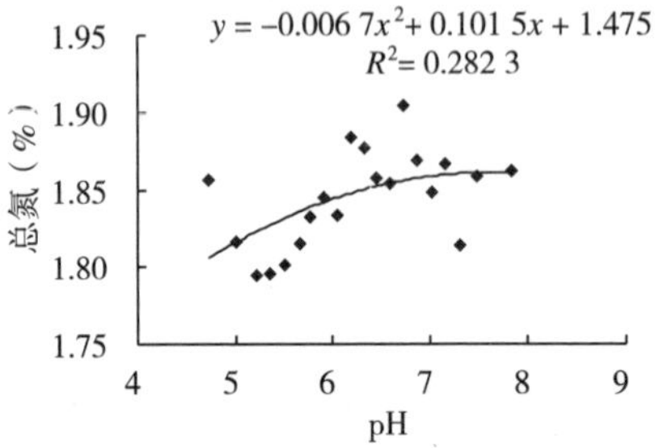

图2-2-23　烤烟总氮含量与土壤pH的回归分析

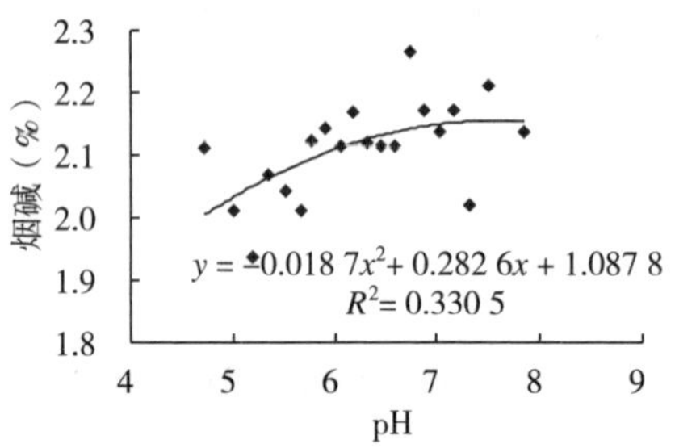

图2-2-24　烤烟烟碱含量与土壤pH的回归分析

烤烟钾含量与土壤pH的回归分析结果显示（见图2-2-25），烤烟钾含量与土壤pH呈线性关系，R^2为0.356 7，回归方程达显著水平（P值为0.005），随pH的升高，烤烟钾含量呈升高趋势。

烤烟氯含量与土壤pH的回归分析结果显示（见图2-2-26），烤烟氯含量与土壤pH符合线性关系，R^2达0.673 8，回归方程达极显著水平（P值为0.000），随pH的升高，烤烟氯含量呈直线下降趋势。

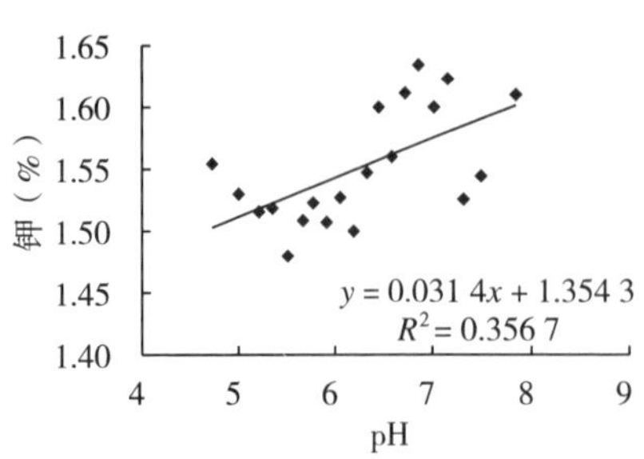

图2-2-25　烤烟钾含量与土壤pH的回归分析

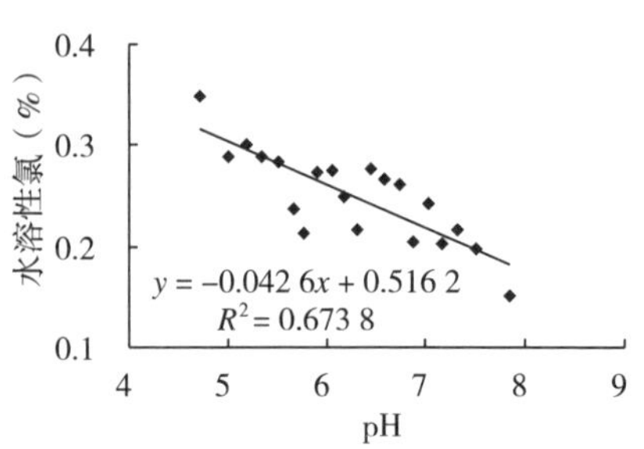

图2-2-26　烤烟氯含量与土壤pH的回归分析

烤烟两糖差与土壤pH的回归分析结果显示（见图2-2-27），烤烟两糖差与土壤pH符合二次曲线关系（R^2为0.448 9，P值为0.000），回归方程达极显著水平，随pH的升高，烤烟两糖差呈下降趋势，但下降幅度逐渐趋缓。

烤烟钾氯比与土壤pH的回归分析结果显示（见图2-2-28），烤烟钾氯比与土壤pH符合线性关系（R^2为0.375 7，P值为0.004），回归方程达极显著水平，随pH的升高，烤烟钾氯比呈升高趋势。

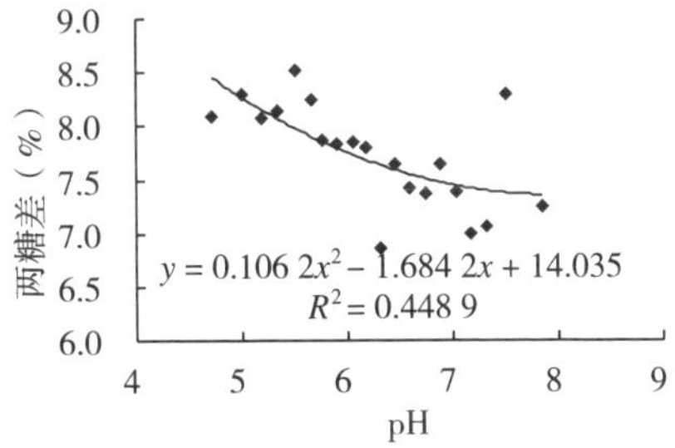

图2-2-27　烤烟两糖差与土壤pH的回归分析

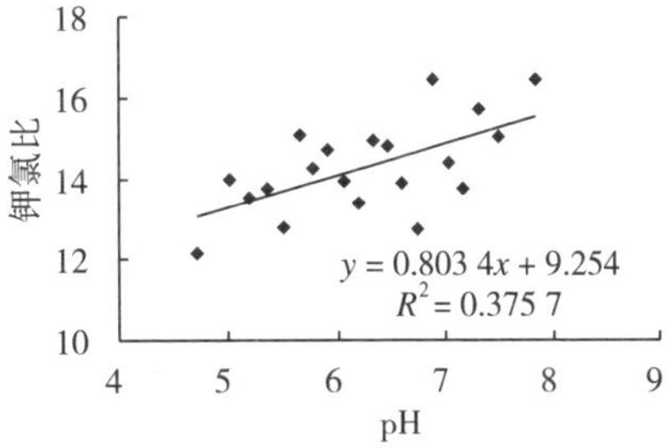

图2-2-28　烤烟钾氯比与土壤pH的关系

烤烟氮碱比与土壤pH的回归分析结果显示（见图2-2-29），烤烟氮碱比与土壤pH符合线性关系（R^2为0.375 7，P值为0.011），回归方程达显著水平，随pH的升高，烤烟氮碱比呈升高趋势。

烤烟糖碱比与土壤pH的回归分析结果显示（见图2-2-30），烤烟糖碱比与土壤pH符合二次曲线关系（R^2为0.594，P值为0.000），回归方程达极显著水平，随pH的升高，烤烟糖碱比呈下降趋势，但下降幅度逐渐趋缓。

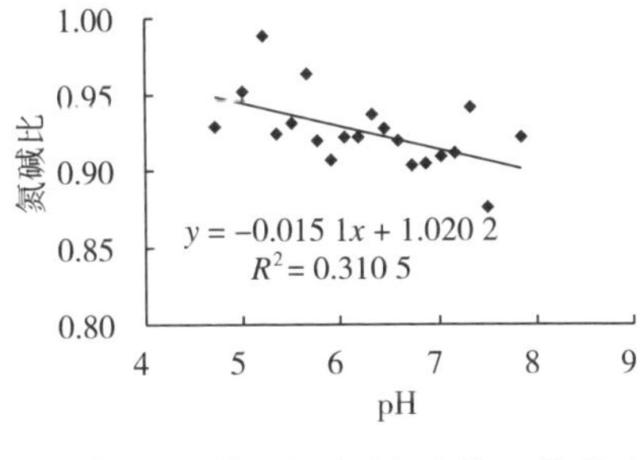

图2-2-29　烤烟氮碱比与土壤pH的关系

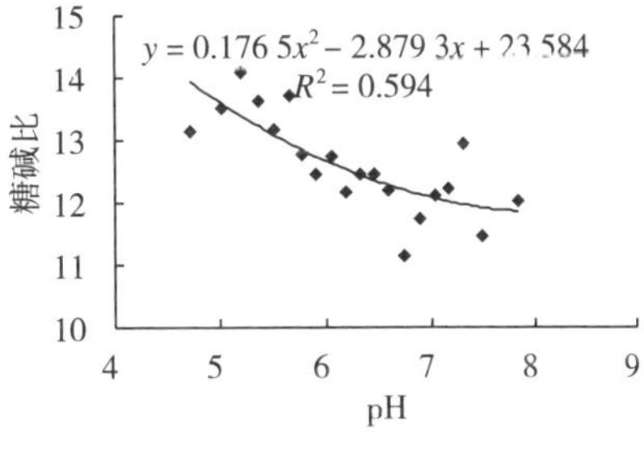

图2-2-30　烤烟糖碱比与土壤pH的关系

烤烟淀粉含量与土壤pH的回归分析结果显示（见图2-2-31），烤烟淀粉含量与土壤pH符合二次曲线关系（R^2为0.546 8，P值为0.000），回归方程达极显著水平，随pH的升高，烤烟淀粉含量呈下降趋势，当pH下降至7时，烤烟淀粉含量趋于稳定。

烤烟化学质量综合得分与土壤pH的回归分析结果显示（见图2-2-32），烤烟化学质量综合得分与土壤pH符合三次曲线关系（R^2为0.712 9，P值为0.000），回归方程达极显著水平，当pH＜5时，随pH的升高，烤烟化学质量综合得分缓慢升高，当pH升高至5后，随pH的升高，烤烟化学质量综合得分迅速升高，pH值在6.8～7.4之间时，烤烟化学质量综合得分达到峰值，此后随pH的升高，烤烟化学质量综合得分呈下降趋势。

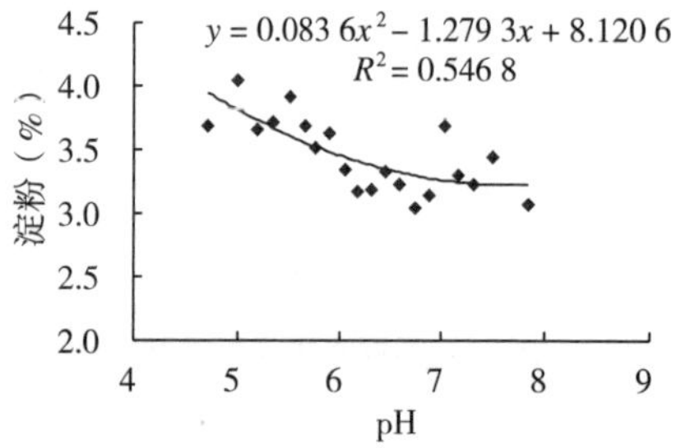

图2-2-31 烤烟淀粉与土壤pH的关系

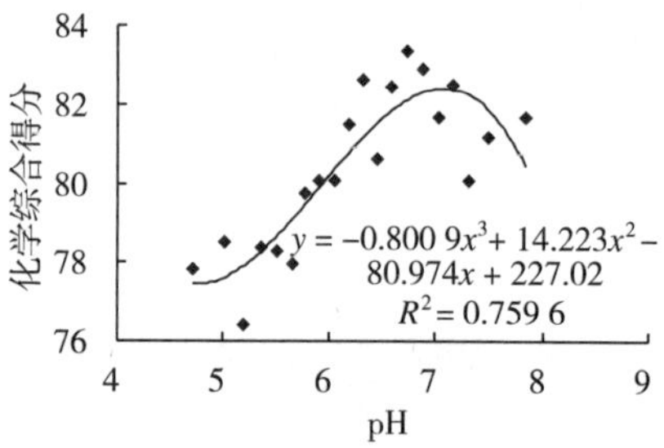

图2-2-32 化学综合得分与土壤pH的关系

2.1.2 土壤有机质含量与烟叶化学成分的关系

烤烟总糖、还原糖含量与土壤有机质含量的回归分析结果显示（见图2-2-33、图2-2-34），烤烟总糖、还原糖含量与土壤有机质含量均符合线性关系（R^2分别为0.421和0.423 5，P值均为0.002），回归方程达极显著水平，随有机质含量的升高，烤烟总糖和还原糖含量均呈直线下降趋势。

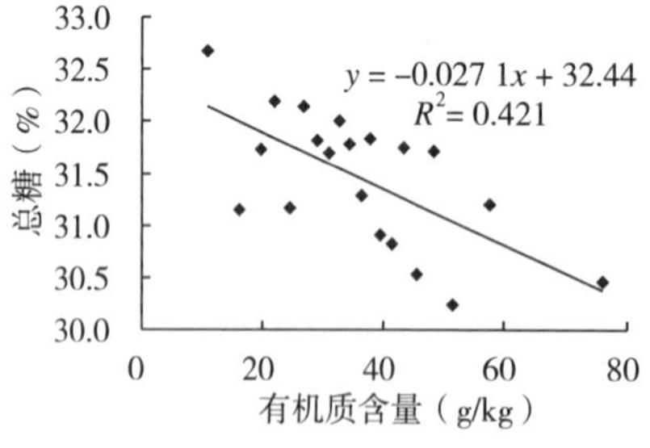

图2-2-33 烤烟总糖含量与土壤有机质含量的关系

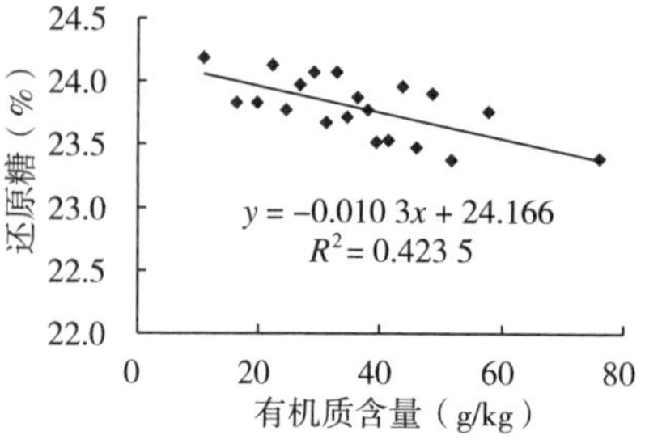

图2-2-34 烤烟还原糖含量与土壤有机质含量的关系

烤烟总氮、烟碱含量与土壤有机质含量的回归分析结果显示（见图2-2-35、图2-2-36），烤烟总氮、烟碱含量与土壤有机质含量均符合二次曲线关系（R^2分别为0.778 7和0.459 2，P值分别为0.000和0.001），回归方程达极显著水平；随有机质含量的升高，总氮含量先迅速上升，当有机质含量达50 g/kg时，总氮含量达峰值并渐趋稳定；随着有机质含量的升高，烤烟烟碱含量先缓慢升高，当有机质含量达40 g/kg时，烤烟烟碱含量迅速升高。

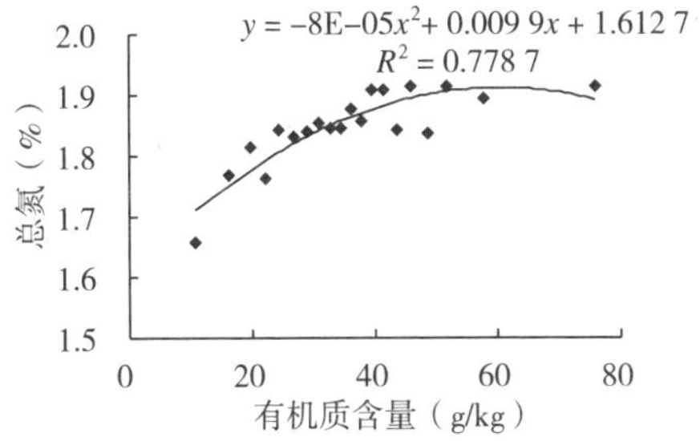

图2-2-35　烤烟总氮含量与土壤有机质含量的关系

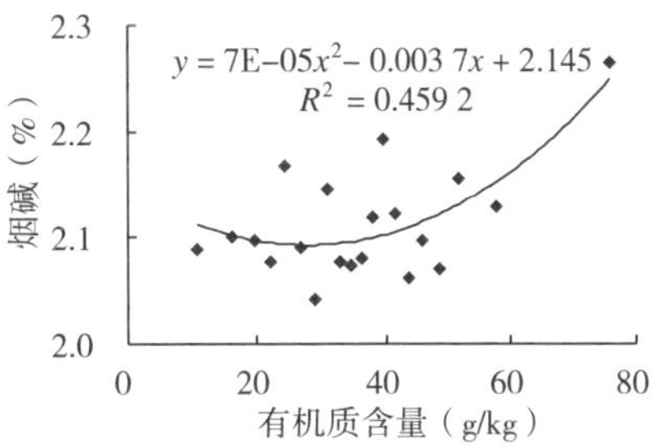

图2-2-36　烤烟烟碱含量与土壤有机质含量的关系

烤烟钾含量与土壤有机质含量的回归分析结果显示（见图2-2-37），烤烟钾含量与土壤有机质含量符合二次曲线关系（R^2为0.674 1，P值为0.000），回归方程达极显著水平，随有机质含量的升高，钾含量迅速上升，当有机质含量达50g/kg时，钾含量达峰值并渐趋稳定；

烤烟氯含量与土壤有机质含量的回归分析结果显示（见图2-2-38），烤烟氯含量与土壤有机质含量大致呈二次曲线关系，但回归方程未达显著水平（R^2为0.282 3，P值为0.247）。

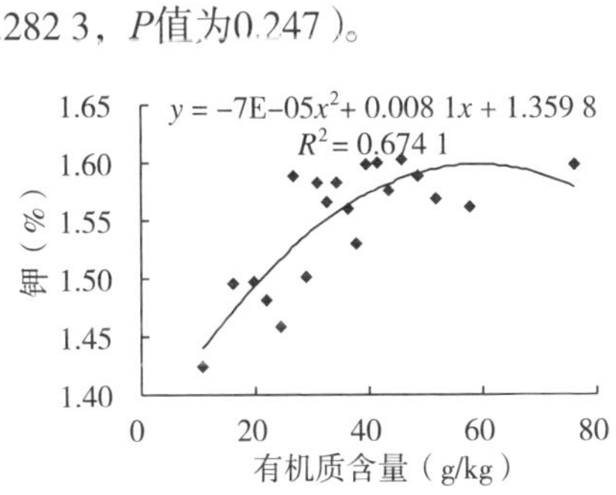

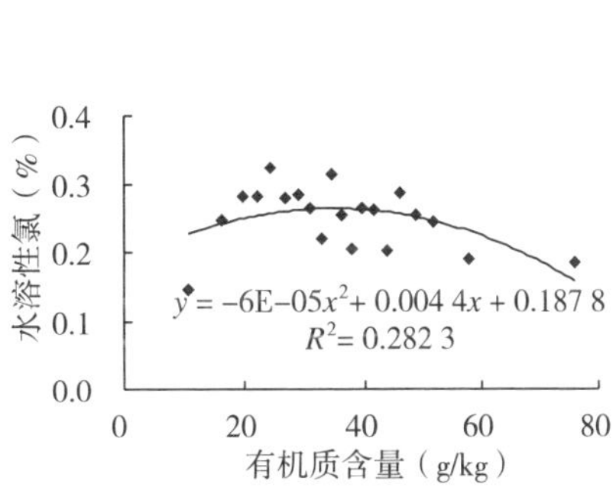

图2-2-37　烤烟钾含量与土壤有机质含量的关系 图2-2-38　烤烟氯含量与土壤有机质含量的关系

烤烟两糖差与土壤有机质含量的回归分析结果显示（见图2-2-39），烤烟两糖差与土壤有机质含量符合线性关系（R^2为0.762 6，P值为0.000），回归方程达极显著水平，随有机质含量的升高，烤烟两糖差呈直线下降趋势。

烤烟钾氯比与土壤有机质含量的回归分析结果显示（见图2-2-40），烤烟钾氯比与土壤有机质含量符合二次曲线关系（R^2为0.415 5，P值为0.017），回归方程达显著水平，随有机质含量的升高，烤烟钾氯比呈先小幅下降后上升的趋势。

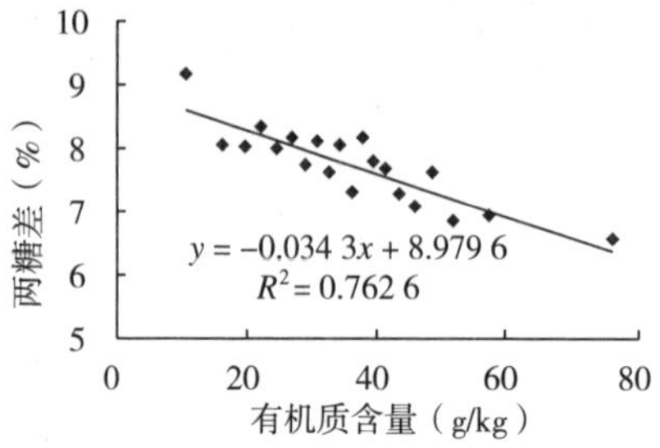

图2-2-39　烤烟两糖差与土壤有机质含量的关系

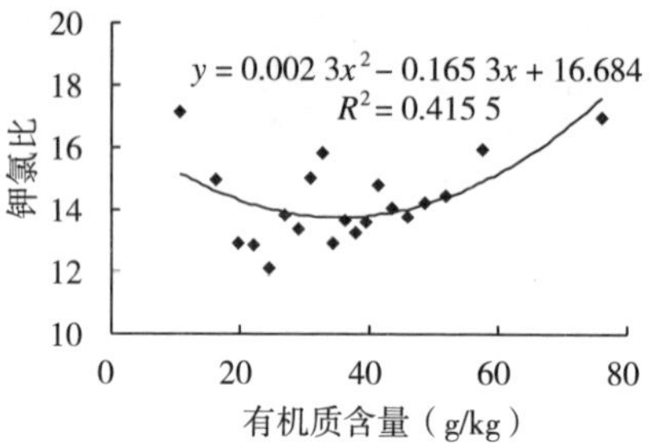

图2-2-40　烤烟钾氯比与土壤有机质含量的关系

烤烟氮碱比与土壤有机质含量的回归分析结果显示（见图2-2-41），烤烟氮碱比与土壤有机质含量符合二次曲线关系（R^2为0.743 9，P值为0.000），回归方程达极显著水平，随有机质含量的升高，烤烟氮碱比呈先上升后下降的趋势，有机质含量约为50 g/kg时，氮碱比出现峰值。

烤烟糖碱比与土壤有机质含量的回归分析结果显示（见图2-2-42），烤烟糖碱比与土壤有机质含量大致呈二次曲线关系，但回归方程未达显著水平（R^2为0.086 3，P值为0.746）。

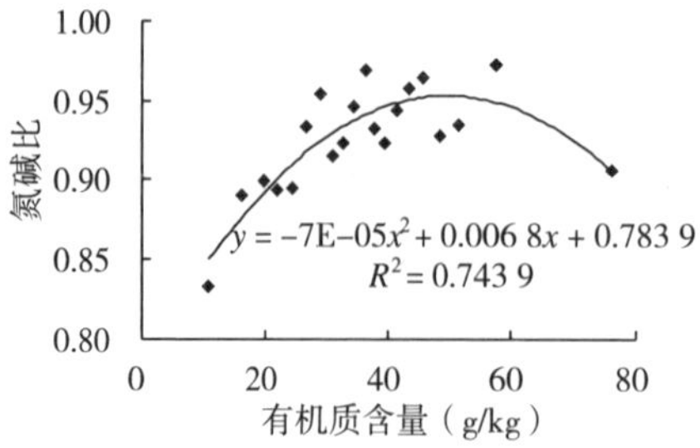

图2-2-41　烤烟氮碱比与土壤有机质含量的关系

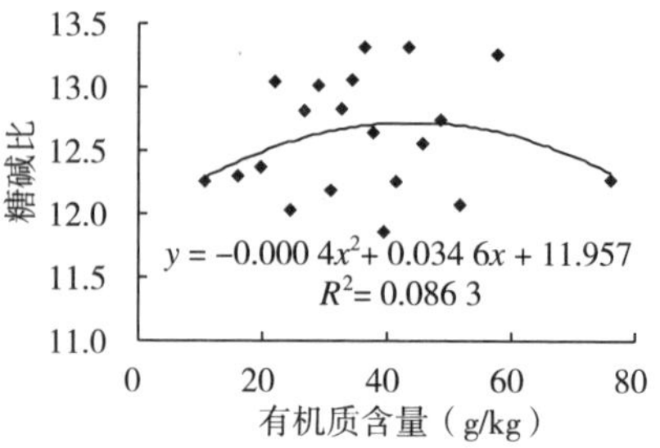

图2-2-42　烤烟糖碱比与土壤有机质含量的关系

烤烟淀粉含量与土壤有机质含量的回归分析结果显示（见图2–2–43），烤烟淀粉与土壤有机质含量符合二次曲线关系（R^2为0.785 3，P值为0.000），回归方程达极显著水平，随有机质含量的升高，烤烟淀粉含量呈下降趋势，有机质含量约为50 g/kg时，淀粉含量下降至3.00%并渐趋稳定。

烤烟化学质量综合得分与土壤有机质含量的回归分析结果显示（见图2–2–44），烤烟化学综合质量得分随土壤有机质含量的增加大致呈升高趋势，但回归方程未达显著水平（R^2为0.067 7，P值为0.297）。

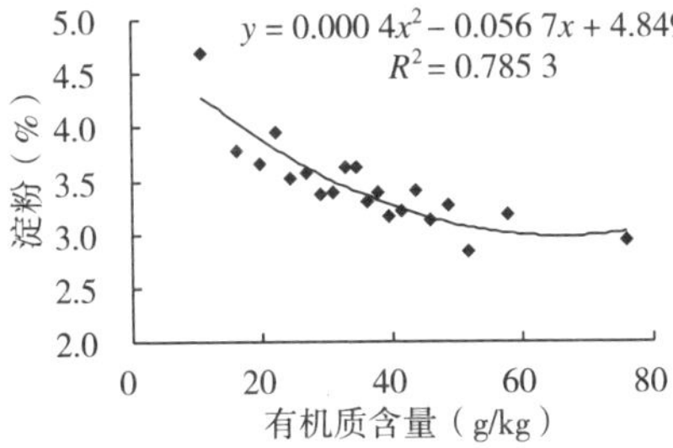

图2–2–43　烤烟淀粉含量与土壤有机质的关系

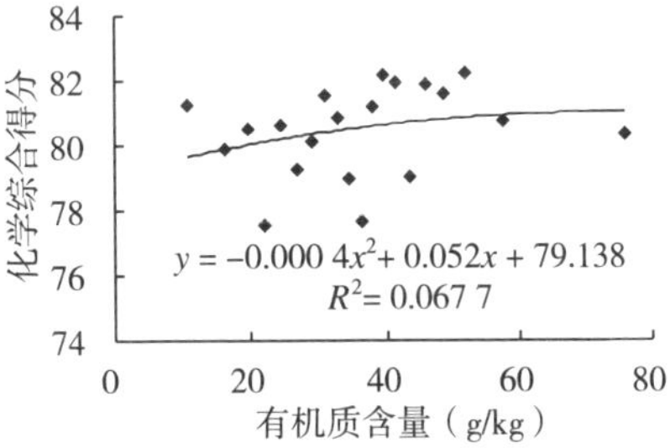

图2–2–44　烤烟化学综合得分与土壤有机质的关系

2.1.3　土壤全氮含量与烟叶化学成分的关系

烤烟总糖含量与土壤全氮含量的回归分析结果显示（见图2–2–45），烤烟总糖含量与土壤全氮含量符合线性关系（R^2为0.580 8，P值为0.000），回归方程达极显著水平，随土壤全氮含量的升高，烤烟总糖含量呈直线下降趋势。

烤烟还原糖含量与土壤全氮含量的回归分析结果显示（见图2–2–46），烤烟还原糖含量与土壤全氮含量符合二次土壤关系（R^2为0.328 4，P值为0.015），回归方程达显著水平，随土壤全氮含量的升高，烤烟还原糖含量呈先上升后下降的趋势，土壤全氮含量约为1.8 g/kg时，还原糖含量出现峰值。

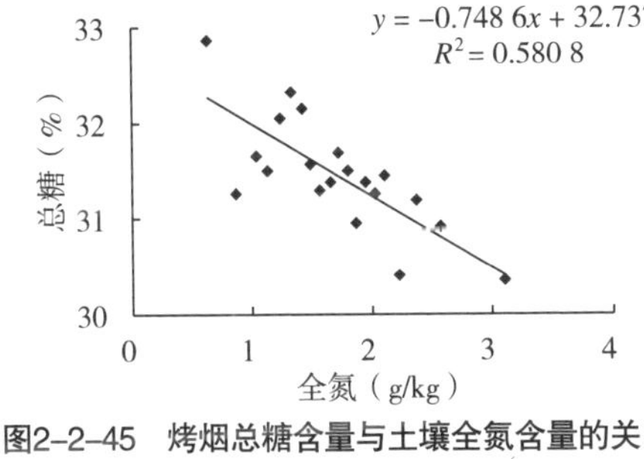

图2–2–45　烤烟总糖含量与土壤全氮含量的关系

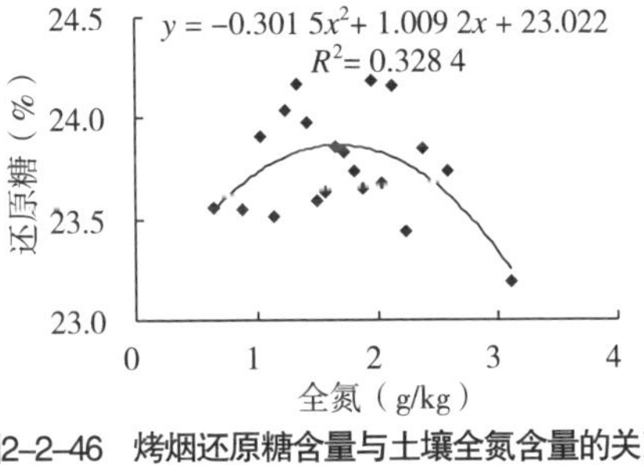

图2–2–46　烤烟还原糖含量与土壤全氮含量的关系

烤烟总氮含量与土壤全氮含量的回归分析结果显示（见图2–2–47），烤烟总氮含量与土壤全氮含量符合线性关系（R^2为0.668 3，P值为0.000），回归方程达极显著水平，随土壤全氮含量的升高，烤烟总氮含量呈直线上升趋势。

烤烟烟碱含量与土壤全氮含量的回归分析结果显示（见图2–2–48），烤烟烟碱含量与土壤全氮含量符合二次曲线关系（R^2为0.477 3，P值为0.000），回归方程达极显著水平，当土壤全氮含量小于1.8 g/kg时，烤烟烟碱含量变化较小，土壤全氮含量超过1.8 g/kg时，烟碱含量大幅上升。

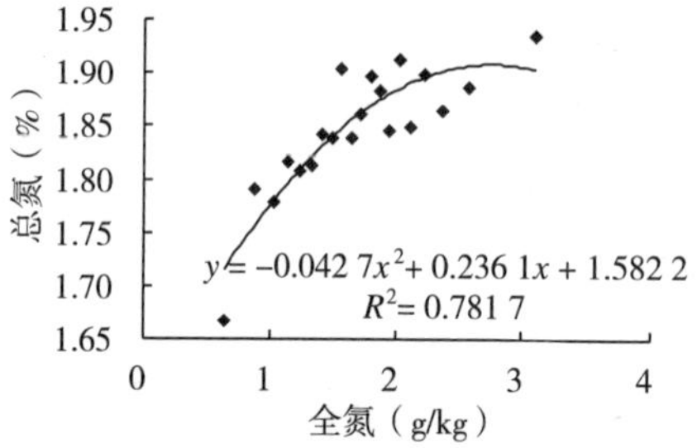

图2–2–47　烤烟总氮含量与土壤全氮含量的关系

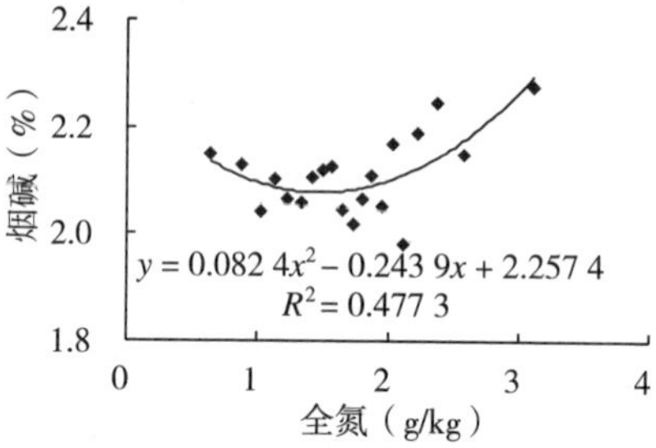

图2–2–48　烤烟烟碱含量与土壤全氮含量的关系

烤烟钾含量与土壤全氮含量的回归分析结果显示（见图2–2–49），烤烟总氮含量与土壤全氮含量符合二次曲线关系（R^2为0.736 8，P值为0.000），回归方程达极显著水平，随土壤全氮含量的升高，烤烟钾含量迅速上升，土壤全氮含量达2.0 g/kg后，烤烟钾含量趋于稳定。

烤烟氯含量与土壤全氮含量的回归分析结果显示（见图2–2–50），烤烟氯含量与土壤全氮含量大致呈线性关系，随土壤全氮含量的增加，烤烟氯含量有下降趋势，但回归方程未达显著水平（R^2为0.155 3，P值为0.086）。

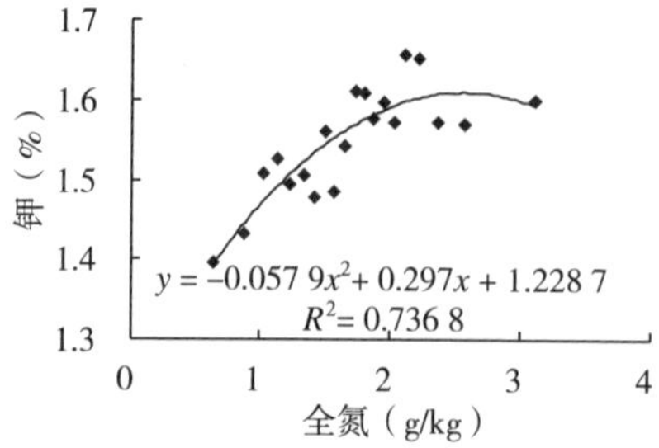

图2–2–49　烤烟钾含量与土壤全氮含量的关系

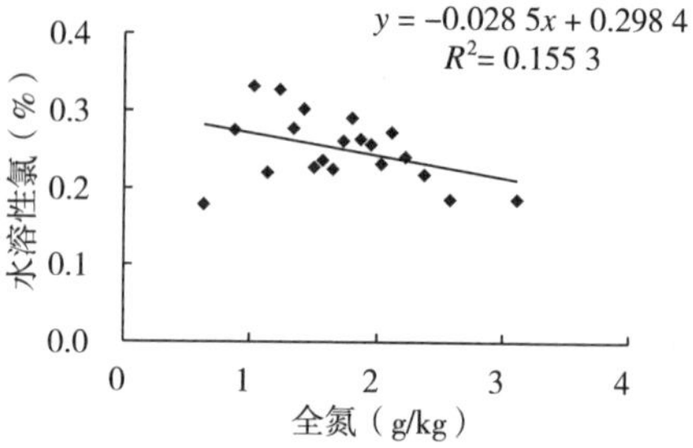

图2–2–50　烤烟氯含量与土壤全氮含量的关系

烤烟两糖差与土壤全氮含量的回归分析结果显示（见图2-2-51），烤烟氮碱比与土壤全氮含量符合二次曲线关系（R^2为0.628 8，P值为0.000），回归方程达极显著水平，随土壤全氮含量的升高，烤烟两糖差呈下降的趋势，土壤全氮含量达2.0 g/kg左右时，烤烟两糖差渐趋稳定。

烤烟钾氯比与土壤全氮含量的回归分析结果显示（见图2-2-52），烤烟钾氯比与土壤全氮含量符合线性关系（R^2为0.271 2，P值为0.019），回归方程达显著水平，随土壤全氮含量的增加，烤烟钾氯比呈升高趋势。

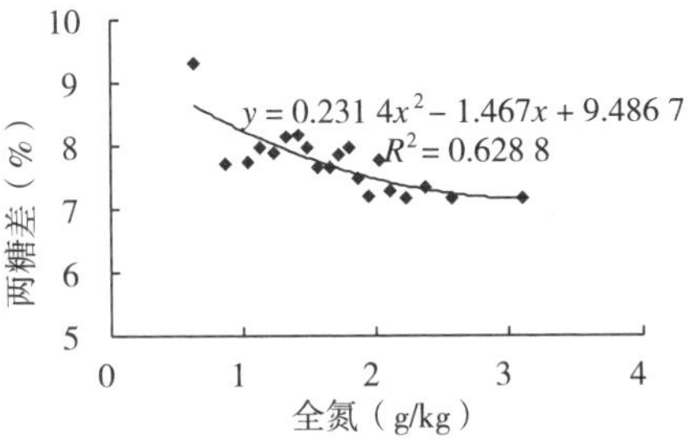

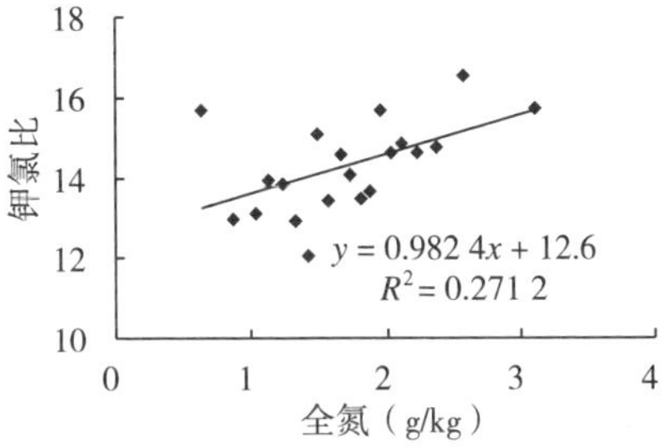

图2-2-51　烤烟两糖差与土壤全氮含量的关系　图2-2-52　烤烟钾氯比与土壤全氮含量的关系

烤烟氮碱比与土壤全氮含量的回归分析结果显示（见图2-2-53），烤烟氮碱比与土壤全氮含量符合二次曲线关系（R^2为0.551 9，P值为0.000），回归方程达极显著水平，随土壤全氮含量的升高，烤烟氮碱比呈现先上升后下降的趋势，土壤全氮含量达2.0 g/kg左右时，烤烟氮碱比达峰值。

烤烟糖碱比与土壤全氮含量的回归分析结果显示（见图2-2-54），烤烟糖碱比与土壤全氮含量大致呈二次曲线关系，随土壤全氮含量的增加，烤烟糖碱比先上升后下降，但回归方程未达显著水平（R^2为0.268 6，P值为0.063）。

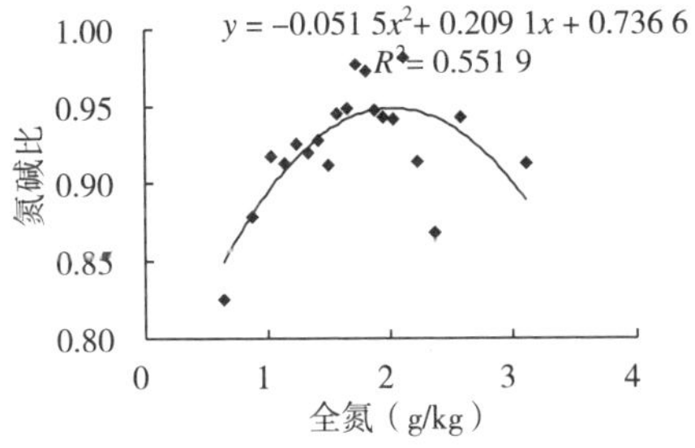

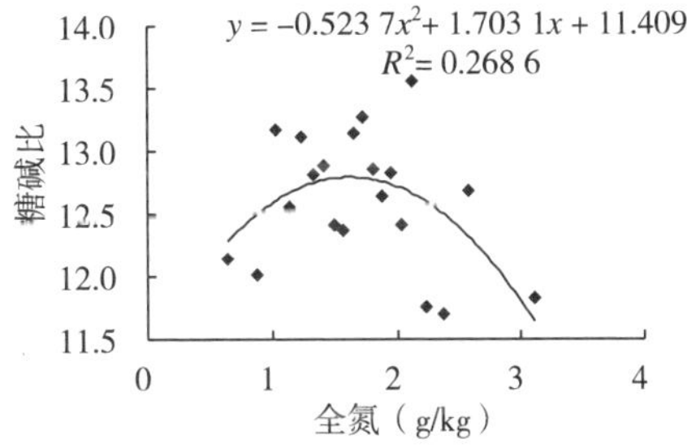

图2-2-53　烤烟氮碱比与土壤全氮含量的关系　图2-2-54　烤烟糖碱比与土壤全氮含量的关系

烤烟淀粉含量与土壤全氮含量的回归分析结果显示（见图2-2-55），烤烟淀粉含量与土壤全氮含量符合二次曲线关系（R^2为0.846 4，P值为0.000），回归方程达极显著水平，随土壤全氮含量的升高，烤烟淀粉含量呈下降的趋势，土壤全氮含量达2.0 g/kg左右时，烤烟淀粉含量渐趋稳定。

烤烟化学质量综合得分与土壤全氮含量的回归分析结果显示（见图2-2-56），烤烟化学质量综合得分与土壤全氮含量符合线性关系（R^2为0.345 2，P值为0.006），回归方程达显著水平，随土壤全氮含量的增加，烤烟化学质量综合得分呈升高趋势。

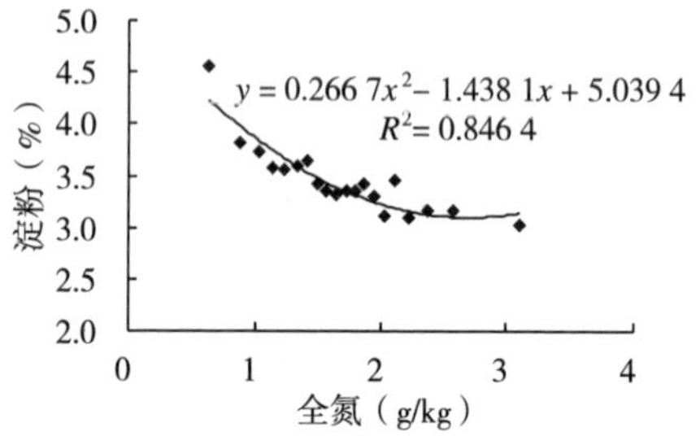

图2-2-55　烤烟淀粉含量与土壤全氮含量的关系

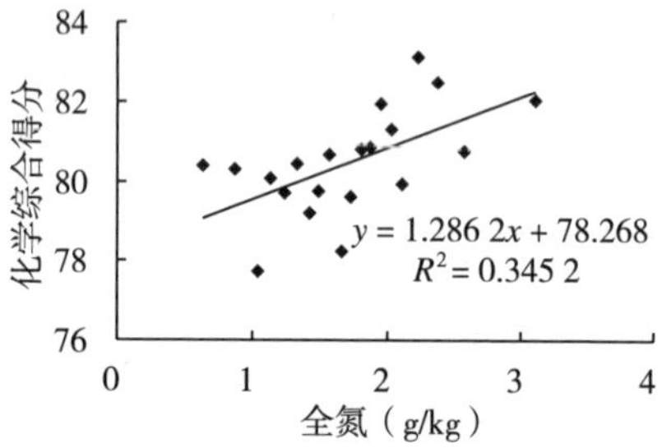

图2-2-56　烤烟化学综合得分与土壤全氮含量的关系

2.1.4　土壤全磷含量与烟叶化学成分的关系

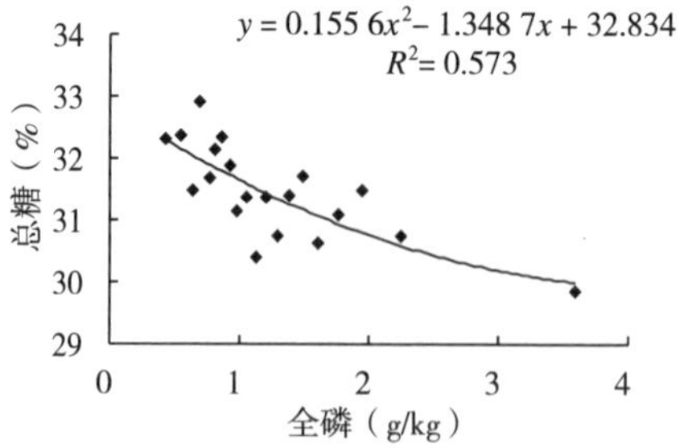

图2-2-57　烤烟总糖含量与土壤全磷含量的关系

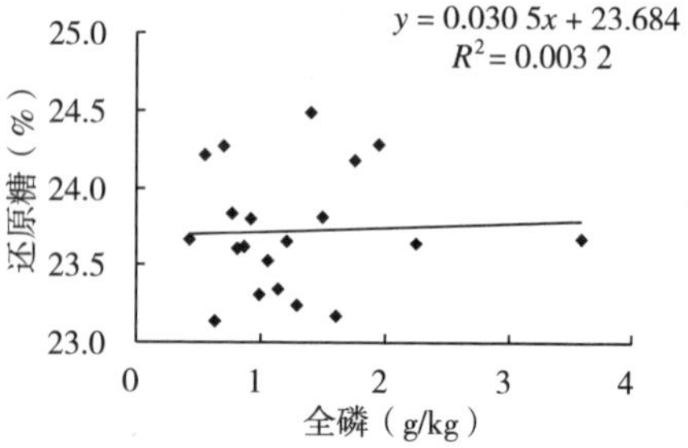

图2-2-58　烤烟还原糖含量与土壤全磷含量的关系

烤烟总糖含量与土壤全磷含量的回归分析结果显示（见图2-2-57），烤烟总糖含量与土壤全磷含量符合二次曲线关系（R^2为0.573，P值为0.000），回归方程达极显著水平，随土壤全磷含量的升高，烤烟总糖含量呈下降的趋势，土壤全磷含量达2.0 g/kg左右时，烤烟总糖含量下降速度趋缓。烤烟还原糖含量与土壤全磷含量的相关性不显著（见图2-2-58）。

烤烟总氮含量与土壤全磷含量的回归分析结果显示（见图2-2-59），烤烟总氮含量与土壤全磷含量符合线性关系（R^2为0.410 5，P值为0.000），回归方程达极显著水平，随土壤全磷含量的升高，烤烟总氮含量呈直线上升趋势。烤烟烟碱含量与土壤全磷含量的相关性不显著（见图2-2-60）。

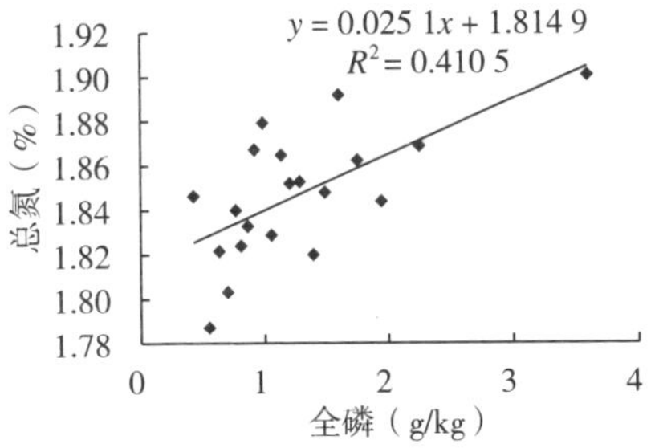

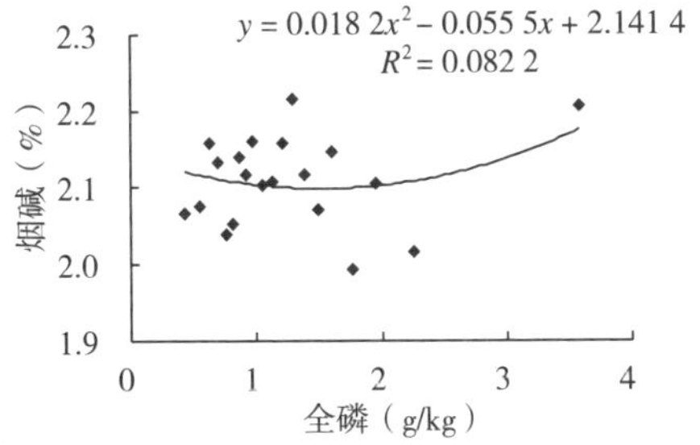

图2-2-59　烤烟总氮含量与土壤全磷含量的关系 **图2-2-60　烤烟烟碱含量与土壤全磷含量的关系**

烤烟钾含量与土壤全磷含量的回归分析结果显示（见图2-2-61），烤烟钾含量与土壤全磷含量符合二次曲线关系（R^2为0.3102，P值为0.024），回归方程达显著水平，随土壤全磷含量的升高，烤烟钾含量呈升高趋势，土壤全磷含量达2.0 g/kg后，烤烟钾含量趋于稳定。

烤烟氯含量与土壤全磷含量的回归分析结果显示（见图2-2-62），烤烟氯含量与土壤全磷含量符合二次曲线关系（R^2为0.473 9，P值为0.003），回归方程达极显著水平，随土壤全磷含量的增加，烤烟氯含量呈下降趋势，土壤全磷含量达2.0 g/kg后，烤烟氯含量趋于稳定。

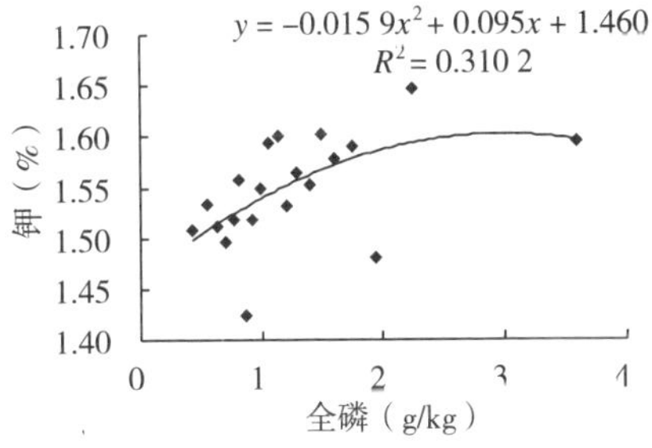

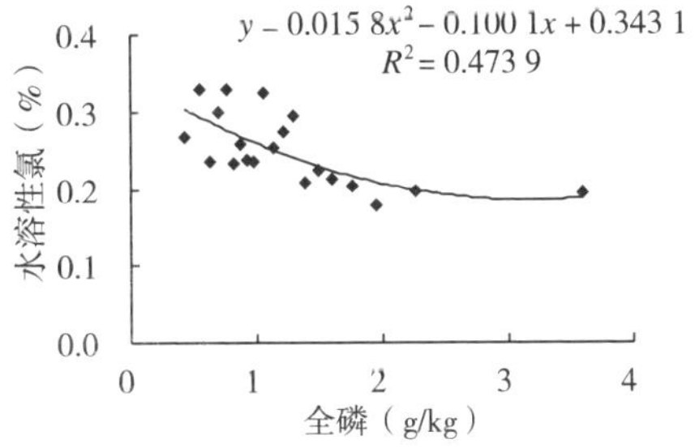

图2-2-61　烤烟钾含量与土壤全磷含量的关系 **图2-2-62　烤烟氯含量与土壤全磷含量的关系**

烤烟两糖差与土壤全磷含量的回归分析结果显示（见图2-2-63），烤烟两糖差与土壤全磷含量符合二次曲线关系（R^2为0.749，P值为0.000），回归方程达极显著水平，随土壤全磷含量的升高，烤烟两糖差呈下降的趋势，土壤全磷含量达2.0 g/kg左右时，烤烟两糖差趋于稳定。

烤烟钾氯比与土壤全磷含量的回归分析结果显示（见图2-2-64），烤烟钾氯比与土壤全磷含量大致呈二次曲线关系，随土壤全磷含量的增加，烤烟钾氯比有缓慢升高的趋势，但回归方程未达显著水平（R^2为0.192 7，P值为0.063）。

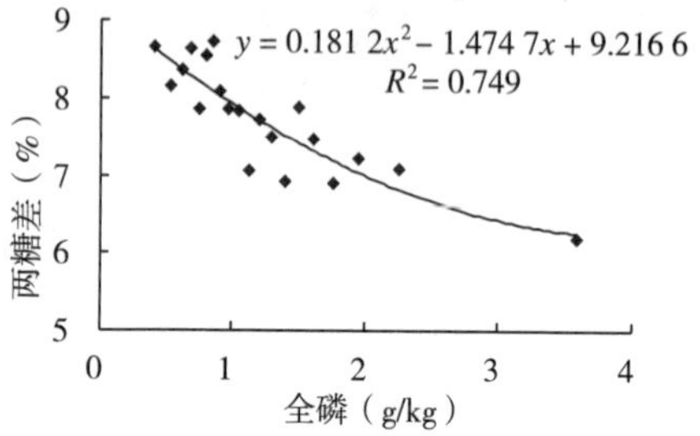

图2-2-63 烤烟两糖差与土壤全磷含量的关系

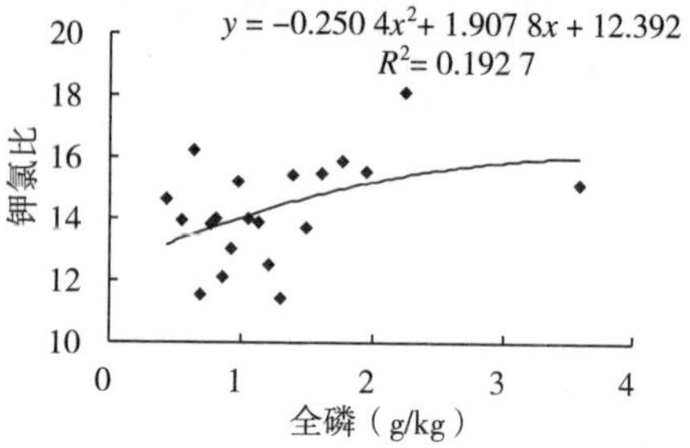

图2-2-64 烤烟钾氯比与土壤全磷含量的关系

烤烟氮碱比与土壤全磷含量的回归分析结果显示（见图2-2-65），烤烟氮碱比与土壤全磷含量大致符合二次曲线关系，土壤随全磷含量的升高，烤烟氮碱比呈现先上升后下降的趋势，但回归方程未达显著水平（R^2为0.165 7，P值为0.325），全磷含量达2.0 g/kg左右时，烤烟氮碱比达峰值。

烤烟糖碱比与土壤全磷含量的回归分析结果显示（见图2-2-66），烤烟糖碱比与土壤全磷含量相关性不显著（R^2为0.076 8，P值为0.733）。

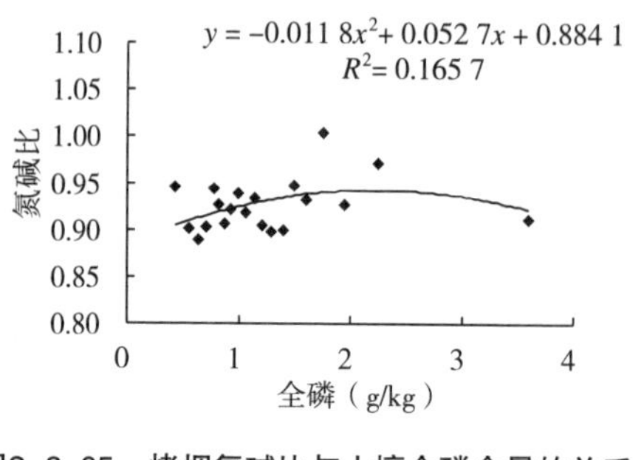

图2-2-65 烤烟氮碱比与土壤全磷含量的关系

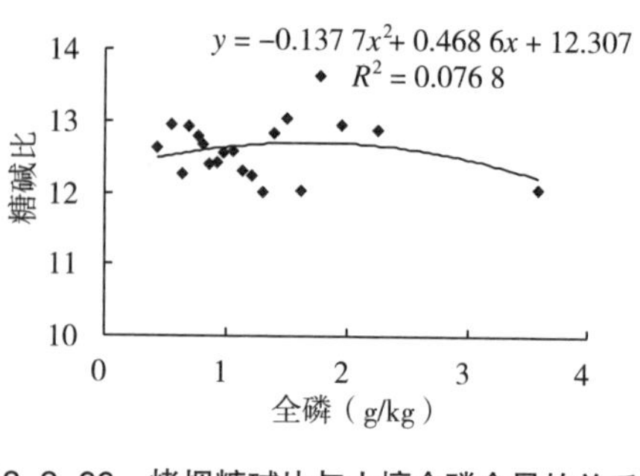

图2-2-66 烤烟糖碱比与土壤全磷含量的关系

烤烟淀粉含量与土壤全磷含量的回归分析结果显示（见图2-2-67），烤烟淀粉含量与土壤全磷含量符合二次曲线关系（R^2为0.611 9，P值为0.000），回归方程达极显著水平，随土壤全磷含量的升高，烤烟淀粉含量呈下降的趋势，土壤全磷含量达2.0 g/kg左右时，烤烟淀粉含量渐趋稳定。

烤烟化学综合质量得分与土壤全磷含量含量的回归分析结果显示（见图2-2-68），烤烟化学综合质量得分随土壤全磷含量的增加大致呈升高趋势，但回归方程未达显著水平（R^2为0.144 3，P值为0.108）。

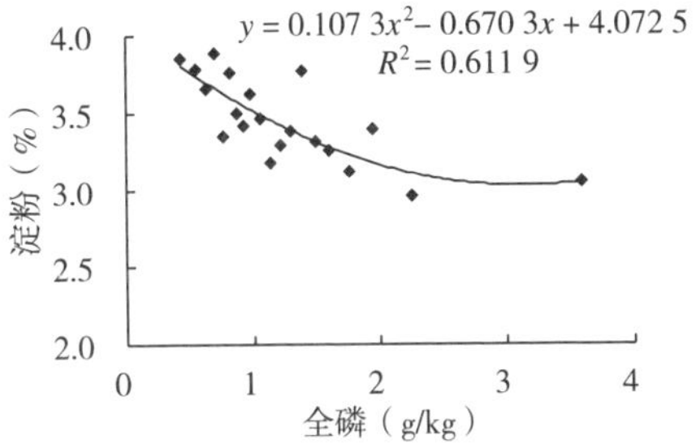

图2-2-67　烤烟淀粉含量与土壤全磷含量的关系

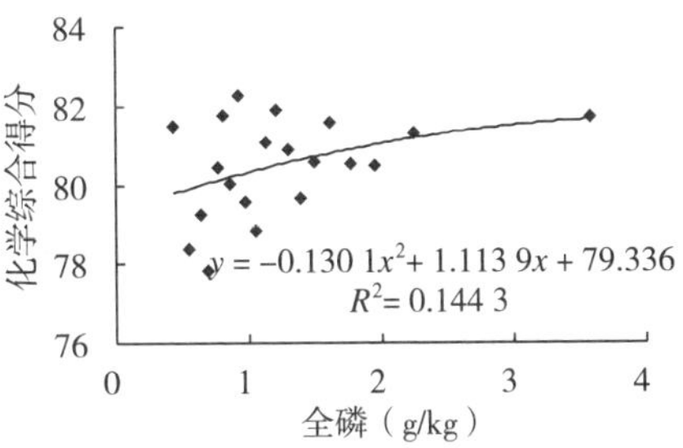

图2-2-68　烤烟化学综合得分与土壤全磷含量的关系

2.1.5　土壤全钾含量与烟叶化学成分的关系

烤烟总糖含量与土壤全钾含量的回归分析结果显示（见图2-2-69），烤烟总糖含量与土壤全钾含量符合线性关系（R^2为0.584 1，P值为0.000），回归方程达极显著水平，随全钾含量的升高，烤烟总糖含量呈直线上升趋势。

烤烟还原糖含量与土壤全钾含量的回归分析结果显示（见图2-2-70），烤烟还原糖含量与土壤全钾含量符合二次曲线关系，随全钾含量的升高，烤烟还原糖含量呈缓慢上升趋势，回归方程未达显著水平（R^2为0.150 8，P值为0.138）。

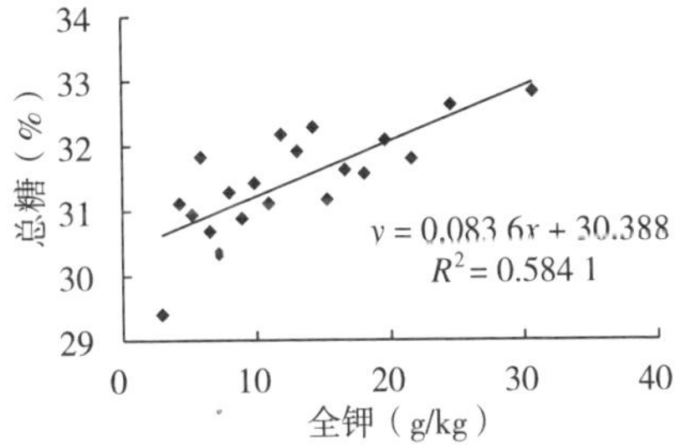

图2-2-69　烤烟总糖含量与土壤全钾含量的关系

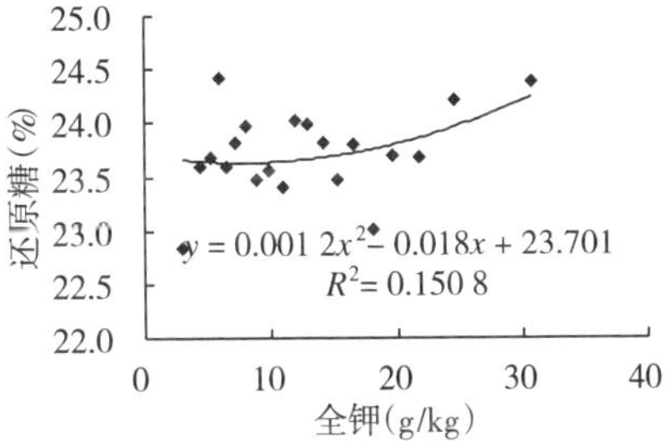

图2-2-70　烤烟还原糖含量与土壤全钾含量的关系

烤烟总氮含量与土壤全钾含量的回归分析结果显示（见图2–2–71），烤烟总氮含量与土壤全钾含量符合线性关系（R^2为0.752，P值为0.000），回归方程达极显著水平，随土壤全钾含量的升高，烤烟总氮含量呈直下降趋势，土壤当全钾含量达20 g/kg时，烤烟总氮含量逐渐趋于稳定。

烤烟烟碱含量与土壤全钾含量的回归分析结果显示（见图2–2–72），烤烟烟碱含量与土壤全钾含量大致呈二次曲线关系，随全钾含量的升高，烤烟烟碱含量呈先上升后下降趋势，但回归方程未达显著水平（R^2为0.216，P值为0.774）。

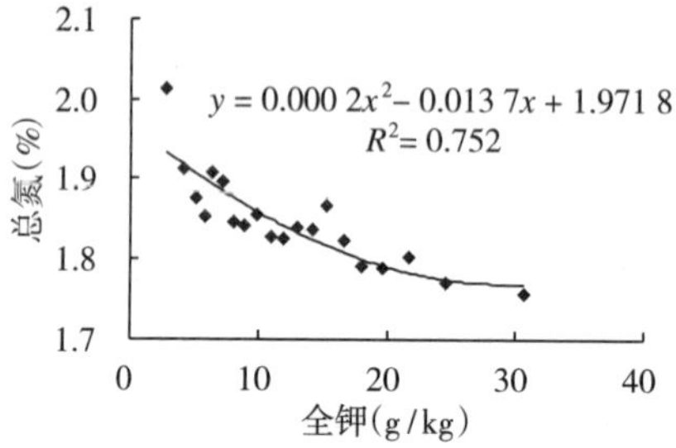

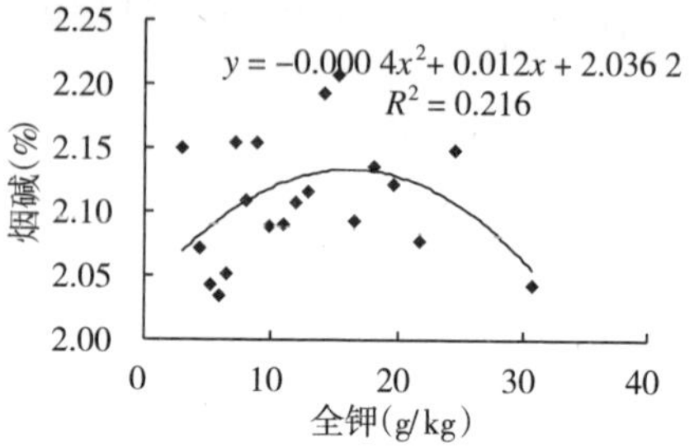

图2–2–71　烤烟总氮含量与土壤全钾含量的关系 图2–2–72　烤烟烟碱含量与土壤全钾含量的关系

烤烟钾含量与土壤全钾含量的回归分析结果显示（见图2–2–73），烤烟钾含量与土壤全钾含量符合线性关系（R^2为0.284 9，P值为0.015），回归方程达显著水平，随土壤全钾含量的升高，烤烟钾含量呈升高趋势。

烤烟氯含量与土壤全钾含量的回归分析结果显示（见图2–2–74），烤烟氯含量与土壤全钾含量大致呈二次曲线关系（R^2为0.251 1，P值为0.038），回归方程达显著水平，随土壤全钾含量的升高，烤烟氯含量呈缓慢下降的趋势。

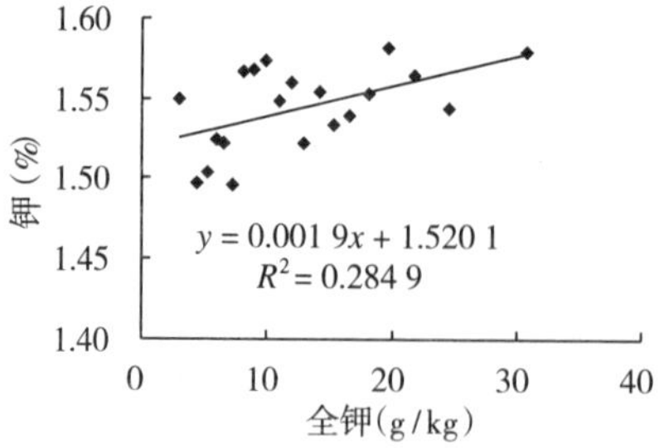

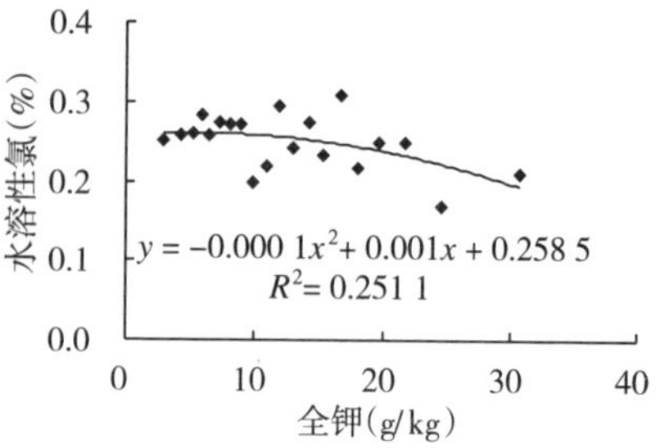

图2–2–73　烤烟钾含量与土壤全钾含量的关系 图2–2–74　烤烟氯含量与土壤全钾含量的关系

烤烟两糖差与土壤全钾含量的回归分析结果显示（见图2-2-75），烤烟两糖差与土壤全钾含量符合二次曲线关系（R^2为0.718，P值为0.000），回归方程达极显著水平，随土壤全钾含量的升高，烤烟两糖差呈升高的趋势，土壤全钾含量达25 g/kg左右时，烤烟两糖差逐渐趋于稳定。

烤烟钾氯比与土壤全钾含量的回归分析结果显示（见图2-2-76），烤烟钾氯比与土壤全钾含量大致呈线性关系（R^2为0.507 8，P值为0.000），回归方程达极显著水平，随土壤全钾含量的增加，烤烟钾氯比呈直线上升的趋势。

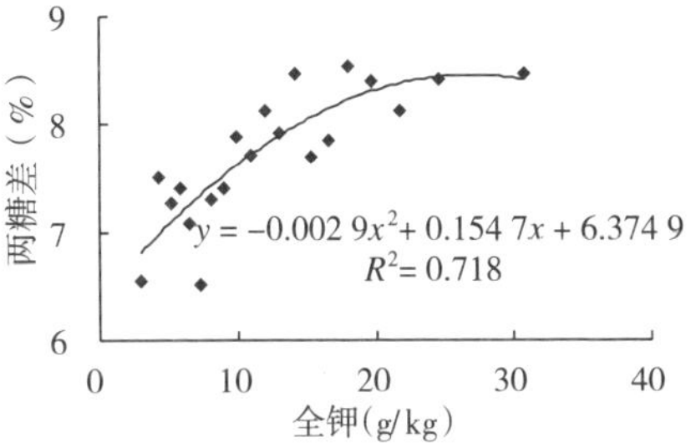

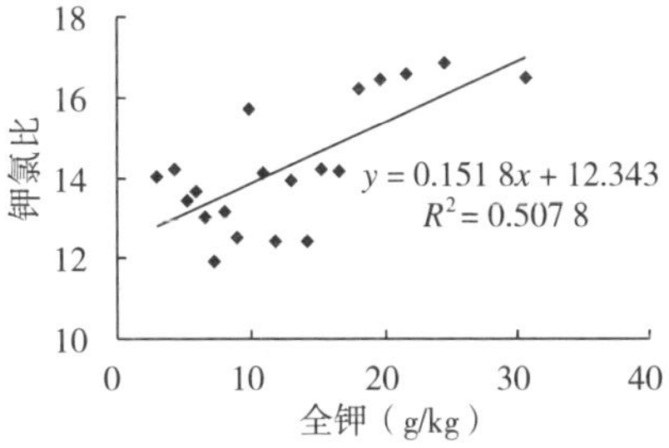

图2-2-75　烤烟两糖差与土壤全钾含量的关系　图2-2-76　烤烟钾氯比与土壤全钾含量的关系

烤烟氮碱比与土壤全钾含量的回归分析结果显示（见图2-2-77），烤烟氮碱比与土壤全钾含量符合二次曲线关系（R^2为0.879 4，P值为0.000），回归方程达极显著水平，随土壤全钾含量的升高，烤烟氮碱比呈下降趋势，土壤全钾含量达20 g/kg左右时，烤烟氮碱比基本趋于稳定。

烤烟糖碱比与土壤全钾含量的回归分析结果显示（见图2-2-78），烤烟糖碱比与土壤全钾含量大致呈线性关系，随土壤全钾含量的增加，烤烟糖碱比呈直线上升的趋势，回归方程达极显著水平（R^2为0.032 7，P值为0.461）。

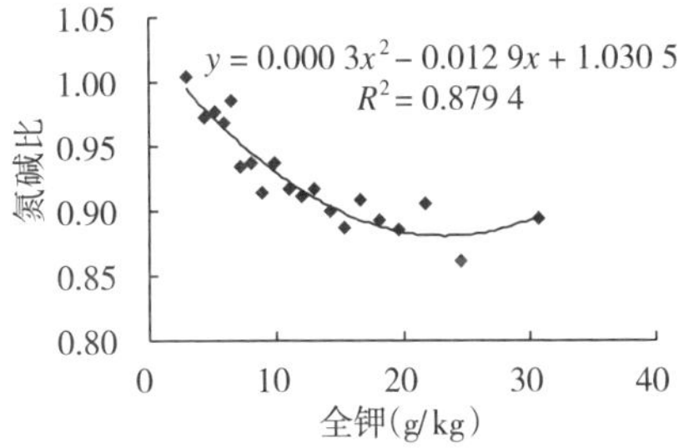

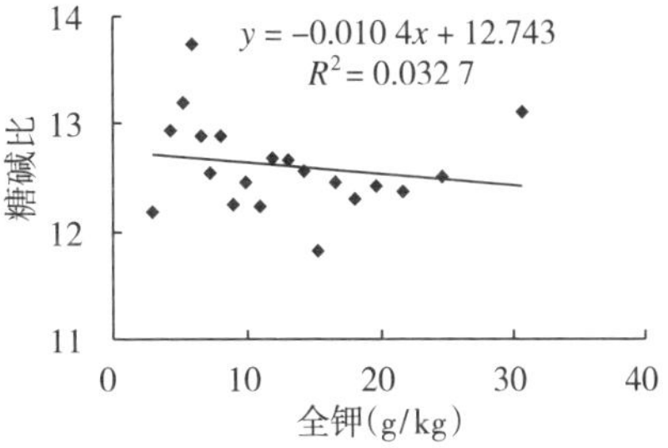

图2-2-77　烤烟氮碱比与土壤全钾含量的关系　图2-2-78　烤烟糖碱比与土壤全钾含量的关系

烤烟淀粉含量与土壤全钾含量的回归分析结果显示（见图2-2-79），烤烟淀粉含量与土壤全钾含量符合二次曲线关系（R^2为0.696 1，P值为0.000），回归方程达极显著水平，随土壤全钾含量的升高，烤烟淀粉含量呈升高的趋势，土壤全钾含量达25 g/kg左右时，烤烟淀粉含量逐渐趋于稳定。

烤烟化学综合质量得分与土壤全钾含量的回归分析结果显示（见图2-2-80），烤烟学综合质量得分与土壤全钾含量相关性不显著。

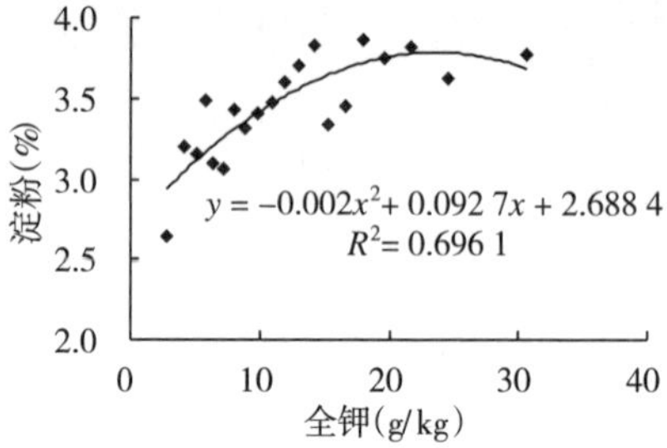

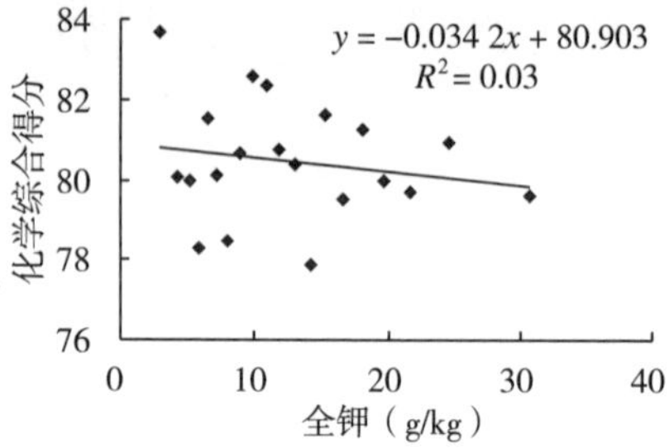

图2-2-79 烤烟氮碱比与土壤全钾含量的关系 图2-2-80 烤烟氮碱比与土壤全钾含量的关系

2.1.6 土壤碱解氮含量与烟叶化学成分的关系

烤烟总糖含量与土壤碱解氮含量的回归分析结果显示（见图2-2-81），烤烟总糖含量与土壤碱解氮含量相关性不显著（R^2为0.171 2，P值为0.069）。

烤烟还原糖含量与土壤碱解氮含量的回归分析结果显示（见图2-2-82），烤烟还原糖含量与土壤碱解氮含量符合二次曲线关系，回归方程达极显著水平（R^2为0.600 8，P值为0.000），随土壤碱解氮含量的升高，烤烟还原糖含量呈上升趋势，当碱解氮含量达150 mg/kg时，烤烟还原糖含量增长放缓并趋于稳定。

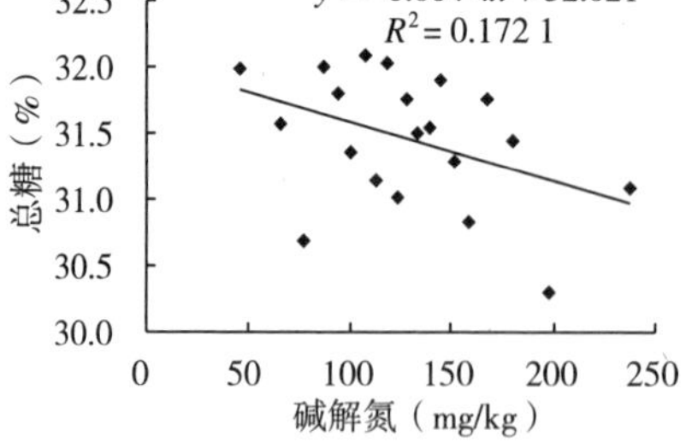

图2-2-81 烤烟总糖含量与土壤碱解氮含量的关系

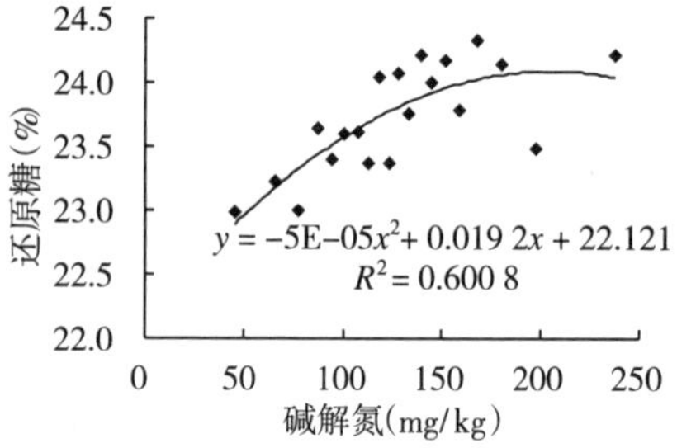

图2-2-82 烤烟还原糖含量与土壤碱解氮含量的关系

烤烟总氮与土壤碱解氮含量的回归分析结果显示（见图2-2-83），烤烟总氮含量与土壤碱解氮含量符合二次曲线关系（R^2为0.668 3，P值为0.000），回归方程达极显著水平，随土壤碱解氮含量的升高，烤烟总氮含量呈上升趋势，当土壤碱解氮含量达150 mg/kg后，烤烟总氮含量逐渐趋于稳定。

烤烟烟碱含量与土壤碱解氮含量的回归分析结果显示（见图2-2-84），烤烟烟碱与土壤碱解氮含量相关性不显著（R^2为0.095 2，P值为0.186）。

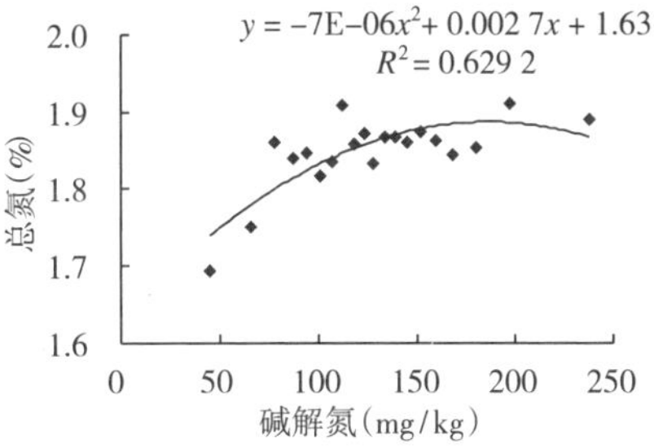

图2-2-83　烤烟总氮含量与土壤碱解氮含量的关系

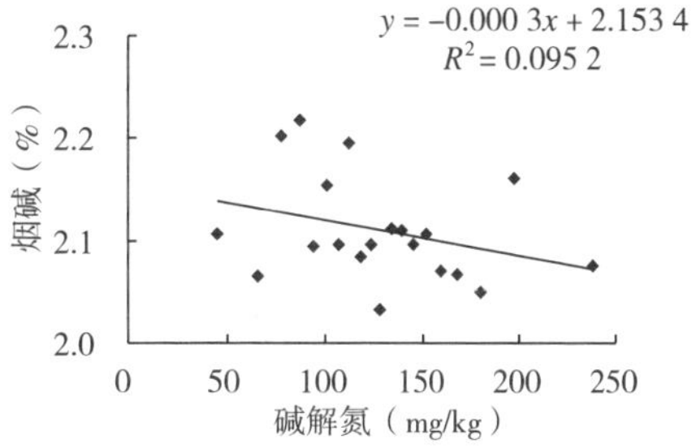

图2-2-84　烤烟烟碱含量与土壤碱解氮含量的关系

烤烟钾含量与土壤碱解氮含量的回归分析结果显示（见图2-2-85），烤烟钾含量与土壤碱解氮含量符合线性关系（R^2为0.743 6，P值为0.000），回归方程达极显著水平，随土壤碱解氮含量的升高，烤烟钾含量呈升高趋势。

烤烟氯含量与土壤碱解氮含量的回归分析结果显示（见图2-2-86），烤烟氯含量与土壤碱解氮含量符合二次曲线关系（R^2为0.412 7，P值为0.038），回归方程达显著水平，随土壤碱解氮含量的升高，烤烟氯含量呈先升高后下降的趋势，土壤碱解氮含量达130 mg/kg左右时，烤烟氯含量达峰值。

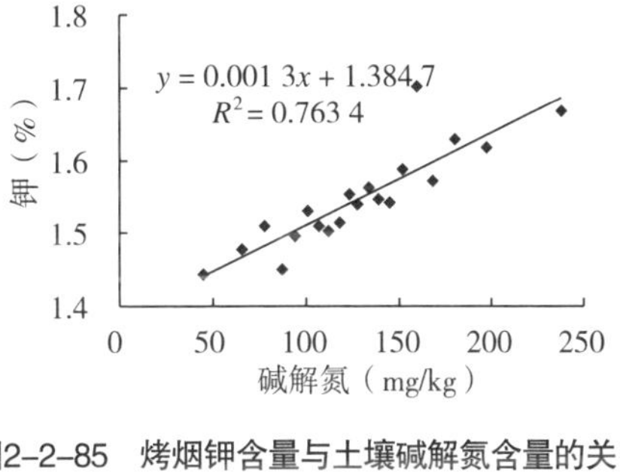

图2-2-85　烤烟钾含量与土壤碱解氮含量的关系

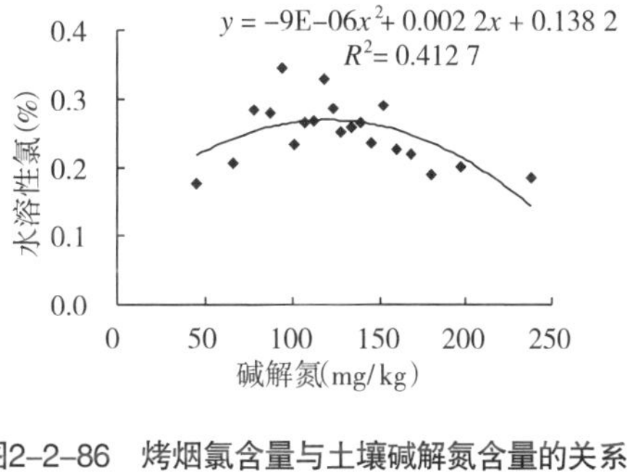

图2-2-86　烤烟氯含量与土壤碱解氮含量的关系

烤烟两糖差与土壤碱解氮含量的回归分析结果显示（见图2-2-87），烤烟两糖差与土壤碱解氮含量符合线性关系（R^2为0.743 6，P值为0.000），回归方程达极显著水平，随土壤碱解氮含量的升高，烤烟两糖差呈直线下降趋势。

烤烟钾氯比与土壤碱解氮含量的回归分析结果显示（见图2-2-88），烤烟钾氯比与土壤碱解氮含量符合二次曲线关系（R^2为0.435 4，P值为0.027），回归方程达显著水平，当土壤碱解氮含量小于130 mg/kg时，烤烟钾氯比变化幅度较小，土壤碱解氮含量达130 mg/kg后，烤烟钾氯比迅速增加。

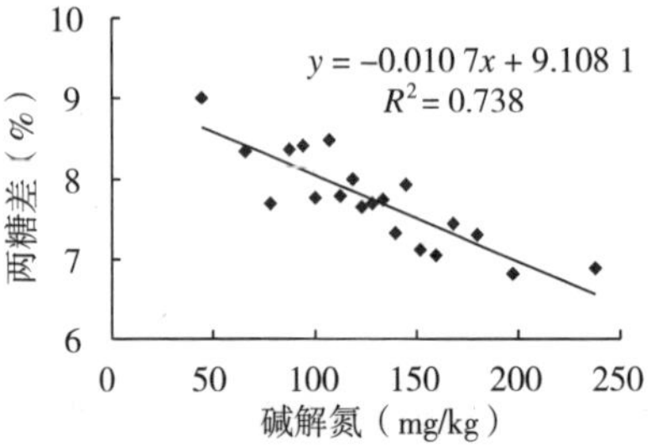

图2-2-87 烤烟两糖差与土壤碱解氮含量的关系

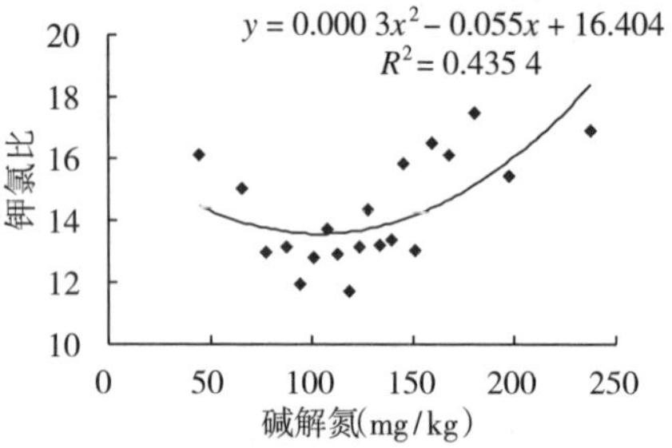

图2-2-88 烤烟钾氯比与土壤碱解氮含量的关系

烤烟氮碱比与土壤碱解氮含量的回归分析结果显示（见图2-2-89），烤烟氮碱比与土壤碱解氮含量符合二次曲线关系（R^2为0.758，P值为0.000），回归方程达极显著水平，随土壤碱解氮含量的升高，烤烟氮碱比呈升高趋势，土壤碱解氮含量达150 mg/kg左右时，烤烟氮碱比升高放缓并逐渐趋于稳定。

烤烟糖碱比与土壤碱解氮含量的回归分析结果显示（见图2-2-90），烤烟糖碱比与土壤碱解氮含量大致呈线性关系，随土壤碱解氮含量的增加，烤烟糖碱比呈直线上升的趋势，回归方程达显著水平（R^2为0.361 4，P值为0.016）。

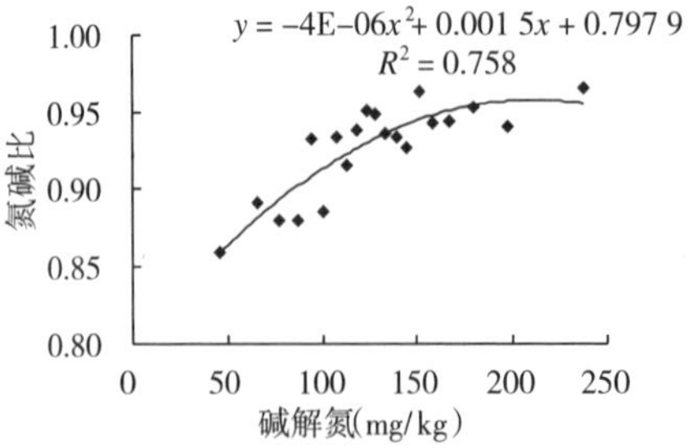

图2-2-89 烤烟氮碱比与土壤碱解氮含量的关系

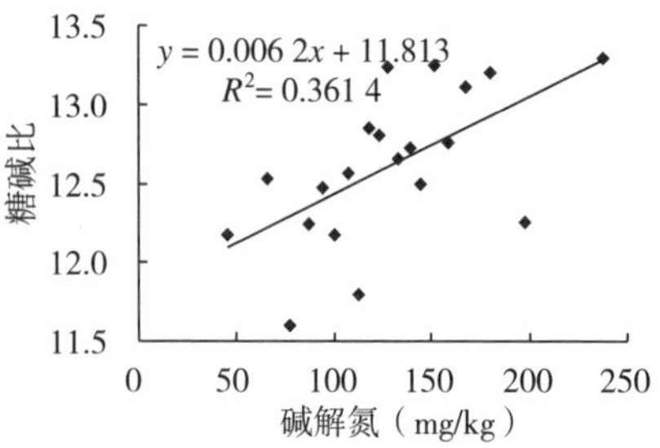

图2-2-90 烤烟糖碱比与土壤碱解氮含量的关系

烤烟淀粉含量与土壤碱解氮含量的回归分析结果显示（见图2-2-91），烤烟淀粉含量与土壤碱解氮含量符合二次曲线关系（R^2为0.736，P值为0.000），回归方程达极显著水平，随土壤碱解氮含量的升高，烤烟淀粉含量呈下降的趋势，碱解氮含量达150 mg/kg左右时，烤烟淀粉含量逐渐趋于稳定。

烤烟化学综合质量得分与土壤碱解氮含量的回归分析结果显示（见图2-2-92），烤烟化学综合质量得分与土壤碱解氮含量相关性不显著。

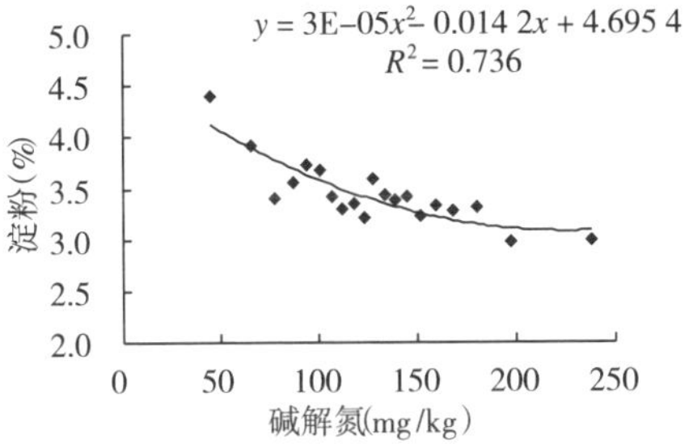

图2-2-91　烤烟淀粉含量与土壤碱解氮含量的关系

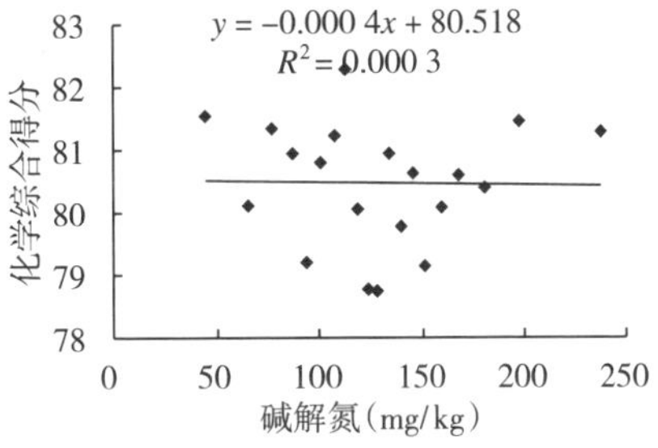

图2-2-92　烤烟化学综合得分与碱解氮含量的关系

2.1.7　土壤速效磷含量与烟叶化学成分的关系

烤烟总糖与土壤速效磷含量的回归分析结果显示（见图2-2-93），烤烟总糖含量与土壤速效磷含量符合二次曲线关系（R^2为0.563 7，P值为0.000），回归方程达极显著水平，随土壤速效磷含量的升高，烤烟总糖含量呈下降趋势。

烤烟还原糖含量与土壤速效磷的含量回归分析结果显示（见图2-2-94），烤烟还原糖含量与土壤速效磷含量符合二次曲线关系，回归方程达显著水平（R^2为0.309 4，P值为0.017），随土壤速效磷含量的升高，烤烟还原糖含量呈下降趋势，当土壤速效磷含量达60 mg/kg时，烤烟还原糖含量增长放缓并趋于稳定。

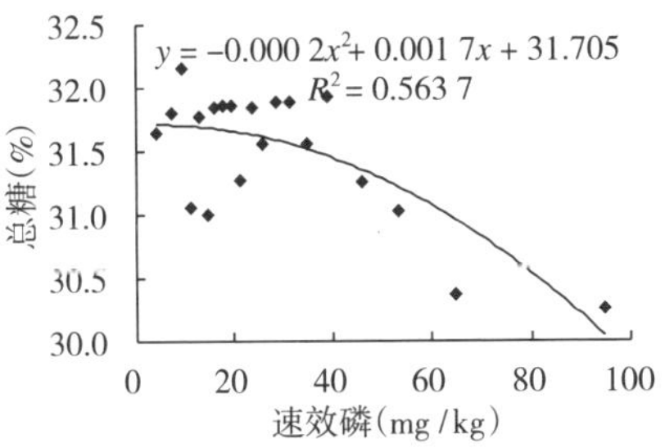

图2-2-93　烤烟总糖含量与土壤速效磷含量的关系

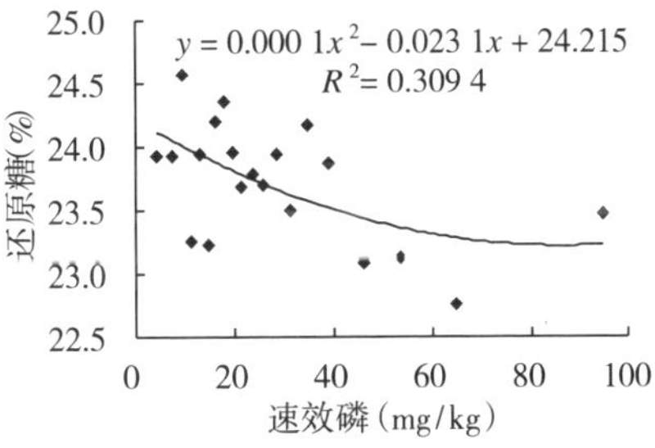

图2-2-94　烤烟还原糖含量与土壤速效磷含量的关系

烤烟总氮含量与土壤速效磷含量的回归分析结果显示（见图2–2–95），烤烟总氮含量与土壤速效磷含量相关性不显著（R^2为0.137 2，P值为0.069）。

烤烟烟碱含量与土壤速效磷含量的回归分析结果显示（见图2–2–96），烤烟烟碱含量与土壤速效磷含量符合线性关系，回归方程达显著水平（R^2为0.367 2，P值为0.005），随土壤速效磷含量的升高，烤烟烟碱含量呈升高趋势。

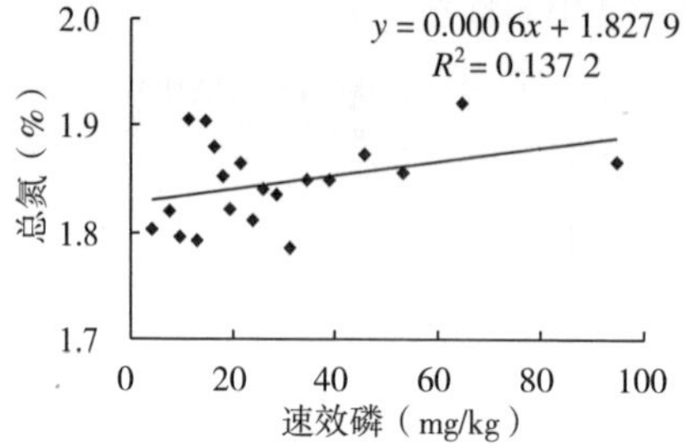

图2–2–95　烤烟总氮含量与土壤速效磷含量的关系

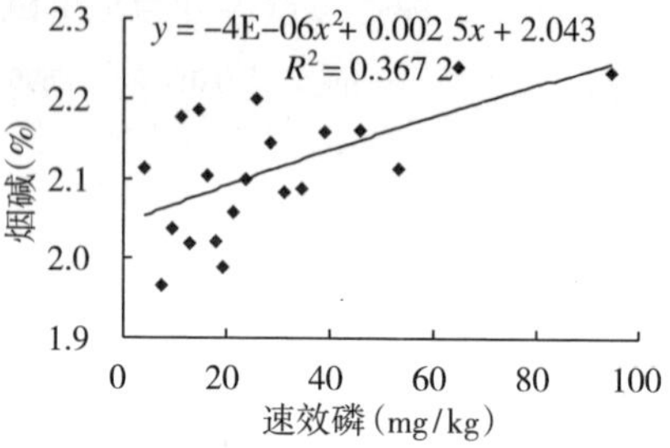

图2–2–96　烤烟烟碱含量与土壤速效磷含量的关系

烤烟钾含量与土壤速效磷含量的回归分析结果显示（见图2–2–97），烤烟钾含量与土壤速效磷含量符合线性关系（R^2为0.221 7，P值为0.038），回归方程达显著水平，随土壤速效磷含量的升高，烤烟钾含量呈升高趋势。

烤烟氯含量与土壤速效磷含量的回归分析结果显示（见图2–2–98），烤烟氯含量与土壤速效磷含量符合二次曲线关系（R^2为0.690 9，P值为0.000），回归方程达显著水平，随土壤速效磷含量的升高，烤烟氯含量呈升高趋势。

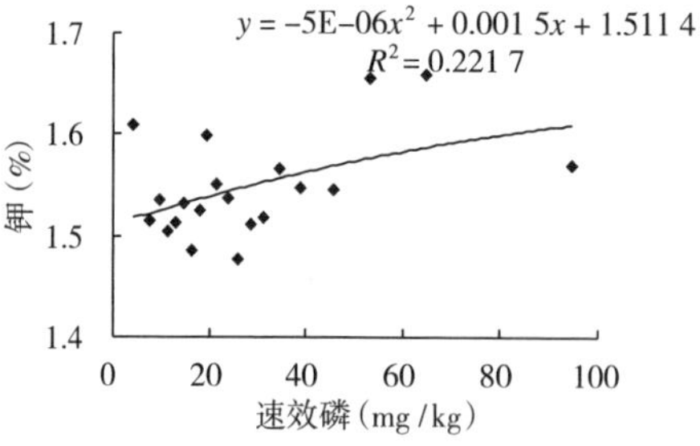

图2–2–97　烤烟钾含量与土壤速效磷含量的关系

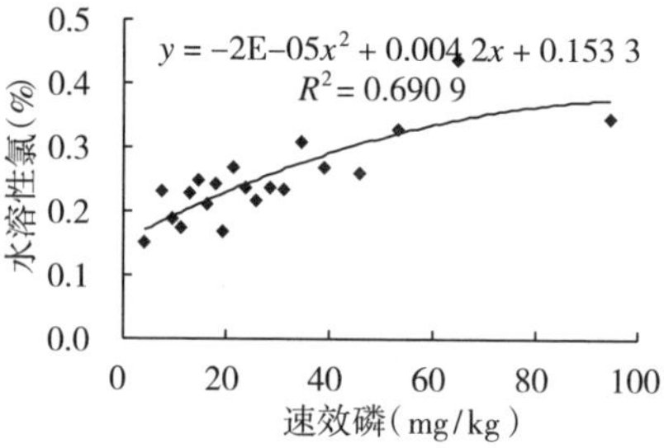

图2–2–98　烤烟氯含量与土壤速效磷含量的关系

烤烟两糖差与土壤速效磷含量的回归分析结果显示（见图2–2–99），烤烟两糖差与土壤速效磷含量符合线性关系（R^2为0.495 5，P值为0.000），回归方程达极显著水平，当土壤速效磷含量小于40 mg/kg时，随土壤速效磷含量的升高，烤烟两糖差呈升高趋势，当土壤速效磷含量大于40 mg/kg时，随土壤速效磷含量的升高，烤烟两糖差呈下降趋势。

烤烟钾氯比与土壤速效磷含量的回归分析结果显示（见图2-2-100），烤烟钾氯比与土壤速效磷含量符合二次曲线关系（R^2为0.785 3，P值为0.000），回归方程达极显著水平，随土壤速效磷含量的升高，烤烟钾氯比逐渐下降，土壤当速效磷含量达60 mg/kg后，烤烟钾氯比趋于稳定。

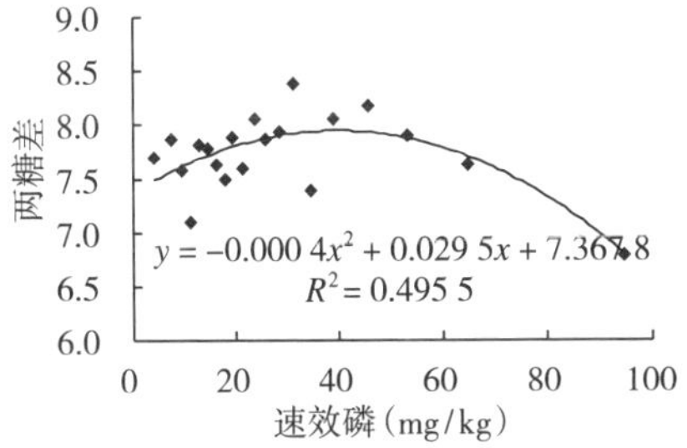

图2-2-99 烤烟两糖差与土壤速效磷含量的关系

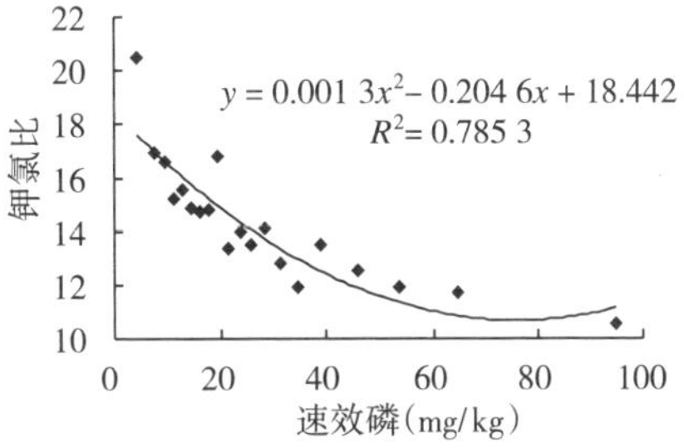

图2-2-100 烤烟钾氯比与土壤速效磷含量的关系

烤烟氮碱比与土壤速效磷含量的回归分析结果显示（见图2-2-101），烤烟氮碱比与土壤速效磷含量符合线性关系（R^2为0.270 9，P值为0.019），回归方程达显著水平，随土壤速效磷含量的升高，烤烟氮碱比呈下降趋势。

烤烟糖碱比与土壤速效磷含量的回归分析结果显示（见图2-2-102），烤烟糖碱比与土壤速效磷含量符合二次曲线关系（R^2为0.364 8，P值为0.005），回归方程达极显著水平，随土壤速效磷含量的升高，烤烟糖碱比直线下降。

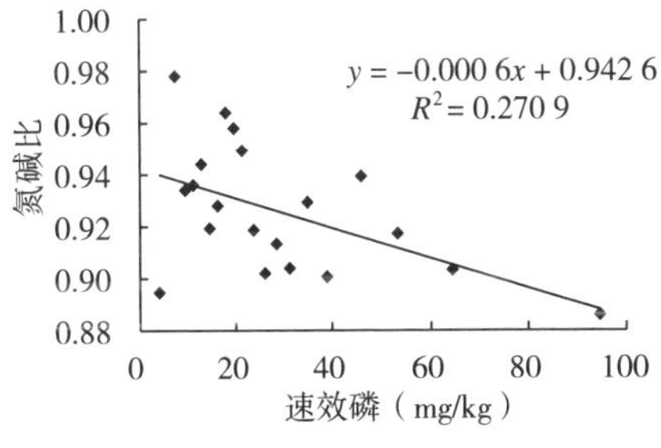

图2-2-101 烤烟氮碱比与土壤速效磷含量的关系

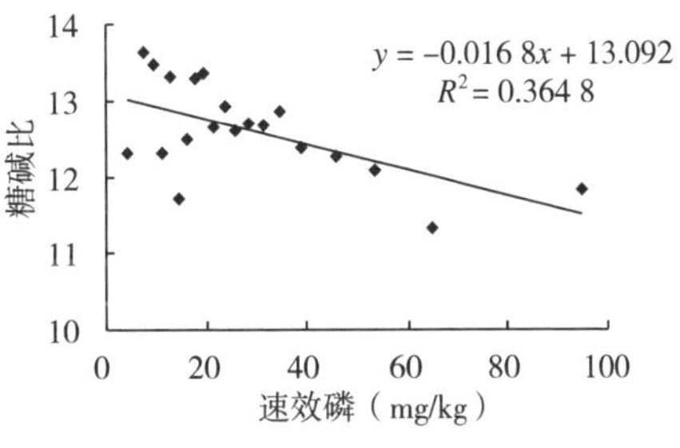

图2-2-102 烤烟糖碱比与土壤速效磷含量的关系

烤烟淀粉含量与土壤速效磷含量的回归分析结果显示（见图2-2-103），烤烟淀粉含量与土壤速效磷含量相关性不显著（R^2为0.006 8，P值为0.779）。

烤烟化学质量综合得分与土壤速效磷含量的回归分析结果显示（见图2-2-104），烤烟化学质量综合得分与土壤速效磷含量相关性不显著（R^2为0.012 6，P值为0.638）。

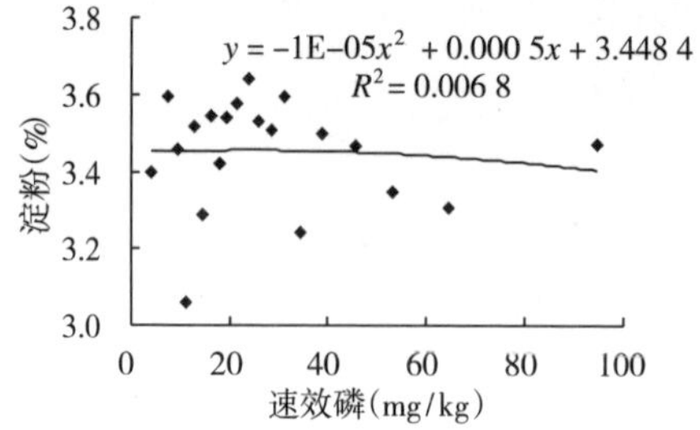

图2-2-103　烤烟淀粉含量与土壤速效磷含量的关系

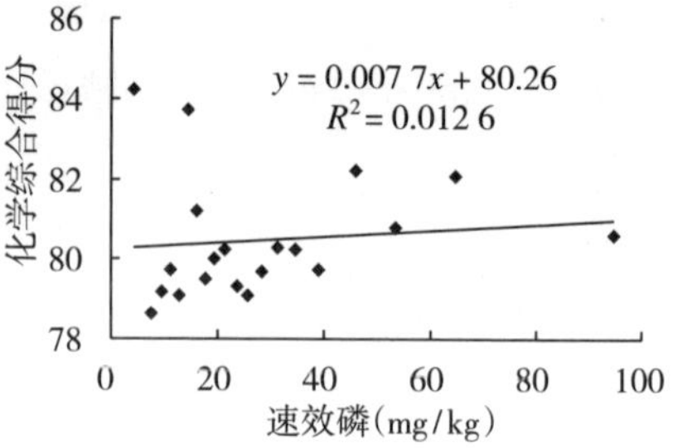

图2-2-104　烤烟化学综合得分与土壤速效磷含量的关系

2.1.8　土壤速效钾含量与烟叶化学成分的关系

烤烟总糖、还原糖含量与土壤速效钾含量的回归分析结果显示（见图2-2-105、图2-2-106），烤烟总糖、还原糖含量与土壤速效钾含量相关性均不显著。

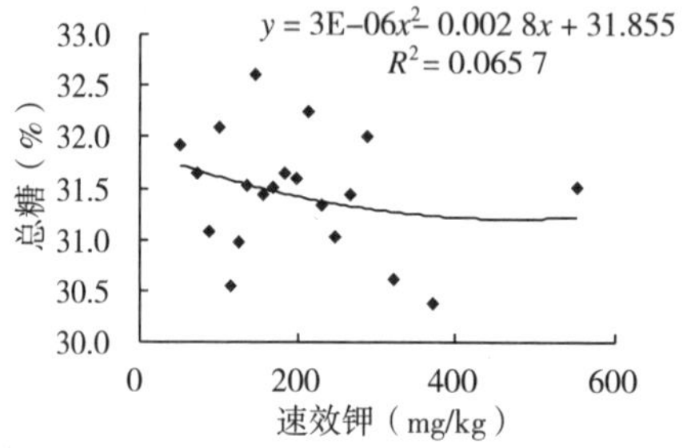

图2-2-105　烤烟总糖含量与土壤速效钾含量的关系

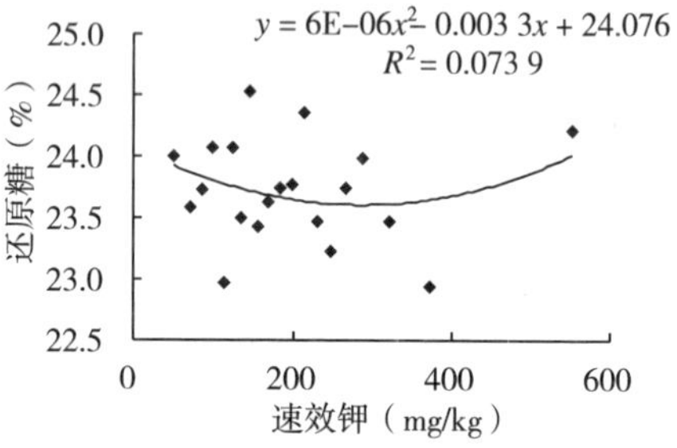

图2-2-106　烤烟还原糖含量与土壤速效钾含量的关系

烤烟总氮、烟碱含量与土壤速效钾含量的回归分析结果显示（见图2-2-107、图2-2-108），烤烟总氮、烟碱含量与土壤速效钾含量相关性不显著。

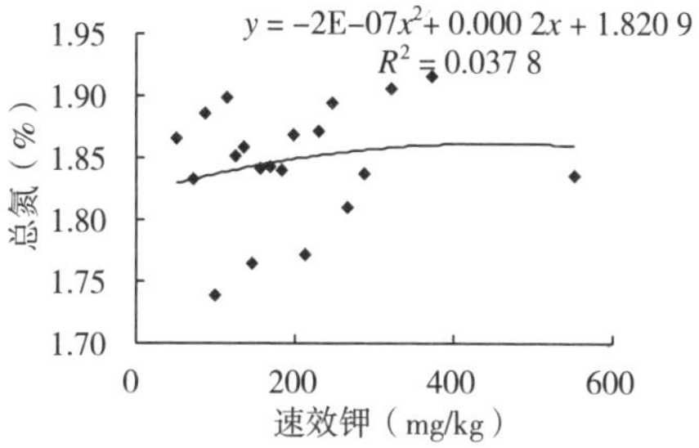

图2-2-107　烤烟总氮含量与土壤速效钾含量的关系

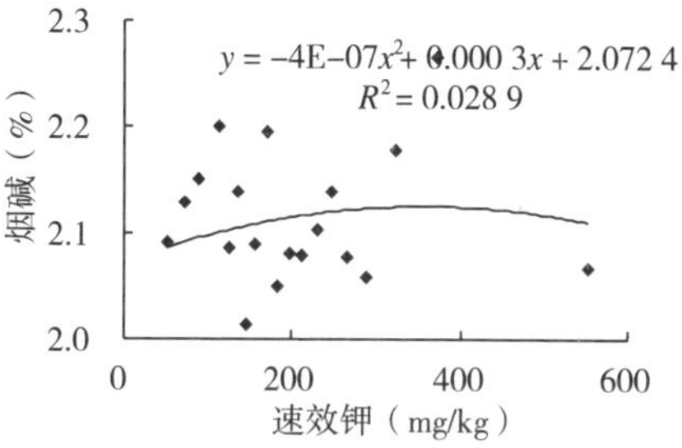

图2-2-108　烤烟烟碱含量与土壤速效钾含量的关系

烤烟钾含量与土壤速效钾含量的回归分析结果显示（见图2-2-109），烤烟钾含量与土壤速效钾含量符合线性关系（R^2为0.764 2，P值为0.000），回归方程达极显著水平，随土壤速效钾含量的升高，烤烟钾含量直线上升。

烤烟氯含量与土壤速效钾含量的回归分析结果显示（见图2-2-110），烤烟氯含量与土壤速效钾含量符合二次曲线关系（R^2为0.472 1，P值为0.002），回归方程达极显著水平，随土壤速效钾含量的升高，烤烟氯含量呈下降趋势，当土壤速效钾含量达400 mg/kg时，烤烟氯含量趋于稳定。

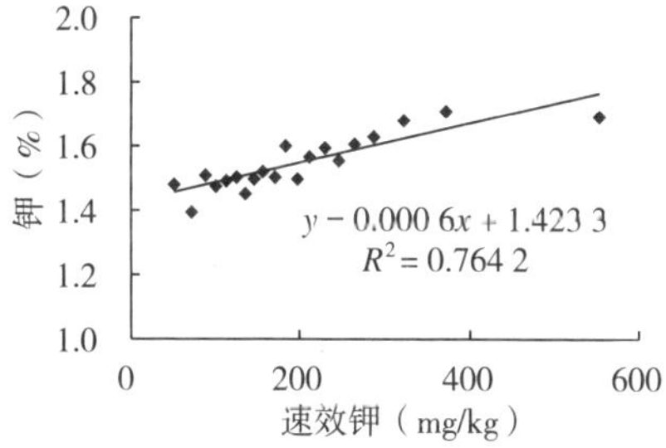

图2-2-109　烤烟钾含量与土壤速效钾含量的关系

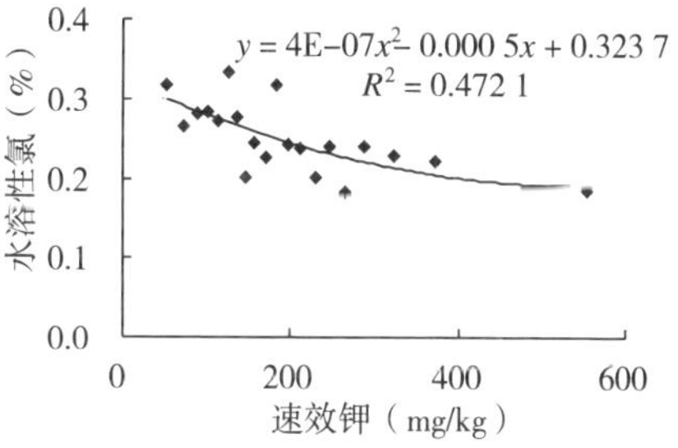

图2-2-110　烤烟氯含量与土壤速效钾含量的关系

烤烟两糖差与土壤速效钾含量的回归分析结果显示（见图2-2-111），烤烟两糖差与土壤速效钾含量相关性不显著。烤烟钾氯比与土壤速效钾含量的回归分析结果显示（见图2-2-112），烤烟钾氯比与土壤速效钾含量符合二次曲线关系（R^2为0.621 2，P值为0.000），回归方程达极显著水平，随土壤速效钾含量的升高，烤烟钾氯比逐渐增加，当速效钾含量达400 mg/kg左右时，烤烟钾氯比逐渐稳定。

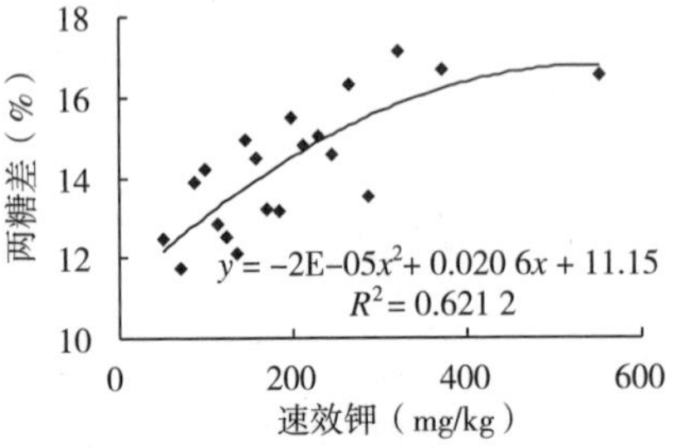

图2-2-111 烤烟两糖差与土壤速效钾含量的关系

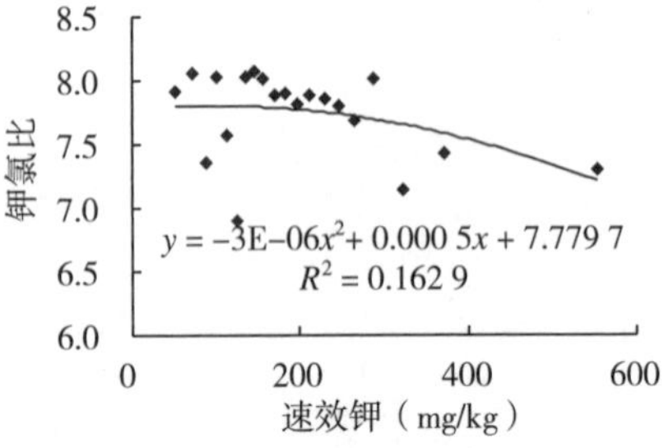

图2-2-112 烤烟钾氯比与土壤速效钾含量的关系

烤烟氮碱比、糖碱比与土壤速效钾含量的回归分析结果显示（见图2-2-113、图2-2-114），烤烟氮碱比、糖碱比与土壤速效钾含量相关性均不显著。

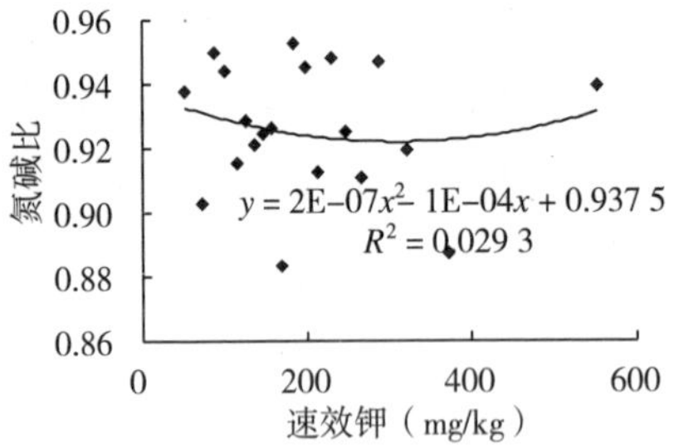

图2-2-113 烤烟氮碱比与土壤速效钾含量的关系

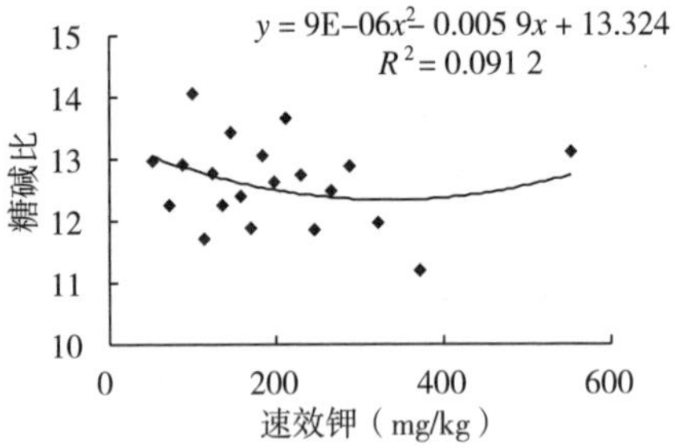

图2-2-114 烤烟糖碱比与土壤速效钾含量的关系

烤烟淀粉含量与土壤速效钾含量的回归分析结果显示（见图2-2-115），烤烟淀粉含量与土壤速效钾含量相关性不显著。

烤烟化学质量综合得分与土壤速效钾含量的回归分析结果显示（见图2-2-116），烤烟化学质量综合得分与土壤速效钾含量符合二次曲线关系（R^2为0.556 8，P值为0.000），回归方程达极显著水平，随土壤速效钾含量的升高，烤烟化学质量综合得分逐渐增加，当土壤速效钾含量达400 mg/kg左右时，烤烟化学质量综合得分渐趋稳定。

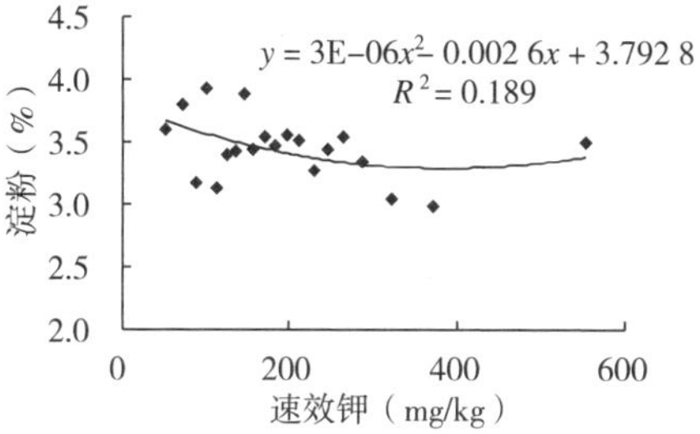

图2-2-115 烤烟淀粉与土壤速效钾含量的关系

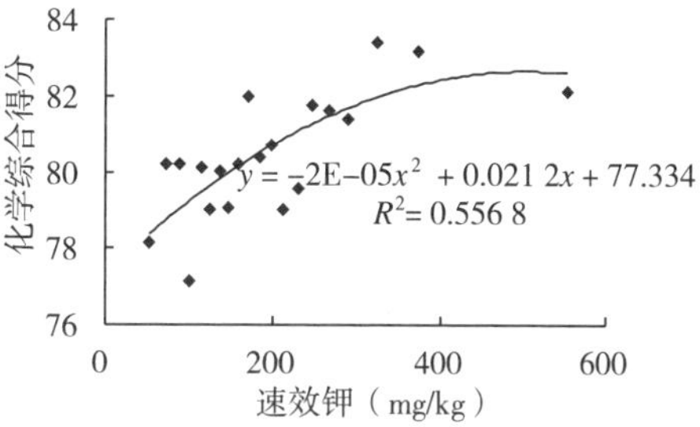

图2-2-116 烤烟化学综合得分与土壤速效钾含量的关系

2.1.9 土壤中、微量元素与烟叶化学品质的关系

烤烟化学成分与4种土壤中、微量营养元素的简单相关分析结果显示（见表2-2-10），烤烟化学成分与土壤中、微量元素呈现不同程度的相关性。烤烟总糖含量与土壤有效钙及有效硫含量呈极显著负相关，与有效镁含量呈显著正相关；烤烟还原糖含量与有效钙及有效硫含量呈极显著负相关和显著负相关；烤烟总氮含量与土壤有效钙及有效硫含量呈极显著正相关，与有效镁含量呈极显著负相关；烤烟烟碱含量与土壤有效钙及有效镁含量呈极显著正相关；烤烟钾含量与土壤有效镁含量含量呈显著负相关；烤烟氯含量与土壤有效钙及有效镁含量均呈极显著负相关，与土壤水溶性氯含量呈极显著正相关；烤烟淀粉含量与土壤有效镁含量呈极显著正相关，与土壤有效硫及有效钙含量呈极显著负相关；烤烟两糖差与土壤有效钙及有效硫含量分别呈显著和极显著负相关，与有效镁含量呈极显著正相关；烤烟钾氯比与土壤有效钙及有效镁含量呈极显著正相关，与有效硫含量呈极显著负相关；烤烟氮碱比与土壤有效钙及有效镁含量分别呈显著和极显著负相关，与土壤有效硫含量及水溶性氯含量呈显著正相关；烤烟糖碱比与土壤有效钙及有效镁含量均呈极显著负相关；烤烟化学质量综合得分与土壤有效钙含量呈极显著正相关。

表2-2-10 烤烟化学成分与4种土壤中、微量营养元素的相关分析

项目	总糖	还原糖	总氮	烟碱	钾	水溶性氯
有效钙	−0.158**	−0.123**	0.084**	0.116**	−0.019	−0.132**
有效镁	0.064*	−0.038	−0.113**	0.098**	−0.066*	−0.171**
有效硫	−0.107**	−0.071*	0.082**	−0.051	−0.001	0.037
水溶性氯	−0.011	−0.007	0.050	0.053	0.014	0.188**
项目	淀粉	两糖差	钾氯比	氮碱比	糖碱比	CHS
有效钙	−0.092**	−0.063*	0.088**	−0.062*	−0.147**	0.164**
有效镁	0.095**	0.111**	0.193**	−0.212**	−0.111**	0.041
有效硫	−0.081**	−0.131**	−0.080**	0.099**	0.004	−0.044
水溶性氯	−0.012	−0.009	−0.124**	−0.039	−0.049	−0.006

2.2 土壤养分与烟叶感官质量的关系

2.2.1 土壤主要养分指标与烟叶感官质量的关系

表2-2-11 烤烟感官质量与土壤养分的相关分析

项目	香气质	香气量	杂气	刺激性	余味	燃烧性	灰色	SQS
pH	−0.013	0.094**	0.040	−0.084**	−0.090**	−0.051	0.204**	−0.007
有机质	0.015	0.116**	0.087**	0.012	−0.047	0.014	0.173**	0.086**
全氮	0.043	0.175**	0.084**	0.005	−0.071*	0.048	0.193**	0.096**
全磷	0.085**	0.062*	−0.017	0.011	0.002	−0.088**	0.071*	0.087**
全钾	0.067*	0.037	0.088**	0.000	0.059	0.038	0.027	0.063*
碱解氮	0.097**	0.141**	0.121**	0.085**	−0.012	0.019	0.120**	0.138**
速效磷	−0.006	0.083**	−0.007	−0.074*	−0.094**	0.008	0.193**	−0.005
速效钾	0.084**	0.117**	0.086**	−0.033	−0.018	0.092**	0.172**	0.088**

烤烟感官质量与土壤养分的简单相关分析结果显示（见表2-2-11），烤烟感官质量与土壤养分指标均呈现不同程度的相关性，其中香气质得分与全磷、全钾、碱解氮和速效钾含量呈显著或极显著正相关；香气量得分与pH、有机质、全氮、全磷、碱解氮、速效磷和速效钾含量呈显著或极显著正相关；杂气得分与有机质、全氮、全钾、碱解氮和速效钾含量呈显著或极显著正相关；刺激性

得分与pH、速效磷呈极显著和显著负相关，与碱解氮含量呈显著正相关；余味得分与pH、全氮和速效磷含量呈显著或极显著负相关；燃烧性与全磷含量呈极显著负相关，与速效钾含量呈极显著正相关；灰色与pH、有机质、全氮、全磷、碱解氮、速效磷和速效钾含量呈显著或极显著正相关；感官质量综合得分与有机质、全氮、全磷、全钾、碱解氮和速效钾含量呈显著或极显著正相关。

2.2.2 土壤中、微量元素与烟叶感官质量的关系

多个烤烟感官质量指标与土壤中、微量元素呈现不同程度的相关性（见表2-2-12），其中烤烟香气质得分与土壤有效镁含量呈极显著正相关，与水溶性氯含量呈极显著负相关；烤烟香气量得分与有效镁含量呈极显著正相关，与有效硫含量呈极显著负相关；烤烟杂气得分与土壤中量元素相关性不显著；烤烟刺激性得分与有效钙及有效镁含量呈极显著负相关，与水溶性氯含量呈极显著负相关；余味得分与土壤水溶性氯含量呈极显著负相关；烤烟燃烧性与土壤水溶性氯含量呈极显著负相关；灰色得分与有效钙及有效镁含量呈极显著正相关，与有效硫及水溶性氯含量呈极显著负相关；烤烟感官质量综合得分与水溶性氯含量呈极显著负相关。

表2-2-12 烤烟感官质量指标与土壤中、微量元素的相关分析

项目	香气质	香气量	杂气	刺激性	余味	燃烧性	灰色	SQS
有效钙	−0.023	−0.026	−0.028	−0.111**	−0.034	−0.036	0.079**	−0.053
有效镁	0.095**	0.089**	−0.034	−0.097**	−0.007	−0.039	0.088**	0.023
有效硫	0.056	−0.068*	0.019	0.040	0.033	0.018	−0.119**	0.037
水溶性氯	−0.146**	−0.015	−0.061	−0.168**	−0.119**	−0.212**	−0.118**	−0.135**

3. 烟区土壤因素对烤烟清香型风格特征的影响

3.1 土壤类型对烤烟清香型风格特征的影响

对不同类型土壤烤烟清香型特征分布情况进行分析（见表2-2-13），不同土壤类型烤烟清香型特征差异较为明显，红壤所产烟叶的烤烟清香型特征最为明显，水稻土所产烟叶次之，它们的香型分值显著高于新积土、黄壤和紫色土所产烟叶，新积土所产烟叶的清香型特征相对较弱。

表2-2-13 土壤类型对烤烟清香型风格的影响

土壤类型	样本数	香型	香型分布比例（%）		
		均值±标准差	清香型特征明显	清香型特征有	清香型特征弱
新积土	112	3.70 b ± 0.72	49.11	46.43	4.46
红壤	490	4.04 a ± 0.65	76.33	22.65	1.02
黄壤	69	3.67 b ± 0.62	55.07	44.93	—
水稻土	134	4.01 a ± 0.64	67.16	32.84	—
紫色土	168	3.68 b ± 0.63	54.17	44.05	1.78

注：同一列不同小写字母表示香型得分差异显著（$P<0.05$）。

3.2 土壤pH、有机质含量对烤烟清香型风格的影响

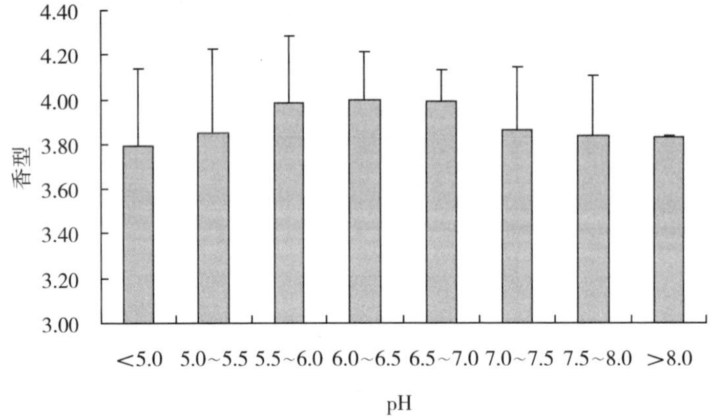

（a）

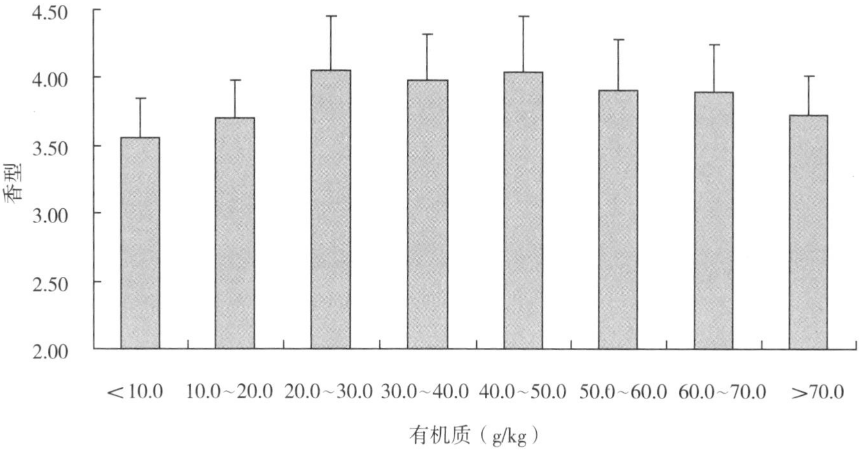

（b）

图2-2-117　不同pH、有机质含量下烤烟香型分值的变化

不同土壤pH范围及不同有机质含量范围的烤烟香型风格特征见图2-2-117，从图2-2-117可以看出，随着土壤pH、有机质含量的增大，烤烟香型得分均呈现出先增高后降低的趋势，土壤pH在6.0～7.0之间时，烤烟香型的得分最高，达到了4.00；土壤有机质含量在20.0～30.0 g/kg之间时，烤烟香型的得分最高，达到了4.05。

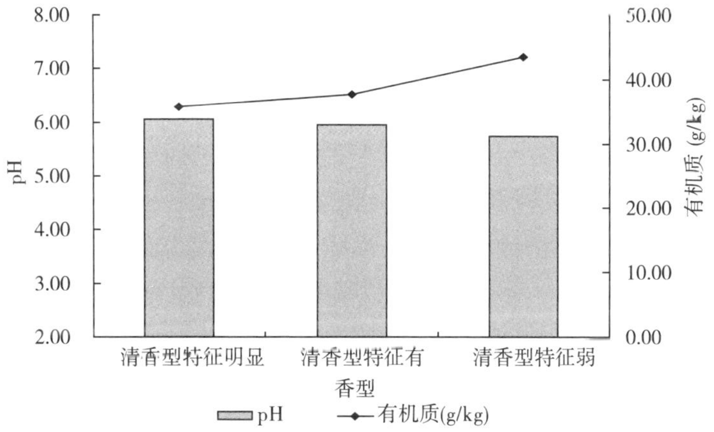

图2-2-118　土壤pH、有机质含量对烤烟清香型风格的影响

分别将不同清香型风格烤烟的植烟土壤中pH、有机质的含量进行统计分析，由图2-2-118可以看出，清香型特征明显的植烟土壤pH（6.05）最为适宜，高于清香型特征有（5.95）和清香型特征弱的植烟土壤（5.74）；随着烤烟清香型风格逐渐减弱，有机质含量逐渐升高，清香型特征明显的植烟土壤有机质含量为35.81 g/kg，相对较低，而清香型特征较弱的植烟土壤有机质含量最高，达到了43.50 g/kg，但土壤pH、有机质在不同清香型风格之间差异不显著。

3.3 土壤大量元素含量对烤烟清香型风格特征的影响

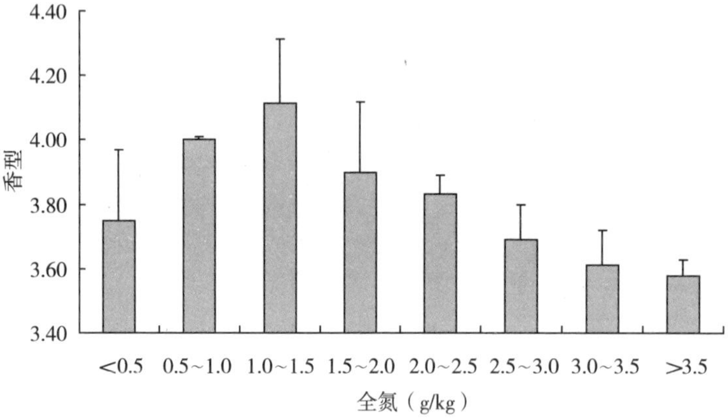

（a）

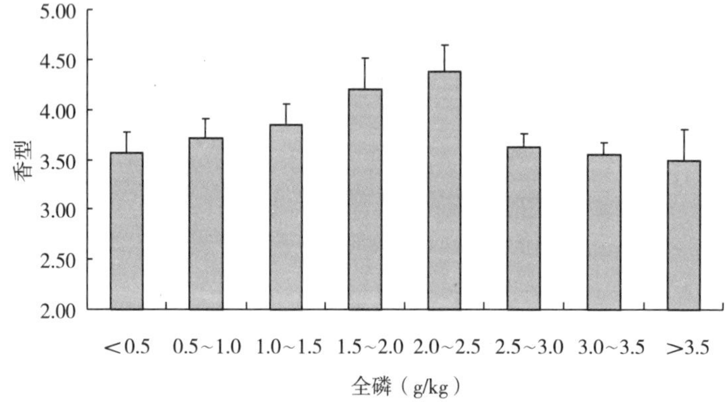

（b）

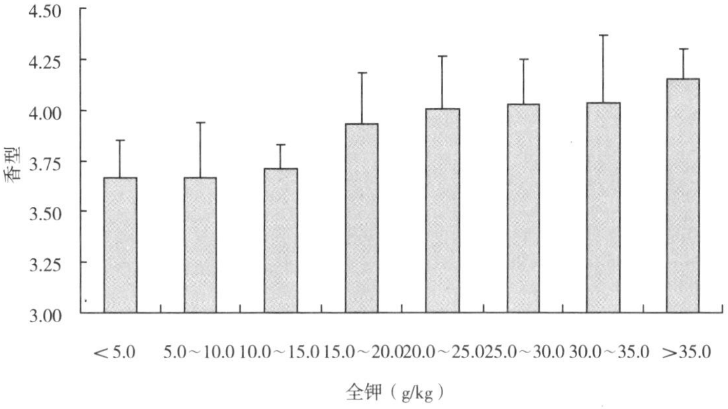
4.50
4.25
4.00
3.75
3.50
3.25
3.00
香型
＜5.0
5.0～10.0
10.0～15.0
15.0～20.0
20.0～25.0
25.0～30.0
30.0～35.0
>35.0
全钾（g/kg）

（c）

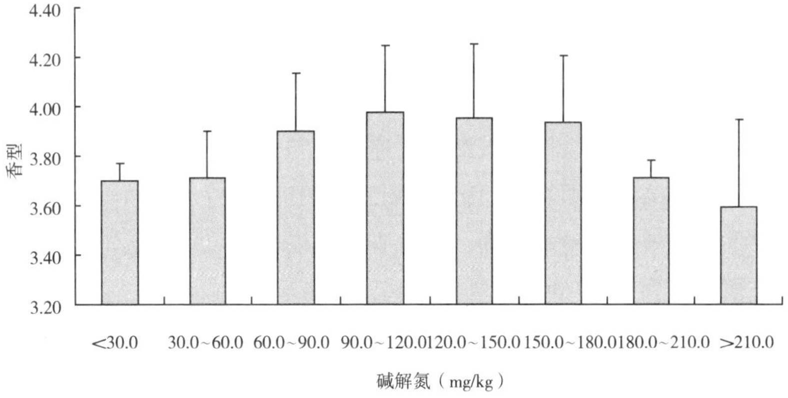
4.40
4.20
4.00
3.80
3.60
3.40
3.20
香型
<30.0
30.0~60.0
60.0~90.0
90.0~120.0
120.0~150.0
150.0~180.0
180.0~210.0
>210.0
碱解氮（mg/kg）

（d）

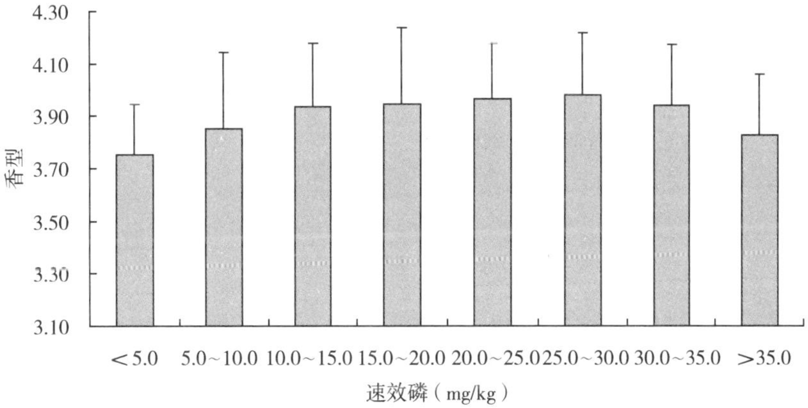
4.30
4.10
3.90
3.70
3.50
3.30
3.10
香型
＜5.0
5.0～10.0
10.0～15.0
15.0～20.0
20.0～25.0
25.0～30.0
30.0～35.0
>35.0
速效磷（mg/kg）

（e）

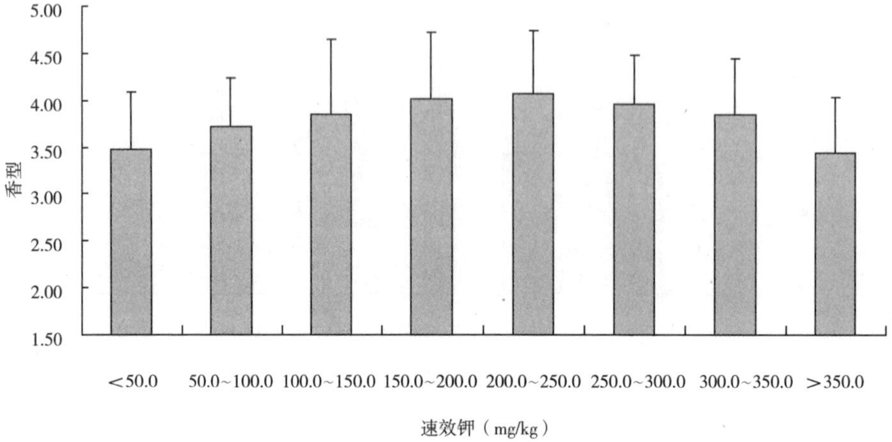

（f）

图2-2-119 不同土壤大量元素含量下烤烟香型分值的变化

不同全氮、全磷、全钾、碱解氮、速效磷和速效钾含量范围的土壤所产烟叶香型风格评价结果见图2-2-119。从图2-2-119可以看出，随着土壤全氮、全磷、碱解氮、速效钾含量的升高，烤烟香型风格得分均呈现出先增高后降低的趋势。土壤全氮含量在1.0～1.5 g/kg之间，全磷含量在2.0～2.5 g/kg之间，碱解氮含量在90.0～120.0 mg/kg之间，速效磷含量在25.0～30.0 mg/kg之间，土壤速效钾含量在200.0～250.0 mg/kg区间范围内所对应的烤烟香型得分最高。随着土壤全钾含量的增高，所对应的烤烟样本香型得分呈现出逐渐增高的趋势，土壤全钾含量大于35.0 g/kg的时候，烤烟的香型得分为4.15。

不同清香型风格特征烟叶土壤主要元素含量的方差分析见表2-2-14，清香型风格特征明显的烟叶具有土壤全氮、碱解氮含量显著较低，全磷、全钾、速效磷和速效钾含量显著较高的趋势。

表2-2-14　土壤大量元素对烤烟清香型风格的影响

指标	清香型特征明显	清香型特征有	清香型特征弱
全氮（g/kg）	1.41 c ± 0.41	1.61 b ± 0.41	2.10 a ± 0.30
全磷（g/kg）	1.42 a ± 0.42	1.20 a ± 0.50	0.82 b ± 0.51
全钾（g/kg）	14.01 a ± 3.80	11.81 ab ± 7.33	7.63 b ± 7.44
碱解氮（mg/kg）	132.56 b ± 28.94	141.00 b ± 49.57	175.84 a ± 25.60
速效磷（mg/kg）	24.81 a ± 15.63	23.37 a ± 14.83	22.02 a ± 17.49
速效钾（mg/kg）	181.02 a ± 56.74	171.59 a ± 69.73	132.13 b ± 89.22

注：同一行不同小写字母表示各指标含量在不同香型间差异显著（$P<0.05$）。

3.4　烤烟清香型风格特征与土壤因素的灰色关联分析

表2-2-15　烤烟清香型风格与土壤因素的灰色关联分析

关联度	$G(1,4)=0.7094$	$G(1,3)=0.7004$	$G(1,13)=0.6542$
	$G(1,10)=0.6520$	$G(1,8)=0.6358$	$G(1,6)=0.6018$
	$G(1,15)=0.5855$	$G(1,17)=0.5826$	$G(1,5)=0.5693$
	$G(1,1)=0.5663$	$G(1,9)=0.5435$	$G(1,2)=0.5429$
	$G(1,7)=0.5282$	$G(1,14)=0.5159$	$G(1,18)=0.5056$
	$G(1,16)=0.4938$	$G(1,12)=0.4836$	$G(1,11)=0.4695$
关联序	$x_4>x_3>x_{13}>x_{10}>x_8>x_6>x_{15}>x_{17}>x_5>x_1>x_9>x_2>x_7>x_{14}>x_{18}>x_{16}>x_{12}>x_{11}$		

对土壤pH、有机质和矿质元素数据均值化变换进行无量纲处理后，再与香型进行关联分析，取$\Delta\min=0$，$\rho=0.1$，结果见表2-2-15。从表2-2-15可以看出，烤烟全磷（x_4）与香型的关联度最大，其次是全氮（x_3），有效铁（x_{13}）、有效镁（x_{10}）、速效钾（x_8）、碱解氮（x_6）对烤烟香型风格也有较大影响。

3.5　烤烟清香型风格特征与土壤因素的逐步回归分析和通径分析

研究烤烟清香型风格与土壤因素之间的关系，并建立逐步回归方程$\hat{y}=2.89-11.06x_3+18.41x_4-0.01x_6+0.005x_8-0.004x_{10}+0.01x_{13}-1.40x_5-0.01x_{17}$，该模型的决定系数$R^2=0.857$，说明该模型可解释总体方差的85.7%。进一步通过通径分析看出，各土壤因素对清香型风格特征影响按大小排序为：全磷大于有效镁大于全氮大于有效硼大于速效钾大于碱解氮大于有效铁大于有效钼；其中全磷、有效硼、速效钾、有效铁对烤烟清香型风格形成正直接作用，有效镁、全氮、碱解氮和有效钼对烤烟清香型风格形成负直接作用。从间接作用的总和看，有效铁对烤烟清香型风格形成的间接作用最大，往后依次是有效硼、全氮、速效钾、有效镁、全磷、碱解氮和有效钼，从间接作用的途径看，主要是通过全氮、全磷对烤烟清香型风格形成起间接作用。

综合各土壤因素对烤烟清香型风格形成的直接作用和间接作用的分析结果可以看出，全磷对烤烟清香型风格形成的净作用最大，它和有效镁主要以直接作用来实现；有效铁、有效硼对清香型风格的影响主要为间接作用；全氮、碱解氮、速效钾和有效钼对清香型风格不但有较强的直接影响，而且还通过其他性状对其产生较大的间接作用。

4. 小结

4.1 不同土壤类型烤烟品质的比较

本研究表明，烤烟总糖含量在土壤类型间存在显著差异，以紫色土烤烟总糖含量最高，黄壤烤烟总糖最低；还原糖含量在土壤类型间存在显著差异，以水稻土烤烟还原糖含量最高，黄壤烤烟还原糖含量最低；总氮含量在土壤类型间存在显著差异，以黄壤烤烟总氮含量最高，以紫色土烤烟总氮含量最低；钾含量在土壤类型间存在显著差异，以黄壤烤烟钾含量最高，以紫色土烤烟钾含量最低；烤烟淀粉含量在不同土壤类型间差异显著，以紫色土烤烟淀粉含量最高，以红壤烤烟淀粉含量最低；烤烟两糖差在不同土壤类型间差异显著，以紫色土烤烟两糖差最高，以黄壤烤烟两糖差最低；烤烟钾氯比在不同土壤类型间差异显著，以黄壤烤烟钾氯比最高，以水稻土烤烟钾氯比最低；烤烟氮碱比在不同土壤类型间差异显著，以红壤烤烟氮碱比最高，以紫色土烤烟氮碱比最低；烤烟化学协调性综合得分在不同土壤类型间差异显著，以黄壤烤烟化学质量综合得分最高，以水稻土烤烟化学质量综合得分最低。

烤烟香气质得分在土壤类型间存在极显著差异，以黄壤烤烟香气质得分最高，红壤烤烟香气质得分最低；烤烟香气量得分在土壤类型间存在极显著差异，以黄壤烤烟香气质得分最高，紫色土烤烟香气量得分最低；烤烟杂气得分在土壤类型间存在极显著差异，以黄壤烤烟香气质得分最高，新积土烤烟杂气得分最低；烤烟刺激性得分在土壤类型间存在极显著差异，以水稻土烤烟刺激性得分最高，黄壤烤烟刺激性得分最低；烤烟余味得分在土壤类型间存在极显著差异，以紫色土烤烟余味得分最高，黄壤烤烟余味得分最低；烤烟燃烧性得分在土壤类型间存在极显著差异，以黄壤烤烟燃烧性得分最高，紫色土烤烟燃烧性得分最低；烤烟灰色得分在土壤类型间存在极显著差异，以黄壤烤烟灰色得分最高，紫色土烤烟灰色得分最低；烤烟感官质量综合得分在土壤类型间存在极显著差异，以黄壤烤烟感官质量综合得分最高，红壤烤烟感官质量综合得分最低。

4.2　烟叶品质与土壤养分的关系

本研究表明，土壤pH与烤烟化学指标符合二次曲线或线性关系，随pH的升高，烤烟总糖含量、还原糖含量、氯含量、两糖差、糖碱比和淀粉含量呈下降的趋势，烤烟总氮含量、烟碱含量、钾含量、钾氯比和氮碱比呈增加的趋势，烤烟化学质量综合得分呈先增加后减少的趋势，各回归方程均达显著或极显著水平；土壤有机质含量与烤烟化学指标符合二次曲线或线性关系，随土壤有机质的增加，烤烟总糖、还原糖、水溶性氯、两糖差和淀粉含量呈下降趋势，烤烟总氮、烟碱和钾含量呈上升趋势，钾氯比呈先下降后上升的趋势，氮碱比、糖碱比先上升后下降，化学综合得分变化趋势不明显；土壤全氮含量与烤烟化学指标符合二次曲线或线性关系，随土壤全氮含量的增加，烤烟总糖含量、水溶性氯含量、两糖差和淀粉含量呈下降趋势，烟碱、总氮、钾含量、钾氯比呈上升趋势，还原糖、氮碱比、糖碱比先升高后下降，化学质量综合得分呈上升趋势，各回归方程均达显著或极显著水平；土壤全磷含量与多个烤烟化学指标符合二次曲线或线性关系，随土壤全磷含量的增加，烤烟总糖含量、两糖差、氯含量和淀粉含量呈下降趋势，总氮含量、钾含量和钾氯比呈上升趋势，化学质量综合得分和其他化学指标变化趋势不明显；土壤全钾含量与多个烤烟化学指标符合二次曲线或线性关系，随土壤全钾含量的增加，总糖含量、钾含量、两糖差、钾氯比和淀粉含量呈上升趋势，总氮含量、水溶性氯含量和氮碱比呈下降趋势，烟碱含量先升高后下降，化学质量综合得分和其他化学指标变化趋势不明显；土壤碱解氮含量与多个烤烟化学指标符合二次曲线或线性关系，随土壤碱解氮含量的增加，还原糖含量、总氮含量、钾含量、氮碱比和糖碱比呈升高趋势，两糖差和淀粉含量呈下降趋势，水溶性氯含量先上升后下降，钾氯比先下降后上升，化学质量综合得分和其他化学指标变化趋势不明显；土壤速效磷含量与多个烤烟化学指标符合二次曲线或线性关系，随土壤速效磷含量的增加，烤烟总糖含量、还原糖含量、钾氯比、氮碱比和糖碱比呈下降趋势，烟碱含量、钾含量和氯含量呈上升趋势，两糖差先升高后下降，化学质量综合得分和其他化学指标变化趋势不明显；土壤速效钾含量与多个烤烟化学指标符合二次曲线或线性关系，随土壤速效钾含量的增加，烤烟钾含量、钾氯比升高，氯含量下降，化学质量综合得分升高，其他化学指标与土壤速效钾含量关系不显著。

烤烟化学成分与土壤中量元素呈现不同程度的相关性。与土壤有效钙含量呈极显著正相关的化学指标有总氮含量、烟碱含量、钾氯比和化学综合得分，与土壤有效钙含量呈显著或极显著负相关的指标有总糖含量、还原糖含量、水溶性氯含量、淀粉含量、两糖差、氮碱比和糖碱比；与有效镁含量呈显著或极显著正相关的化学指标有总糖含量、烟碱含量、淀粉含量、两糖差和钾氯比，与有效镁含量呈显著或极显著负相关的指标有总氮含量、钾含量、水溶性氯含量、氮碱比和糖碱比；与有效硫呈显著或极显著正相关的指标有总氮含量和氮碱比，与有效硫呈显著或极显著负相关的化学指标有总糖含量、还原糖含量、淀粉含量、两糖差和钾氯比。烤烟水溶性氯含量与土壤水溶性氯含量呈极显著正相关，烤烟钾氯比与土壤水溶性氯含量呈极显著负相关。

烤烟香气量和灰色得分与土壤pH呈极显著正相关，刺激性和余味与土壤pH呈极显著负相关，其他指标与土壤pH相关性不显著；香气量得分、杂气得分、灰色得分和感官综合得分与土壤有机质含量呈极显著正相关，其他感官质量指标与土壤有机质含量相关性不显著；香气量得分、杂气得分、灰色得分和感官综合得分与土壤全氮含量呈极显著正相关，余味得分与土壤全氮含量呈显著负相关；香气质、香气量、灰色和感官综合得分与全磷含量呈显著或极显著正相关，燃烧性与土壤全磷含量呈极显著负相关，其他感官质量指标与土壤全磷含量相关性不显著；香气质得分、杂气得分及感官综合得分与土壤全钾含量呈显著或极显著正相关，其他感官质量指标与土壤全钾含量相关性不显著；香气质得分、香气量得分、杂气得分、刺激性得分、灰色得分和感官综合得分与土壤碱解氮含量呈显著或极显著正相关，其他感官质量指标与土壤碱解氮含量相关性不显著；烤烟香气量得分、灰色得分与速效磷含量呈极显著正相关，刺激性得分和余味得分与土壤速效磷含量分别呈显著和极显著负相关，其他感官质量指标与土壤速效磷含量相关性不显著；烤烟香气质得分、香气量得分、杂气得分、燃烧性得分、灰色得分和感官综合得分与土壤速效钾含量呈极显著正相关，其他感官质量指标与土壤速效钾含量相关性不显著。

烤烟刺激性得分与有效钙含量呈极显著负相关，灰色与土壤有效钙含量呈极显著负相关，其他感官质量指标与土壤有效钙含量相关性不显著；烤烟香气质得分、香气量得分和灰色与有效镁含量呈极显著正相关，刺激性与有效镁含量呈极显著负相关，其他感官质量指标与土壤有效镁含量相关性不显著；烤烟香气量得分、灰色得分与土壤有效硫含量分别呈显著和极显著负相关，其他感官质量指标与土壤有效硫含量相关性不显著。烤烟香气质得分、刺激性得分、余味得分、燃烧性得分、灰色得分和感官质量综合得分与土壤水溶性氯含量呈极显著负相关，其他感官质量指标与土壤水溶性氯含量相关性不显著。

第二部分

高端品牌基地单元建设与开发

第一章　适宜高端品牌基地单元建设规划规程

第一节　基地单元规划与建设规范

1. 范围

本部分规定了文山州基地单元建设规范与规划规范。

本部分适用于文山州基地单元。

2. 规范性引用文件

下列文件对于本文件的应用是必不可少的。凡是注日期的引用文件，仅所注日期的版本适用于本文件。凡是不注日期的引用文件，其最新版本（包括所有的修改单）适用于本文件。

中烟叶生〔2012〕3号《中国烟叶公司关于印发烟叶基地单元工作规范（修订）的通知》

云烟办综〔2012〕23号《云南省烟草专卖局办公室关于开展2012 年基地单元现代烟草农业建设规划的通知》

3. 术语和定义

基地单元是供需双方根据卷烟品牌原料需求划定的生态条件、烟叶风格特色、管理水平基本一致的生产区域，是原料供应基地化、烟叶品质特色化和生产方式现代化的载体，是烟叶资源配置、烟叶生产基础设施建设、生产收购、基层管理和工商合作的基本单位。

4. 基地单元规划与建设

4.1 原则

全面规划，稳步实施：按照《烟草行业卷烟上水平总体规划》目标要求，根据卷烟品牌发展需求，结合文山烟区烟叶工作实际，整合资源、全面规划，注重实效、稳步推进。

三化同步，整体推进：加强工商合作，优化资源配置，集成推广先进适用技术，加快特色优质烟叶开发，高标准高水平推进现代烟草农业建设，全面实现原料供应基地化、烟叶品质特色化和生产方式现代化。

系统建设，综合配套：按照“一基四化”的总体要求，以基础设施综合配套为基础，以生产方式进步和管理模式创新为重点，实现软件硬件综合配套，全面推进设施装备现代化、生产方式现代化和管理方式现代化。

工商共建，协同发展：充分发挥工业主导、商业主体的作用，按照满足品牌需求、加强工商合作、优化等级结构、提升烟叶质量、保障稳定供应的总体要求，工商协同，共同推进，实现高水平的订单生产，不断提高资源配置效率。

规范运行，持续创新：制订工作标准，建立工作规范，构建和完善基地单元现代烟草农业模式，注重在建设中规范；更新发展观念，吸收科技成果，丰富建设内容，优化建设模式，提升建设水平，注重在发展中创新。

4.2 标准

4.2.1 基地规模

一个基地单元原则上配套5万亩左右基本烟田、年种植面积1.7万亩、烟叶产能5万担左右。

4.2.2 设施装备完善

5万亩基本烟田烟水工程、机耕路、防灾减灾设施全面配套，建设800座左右的密集烤房以及$3.8\times10^4\ m^2$左右的育苗设施，烟叶生产关键环节基本实现机械化作业。

4.2.3 生产方式创新

户均种植面积14亩以上，育苗、机耕和植保等环节的专业化服务达到100%，移栽、烘烤和分级环节的专业化服务达到60%以上，烟农亩均用工15个左右。

4.2.4 技术体系先进

执行一套生产技术方案和技术标准，烟田布局优化，连片规模种植，种植制度一致，移栽田管同步，采收标准统一，先进适用技术全面推广，烟叶生产科技贡献率高。

4.2.5　管理服务高效

原则上设1个基层站，配套4条左右收购线。执行一套业务流程和工作标准，烟叶业务流程优化，管理服务效率高；信息化设备配套完善，信息化管理全流程、全覆盖。

4.2.6　烟叶优质安全

烟叶质量与风格特色满足品牌原料质量与风格特色需求；烟叶等级结构优化，等级合格率和工业利用率高；烟叶外观质量好，化学成分协调，烟叶安全性符合工业企业的要求。

4.3　运作模式

4.3.1　统分结合、双层经营、专业合作

坚持以家庭承包经营为基础、统分结合的双层经营体制，构建适度规模种植和统一专业化服务的现代烟叶生产组织形式。坚持土地归户、种植在户，因地制宜选择种烟专业户、家庭农场等种植主体，实现适度规模种植；坚持组织在社、服务在社，依托育苗工场、烘烤工场和烟草农机具，组建烟农专业合作社，统一开展专业化服务。

4.3.2　片区管理、信息支撑、流程作业

整合建设一个基层站，负责基地单元组织管理，安排四条左右收购线组织烟叶收购，划分片区（网格）组织烟叶生产；完善信息化设施和软件配置，实现信息化管理全流程、全覆盖，有效支撑基地单元建设与运行；建立和执行一套业务流程和工作标准，完善烟叶业务模式，规范烟叶业务管理。

4.3.3　工商共建、标准生产、特色开发

一个单元服务一家工业企业，对口一个卷烟品牌，建立一套工商合作工作制度；定位烟叶质量风格，确定一个主栽品种，建立一套标准化生产体系，开展特色优质烟叶开发，持续满足卷烟品牌原料需求。

4.3.4　综合利用、普惠共享、持续发展

建立和执行一套设施设备管护使用和烟草补贴形成可经营性资产的收益分配机制，促进综合利用，实现普惠共享；建立一套评价验收和动态评估机制，持续提升基地单元建设管理水平。

4.4 建设目标

4.4.1 基地单元管理

一个基地单元配套1个工作站（或中心管理站）、4条左右收购线；基层职工队伍实行岗位专业化管理，实行技术人员包片负责制，人均服务面积达1 000亩；制定生产各环节业务流程；建立一套烟站管理制度与绩效考核办法。

4.4.2 基础设施建设

基本烟田做到烟水、机耕路、密集烤房、农机具、育苗设施、防雹网络、烟叶工作站、信息化建设八个配套。其中烟水100%覆盖基本烟田面积，机耕路覆盖基本烟田面积的60%，密集烤房群和育苗工场100%覆盖当年种烟面积，防雹网络100%覆盖雹区基本烟田面积，每百亩种烟面积拥有农机动力12～15 kW。

4.4.3 生产组织形式建设

种植专业户、专业合作社和家庭农场三种种烟主体100%覆盖基地单元种烟面积。100亩以上的连片种植率100%，500亩以上的连片种植率达20%，户均种烟规模达到15亩以上。

4.4.4 专业化服务体系建设

成立综合服务型专业合作社或单一环节的服务型专业合作社，其中育苗、植保、集群烘烤100%建立专业化服务合作社，专业化机耕、专业化分级、集中运输交售60%以上建立专业化服务合作社。机械深耕面积80%以上，机械化起垄60%以上。

4.4.5 信息化建设

100%推行国家烟草专卖局烟站（单元）管理信息系统，实现烟叶生产、收购、经营全过程信息化管理。

4.4.6 生产技术体系建设

基地单元生产技术方案100%工商共同制定，种植品种100%使用工业推荐品种，100%实现标准化烟叶生产，烟叶安全性成分100%达到行业相关标准；烤后烟叶化学成分协调、配伍性好、清香型风格突出、香气量足、可用性高。

4.4.7 烟叶收购等级质量

优化烟叶结构，上中等烟比例达94%以上，上等烟比例达到65%以上；收购等级合格率达到80%以上，工商交接合格率超过全州平均合格率。

4.5　建设内容

4.5.1　基本烟田建设

（1）基本烟田划定。各基地单元要按照三年轮作的要求，划定基本烟田，建立基本烟田信息档案，制作基本烟田轮作规划图。

（2）基本烟田整治。坚持“因地制宜、分类整治、便于机耕、注重保护、提高质量”的原则，有条件的地方要对高低不平、地块凌乱的中低产田地进行整治，增加有效耕地面积，适应机械化作业。

（3）完善基本烟田保护制度。按照“整体规划、合理利用、用养结合、严格保护”的方针，健全和完善《基本烟田保护办法》，做到措施具体，落实到位，保护有力；充分发挥烟草产业的主导作用，建立以烟为主的耕作制度，建立土地轮作档案，建立可持续发展的保护性耕作制度。

4.5.2　基础设施配套建设

按照国家烟草专卖局“起点要高、管理要严、效果要好”的基础设施建设要求，抓好烟水、机耕路、密集烤房、农机具、育苗工场、防雹网络等基础设施的综合配套，发挥整体功能作用，建立管护长效机制，确保工程项目持续发挥作用。

（1）烟水工程。按照“依托水源定项目、围绕烟田抓配套、因地制宜搞建设”的原则，在完善、提高已建设施的基础上，集中资金，突出实效，科学选择工程类型，优先建设大规模、大连片核心区域，打造规模大、覆盖面广、综合效益好、管护运行制度健全的特色工程，做到水利设施100%覆盖。

（2）机耕路。在基本烟田区域内，科学设计，合理布局，突出规模化种植核心区域，与沟渠相配套，以砂石路面为主，建成方便农业机械通行、作业及鲜烟叶运输的道路系统。

（3）烤房建设。按照“因地制宜、合理布局、群组设计、并排建设”的原则，科学规划，精心设计，100%建设密集烤房群，合理设置烘烤区、编烟分级区等附属设施，做到烘烤、分级一体化；规划建设一个50座以上的烤房群，探索烘烤、分级、交售一体化的烘烤工场运作模式。密集烤房覆盖率达100%，5座以上集群化烤房覆盖率达80%以上。

（4）农机具配置。坚持“因地制宜、统筹兼顾、以烟为主、合作经营”的原则，走专业合作社的道路。充分整合当地现有农机具，重点配置深耕机械、起垄机械、移栽机械和植保机械等农机具，实现烟叶生产主要劳动过程机械化，每百亩种烟面积机械动力保有量达到12～15 kW，综合机械化作业率坝区达到80%以上，山区达到60%以上。

（5）集约化育苗工场。围绕100%实现集约化、商品化、专业化育苗的目标，因地制宜，突出实效，一步到位建成基础牢固、设施先进、配套完善、管理规范，能够抵御低温、雨雪、冰冻和强风等自然灾害的漂浮育苗工场，育苗工场平均供苗面积达到3 000亩以上。

（6）防雹网络建设。坚持“以烟为主，统筹兼顾，因地制宜，突出实效”的原则，整合气象等部门资源，将固定作业点和流动作业点相结合，构建100%覆盖雹区基本烟田的防雹减灾网络。

（7）基础设施管护长效机制建设。各县（市）要明确烟叶生产基础设施管护主体，落实管护责任。按照“谁所有、谁负责、谁受益、谁负担”的原则，加强基础设施建设管护，建立长效机制。烟路、烟水设施，通过成立用水协会或由乡镇、村委会直接管理，可按照受益面积，适当收取水费，提取养护资金，确定管护责任人，落实管护措施；育苗工场、烘烤工场、农机具由专业合作社负责管护，要制定管护维修制度，从服务收入中提取维修资金。对提取的养护和维修资金制定管理办法，实行台账管理，专款专用。

4.5.3 生产组织形式建设

按照“依法、自愿、有偿”的原则，通过土地流转，发展种植专业户、专业合作社和家庭农场，促进适度规模种植，实现户均种植规模15亩以上。

（1）大力发展种植专业户。采取能人牵头、大户示范，通过土地互换、租赁等方式，整合土地资源，打破土地分散、小户经营格局，提高户均种植规模，用工以家庭为主，适当雇工，重点培育种植规模大于等于10亩小于100亩的种植专业户。

（2）积极探索专业合作社。在种植地块集中、基础设施完善、群众基础好、生产水平高的片区，积极探索综合型种植专业合作社，按照“种植在户、服务在队”的思路，依托烟草补贴形成的可经营性资产，在育苗、机耕、植保、烘烤、分级、运输等重点环节组织专业队开展专业化作业，其余环节在合作社统一组织下实行统一规划地块、统一物资供应、统一生产标准、统一技术指导、统一调配劳力、分户签订合同、分户农事操作、分户交售烟叶，合作社同时对外开展专业化服务，经营所得扣除成本、管理费用、公积金后的盈余按社员所占股份返还；在外出务工人员多、劳动力不足、有产业支撑、能人带头的地区，引导农民以土地、小额资金等入股，适当发展以烟为主、多种经营、多业共兴的经营型种植专业合作社（紧密型种植专业合作社），拓展合作社经营渠道，增加合作社收入，增强合作社自身发展能力，实现共同富裕，合作社与烟草公司统一签订烟叶种植收购合同，实行统一生产，统一经营，按股份统一分配；结合各地生产发展实际，在不改变烟农家庭经营的前提下，将一定区域内的烟农组织起来，探索成立种植型烟农专业合作社（松散型种植专业合作社），努力将种烟地块规划、物资供应、生产技术标准和组织指导、专业化服务、劳力调配等方面统一起来，合同签订、农事操作、烟叶交售由各家各户进行或由合作社统一组织管理，通过合作社互助、互促、互惠，实现联合生产，提高烟叶生产组织化程度，推动规模化、标准化、集约化生产。

（3）适度发展家庭农场。在土地多、经济发展水平高、劳动力转移多的区域，鼓励有一定经济实力和生产管理能力的人员通过土地流转，集中土地，成立家庭农场，适当控制种植规模，减少经营风险，一般以种植规模大于等于100亩小于200亩为宜。

4.5.4 专业化服务体系建设

坚持“统分结合、双层经营、该统则统、该分则分”的原则，坚持“自主经营、自主管理、自我发展”的方向，坚持“普惠制、广受益”的要求。依托育苗、烤房、农机具等设施，组建综合服务型专业合作社或成立单一环节的服务型专业合作社，为烟农提供全方位的专业化服务，解决育苗、机耕、植保、烘烤、分级、运输等环节技术落实不到位、用工量大、劳动强度高的问题;合作社依法制定章程，明确业务范围、经营管理、成员组成、组织机构、资产构成、财务管理、效益分配等；烟草投入补贴资金形成的生产经营性资产，要明晰产权归属，量化到烟农，通过签订协议，明确烟草公司在服务价格、资产处置等方面具有协调、监督和否决权。资产形成的收益，按照烟农所占的股份进行分配，实现烟草补贴的普惠共享，保证烟农受益。

4.5.5 信息化管理建设

按照“统一标准、统一平台、统一数据库、统一网络”的要求，全面推广国家烟草专卖局烟站（单元）管理信息系统，实现从烟叶计划合同、生产技术、收购调拨、工作反馈、绩效评价的全流程管理；加大信息硬件环境配置，烟叶站（点）网络连通率达到100%，要求烟站各岗位工作人员100%学会电脑操作，熟练掌握烟站（单元）信息管理系统。

4.5.6 基层管理建设

（1）烟叶站（点）建设。按照“合理规划、相对集中、方便烟农、有利管理”的原则和“设计合理、功能齐全、环境良好、管理高效”的要求，加大站（点）整合力度，原则上一个基地单元配套1个烟叶工作站，1～4条收购线，每条收购线收购量在1万担以上。

（2）职工队伍建设。按照岗位专业化的要求，科学设置基层烟站管理岗位和技术岗位，明确岗位职责、任职资格、工作流程、工作标准，合理核实岗位的基本工作量，建立健全绩效考核制度，充分调动员工的工作积极性。全面推行专业技术、技能职务聘任制，加强农艺师、烘烤技师和分级技师队伍建设，实行分类管理，推进基层技术员的专业化分工。积极探索烟叶基层队伍转型，拓宽现有技术人员服务渠道和服务内容，确保政策、技术、措施到户、到田。加强教育培训，全面开展技术职称评定和职业技能鉴定工作，努力打造一支知识面广、技能优良、作风过硬的基层队伍。

4.5.7 生产技术体系建设

围绕提高优质烟叶有效供给能力、优化烟叶结构的目标，结合当地自然资源条件和品牌原料需求，以“四项关键实用技术”和《优化烟叶结构清除不适用烟叶田间生产技术规范》为基础，从品种、轮作、土壤保育、育苗、栽培、施肥、烘烤、分级、收购等关键环节入手，按照标准化生产技术体系，提高技术集成和落实到位率，做到技术人员到户、实用技术到田、技术要领到人，切实提高烟叶生产整体水平；深入开展烟区生态建设、土壤改良、测土配方施肥、精准生产、上部烟叶4～6片充分成熟一次性采烤等方面的攻关研究。

4.5.8 工商合作体系建设

坚持“基地共建、生产共抓、资源共享、品牌共创、发展共赢”的工作方针，以基地单元为载体，积极与工业企业联系，共同成立领导小组和工作组，共同签订合作协议，主动邀请工业企业派三师技术人员驻点，从品种选择、合理施肥、田间管理、成熟采收、科学烘烤、原收原调等方面共同研究制定实施方案；整合工、商、研技术力量和科技资源，围绕重点骨干品牌原料需求，加强科技成果转化应用推广力度，建立烟叶生产与卷烟品牌协调发展的新机制。

第二节　种植规划

1. 范围

本部分规定了文山烤烟布局规划的原则，植烟田块具备的自然地理条件、社会条件以及土壤理化指标等。

本部分适用于文山州烤烟生产布局规划。

2. 种植区划

根据文山州8个县（市）土壤、气候、水利、自然等种植生态适宜性和烤烟品质类型进行烤烟种植区划。

3. 烤烟生产布局

3.1　布局原则

按照基本烟田规划、烤烟生产轮作规划、新烟区规划和烤烟品质类型，把烤烟布局在最适宜区和适宜区连片轮作种植，满足中式卷烟对原烟质量的需求。

3.2　布局要求

3.2.1　基本烟田

全州远期内共规划基本烟田13.33万km^2。近期规划基本烟田11.19万hm^2，共2 174片。

3.2.2　轮作

（1）规划区内的烟田要严格实行轮作。统一规划，实行区域化连片轮作，实行隔年轮作，有条件的实行2～3年轮作。

（2）田烟为水田烟，不进行更改；水浇地实行旱作间作、轮作。轮换作物以禾本科作物为主，禁止与茄科、葫芦科作物和十字花科作物轮换。

（3）全州轮作比例要求达到100%。

（4）轮作管理。

①以县（市）为单位建立乡镇轮作档案。

②轮作档案由州、县烟草（分）公司烟叶生产主管部门负责管理。

3.2.3 连片要求

（1）烤烟种植实行连片种植。

（2）按区域进行连片种植，烤烟种植必须按区域化连片轮作，坝区连片规模为3.33 hm^2（50亩）以上，山区连片规模为2 hm^2（30亩）以上。

附录A
烤烟种植区划生态适宜性指标

烤烟种植区划生态适宜性指标内容见表A-1。

表A-1 烤烟种植区划生态适宜性指标

指标及区划	最适宜区	适宜区	次适宜区	不适宜区
无霜期（d）	120	>120	≥120	<120
≥10℃积温（℃）	>2 600	>2 600	<2 600	
日均温≥20℃持续日数（d）	≥70	50～70	<50	
年平均气温（℃）	16～17	15～16及17～18	14～15及18～19	<14及>19
成熟期平均气温（℃）	>20	18～20	17～18	
大田期降雨量（mm）	700～800	400～1 000	400～1 100	>1 200
成熟期日照时数（h）	>40	30～40	25～30	<25
9月下旬平均气温（℃）	>20	>20	<17	
海拔（m）	1 400～1 800	1 200～1 400 1 800～2 000	1 000～1 200 2 000～2 200	<100 >2 200
土壤pH	5.5～6.5	< 7.0	7.0～7.5	<5.0及>7.5
0～60cm土壤含氯量（‰）	<0.03	<0.03	<0.045	>0.045

第二章　高端品牌卷烟原料基地单元品种规划布局研究

文山州是优质烟叶最适宜的产区之一，从1988年以后开始进行有计划地大面积种植烟叶，自1991年州委、州政府把烟叶生产作为一项重要经济支柱产业以来，文山州烟叶生产规模逐年扩大，质量不断提高，已成为全州重要的经济作物之一，烤烟产业成为烟区财政收入和大部分农民脱贫致富奔小康的重要经济来源。文山烟叶由于品质好，日益受到国际、国内厂家的青睐。近年来文山与国际著名企业——英美烟草公司（BAT）、国内著名烟草企业——上海烟草（集团）公司、武汉烟草（集团）有限责任公司合作创建优质烟叶生产基地。同时随着国际国内烟叶市场供求格局的变化和我国烟草行业改革的不断深化，国家和省对烟草生产提出了新的要求，给文山发展烟草产业带来了新的机遇。根据国家烟草专卖局“对烟草产业优化布局，加快烟叶资源配置方式改革”和省委“巩固提高老烟区、培育开发新烟区”的要求，文山被列入了云南重点发展的新烟区之一，如何抓住这一机遇，重新审时度势，进行全州特色优质烟叶气候生态区划显得尤为重要，对于做强、做大、做精文山烟叶产业具有战略性意义。

1.　气候生态适宜性区划

1.1　气候生态适宜性区划标准

为了确保区划结果的科学性和生产实用性，区划必须遵循以下原则：自然条件与社会经济条件相适应；烟叶产量与品质协调；具有潜在的发展前景；适宜区域连片种植；规模建设能解决生产中的关键性问题；保持行政区划管理的完整性。但随着条件的改变，科技的发展，区划随之补充和完善。根据上述原则，比照全国和云南省烤烟气候生态类型区划指标的相似性，结合文山州的实际，即多年种植的实践，从适应性和限制性两个方面进行综合分析，确定以气候因素为区划的主要指标，土壤为辅助指标，烟叶质量为验证标志，将烟区划分为最适宜区、适宜区、次适宜区和不适宜区。

表2-1 文山州烤烟适宜生态类型划分指标表

项目		类型			
		最适宜区	适宜区	次适宜区	不适宜区
标准海拔高度（m）		1 200～1 700	1 100～1 800	<1 100，>1 800	<1 000，>2 200
年平均降雨量（mm）		800～1 200	900～1 400	100～1 500	>1 500
生育期降雨量（mm）	伸根期	>100	100～80	80～70	≤70
	旺长期	400～300	300～250	<250	
	成熟期	140～200	>200，100～140	<100	
年平均温度（℃）		15.5～18	15～19	12～20	无霜期不足120d
日平均气温≥20℃持续天数/年		>70	≥70	≤50	
日平均最高气温≥35℃天数/年		<10	11～15	16～20	>20
年日照时数（h）		>1 800	>1 600	>1 400	<1 400
年日照百分率（%）		>45	>40	>35	<35
土壤含氯量（‰）（土层0～60cm）		<0.03	<0.03	<0.045	>0.045
土壤pH		5.5～6.5	5.0～7.0	<5.0，7.0～8.0	>8.0

1.2 区划结果与分区评述

根据表2-1的气候生态适宜性区划指标，把全州分为最适宜区、适宜区、次适宜区和不适宜区。具体区划结果详见表2-2。

（1）最适宜区：海拔高度1 200～1 700 m，6—8月日平均气温≥20℃持续天数在70 d以上，9月下旬平均气温大于17℃，年平均温度15.5～18℃。烟株生长还苗一团棵期，月降雨量大于100 mm，旺长期为300～400 mm。年日照时数大于1 800 h，月日照时数大于150 h，年日照百分率大于45%，阳光和煦。土壤质地疏松，结构良好，通透性好，保水保肥。0～60 mm土壤含氯量小于0.03‰。土壤pH为5.5～6.5。社会经济条件优越。全州最适宜区有文山市的开化、德厚、红甸、马塘、平坝、东山；砚山县的江那、平远、稼依、维摩、干河、盘龙、者腊、阿猛、阿基；丘北县的锦屏、曰者、双龙营、八道哨、树皮、天星；广南县的珠琳、五珠、那洒、旧莫；西畴县的蚌谷、新马街、兴街；马关的马白、仁和、大栗树、八寨；麻栗坡的麻栗镇、大坪等34个乡（镇）。

（2）适宜区：海拔高度1 100～1 800 m。6—8月日平均气温≥20℃持续天数在70 d以上，9月下旬平均气温大于17℃，年平均温度为15.5～19℃。大田烟株生长还苗—团棵期，月降雨量为80～100 mm，旺长期250～300 mm，成熟期大于200 mm，年降雨量为900～1 400 mm。年日照时数大于1 600 h，年日照百分率大于40%，阳光和煦。土壤质地，结构，通透性，保水保肥较好。0～60 mm土壤含氯量小于0.03‰。土壤pH为5～7。社会经济条件优越。全州适宜区有文山县的薄竹、坝心、喜古、古木、柳井、追栗街、秉烈、小街、新街；砚山县的八戛、蚌峨；丘北县的官寨、平寨、舍得、腻脚、温浏、新店；广南县的莲城、曙光、董堡、杨柳井、珠街、黑支果、八宝、坝美；西畴县的西洒、莲花塘；马关县的坡脚、夹寒箐、木厂；麻栗坡县的马街、铁厂；富宁县的田蓬、木央、花甲、里达等36个乡（镇）。

（3）次适宜区：海拔高度1 000～1 100 m或1 800～2 200 m，6—8月日平均气温≥20℃持续天数为50 d，年均气温12～15℃、19～20℃。大田生长期降雨量比适宜区稍偏少或稍偏多。年日照时数大于1 400 *h*，月日照时数大于120 h，年日照百分率大于35%。土壤质地，结构，通透性，保水保肥稍差。0～60 mm土壤含氯量小于0.045‰。土壤pH为5～5.5或7～8。全州次适宜区有西畴县的鸡街、法斗、董马、柏林；麻栗坡县的董干；马关县的小坝子、南捞、都龙、金厂；广南县的板蚌、南屏、者兔、者太、篆角、底圩；富宁县的新华、板仑、洞波、阿用、阿能等20个乡（镇）。

（4）不适宜区：全州共有12个乡（镇）属于不适宜区，此类型多数处于文山州边远地区，海拔低于1 000m以下，高于2 200m以上。气温过高或过低。无霜期过短，降雨量偏大。土壤pH偏低或偏高等生态因素不适宜烤烟生产发育的要求。而蔬菜地和近三年内种过茄科（茄子、辣椒、马铃薯等）、葫芦科（瓜类）作物的地块，往年病虫害发生严重的地块，土壤耕作层在15 cm以下的地块，坡度大于15°的地块，过肥或过瘦的地块，常遭冰雹袭击、易被洪水淹没和冲刷的地块，以及排水不畅的地块均不适宜种植烤烟。

表2-2 文山特色优质烟叶气候生态适宜区区划表

县（市）	类型			
	最适宜区	适宜区	次适宜区	不适宜区
文山	德厚、东山、红甸、马塘、开化、平坝	坝心、喜古、古木、柳井、追栗街、秉烈、薄竹、小街、新街		
砚山	江那、平远、者腊、稼依、维摩、干河、盘龙、阿猛、阿基	蚌峨、八嘎		
丘北	锦屏、曰者、双龙营、树皮、天星、八道哨	官寨、平寨、舍得、腻脚、温浏、新店		
广南	珠琳、五珠、那洒、旧莫	莲城、曙光、董堡、杨柳井、珠街、黑支果、八宝、坝美	南屏、板蚌、篆角、者兔、者太、底圩	
西畴	蚌谷、新马街、兴街	西洒、莲花塘	柏林、鸡街、董马、法斗	
马关	马白、仁和、大栗树、八寨	坡脚、夹寒箐、木厂	小坝子、南捞、都龙、金厂	篾厂、古林箐
麻栗坡	麻栗镇、大坪	马街、铁厂	董干	天保、猛硐、下金厂、八布、六河、杨万
富宁		田蓬、木央、花甲、里达	新华、板仑、洞波、阿用、阿能	剥隘、者桑、谷拉、归朝
合计	34	36	20	12

2. 特色优质烟区划分

按照“生态决定特色、品种彰显特色、技术保障特色”的要求，以及一个特色优质烟区要具备基本生产经营规模，满足大品牌对特色烟叶的批量生产需求原则，使文山优质烟区生产的烤烟在充分保持云南烤烟清香型风格特点的基础上，形成更具代表性和典型性的品牌效应，满足国内中式卷烟高档品牌的差异化（不同风格）发展对个性化特色烟叶原料的需求，同时根据农业气候相似原理和地理位置相近的原则，把文山州特色优质烤烟生产区域划分为：平远高原平川特色优质烟区、听湖黄金海岸特色优质烟区、普者黑秀美山水特色优质烟区、畴阳山峦叠翠特色优质烟区以及八宝鱼米之乡特色优质烟区。各烟区气候生态条件详见表2-3。

表2-3　文山州五大特色优质烟区气候生态条件情况表

烟区	涉及县（市）	海拔（m）	年平均气温（℃）	最热月气温（℃）	年降水（m）	年平均相对湿度（%）	年日照时数（h）
平远高原平川	砚山县、文山市	1 390～1 510	16.84	21.58	894.6	73.82	2 027.08
听湖黄金海岸	砚山县、文山市、广南县	1 480～1 609	16.06	20.98	996.61	76.5	1 874.46
普者黑秀美山水	丘北县	1 240～2 035	16.19	21.07	1 157.5	78.07	1 956.25
畴阳山峦叠翠	西畴县、麻栗坡县、马关县、文山市、广南县	1 094～1 865	16.19	21.07	1 157.5	78.07	1 956.25
八宝鱼米之乡	广南县	1 220～1 460	16.77	22.45	991.46	77.44	1 798.93

2.1　平远高原平川特色优质烟区

平远高原平川特色优质烟区是以砚山县平远镇为代表的，以坝区为主的特色优质烟区。该区适宜种植特色优质烟叶的乡镇有：砚山县的平远、嫁依、维摩、干河，文山市的马塘、德厚、红甸、秉烈、薄竹，共9个乡镇。该区海拔在1 390～1 510 m之间，年平均气温多数乡镇在16.08～17.46℃之间，最热月平均气温在21.21～22.2℃之间，全年日照时数在1 805.73～2 116.95 h之间，年平均相对湿度在68.85%～76.96%之间，大田期平均气温在20.4～21.5℃之间，大田期雨量在628.3～752.1 mm之间，年降雨量在823.83～976.05 mm之间。

该地区四周较高，中间为平原坝子，因而形成了河谷，平坝、山地三种不同类型的气候。总体来说，该地区气候干热少雨，光照充足，烤烟生长前期雨量较少，进入旺长至成熟期雨量适中。该地区生产的烟叶成熟度好，颜色以橘黄为主，香气质好，总糖、还原糖含量整体适宜，化学成分协调性较好，清香型特征明显。香气较丰富饱满，烟气纯净，舒适性好。

2.2 听湖黄金海岸特色优质烟区

听湖黄金海岸特色优质烟区是以砚山县阿猛镇为代表的，以丘陵为主的特色优质烟区。该区适宜种植特色优质烟叶的乡镇有：砚山县的江那、者腊、阿猛、盘龙，文山市的开化、东山，广南五珠，共7个乡镇。该区海拔在1 480～1 609 m之间，年平均气温在15.47～16.25℃之间，最热月气温在19.65～21.77℃之间，大田期平均气温在19～20.9℃之间，大田期雨量在664.2～888.6 mm之间，年降雨量在861.10～1 152.66 mm之间，年平均相对湿度在73.25%～78.46%之间，年日照时数在1 832.42～1 948.00 h之间。

该区多数乡镇由于雨热同季，降水利用率比较高，且光能资源充足，冬干夏雨，烟叶化学成分比较协调，烟叶的清香型特点突出，烟叶香气质好，香气量充足，烟气细腻柔和，透发性强，烟气饱满，清甜感较好，余味干净舒适，劲头适中，质量档次较好，是高产高质的优质烟叶产区。

2.3 普者黑秀美山水特色优质烟区

普者黑秀美山水特色优质烟区地处滇东南岩溶山原丘陵地带，地势西南高、东北低，六诏山支系大总山纵横全境，是以丘北县为代表的特色优质烟区。该区适宜种植特色优质烟叶的乡镇有：丘北县的官寨、腻脚、平寨、树皮、温浏、八道哨、锦屏、双龙营、天星、曰者共10个乡镇。该区海拔高度在1 240～1 680 m之间，气候总体上属中亚热带高原季风气候，年平均气温在14.59～17.7℃之间，最热月气温在18.6～22.5℃之间，大田期平均气温在18～21.8℃之间，大田期雨量在825.1～967.9 mm之间，全年降雨量在1 049.59～1 233.10 mm之间，全年平均相对湿度在74.58%～82.27%之间，全年日照时数为1 747.00～2 334.01 h之间。

该区气候温暖湿润，降水丰沛，日照充足，光能资源丰富，温度适宜。特色烤烟种植区土壤肥沃，耕作层土壤有机质含量高，水利条件好，生产技术含量高，利于培育优质烟叶。该区烟叶评吸质量较高，烟叶香气透发性好，香气量较足，有一定的爆发性，浓度强，通常作为卷烟原料中的主料烟使用。

2.4　畴阳山峦叠翠特色优质烟区

畴阳山峦叠翠特色优质烟区是以马关县为代表的，以山地为主的特色优质烟区。该区由于海拔高低悬殊，气候类型跨北热带、南亚热带、中亚热带和北亚热带。低坝河谷炎热，中山浅丘温暖，高山温凉，形成了“一山有四季，十里不同天”的立体气候，具有冬无严寒、夏无酷热、干雨季分明等气候特点。适宜种植特色优质烟叶的乡镇有西畴县的蚌谷、法斗、莲花塘、西洒、新马街、兴街，麻栗坡县的大坪、董干、麻栗、新寨，马关县的八寨、大栗树、夹寒箐、浪桥、马白、木厂、仁和，文山市的平坝、新街、小街、坝心、柳井、喜古、追栗街、古木，广南县的曙光、黑支果、那洒，共27个乡镇。该区在海拔1 850 m以下的山地上。年平均气温在14.42～17.27℃之间，最热月气温在18.30～22.63℃之间，热量条件好。大田期平均气温在17.7～21.8℃之间，大田期雨量在764.4～1 202.9 mm之间，年降水量在1 002.3～1 583.0 mm，多数乡镇年降水量在1 300 mm以上，加之雨热同季，降水利用率高，年平均相对湿度在73.25%～85.88%之间，年日照时数在1 504.42～1 997.00 h之间。

该区拥有良好的生态植被，环境较好，烤烟都是生长在云雾深山中，非常适合生产有机、绿色烟叶。该区气温适宜，阳光充足，雨量充沛，生态环境好。烟叶质量较好，清香型特征明显，香气质较好，透发性好，香气量较足，浓度较高。

2.5　八宝鱼米之乡特色优质烟区

八宝鱼米之乡特色优质烟区是以广南县珠琳镇为代表的，以田烟为主的特色优质烟区。该区小河流、溪沟星罗棋布，多为小坝子，适宜种植特色优质烟叶的乡镇有：广南县的珠琳、旧莫、莲城、杨柳井、董堡，共5个乡镇。该区位于海拔在1 220～1 460 m之间的坝区，年平均气温在16.32～17.15℃之间，大田期平均气温在21.1～22.9℃之间，气候温暖，大田期雨量在677.9～812.2 mm之间，年降水量多数在871.66～1 052.9 mm之间。

由于雨热同季，降水利用率高。该区热量丰富，光能资源充足，冬干夏雨，降水利用率高，烟叶化学成分协调，外观质量总体较好，成熟度好，色度较强，叶片结构疏松，具有成熟香韵，香气量足，透发性好，余味舒适，杂气较少，刺激性小，劲头适中。

第三章　品牌核心原料基地建设“1343”模式

全面推进“卷烟上水平”，是行业当前和今后一段时期工作的基本方针和战略任务。“原料保障上水平”是“卷烟上水平”的重要基础和坚实后盾。品牌核心原料基地的建设直接关系到烟叶质量水平和保障能力，关系到“卷烟上水平”的成效。

文山州烟草公司正在构建基于烟叶“一生管理”理念，工商品牌融合发展，以技术、管理和保障三大体系为支撑，工商政研四位一体，整合各方资源，共建基地单元，为主要内容的品牌核心原料基地建设新模式。

该模式致力于基地单元烟叶品牌与卷烟品牌融合发展，提升基地规划建设、技术支撑和管理水平，优化烟叶结构，增强烟叶原料保障能力，努力增加优质原料供给，助推区域经济发展和基地综合循环生产能力，谋求各方持续发展、协调发展、共同发展。

文山州品牌核心原料基地建设新模式可简单地概述为“1343”模式（见图3-1），即“一个品牌融合发展理念，三个支撑体系，四个参与主体，三个发展目标”。

（1）一个品牌融合发展：以“中华”等重点卷烟品牌需求为核心，挖掘文山生态资源优势，明确文山烟叶风格特色和功能定位，打造文山烟叶品牌，同时优化基地单元布局和资源配置，谋求卷烟品牌与烟叶品牌融合发展。

（2）三个体系：围绕烟叶“一生管理”理念，构建保障体系、管理体系、技术体系。探索更有效、更适合的技术体系和更实用的生产组织方式优化组合。

（3）四个参与主体：工业企业、商业、政府和科研单位，简称为“工、商、政、研”四位一体。四家整合各自优势资源，共同参与，工业主导、商业主体、科研主力和政府保障。

（4）三个发展目标：谋求各方“持续发展”“协调发展”“共同发展”。

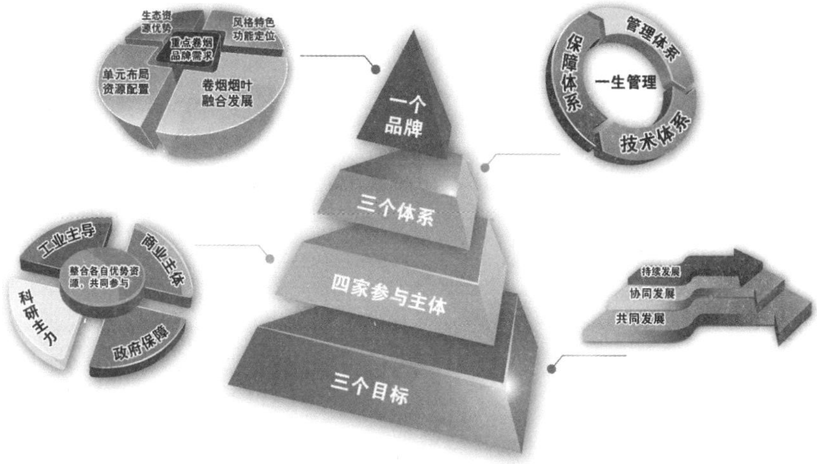

图3-1　文山州品牌核心原料基地建设“1343”新模式

第三部分

基地单元建设生产技术体系

基地单元建设，作为行业推进烟叶资源配置方式改革的具体体现，是实现“原料保障上水平”的有益探索。基地单元要发展成为品牌原料基地，关键是要建立品牌原料质量指标体系和核心生产技术体系。根据既定品牌原料质量目标及指标要求，结合文山植烟土壤与烤烟品种特性，以现代烟草农业为统领，以科学技术为支撑，本书开展烤烟基地GAP管理模式、土壤改良与培肥灌溉等烤烟栽培技术研究以及制定昆虫性诱剂、烟蚜茧蜂、赤眼蜂和生物农药等烤烟病虫害综合生物防治相关规范，从而探索建立一整套适合于文山基地单元品牌的核心生产技术体系。

第一章　基地单元建设GAP管理模式的研究

GAP是良好农业规范（Good Agricultural Practice）的英文缩写，是一套主要针对初级农产品生产的操作规范。GAP是以农产品生产过程质量控制为核心，以危害分析与关键控制点、可持续发展为基础，关注环境保护与员工健康、安全和福利，保证农产品生产安全的一套规范体系。

在文山烟叶基地单元建设过程中，通过GAP管理模式的研究，从源头上提高基地烟叶的质量，对稳定基地单元烟叶供给和质量、宣传企业社会责任、确保卷烟产品质量和安全具有重要意义。同时，通过GAP管理体系的实施和运行，对建立和完善文山基地管理、运行和评价机制，健全文山烟叶基地单元原料保障体系也具有重要意义。

1. GAP的概念

（1）GAP是世界发达国家普遍采用的农业管理模式。它是在保护和维持土壤、水源、空气、动植物生命环境的同时，在确保农业生产可持续发展的条件下，推行一系列措施，生产出一定产量和质量的优质烟叶。同时要积极培训烟农，提高他们的生产技术，为烟农提供安全的工作环境，增加烟农的收入。

G——优质，作为一个农业生产标准，要求生产出高于平均数的产品。

A——农业，作为一个农业或一个专类农业项目。

P——生产管理，作为一种管理系统，是一门管理技术。

（2）GAP是农业自然的真实写照，是由农业气象学（天气和气候）和地质学（土壤的使用和保护）构成的一项技术，是简易、经济、持久的科学管理系统。

（3）GAP不是一个公式化的管理体系或理论概念，而是一种科学，是全心投入的烟叶生产田间试验。GAP没有固定的模式，它是优质烟叶生产的管理方式，GAP管理可能会随烟叶种植区域、气候条件以及特定区域可用技术的变化而变化。

（4）卫生是GAP管理的主要出发点之一，要求努力保护和净化生态环境，防止对环境可能造成的污染。

（5）掌握GAP，就是要修正传统的农业生产观念，推行先进的烟叶生产管理技术。

2. GAP对农业和烟草管理的主要内容

农业管理的内容有种植计划和时间安排，建立农业节令制度，收集整理气象数据，确定作物种植密度及产量等。农业管理指的是在作物生长的整个过程中（从计划到采收）采取一系列可行的农业措施，实行分类生产，生产出每一个国家所要求的烟叶，这些措施会因生产烟叶的类型和气候条件以及适用技术的不同而不同。

在烟叶种植方面，要采取积极有效措施，优化烟叶产量和质量，确保产品的完整性，确保烟叶在全球、在当地都具有一定的竞争力。同时，要引入先进的生产技术，对烟农进行技术培训，要监控烟农的生产成本，确定烟叶价格时应利用烟农净收入数据，保证增加烟农的收入。德孟烟草公司把推行GAP聚焦在烟叶生产的以下方面：

（1）保证烟叶品种的整体性。

（2）加强烟叶作物的管理（CP）。

（3）建立烟叶质量追踪体系（PMA）。

（4）确保烟叶产品的完整性。

（5）推行烟叶开放式打包（TPI）。

（6）建立烟叶病虫害综合防治程序（IPM）。

（7）高度重视和保护烟农的生产安全。

（8）强化烟叶保护药剂的管理（TIPP）。

（9）坚持烟叶生产的可持续性。

3. 文山基地单元建设中GAP管理的具体要求

3.1 保证烤烟品种的整体性

从烟叶产量、农民得到的纯收入、烟叶质量及品质特征方面来说，品种选择是烟叶生产取得成功的基础条件。因此，要种植符合国际控制标准或经过中国烟草总公司审定、认可的品种，要求品种纯度达到99%，种子发芽率在85%以上，种子均匀性好。要建立烟叶品种挑选和推广体系，确保品种的纯度、净度和种子包衣质量，确保无转基因，同时为了保证种子的安全性、稳定性，有必要建立种子储存室，储存一定数量的烟草品种。

3.2 加强烟叶作物的管理

作物管理指的是烟叶生产的整个过程——从计划到收获。主要包括：建立节令制度，收集整理气象数据，种植烟叶的地块取土化验，确定选地标准。通过土壤检测确定土壤的适用性和需要补充的养分。做好系统的整地和育苗工作，整地时注意保护土壤、水源和灌溉设施。烟叶施肥要建立在对土壤分析的基础上，使用的化肥和有机肥必须知道它的来源和营养成分，不推荐使用含氯量超过2%的肥料。烟叶打顶能够调节烟株生理平衡，以便获得正常产量和质量的临界点。坚持成熟采取和科学烘烤，严格遵循GAP原则的每一个步骤和要求，对获得优质烟叶非常重要。

3.3 成立烟农小组，建立烟叶质量追踪体系

对烟农编码并成立烟农小组的目的，是为了把烟农组织起来，建立烟叶质量追踪体系，保证产品完善性，检查所有GAP项目在烟叶生产的全过程中每一项技术措施在烟农中的落实和实施情况。烟农小组成员不能随意改动，以便建立固定质量追踪目标，便于对烟农进行培训和管理。

3.4 加强非烟物质管理（NTRM）

要加强非烟物质的管理，烟叶收购场地必须保持清洁卫生，采取有效措施，保证烟农交售的烟叶中不含有任何非烟物质，不得有金属、塑料制品、橡胶制品、动物皮毛，石块、茅草、绳类和纸屑等烟叶以外的物质。为此，烟叶分级挑选的每一个环节都要注意清洁卫生，保证烟叶质量。

3.5 推行烟叶开放式打包

按照烟农的统一编码，每20户烟农编成一个组，各组生产的烟叶在规定的时间和收购站点进行集中交售，入库后将该组同一等级的烟叶打包，不够一包

的烟叶另行包装。烟叶包装采用开放式，即烟叶外边不用麻片和任何包装物，仅用细铁丝捆扎即可，捆扎后的烟叶要标明等级、数量，贴上统一的条形码，以便建立烟叶质量追踪系统。

3.6 建立烟叶病虫害防治程序（IPM）

病虫害防治程序要建立在对病虫害识别和经济防治指标的基础上，重点是采取一系列非农药防治措施，这些措施对环境几乎不造成污染。为此，必须挑选抗病的烟叶品种，建立病虫害识别系统，加强对周围农作物的管理，建立烟叶病害监控系统。

3.7 高度重视和保护烟农的生产安全

安全性是GAP管理中的一个完整部分，必须使烟农认识到农药的危害性，要对烟农进行有关如何避免危害和保护自身安全等方面的教育，尤其在使用机械和农药时要特别注意安全。要把有关安全知识编印成小册子，写明安全防护措施并制作个人安全保护装置，确保烟农的人身安全。

3.8 强化烟叶保护药剂的管理（TIPP）

要合理使用农药，不得超规定、超剂量使用农药，不准使用未审定过的农药。在生产过程中，要准确记录农药施用时间、剂量，搞清农药残留物质在烟叶中的存留时间。严防烟叶中农药残留超标而影响烟叶的使用价值，同时要采取生物防治措施，建立减少农药施用量的制度，防止农药对环境造成污染。

3.9 坚持烟叶生产的可持续性

坚持烟叶生产的可持续性，就是按照科学的方法种植烟叶和管理烟叶生产，包括保护生态环境，提倡植树造林，使用可替代的燃料，将木材用于农业生产，坚持改良土壤，防止土壤板结，保持可用水质不会因土壤侵蚀或潜在的化学药剂流失或淋失而产生负面影响，使烟叶生产得以可持续发展。

4. 文山基地单元建设中GAP管理的实施程序

文山基地单元烤烟GAP管理体系从基地管理程序、生产操作、规范、记录、可追溯体系、病虫害综合管理和产地环境质量评价等方面建立烟叶质量管控和追踪系统，加强生产、加工、运输全程质量控制。

4.1 基地管理程序

为确保生产行为得到有效管控，从产品安全、痕迹记录、员工和环境等方面制定管理程序，包括产品质量安全追溯程序、产品召回程序、文件控制程序、记录管理程序、员工健康安全和福利程序、环境管理程序、卫生管理程序、认证标志管理程序、投诉抱怨处理程序、内部审核程序及内部罚则等。

4.2　生产操作规范

生产操作规范是生产操作的依据和准则，包括种植操作规范、采收规范和加工规范。烤烟种植操作规范包含育苗、移栽、大田生产管理、植保产品使用管理、肥料使用和管理、病虫害防治等。烟叶采收操作规范包含采收原则、编烟要求和装烟要求等。烟叶加工操作规范包含烘烤技术，初烤烟叶打包、储存、包装和运输等。

4.3　制定可追溯体系

可追溯是GAP管理模式的核心，制定合理的追溯系统是关键。以农户为单元，制定地块生产计划表，再根据种植品种、地形绘制地块分布图，每个地块设立地块编号。以地块为单位，记录全部农事活动。记录内容包括农事活动的操作内容，日期，操作者和负责人，投入品的名称、数量和有效成分等。以地块为单位，采收、烘烤烟叶。按照“地块号+收购日期”的格式，给定产品的批号，按批号储存、运输、销售，记录产品的流动信息。

4.4　记录

记录是追踪生产活动、再现生产过程的工具，烤烟GAP记录包括生产活动记录和验证活动记录。生产活动记录覆盖整个生产过程，包括育苗、移栽、大田管理、肥料、植保产品使用、采收、调制、运输、销售等。验证活动记录是检验管理体系是否完善、产品质量是否合格的体现，包括产地环境检测报告、产品质量检测报告、内审记录和内审报告等。

4.5　病虫害综合治理

病虫害优先采用农业防治、物理防治和生物防治等措施。农业防治主要采用合理轮作、选择抗病品种、深耕晒垄、适时移栽和盖膜等措施。物理防治主要采用人工捕捉、黄板、性诱剂捕捉装置、频振式杀虫灯等措施。生物防治主要利用烟蚜茧蜂、赤眼蜂等达到以虫治虫的目的。用除虫菊素、鱼藤酮、苦参碱等生物制剂防治蚜虫、烟青虫、斜纹夜蛾和地老虎等。

4.6　产地环境质量评价

为维护基地环境质量，每年采集各产地的土壤、水源，委托具有检测资质的机构，检测分析土壤、水源是否达到《良好农业规范》（GB/T 20014）国家标准，根据检测数据做出环境质量评价。

5. 文山基地单元建设中GAP管理的检查机制

5.1 内部检查

为保证烤烟生产过程及管理体系符合GAP要求，建立内部检查机制，找出管理体系中存在的不足和差距。内部检查员由了解烤烟生产和加工知识，接受GAP标准和内部检查员培训、考核合格的人员担任。检查组由2～4名内审人员组成，对烤烟GAP管理体系运行情况进行现场检查，逐项记录检查情况。

5.1.1 检查区域和范围

内部审核按检查区域划分为生产基地和加工区域。按检查范围划分为生产过程和加工过程。生产基地主要检查周围环境状况、飘移风险、标识警示、废弃物处理、运输过程、物资仓库和存储仓库卫生状况。生产过程主要检查种植过程活动记录及其可追溯性。加工基地主要检查周围环境状况、原料堆放、加工设备和污染物处理。加工过程主要检查加工活动记录、加工工艺、可追溯性、初烤烟叶储存、人员卫生状况和消毒情况。

5.1.2 整改不符合项

内部检查完成后，编写不合格报告，提出整改意见。由基地组织人员分析原因，制定纠正措施，完成整改后，内审组验证整改情况。

5.2 外部检查

GAP认证是检验管理体系是否有效、产品是否符合标准的有力手段。在文山基地单元建设GAP管理模式的研究中，始终将将烤烟GAP认证作为提高烟叶质量安全管理水平的有效手段和工具，每年进行烤烟GAP认证。

5.2.1 认证申请

烤烟GAP认证实施前2～3个月向认证机构提出正式书面申请，表明申请人、申请内容、认证级别、面积、生产组织形式等，还需提供申请材料，表明申请内容和材料的真实性、合法性。

5.2.2 签订认证合同

接受申请后，认证双方确定认证的具体内容，包括认证产品、面积、级别和费用，签署认证合同，明确双方的权利和义务。

5.2.3　检查和整改

认证机构组成检查组对基地环境、田间生产、采收、烘烤、储藏、包装运输、产品追溯、投入品、人员防护以及员工培训等方面进行审核，形成认证检查报告，开具不符合项清单。受检查方按要求在规定时限内完成整改，并将不符合项整改情况上报检查组。检查方根据不符合项的性质、严重程度和整改措施等确定跟踪验证方式。

6.　小结

在文山烟叶基地单元建设中，通过积极探索GAP管理模式，有效提升了原料品质和安全性，为从源头减少烟草制品危害积累了有益经验。降低卷烟有害成分，提高卷烟吸食安全性，是今后烟草发展的必由之路，在烤烟种植环节大力推广GAP管理，无疑是保障卷烟吸食安全的理想选择。

第二章　烟叶特色风格定位配套生产技术研究

本项目旨在为文山州探索一条更合理的特色优质烟叶生产技术途径，为优化文山优质特色烟叶生产标准体系提供有价值的理论参考与技术支持，本项目从耕作制度、营养施肥技术、栽培技术以及优化烟叶等级结构等方面开展了以下配套生产技术研究。相关试验技术研究成果如下。

第一节　不同套作处理对烤烟生长发育和烟叶品质的影响

1. 研究目的与意义

烤烟作为一种特殊的经济作物，其生产种植需要较多的土地和人力物力，是一项劳动密集型、土地扩张型的产业。目前，在大多数烟区存在人多地少、烤烟与粮食蔬菜抢时间争土地的情况；加上许多地区的植烟田块在种植烤烟前大多栽种蔬菜，而农民种植蔬菜时的不合理施肥，极易形成高肥力土壤，从而对烤烟生产和烟叶品质造成严重影响。因此，如何合理解决在有限的种植土地上保证烤烟生产的数量和品质成为广大烟草工作者关心的重要问题。

间套作系统是一种有效利用土地资源的生产技术，在我国农业生产中得到了广泛的使用，尤其在粮食生产中应用较多。通过多年的研究和生产经验表明，间套作与单作相比较具有较多优势：①能更充分地利用光、温、水、肥等环境因子；②调节土壤微生态；③防止水土流失；④减少病虫害和杂草；⑤提高土地复种指数；⑥被间套作的作物产量稳定甚至高产。我国烤烟的种植面积和产量均居世界第一位，云南省作为烤烟生产大省，烤烟生产已成为云南财政收入的重要来源。但是，目前云南省的烤烟生产种植主要为单作形式，存在生物性单一的问题，且由于长期大量施肥，植烟土壤肥力偏高，长期富营养化，烤烟生长后期植烟土壤速效养分居高不下，对烟叶生产和后续作物造成不良影响。

间作套种方式作为农业生产的“绿色工厂”，能较好解决这些问题。本研究利用生物多样性机理，研究探索烤烟间套作系统对烤烟生长和烟叶品质以及植烟土壤养分的影响，对促进烟叶产区生物防治病虫害、减少农药施用及调控烤烟生长后期的肥力水平具有较大意义，有利于烤烟生产的可持续发展。

2.　材料与方法

2.1　试验地点和材料

试验安排在云南省文山州砚山县干河乡马鞍山基地单元进行。供试土壤有机质含量为2.92%，全氮含量为0.142%，速效氮含量为163.52 mg/kg，全钾含量为0.67%，速效钾含量为125.2 mg/kg，全磷含量为0.058%，速效磷含量为19.85 mg/kg，烤烟品种为云烟87，试验材料为一年生黑麦草、紫花苜蓿和日本肥田萝卜，选取土壤肥力中等、施肥管理水平一致的试验田块。

2.2　试验设计

本试验采用两因素的随机区组设计：3个不同套作作物（黑麦草、苜蓿、萝卜）×3个不同套作时间（团棵期、旺长期、现蕾期），设置一个对照处理（烤烟单作）。3次重复，共30个小区，小区四周开边沟，设置保护行。试验处理如表2–1–1所示。

表2–1–1　试验处理表

A因素 （作物品种）	B因素 （播种时期）	处理组合
黑麦草	团棵期（揭膜当天）	A1B1
黑麦草	旺长期（约揭膜后15 d）	A1B2
黑麦草	现蕾期（约揭膜后30 d）	A1B3
苜蓿	团棵期（揭膜当天）	A2B1
苜蓿	旺长期（约揭膜后15 d）	A2B2
苜蓿	现蕾期（约揭膜后30 d）	A2B3
萝卜	团棵期（揭膜当天）	A3B1
萝卜	旺长期（约揭膜后15 d）	A3B2
萝卜	现蕾期（约揭膜后30 d）	A3B3
对照	烤烟单作	CK

2.3 试验方法

分别将3种不同作物（黑麦草、苜蓿、萝卜）于设定的时期播在烟垄上，均采用精细撒播的方式进行。株行距为1.2 m×0.6 m，每个小区植烟100株左右，周围设保护行。采用漂浮苗，适时移栽。施纯氮肥90 $kg \cdot hm^{-2}$，$N : P_2O_5 : K_2O=1:2:3$，底肥占70%，追肥占30%。其他栽培措施同当地烤烟栽培。盛花期打顶留叶20片，同时选择生长正常的烤烟，挂牌标记第9～11叶位和16～17叶位的烟叶为试验取样烤烟，按三段式烘烤工艺科学烘烤。

2.4 调查记载项目和相关指标测定

调查各处理生育期、植物学性状、主要农艺性状、病虫害情况、烤烟产值产量、上等烟比例和中下等烟比例。烟株病情分级标准（以整株为单位）：按发病严重程度可以分为：0级——全株无病；1级——新叶“明脉”或轻微花叶或上部1/3叶片花叶，但不变形；2级——1/3至1/2叶片花叶或少数叶片变形，烟株矮化为正常株的2/3左右；3级——1/2至2/3叶片花叶，变形或侧脉坏死，烟株矮化为正常株的1/2左右；4级——全株叶片花叶，严重变形或坏死，烟株矮化为正常株的1/4。

发病率（%）=发病的烟株数/调查的总烟株数×100%

病情指数=∑（病株数×级值）/（调查总株数×最高病级值）×100

防治效果（%）=（对照处理病情指数-套作处理病情指数）/对照处理病情指数×100%

物理指标：含梗率、单叶重、长度、宽度、平衡水份和叶面密度等，参照孙建锋，宫长荣等[31]的方法测定。化学成分：总糖、还原糖、总氮、烟碱、钾、氯、淀粉等，参照王瑞新[32]的《烟草化学》测定。

2.5 数据统计与分析

试验数据采用Microsoft Excel 2007及SPSS17.0数据分析软件进行统计分析，采用最小显著法（LSD）分析数据的差异显著性水平。

3. 结果与分析

3.1 不同套作处理对烤烟生育期的影响

表2-1-2　不同套作处理烟株生育期调查

处理	移栽期（日/月）	10叶期（日/月）	15叶期（日/月）	现蕾期（日/月）	脚叶成熟（日/月）	顶叶成熟（日/月）	大田生育期（d）
A1B1	6/5	28/5	5/6	17/6	9/7	6/9	124
A1B2	6/5	28/5	5/6	19/6	10/7	8/9	126
A1B3	6/5	28/5	5/6	18/6	10/7	9/9	127
A2B1	6/5	28/5	5/6	16/6	14/7	14/9	132
A2B2	6/5	28/5	5/6	17/6	14/7	12/9	130
A2B3	6/5	28/5	5/6	18/6	12/7	12/9	130
A3B1	6/5	28/5	5/6	19/6	11/7	9/9	127
A3B2	6/5	28/5	5/6	18/6	11/7	9/9	127
A3B3	6/5	28/5	5/6	18/6	12/7	11/9	129
CK	6/5	28/5	5/6	18/6	12/7	11/9	129

对不同套作处理的烟株生育期进行调查分析，结果表明（见表2-1-2）：各处理烟株生育期中移栽期相同，均为5月6日。其中A2B1处理最早进入现蕾期，比对照早2天；A1B2、A3B1处理最晚进入现蕾期，比对照处理晚一天。A1B1、A2B2处理比CK处理早一天进入现蕾期，其他处理与CK处理进入现蕾期的时间相同。不同时间套作黑麦草和萝卜比CK处理早进入顶叶成熟期，能不同程度缩短大田生育期；而三个不同时间套作苜蓿处理的大田生育期较CK处理长，顶叶成熟期也延后。A1B1处理最早进入脚叶成熟、顶叶成熟，其大田生育期也最短；而A2B1处理的烟株大田生育期最长。表明套作黑麦草和肥田萝卜能有效控制高肥力土壤，不同程度地吸收过剩养分，令烟叶落黄快；而套作紫花苜蓿，由于苜蓿是豆科作物，有固氮作用，使得土壤氮素含量保持较高水平，使烟叶的成熟落黄期延后。

3.2 不同套作处理对烤烟主要农艺性状的影响

表2-1-3 不同套作处理主要农艺性状调查（6月8日）

处理	株高（cm）	最大叶长（cm）	最大叶宽（cm）	单株叶面积（cm^2）	叶数（片）
A1B1	46.2a	57.2ab	25.9bc	939.99d	15.0b
A1B2	47.0a	56.4bc	26.8a	959.06c	15.3ab
A1B3	46.9a	57.4ab	26.4ab	961.5c	15.4ab
A2B1	46.0a	58.0a	27.0a	993.63a	15.3ab
A2B2	46.1a	57.9a	25.6c	940.48d	14.9b
A2B3	47.0a	58.0a	26.0bc	956.83d	15.4ab
A3B1	45.4a	56.0c	27.0a	959.36c	15.2ab
A3B2	46.6a	57.1abc	25.8bc	934.73e	15.6a
A3B3	45.7a	57.0abc	26.9a	972.88a	15.4ab
CK	45.4a	57.8a	26.3abc	964.53b	15.2ab

注：表中数据分析均以CK为对照，同列数据后不同小写英文字母表示为在5%水平上差异显著，下同。

表2-1-4 不同套作处理主要农艺性状调查（7月7日）

处理	株高（cm）	最大叶长（cm）	最大叶宽（cm）	单株叶面积（cm^2）	叶数（片）
A1B1	106.4b	70.7de	26.9d	1 206.711g	23.0bc
A1B2	109.2ab	68.9g	28.4c	1 241.56f	21.0ef
A1B3	107.0a	69.5fg	29.0c	1 278.84e	23.2b
A2B1	110.8ab	76.0a	30.1b	1 451.48b	24.4a
A2B2	112.3ab	73.4bc	27.5d	1 280.74e	21.2ef
A2B3	108.4ab	72.3c	32.2a	1 477.15a	21.8de
A3B1	106.9b	74.1bc	30.5b	1 434.00b	21.4de
A3B2	107.5b	71.2d	30.0b	1 355.29c	20.5f
A3B3	107.2b	72.8c	28.3c	1 307.22d	20.9ef
CK	108.2b	71.6d	31.9a	1 322.32b	22.2cd

表2-1-5 不同套作处理主要农艺性状调查（7月28日）

处理	株高（cm）	最大叶长（cm）	最大叶宽（cm）	单株叶面积（cm^2）	叶数（片）
A1B1	127.4e	74.2f	28.0g	1 318.24f	17.0g
A1B2	131.0cd	71.1h	30.1e	1 357.90f	18.0f
A1B3	127.0e	75.9e	31.4d	1 512.18d	18.2ef
A2B1	135.3a	79.6g	34.2a	1 727.31a	20.4a
A2B2	133.8ab	82.3a	29.1f	1 519.58d	19.2bc
A2B3	130.6d	74.4c	34.4a	1 623.91c	19.6b
A3B1	130.2d	80.6b	32.4c	1 656.96b	18.4def
A3B2	132.5b	75.6e	32.4c	1 554.17cd	18.5de
A3B3	132.6bc	77.6d	29.6e	1 457.42e	18.7cd
CK	130.8d	75.5e	33.2b	1 590.44c	19.2b

对不同套作处理烟株的主要农艺性状进行调查分析，结果（见表2-1-3）表明：在烤烟生长前期，未做套作处理前，各处理株高、叶数等各项农艺性状指标基本相同，田间长势基本一致。分三个时期进行套作处理后，结果（见表2-1-4、表2-1-5）表明：在套作前期，各处理间株高差异不显著，最大叶长、最大叶宽、留叶数等农艺性状有较大差异；套作后期，各处理间的农艺性状差异较大。综合来看，进行套作黑麦草处理后，烤烟株高、叶面积均低于对照处理，田间长势稍差于CK处理，但有效叶数高于CK处理，可能是黑麦草与烤烟争肥，消耗部分养分所致；在团棵期套作苜蓿，有利于作物根部的固氮作用，烟株株高和烟叶叶面积高于其他处理，并与CK处理达显著性差异；在团棵期套作萝卜，烟叶叶面积高于CK处理，并达显著差异，在旺长期和现蕾期套作萝卜，烤烟田间长势、长相均差于CK处理。

3.3 不同套作处理对烤烟病害及抗性的影响

表2-1-6 不同套作处理对烤烟病害和防治的影响

处理	普通花叶病			气候性斑点病			赤星病		
	发病率（%）	病情指数	防治效果（%）	发病率（%）	病情指数	防治效果（%）	发病率（%）	病情指数	防治效果（%）
A1B1	1.85d	0.90d	74.02	7.78e	4.20f	49.78	8.15f	8.03e	58.86
A1B2	2.96cd	0.99d	71.43	8.52de	5.24e	37.27	9.26ef	8.19e	56.71
A1B3	3.70bc	1.02d	70.36	8.89de	5.54e	33.78	9.63def	8.63de	53.39
A2B1	2.96cd	0.94cd	72.89	12.59a	7.69bc	8.02	13.33b	8.21e	57.76
A2B2	3.33cd	1.11cd	67.91	11.48ab	7.81b	6.62	11.11cde	8.87d	56.78
A2B3	2.96cd	1.18cd	65.74	10.37bcd	7.47bc	10.70	12.59bc	10.01c	51.04
A3B1	4.07bc	1.74bc	49.55	9.26cde	6.79d	18.81	10.37de	10.15c	39.79
A3B2	4.07bc	1.83bc	47.09	9.63bcde	6.91d	17.40	10.74cde	10.82b	33.87
A3B3	5.19ab	2.18b	36.83	10.37bcd	7.33c	12.34	11.48bcd	11.16b	31.80
CK	5.93a	3.46a	0.00	11.11abc	8.36a	0.00	15.93a	15.07a	0.00

对各处理烟株主要抗病性进行调查分析，结果见表2-1-6。不同套作处理对烟草病害的防治效果各不相同，同种作物不同时间处理间差异不明显，不同套作作物间差异达显著水平。

烤烟套作黑麦草处理烟株发病率为1.85%～3.70%，比CK处理降低了2.23%～4.08%，病情指数为0.90～1.02，对烟草普通花叶病的防治效果为70.36%～74.02%。烤烟套作苜蓿处理烟株发病率为2.96%～3.33%，病情指数为0.94～1.18，防治效果达到65.74%～72.89%。烤烟套作萝卜处理发病率在36.83%～49.55%之间，病情指数为1.74～2.18，三个套作时间的防治效果分别为49.55%、47.09%和36.83%。

烤烟单作处理的气候性斑点病发病率为11.11%，病情指数为8.36。烤烟套作黑麦草处理的发病率为7.78%～8.89%，病情指数为4.20～5.54，对气候性斑点病的防治效果在33.78%～49.78%之间。烤烟套作苜蓿处理烟株气候性斑点病发病率为10.37%～12.59%，病情指数为7.47～7.81，防治效果分别为8.02%、6.62%和10.70%。烤烟套作萝卜处理的发病率为9.26%～10.37%，病情指数为6.79～7.33，防治效果为12.34%～18.81%。

烤烟单作处理的赤星病发病率为15.93%，病情指数为15.07。烤烟套作黑麦草处理的发病率为8.15%～9.63%，病情指数为8.03～8.63，防治效果为53.39%～58.86%。烤烟套作苜蓿处理烟株赤星病发病率为11.11%～13.33%，病情指数为8.21～10.01，防治效果分别为57.76%、56.78%、51.04%。烤烟套作萝卜处理的发病率为10.37%～11.48%，病情指数为10.15～11.16，防治效果为31.80%～39.79%。

3.4　不同套作处理对烟叶物理性状的影响

3.4.1　不同套作处理对上部烟叶物理性质的影响

表2-1-7　不同套作处理对上部烟叶物理性质的影响

部位等级	处理	叶长（cm）	叶宽（cm）	开片度（%）	含梗率（%）	单叶重（g）	含水率（%）	单叶厚（μm）	叶密度（mg/cm^3）	叶质重（g/m^2）
B2F	A1B1	65.7b	17.7cd	26.94bc	28.95abc	12.5cd	12.15ab	138.73f	688.33g	95.49g
	A1B2	65.1bc	17.5cd	26.88bc	28.38bc	12.4d	12.65a	142.33ef	724.76f	103.16fg
	A1B3	64.9c	18.0abcd	27.73abc	28.88abc	15.3a	11.62a	151.62d	746.81d	113.23de
	A2B1	66.1b	18.9a	28.59a	27.17cd	16.0a	11.14bc	178.30a	774.75ab	138.14a
	A2B2	66.0b	18.6ab	28.18ab	27.78c	16.2a	11.01bc	170.00b	778.59a	132.36b
	A2B3	65.0bc	18.7ab	28.77a	25.11d	15.9a	11.65c	158.68c	731.26ef	116.04d
	A3B1	65.2bc	16.3e	25.00d	31.00a	13.7b	12.58a	144.61e	735.36e	106.34f
	A3B2	64.9c	17.4cd	26.81bc	28.94abc	15.5a	11.32ab	152.35d	728.99e	111.06e
	A3B3	64.9c	17.9bcd	27.58abc	30.38ab	13.5bc	10.90ab	156.38cd	755.58c	118.16cd
	CK	68.0a	18.0abcd	26.47c	30.16ab	15.5a	10.89bc	158.27c	767.37b	121.45c

注：B2F、C3F、X2F分别代表上、中、下部烟叶，表中数据分析均以CK为对照，同列数据后不同小写英文字母表示为在5%水平上差异显著，下同。

不同套作处理的上部烟叶物理性质如表2-1-7所示，三个不同时期套作黑麦草与烤烟单作比较，上部烟叶叶长、叶宽与CK处理差异不大，略低于CK处理；开片度和含水率高于CK处理；含梗率、单叶重、单叶厚、叶密度、叶质重低于CK处理，表明套作黑麦草有利于提高上部烟叶组织疏松度。三个不同时期套作苜蓿，上部烟叶叶长、含梗率和叶密度均低于CK处理，但叶宽、开片度、单叶重、单叶厚、含水率均高于CK处理；其他物理指标表现各有不同，A2B1、A2B2处理的叶质重和叶密度均高于CK处理；A2B3处理的叶密度和叶质重均低于CK

处理。烤烟不同时期套作萝卜，上部烟叶叶长、叶宽、单叶重、单叶厚、叶密度和叶质重均低于CK处理，含水率均高于CK处理。其他物理指标因不同套作时间而异，A3B1处理的开片度低于CK处理，但含梗率大于CK处理；A3B2处理的开片度高于CK处理，含梗率低于CK处理；A3B3处理的开片度、含梗率均高于CK处理。

综合比较，不同套作处理与烤烟单作相比，套作黑麦草能减小上部烤后烟叶含梗率、单叶厚和单叶重，增加上部烤后烟叶开片度和含水率，有利于提高上部烟叶工业可用性，缓解上部烟叶叶片过厚、组织不协调的现象。烤烟套作苜蓿，可能由于苜蓿的固氮作用，烤后上部烟叶单叶重高于烤烟单作处理的上部烟叶，和套作黑麦草一样，开片度好于烤烟单作，含梗率也小于烤烟单作，但上部烟叶单叶厚和叶质重等指标表明，在团棵期套作苜蓿处理不利于上部烟叶组织的疏松。烤烟在团棵期和现蕾期套作萝卜，烟叶含梗率偏高，但组织疏松度较好，烤烟在旺长期套作萝卜，与烤烟单作相比，烟叶开片度较好，含梗率低，叶片疏松。

3.4.2 不同套作处理对中部烟叶物理性质的影响

对不同套作处理的中部烟叶物理性质进行分析，结果（见表2-1-8）表明，三个不同时期套作黑麦草，中部烤后烟叶叶长、含梗率、单叶重、单叶厚、叶密度和叶质重低于CK处理，叶宽、开片度和含水率均高于CK处理。烤烟不同时期套作苜蓿，开片度、单叶厚、叶密度、叶质重和含水率均高于烤烟单作，A2B1、A2B2处理中部烤后烟叶叶长、叶宽、含梗率和单叶重高于CK处理，A2B3处理中部烤后烟叶叶长、叶宽、含梗率和单叶重低于或等于CK处理。烤烟不同时期套作萝卜，中部烤后烟叶叶长、含梗率、单叶重、叶密度和叶质重均低于烤烟单作，开片度大于或等于烤烟单作；A3B1、A3B2处理的叶宽、单叶厚低于CK处理，含水率高于CK处理；A3B3处理叶宽、单叶厚高于CK处理，含水率低于CK处理。

与烤烟单作相比，套作黑麦草和萝卜，能使中部烤后烟叶开片度较好，含梗率低，表明中部烤后烟叶的利用率得到了有效提升；有利于烟叶含水率的提高，叶密度和叶质重较低，对调整中部烤后烟叶的组织协调性有积极影响。烤烟套作苜蓿，开片度也较好，但叶片变厚，叶片组织结构变紧密；在团棵期和旺长期套作苜蓿，含梗率较高，不利于提高烤后烟叶叶片利用率。

表2-1-8　不同套作处理对中部烟叶物理性质的影响

部位等级	处理	叶长（cm）	叶宽（cm）	开片度（%）	含梗率（%）	单叶重（g）	含水率（%）	单叶厚（μm）	叶密度（mg/cm³）	叶质重（g/m²）
C3F	A1B1	73.0c	24.3a	34.29a	30.77b	12.2de	13.62a	122.29f	762.08d	93.23f
	A1B2	71.2d	23.3ab	33.72ab	30.95ab	11.9e	13.35ab	126.62e	749.41e	94.93f
	A1B3	71.9cd	22.8bc	32.71b	30.97ab	12.0e	12.86b	131.33cd	753.07de	98.90e
	A2B1	77.2a	23.8ab	31.83c	32.02a	15.1a	12.47b	145.69a	851.20a	123.99a
	A2B2	77.2a	22.5cd	30.15d	31.36ab	13.6b	13.55a	143.34ab	832.81b	119.37b
	A2B3	74.8b	20.7e	29.48e	29.80bc	12.7bcde	12.48b	137.70b	776.17c	106.85c
	A3B1	71.2d	20.8e	30.21d	29.33bc	12.0e	12.40b	129.33d	760.48d	98.35e
	A3B2	74.2b	21.5de	29.98de	28.98c	12.3de	13.77a	133.58c	693.22f	92.66fg
	A3B3	71.7d	21.7de	31.26cd	29.64bc	12.6cde	12.59b	137.00b	743.97ef	103.41d
	CK	76.6a	21.6de	29.20e	31.11ab	12.7bcde	12.40b	136.67bc	777.48c	106.26c

3.4.3　不同套作处理对下部烟叶物理性质的影响

不同套作处理对下部烟叶物理性质的影响与不同套作处理对上部、中部烟叶的影响类似，结果表明（见表2-1-9）：不同时期套作黑麦草，下部烤后烟叶叶长、开片度、单叶重、单叶厚、含水率、叶密度和叶质重均低于烤烟单作，其中A1B1、A1B3处理的含梗率高于CK处理，A1B2处理的含梗率比CK处理稍低。不同时期烤烟与苜蓿套作，下部烤后烟叶单叶重、单叶厚均高于烤烟单作，叶长、含水率、含梗率和叶密度均等于或低于烤烟单作；其中A2B1处理的叶宽、开片度、叶质重、含梗率和含水率高于CK处理；A2B2处理的叶质重低于CK处理，叶宽、开片度、含水率和含梗率比CK处理略高；A2B3处理的叶质重高于CK处理，但叶宽、开片度、含水率和含梗率低于CK处理。烤烟不同时期套作萝卜，下部烤后烟叶叶长、含水率均低于烤烟单作，开片度均高于烤烟单作。A3B1处理的叶宽、含梗率和叶密度高于CK处理，单叶重、单叶厚和叶质重低于CK处理；A3B2处理含梗率、单叶厚、叶密度和叶质重低于CK处理，叶宽、单叶重大于CK处理；A3B3处理的含梗率低于CK处理，单叶厚、叶质重和叶密度高于CK处理，单叶重与CK处理差异不大。

与烤烟单作比较，除烤烟在现蕾期套作苜蓿和萝卜外，其他套作均能使下部烤后烟叶开片度较好。套作黑麦草对下部烟叶组织的影响与上部、中部烟叶相同，能使烟叶更疏松；在团棵期和现蕾期套作黑麦草，下部烟叶含梗率较高，在旺长期套作黑麦草，下部烟叶含梗率较低。烤烟套作苜蓿，下部烟叶单叶重高于烤烟单作，叶片变厚，在现蕾期套作苜蓿，下部烟叶含梗率变低，有利于烟叶利用率的提高。烤烟与萝卜套作，含水率较低，不利于叶片组织疏松度；对下部烟叶叶片利用率的影响因套作时期的不同而不同，烤烟在团棵期套作萝卜，含梗率较高；在旺长期和现蕾期套作萝卜，含梗率较低。

表2-1-9 不同套作处理对下部烟叶物理性质的影响

部位等级	处理	叶长（cm）	叶宽（cm）	开片度（%）	含梗率（%）	单叶重（g）	含水率（%）	单叶厚（μm）	叶密度（mg/cm³）	叶质重（g/m²）
X2F	A1B1	61.6e	21.1bc	34.25bc	33.09ab	9.5d	11.83b	90.01g	682.40cd	61.42f
	A1B2	64.5bcd	21.8b	33.80bcd	30.09d	9.9cd	12.04b	96.06f	674.20d	64.76e
	A1B3	66.2abc	22.6a	35.65a	33.05ab	10.6bc	12.15ab	100.12e	638.94fg	63.97ef
	A2B1	67.1ab	22.5a	33.49cd	34.20a	12.0a	13.12a	130.15a	668.40de	86.99a
	A2B2	64.5bcd	21.3b	33.02bc	34.11a	11.5a	12.74ab	122.87b	642.74f	78.97c
	A2B3	65.9abc	20.7c	31.41e	29.83d	10.9b	12.03b	122.36b	683.67c	83.65ab
	A3B1	66.2abc	22.9a	34.59ab	32.67ab	10.5bc	11.88b	112.41de	713.10a	80.16bc
	A3B2	65.6abc	22.2ab	33.84bcd	30.57d	10.9b	12.30ab	114.59d	661.02e	75.75d
	A3B3	67.1ab	21.1bc	31.45e	31.08cd	10.7bc	12.36ab	120.74c	697.87b	84.26ab
	CK	67.5a	22.0ab	32.59f	32.28bc	10.7bc	12.47ab	119.33c	685.51c	81.80b

3.4.4 不同套作处理对三个等级烟叶物理性质平均值的影响

如表2-1-10所示，综合分析不同套作处理间的三个等级烟叶物理指标平均值的差异，结果显示，各处理的叶长平均值处于66.77～70.70 cm之间，A1B1处理数值最小，CK处理最大。叶宽在20.00～21.73 cm范围内，其中A2B1处理叶宽最宽，A3B1处理叶片最窄。各处理开片度为29.42% ～32.03%，CK处理开片度最小，为29.42%，A1B1和A1B3处理较高，分别为31.83%、32.03%，与CK处理达显著性差异。烤烟单作处理的含梗率较高，为31.18%，具体大小排序为A2B3＜A3B2＜A1B2＜A3B3＜A1B1＜A1B3＜A3B1＜A2B2＜A2B1＜CK。A1B1、A1B2、A1B3、A3B1、A3B2、A3B3处理的单叶重均低于CK处理，A2B1、A2B2、A2B3处理的单叶重高于CK处理。各处理的含水率含量在11.92%～12.68%之间，其中A1B2处理最高，CK处理含量最低，未达显著性差异。A2B1、A2B2、A2B3

处理的单叶重、叶密度和叶质重均高于CK处理，其他套作处理的单叶重、叶密度和叶质重均低于CK处理。

表2-1-10 不同套作处理对烟叶物理性质平均值的影响

处理	叶长（cm）	叶宽（cm）	开片度（%）	含梗率（%）	单叶重（g）	含水率（%）	单叶厚（μm）	叶密度（mg/cm³）	叶质重（g/m²）
A1B1	66.77c	21.03ab	31.83a	30.94a	11.40d	12.53a	117.01f	711.02bc	83.38f
A1B2	66.93c	20.87ab	31.47ab	29.81ab	11.40d	12.68a	121.67ef	716.22abc	87.62ef
A1B3	67.67bc	21.13ab	32.03a	30.97a	12.63bc	12.21a	127.69de	712.95abc	92.03ef
A2B1	70.13ab	21.73a	31.30ab	31.13a	14.37a	12.24a	151.38a	764.74a	116.37a
A2B2	69.23abc	20.80ab	30.45ab	31.08a	13.77ab	12.43a	145.40ab	751.37ab	110.23ab
A2B3	68.57abc	20.03b	29.89ab	28.25b	13.17bc	12.05a	139.58bc	730.30abc	102.18bcd
A3B1	67.53bc	20.00b	29.93ab	31.00a	12.07cd	12.29a	128.78de	736.31abc	94.95dce
A3B2	68.23abc	20.37ab	30.21ab	29.50ab	12.90bc	12.46a	133.51cd	694.56c	93.16de
A3B3	67.90bc	20.23ab	30.10ab	30.37ab	12.27cd	11.95a	138.04bc	736.09abc	101.94bcd
CK	70.70a	20.53ab	29.42b	31.18a	12.97bc	11.92a	138.09bc	743.46abc	103.17bc

3.5 不同套作处理对烟叶主要化学成分的影响

3.5.1 不同套作处理烟叶总糖含量的差异

不同套作处理对烟叶总糖含量的影响如表2-1-11所示，各处理上部烟叶总糖含量在15.15%～24.16%之间，中部烟叶总糖含量处于22.43%～32.80%之间，下部烟叶总糖含量在24.30%～33.63%之间，处于适宜范围。

B2F等级以A1B1、A3B3处理的烟叶总糖含量较高，A2B2、A3B1处理的总糖含量较低。A2B1、A2B2、A3B1处理的B2F等级烟叶总糖含量低于CK处理，其他处理均高于CK处理；烤烟团棵期和旺长期套作黑麦草以及烤烟旺长期和现蕾期套作萝卜的B2F等级烟叶的总糖含量与烤烟单作达显著差异，其他套作处理B2F等级烟叶的总糖含量与烤烟单作差异不明显。C3F等级以A3B3处理的烟叶总糖含量较高，A2B1处理的烟叶总糖含量最低。A1B2、A2B1、A3B1处理的C3F等级烟叶总糖含量低于CK处理，其他处理均高于CK处理；烤烟团棵期套作黑麦草、烤烟在三个不同时期套作苜蓿以及烤烟现蕾期套作萝卜的C3F等级烟叶的总糖含量与烤烟单作的差异达显著水平。X2F等级以A2B3处理总糖含量最高，A2B2处理总糖含量最低，烤烟现蕾期套作苜蓿的X2F等级烟叶的总糖含量与烤烟单作差异达显著水平，其他处理间差异不显著。A1B1、A2B1、A2B2、A3B1、A3B2处理的X3F等级烟叶总糖含量低于CK处理，其他处理则高于CK处理。就平均值来看，烤烟现蕾期与萝卜套作，烟叶总糖含量最高，烤烟在团棵期套作苜蓿，烟叶总糖含量最低。

表2-1-11 不同套作处理烟叶总糖含量的差异分析

处理	B2F	C3F	X2F	平均 ± 标准差
A1B1	24.16 ± 1.32a	31.59 ± 0.86ab	26.69 ± 1.84b	27.48 ± 3.78ab
A1B2	22.00 ± 1.30ab	25.04 ± 2.72cd	28.89 ± 5.34ab	25.31 ± 3.45abc
A1B3	19.32 ± 0.13d	26.78 ± 2.00cd	29.06 ± 1.55ab	24.05 ± 7.03bc
A2B1	16.39 ± 1.18d	22.43 ± 2.63e	26.90 ± 0.85b	21.91 ± 5.27c
A2B2	15.15 ± 0.28d	30.28 ± 3.12b	24.30 ± 1.87b	23.24 ± 7.62bc
A2B3	19.37 ± 4.75bc	29.88 ± 0.19b	33.63 ± 1.76a	27.63 ± 7.39ab
A3B1	15.95 ± 0.62d	24.21 ± 0.39de	26.55 ± 2.19b	22.24 ± 5.57c
A3B2	23.79 ± 0.42a	26.42 ± 0.93c	24.95 ± 4.58b	25.05 ± 1.32abc
A3B3	23.90 ± 0.03a	32.80 ± 0.43a	28.18 ± 0.50b	28.29 ± 4.45a
CK	17.03 ± 1.63cd	26.23 ± 1.23cd	27.17 ± 3.29b	23.48 ± 5.60abc

3.5.2 不同套作处理烟叶还原糖含量的差异

不同套作处理烤烟还原糖含量存在显著差异，同时不同等级烟叶对套作处理的响应亦存在一定差异（见表2-1-12）。B2F等级的还原糖含量在13.89%～21.43%之间，以A1B1处理的烟叶还原糖含量最高，A3B1处理的烟叶还原糖含量较低，前后两者差异达显著水平，A1B3、A2B1、A2B2、A3B1处理的烟叶还原糖含量低于CK处理，其他套作处理均高于CK处理。C3F等级不同套作处理的烟叶还原糖含量处于17.73%～28.87%范围内，以A3B1处理最高，A2B1处理最低，两者差异达显著水平；A2B1、A3B1处理的烟叶还原糖含量低于CK处理，其余套作处理的烟叶还原糖含量均高于CK处理。X2F等级的烟叶还原糖范围为20.98%～29.62%，以A2B3处理还原糖含量最高，A2B2处理的还原糖含量较低，两者差异达0.05的显著水平，其他前作烤烟还原糖含量居中；A1B2、A1B3、A2B3、A3B3处理的X2F等级烟叶还原糖含量高于CK处理，其他套作处理X2F等级烟叶还原糖含量均低于CK处理。通过分析烟叶还原糖平均值可知，烟叶还原糖含量最高的是烤烟在现蕾期套作苜蓿处理，最低的是烤烟在团棵期套作萝卜处理。

表2-1-12 不同套作处理烟叶还原糖含量的差异分析

处理	B2F	C3F	X2F	平均±标准差
A1B1	21.43 ± 0.19a	26.52 ± 0.25b	22.65 ± 1.45ab	23.54 ± 2.66a
A1B2	16.28 ± 0.07c	20.98 ± 1.79d	24.82 ± 4.90ab	20.69 ± 4.28ab
A1B3	14.57 ± 0.12cde	21.20 ± 0.56d	24.02 ± 6.02ab	19.93 ± 4.85ab
A2B1	15.71 ± 0.06cd	17.73 ± 1.81e	22.77 ± 6.71ab	18.74 ± 3.63b
A2B2	13.89 ± 0.63de	26.17 ± 2.21bc	20.98 ± 1.94b	20.35 ± 6.17ab
A2B3	18.58 ± 0.19b	24.78 ± 0.24c	29.62 ± 6.43a	24.33 ± 5.53a
A3B1	13.35 ± 0.08e	18.02 ± 0.10e	22.65 ± 1.67ab	18.01 ± 4.65b
A3B2	20.88 ± 2.17a	21.61 ± 0.77d	21.24 ± 3.63b	21.25 ± 0.37ab
A3B3	20.44 ± 0.30ab	28.87 ± 0.40a	23.65 ± 0.17ab	24.32 ± 4.25a
CK	15.75 ± 3.27cd	20.59 ± 0.09d	23.33 ± 2.47ab	19.89 ± 3.84ab

3.5.3 不同套作处理烟叶总氮含量的差异

不同套作处理的烟叶总氮含量存在显著差异，不同等级烟叶的总氮含量对不同套作处理的响应也不同，上部烟叶总氮含量为2.10%～3.08%，中部烟叶总氮含量在1.75%～2.67%之间，下部烟叶总氮含量在1.68%～2.27%范围内（表2-1-13）。

不同套作处理B2F等级烤烟总氮含量存在显著性差异，以三个不同时期套作苜蓿处理的烟叶总氮含量较高，且与烤烟单作处理差异达显著水平；不同时期套作黑麦草和萝卜处理的烟叶总氮含量均较低，与烤烟单作相比差异均达到显著水平；相同套作作物不同套作时间的处理间差异也较大。C3F等级以三个时期套作苜蓿处理的烟叶总氮含量较高，套作萝卜的三个处理烟叶总氮含量较低，且前者与后者差异达显著性水平；和上部烟叶和中部烟叶相似，X2F等级以不同时期套作苜蓿处理的烟叶总氮含量较高，套作黑麦草和萝卜处理的烟叶总氮含量较低。就烟叶总氮含量平均值而言，烟叶总氮含量最高的是烤烟在旺长期套作苜蓿处理，烤烟在团棵期套作萝卜处理的烟叶总氮含量最低。

表2-1-13 不同套作处理烟叶总氮含量的差异分析

处理	B2F	C3F	X2F	平均±标准差
A1B1	2.10±0.30g	1.95±0.17cde	1.88±0.10bcd	1.98±0.11d
A1B2	2.26±0.20ef	2.06±0.09bcde	1.69±0.46d	2.00±0.29d
A1B3	2.19±0.25fg	1.99±0.05cde	1.8±0.24cd	1.99±0.20d
A2B1	2.91±0.29b	2.48±0.34ab	2.27±0.13a	2.55±0.33ab
A2B2	3.08±0.20a	2.67±0.35a	2.17±0.15ab	2.64±0.46a
A2B3	2.73±0.18c	2.31±0.32abc	2.05±0.06abc	2.36±0.34bc
A3B1	2.14±0.20g	1.75±0.30e	1.78±0.10cd	1.89 ±0.19de
A3B2	2.37±0.40de	1.78±0.13e	1.68±0.23d	1.94±0.37d
A3B3	2.32±0.20de	1.87±0.01de	1.86±0.19bcd	2.02±0.30d
CK	2.43±0.24d	2.28±0.29abcd	1.98±0.01abcd	2.23±0.23c

3.5.4 不同套作处理烟碱含量的差异

不同等级烤烟烟碱含量对不同套作处理的响应存在一定的不同，各处理的上部烟叶烟碱含量在3.57%～4.55%之间，中部烤后烟叶烟碱含量为2.54%～3.71%，下部烟叶为2.03%～2.72%（见表2-1-14）。就B2F等级而言，烤烟在旺长期套作苜蓿处理的烟叶烟碱含量最高，与烤烟套作黑麦草、萝卜以及烤烟单作相比，差异达显著性水平；B2F烟叶烟碱含量较低的是A1B1处理，与CK处理有显著性差异。C3F等级以A2B2处理烟叶烟碱含量最高，A3B1处理烟叶烟碱含量最低，前后两者差异达显著水平，且与CK处理相比差异达显著水平；X2F等级以A2B1处理烟叶烟碱含量最高，以A3B2处理烟叶烟碱含量最低，两者均与CK处理差异达显著性水平。从各套作处理烟叶的平均烟碱含量来看，烟碱含量最高的是烤烟在旺长期套作苜蓿，最低的是烤烟在团棵期套作黑麦草。

表2-1-14　不同套作处理烟叶烟碱含量的差异分析

处理	B2F	C3F	X2F	平均 ± 标准差
A1B1	3.57 ± 0.47g	2.69 ± 0.09e	2.23 ± 0.12de	2.77 ± 0.77e
A1B2	3.91 ± 0.05def	3.18 ± 0.17cd	2.17 ± 0.07ef	3.02 ± 0.98cde
A1B3	4.06 ± 0.06cde	3.19 ± 0.06cd	2.37 ± 0.09bcd	3.14 ± 0.95cd
A2B1	4.44 ± 0.31ab	3.47 ± 0.06b	2.72 ± 0.12a	3.48 ± 0.96ab
A2B2	4.55 ± 0.29a	3.71 ± 0.01a	2.53 ± 0.28b	3.53 ± 1.12a
A2B3	4.25 ± 0.32abc	3.40 ± 0.04bc	2.49 ± 0.18bc	3.31 ± 0.98abc
A3B1	4.00 ± 0.06cdef	2.54 ± 0.25e	2.33 ± 0.10cde	2.89 ± 0.98de
A3B2	3.78 ± 0.02efg	3.12 ± 0.04d	2.03 ± 0.03f	2.91 ± 0.99de
A3B3	3.93 ± 0.06fg	3.18 ± 0.38cd	2.39 ± 0.03bcd	3.03 ± 0.78cde
CK	4.33 ± 0.09bcd	3.30 ± 0.01bcd	2.41 ± 0.02bcd	3.21 ± 0.97bc

3.5.5　不同套作处理烟叶钾含量的差异

不同套作处理烟叶的钾含量因烟叶等级不同而不同，详见表2-1-15。B2F等级烟叶钾含量为1.51%～1.72%，以A2B2处理最低，A1B3处理最高；各处理间差异未达显著性水平。C3F等级烟叶钾含量在1.35%～1.58%之间，以A3B3处理烟叶钾含量最低，A2B2处理烟叶钾含量最高，各处理间差异不明显。不同套作处理的X2F等级烟叶钾含量为1.81%～2.40%，差异达到显著水平，钾含量最高的是A1B1处理，最低的是A2B1处理。

在团棵期套作黑麦草，上部和中部烟叶的钾含量低于烤烟单作，下部烟叶高于CK处理；旺长期和现蕾期套作黑麦草，三个等级的烟叶钾含量均优于CK处理；在团棵期和现蕾期套作苜蓿，三个等级的烟叶钾含量均低于CK处理，在旺长期套作苜蓿，上部烟叶低于CK处理，中、下部烟叶高于CK处理；在团棵期套作萝卜，上部烟叶高于CK处理，中部烟叶低于CK处理，下部烟叶也低于CK处理，在旺长期和现蕾期套作苜蓿和萝卜，上部烟叶和中部烟叶的钾含量低于烤烟单作，下部烟叶的钾含量高于CK处理。

表2-1-15 不同套作处理烟叶钾含量的差异分析

处理	B2F	C3F	X2F	平均±标准差
A1B1	1.61 ± 0.10a	1.37 ± 0.03ab	2.40 ± 0.10a	1.74 ± 0.58a
A1B2	1.68 ± 0.45a	1.55 ± 0.48ab	2.00 ± 0.14cde	1.74 ± 0.23a
A1B3	1.72 ± 0.54a	1.50 ± 0.11ab	2.04 ± 0.08bcde	1.75 ± 0.27a
A2B1	1.52 ± 0.03a	1.42 ± 0.02ab	1.81 ± 0.07e	1.58 ± 0.20a
A2B2	1.51 ± 0.10a	1.58 ± 0.09a	1.99 ± 0.10de	1.69 ± 0.26a
A2B3	1.66 ± 0.13a	1.53 ± 0.01ab	1.91 ± 0.10de	1.70 ± 0.07a
A3B1	1.70 ± 0.04a	1.38 ± 0.10ab	2.11 ± 0.08bcd	1.73 ± 0.36a
A3B2	1.64 ± 0.24a	1.37 ± 0.10ab	2.25 ± 0.30ab	1.75 ± 0.45a
A3B3	1.61 ± 0.10a	1.35 ± 0.21b	2.23 ± 0.04abc	1.73 ± 0.52a
CK	1.65 ± 0.02a	1.49 ± 0.11ab	1.91 ± 0.13de	1.68 ± 0.21a

3.5.6 不同套作处理烟叶氯含量的差异

由表2-1-16可得，不同套作处理烟叶氯含量均处于适宜范围，B2F等级烟叶氯含量在0.20%～0.28%之间，以A2B2处理烟叶氯含量最高，A3B1处理烟叶氯含量最低，两者差异达显著性水平；C3F等级烟叶氯含量较低，均在0.2%以下，其中A1B1处理烟叶氯含量最低，A2B1处理烟叶氯含量最高，两者间差异达显著水平，其他处理烟叶氯含量居中；X2F等级烟叶氯含量在0.14%～0.22%之间，其中A2B3处理烟叶氯含量最低，A1B3处理烟叶氯含量最高，两者间相比差异显著。

三个等级烟叶氯含量的平均值显示，烤烟在旺长期套作苜蓿处理和烤烟单作处理烟叶氯含量最高，烤烟在团棵期套作黑麦草处理烟叶氯含量最低。烤烟在不同时期套作不同作物处理的烟叶氯含量均低于或等于烤烟单作处理，但差异不明显。

表2-1-16　不同套作处理烟叶氯含量的差异分析

处理	B2F	C3F	X2F	平均 ± 标准差
A1B1	0.21 ± 0.21bc	0.08 ± 0.13d	0.16 ± 0.51cd	0.15 ± 0.17b
A1B2	0.21 ± 0.03bc	0.12 ± 0.10bc	0.15 ± 0.24d	0.16 ± 0.35ab
A1B3	0.24 ± 0.14abc	0.11 ± 0.23bcd	0.20 ± 0.08ab	0.19 ± 0.07ab
A2B1	0.23 ± 0.24abc	0.16 ± 0.25a	0.16 ± 0.22d	0.18 ± 0.11ab
A2B2	0.28 ± 0.08a	0.13 ± 0.12abc	0.17 ± 0.34bcd	0.19 ± 0.08a
A2B3	0.26 ± 0.32ab	0.13 ± 0.04ab	0.14 ± 0.02d	0.18 ± 0.27ab
A3B1	0.20 ± 0.15c	0.09 ± 0.31cd	0.22 ± 0.15a	0.17 ± 0.17ab
A3B2	0.26 ± 0.31ab	0.11 ± 0.33bcd	0.17 ± 0.05bcd	0.18 ± 0.18ab
A3B3	0.24 ± 0.07abc	0.13 ± 0.05abc	0.18 ± 0.10bcd	0.18 ± 0.06ab
CK	0.25 ± 0.22abc	0.13 ± 0.12ab	0.19 ± 0.36abc	0.19 ± 0.36a

3.5.7　不同套作处理烟叶淀粉含量的差异

各套作处理烟叶淀粉含量都在适宜范围内（一般认为适宜范围为3%～5%），见表2-1-17。方差分析结果显示，不同等级烤烟的淀粉含量对不同套作处理响应程度不同。各处理B2F等级烟叶的淀粉含量在1.62%～3.45%之间，以烤烟在团棵期套作萝卜处理烟叶淀粉含量最高，烤烟在现蕾期套作三种作物，烟叶淀粉含量较低，前者和后者的差异达显著水平；C3F等级烟叶淀粉含量为2.16%～3.56%，以烤烟在现蕾期套作萝卜处理烟叶淀粉含量最高，烤烟单作烟叶淀粉含量最低，两者达显著性差异，其他套作处理烟叶淀粉含量居中，且差异不显著；X2F等级烟叶淀粉含量的范围为1.24%～3.47%，以烤烟在旺长期套作苜蓿处理烟叶淀粉含量较低，烤烟在现蕾期套作萝卜处理烟叶淀粉含量较高，两者差异达显著性水平。

烤烟在不同时期套作不同作物，除在团棵期套作黑麦草外，其他套作处理烟叶淀粉含量均高于烤烟单作，但改变的效果不明显。

表2-1-17 不同套作处理烟叶淀粉含量的差异分析

处理	B2F	C3F	X2F	平均±标准差
A1B1	2.49±0.11b	2.28±0.24cd	1.44±0.05c	2.07±0.56a
A1B2	2.68±0.50b	2.40±0.22cd	1.48±0.25c	2.19±0.63a
A1B3	1.77±0.38c	3.41±0.09ab	2.05±0.44b	2.41±0.88a
A2B1	2.50±0.58b	2.86±0.63bc	1.67±0.03bc	2.34±0.61a
A2B2	2.34±0.13b	3.23±0.71ab	1.24±0.39c	2.27±1.00a
A2B3	1.62±0.10c	3.29±0.16ab	3.26±0.22a	2.66±0.90a
A3B1	3.45±0.28a	3.11±0.11ab	1.49±0.12c	2.68±1.05a
A3B2	2.71±0.22b	3.54±0.14a	2.79±0.56a	3.01±0.45a
A3B3	1.77±0.12c	3.56±0.32a	3.47±0.52a	2.83±0.94a
CK	2.38±0.25b	2.16±0.18d	2.01±0.10b	2.17±0.19a

3.6 不同套作处理烟叶化学成分协调性的比较

表2-1-18 不同套作处理烟叶氮碱比的差异分析

处理	B2F	C3F	X2F	平均±标准差
A1B1	0.73±0.12bc	0.84±0.37a	0.84±0.49ab	0.80±0.27abc
A1B2	0.71±0.34cd	0.74±0.41bcd	0.78±0.17bcd	0.74±0.15cd
A1B3	0.66±0.28d	0.72±0.52cde	0.76±0.20d	0.71±0.16d
A2B1	0.77±0.35ab	0.80±0.40ab	0.83±0.67abc	0.80±0.28ab
A2B2	0.79±0.16a	0.80±0.23ab	0.86±0.50a	0.81±0.08a
A2B3	0.76±0.62abc	0.77±0.45abcd	0.82±0.64abcd	0.78±0.16abc
A3B1	0.66±0.55d	0.81±0.43ab	0.76±0.26cd	0.74±0.04cd
A3B2	0.76±0.45abc	0.67±0.22e	0.83±0.52abcd	0.75±0.20bcd
A3B3	0.76±0.37abc	0.71±0.62de	0.78±0.39bcd	0.75±0.35bcd
CK	0.71±0.25cd	0.78±0.34abc	0.82±0.27abcd	0.77±0.34abcd

氮碱比是反映烟叶化学成分协调性的重要指标，通常认为氮碱比小于0.6，表示烟碱含量过高，烟叶化学协调性不好。不同套作处理烟叶的氮碱比差异在不同等级烟叶中表现不同，由表2-1-18可知，B2F等级所有套作处理烟叶的氮碱比均大于0.6，在适宜范围内；以A1B3处理和A3B1处理的烟叶氮碱比较小，

与CK相比差异不显著，其他套作处理的烟叶氮碱比均高于CK处理。C3F等级所有套作处理烟叶的氮碱比也均在适宜范围内，以A1B1处理烟叶氮碱比最高，A1B2、A1B3、A3B2、A3B3处理低于CK处理，其他套作处理均高于CK处理。不同套作处理的X2F等级烟叶氮碱比表现为，A1B2、A1B3、A3B1、A3B3处理低于CK处理，其他套作处理大于或等于CK处理。

比较各套作处理烟叶氮碱比平均值，各前作烤烟氮碱比均处于适宜范围内，在团棵期套作黑麦草和在三个不同时期套作苜蓿，氮碱比值均高于烤烟单作。

表2-1-19 不同套作处理烟叶糖碱比的差异分析

处理	B2F	C3F	X2F	平均 ± 标准差
A1B1	6.93 ± 1.28a	11.76 ± 0.70b	11.94 ± 0.18ab	10.21 ± 2.84a
A1B2	5.64 ± 0.40bc	7.94 ± 1.29cd	13.39 ± 2.90a	8.99 ± 3.98ab
A1B3	4.79 ± 0.02de	8.55 ± 0.77c	12.24 ± 0.21ab	8.53 ± 4.24b
A2B1	3.73 ± 0.53de	6.60 ± 0.69e	10.83 ± 0.44bc	7.05 ± 3.57b
A2B2	3.35 ± 0.28e	8.74 ± 1.04c	8.91 ± 0.31c	7.00 ± 3.17b
A2B3	4.67 ± 1.47cd	8.06 ± 0.08cd	13.37 ± 0.76a	8.70 ± 4.38ab
A3B1	3.99 ± 0.10de	7.77 ± 0.01d	11.44 ± 1.43ab	7.73 ± 3.73b
A3B2	6.29 ± 0.15ab	8.46 ± 1.29cd	12.31 ± 2.43ab	9.02 ± 3.05ab
A3B3	6.41 ± 0.10ab	13.03 ± 1.11a	11.77 ± 0.07ab	10.41 ± 3.51a
CK	4.11 ± 0.31de	7.95 ± 0.34cd	11.28 ± 1.30ab	7.78 ± 3.59b

糖碱比是表征烟叶吸味和烟叶刺激性的一个重要因素，一般认为，糖碱比接近10，烟叶化学协调性较好。比值过高，糖碱成分不协调，烟叶香气呈现平淡，劲头偏软；比值过低，会出现劲头大、香气杂、刺激性大等现象。不同套作处理烤烟的糖碱比存在显著性差异，见表2-1-19。B2F等级烤烟糖碱比均偏低，其中以A2B2处理烟叶糖碱比最低，仅为3.35，最高的是A1B1处理，也仅为6.93；C3F等级A2B1处理烟叶糖碱比较低，仅为6.60，A3B3处理较高，为13.03；X2F等级烟叶的糖碱比除A2B2处理外其他处理均高于10，以A1B2处理的烟叶糖碱比最高，达13.39。

对各处理平均值进行比较可知，A1B1、A3B3处理烟叶糖碱比在10左右，烟叶糖碱比较协调，其他处理均低于10。除A2B1和A2B2、A3B1处理外，其他处理的烟叶糖碱比均高于CK处理。

表2-1-20　不同套作处理烟叶钾氯比的差异分析

处理	B2F	C3F	X2F	平均 ± 标准差
A1B1	7.73 ± 0.24ab	17.34 ± 3.14a	14.84 ± 1.69a	13.30 ± 4.99a
A1B2	8.00 ± 0.85a	13.08 ± 2.87ab	13.59 ± 3.38ab	11.55 ± 3.09ab
A1B3	7.04 ± 3.78ab	13.37 ± 2.46ab	9.99 ± 1.56c	10.13 ± 3.17b
A2B1	6.50 ± 1.52ab	9.01 ± 0.38b	11.59 ± 0.06bc	9.03 ± 2.55b
A2B2	5.41 ± 0.56b	12.35 ± 1.47ab	11.61 ± 1.14bc	9.79 ± 3.81b
A2B3	6.28 ± 1.00ab	11.42 ± 0.14ab	11.50 ± 0.42bc	9.72 ± 2.87b
A3B1	8.52 ± 1.60a	15.11 ± 0.59ab	9.74 ± 1.62c	11.12 ± 3.50ab
A3B2	6.22 ± 0.62ab	12.02 ± 1.74ab	13.15 ± 1.39ab	10.46 ± 3.72b
A3B3	6.27 ± 1.20ab	10.11 ± 3.80b	12.45 ± 1.51abc	9.61 ± 3.12b
CK	6.50 ± 0.79ab	11.46 ± 1.31ab	9.95 ± 2.08c	9.31 ± 2.54b

钾氯比情况能有效反映烟叶的燃烧性特征，一般认为钾氯比在8以上较为适宜。由表2-1-20可得，不同等级烟叶对不同套作处理钾氯比的响应程度不同，除B2F等级烟叶外，其他等级烟叶钾氯比均较高，处于适宜范围。三个等级烟叶的钾氯比最高的处理分别是A3B1、A1B1和A1B1处理，均高于CK处理。通过分析各处理烟叶钾氯比的平均值可知，以烤烟在团棵期套作黑麦草处理的烟叶钾氯比最大，为13.30，最小的是烤烟在团棵期套作苜蓿处理，其钾氯比为9.03。

3.7　不同套作处理对烟叶主要经济性状的影响

由表2-1-21可知，套作作物对烤后烟叶经济性状有不同程度的影响，小区亩产量情况为A2B1＞A2B2＞A2B3＞CK＞A3B3＞A3B1＞A3B2＞A1B2＞A1B3＞A1B1，其中A2B1处理与CK处理达显著性差异，其他处理间差异未达显著性水平。小区亩产值情况为A2B3＞A1B2＞A3B2＞A2B2＞A3B1＞A1B3＞A1B1＞A3B3＞CK＞A2B1，其中A1B2、A1B3、A2B2、A2B3、A3B1和A3B2处理均与CK处理达显著性差异。综合来看，A1B2处理经济性状表现最优，上中等烟比例、均价均高于其他处理，小区亩产值也居于前列。其他处理（除A2B1外）的产值和均价及上等烟比例等经济性状均要优于CK，试验表明在团棵期套作苜蓿处理对烟叶经济性状有不利影响，在旺长期和现蕾期套种苜蓿，以及在三个不同时期套作黑麦草对烟叶的经济性状有较好的提升。

表2-1-21　不同套作处理烤后烟叶经济性状的差异分析

处理	小区亩产量（kg/667m^2）	小区亩产值（元/667m^2）	上中等烟比例（%）	均价（元/kg）
A1B1	132.08d	2 994.25abc	84.29ab	22.67ab
A1B2	132.97cd	3 076.93a	85.14a	23.14a
A1B3	132.45d	3 043.70ab	83.66b	22.98ab
A2B1	138.13a	2 903.50c	81.12bc	21.02d
A2B2	137.02ab	3 061.03a	82.89bc	22.34bc
A2B3	135.20bc	3 089.32a	83.02b	22.85ab
A3B1	133.62cd	3 054.55ab	83.49b	22.86ab
A3B2	133.51cd	3 072.07a	84.98ab	23.01ab
A3B3	134.16cd	2 935.42bc	82.92bc	21.88c
CK	134.74bcd	2 914.43c	81.89c	21.63cd

4. 小结

烤烟套作黑麦草和萝卜与烤烟单作相比，能缩短烤烟大田生育期，烟株高度有所降低，叶面积略低于烤烟单作处理，套作苜蓿有利于提高烟株株高和增加叶面积，但会使烟叶成熟落黄时间变慢，这与作物生长对土壤养分，特别是氮素的影响密切相关。

试验区主要病害为烟草花叶病、气候性斑点病和赤星病。烤烟在不同时间套作不同作物，烟株病害发生率有不同程度的降低，三种套作作物中，套作黑麦草对烟草花叶病、气候性斑点病和赤星病的防治效果均较好，且套作时间越早影响越大，套作苜蓿处理对烟草花叶病的防治效果要优于赤星病和气候性斑点病，可能是由于套作不同作物对土壤矿质元素和烤烟养分利用的影响各不相同。套作萝卜对三种病害也有一定的防治效果，但与黑麦草和苜蓿相比，对烤烟病害的影响最小。也有研究表明，套作十字花科作物，可能会引起交叉感染，引发烟草花叶病，但此试验套作萝卜处理并未出现大面积交叉感染现象，可能与套作时萝卜的播种密度有关。

烤烟与黑麦草、苜蓿和萝卜在不同时期套作，烤后烟叶品质各有差异。我们常用开片度（叶宽与叶长的百分比）来衡量烟叶发育状况和工业可用性，在不同时期套作黑麦草、苜蓿和萝卜，均能使烟叶发育状况优于烤烟单作；含梗率作为能反映烟叶利用率的重要指标，常同烟叶出丝率等联系紧密，同样可以看出，套作作物处理的烟叶含梗率较低，表明套作黑麦草、苜蓿和萝卜能提升烟叶利用率；套作黑麦草和萝卜，烟叶单叶重低于烤烟单作，套作苜蓿烟叶单叶重较重，这可能与三种作物的生长特性有关，苜蓿有固氮根瘤，能有效提高氮素水平，从而提高烟叶的质量；套作不同作物的烟叶含水率均比烤烟单作有不同程度的提高；烟叶单叶厚与叶密度、叶质重均是反映烟叶叶片组织结构疏松程度的指标，在三个不同时期套作黑麦草和萝卜对烟叶叶片组织均有利，在现蕾期套作苜蓿，叶片疏松程度较好，但在团棵期和旺长期套作苜蓿，叶片欠疏松，表明从提升烟叶物理性状出发，套作苜蓿时期宜晚不宜早，否则对叶片结构易产生不利影响。

综合烤后烟叶三个等级的化学品质指标可得，烤烟套作黑麦草处理的总糖含量比烤烟单作高出0.57%～4.00%，还原糖含量高出0.04%～3.65%，总氮含量低于烤烟单作处理0.23%～0.25%，烟碱含量低于烤烟单作0.07%～0.44%，钾含量提高0.05%～0.07%，氯含量降低了0.03%～0.04%，淀粉含量与CK处理差值为-0.10～0.24。烤烟在不同时期套作苜蓿，与CK比较，表现出总糖含量差值范围在-1.57%～4.15%之间，还原糖含量差值为-1.15%～4.44%，总氮含量高出0.13%～0.41%，烟碱含量高出0.10%～0.32%，钾含量的差值范围为-0.10%～0.02%，氯含量差异较小，低于0.00%～0.01%，淀粉含量高出0.10%～0.49%。烤烟与萝卜进行套作处理，与烤烟单作比较，总糖、还原糖含量的差值分别为-1.24%～4.81%、-1.88%～4.43%，总氮和烟碱含量数值分别降低0.21%～0.34%、0.18%～0.32%，钾含量差值为-0.01%～0.07%，氯含量降低0.01%～0.02%，淀粉含量增加0.51%～0.84%。

综合以上分析可知，在三个不同时期（团棵期、旺长期、现蕾期）套作黑麦草和萝卜有助于提升烤烟综合化学品质，表明烤烟与萝卜、黑麦草套作，通过合理布局，科学管理，对烟叶化学品质有积极作用；在团棵期和旺长期套作苜蓿，对烟叶化学品质有负面影响，但在现蕾期套作苜蓿，烟叶化学品质高于CK处理，表明烤烟与苜蓿套作能减小两种作物的共生期时间，从而达到生产优质烟叶的目的。

通过分析各套作处理的经济性状可知，套作苜蓿的三个处理均能提高烤烟产量，且随套作时间的推后，产量逐渐下降，套作黑麦草和萝卜会降低烤烟产量，与套作时间的先后顺序关联度不高。烤烟产值情况与产量不一致，除在团棵期套作苜蓿外，其他处理比烤烟单作处理的烤烟产值均有所提升，套作黑麦草和萝卜的所有处理上中等烟比例和均价优于烤烟单作处理，在旺长期和现蕾期套作苜蓿的均价等经济性状与烤烟单作处理相比，也有小幅度的提高。表明烤烟套作黑麦草和萝卜对提升烤烟经济性状与套作时间关系不大，但套作苜蓿需合理安排套作时间，从而使烟农在烟叶收购中受益。

第二节　叶面喷施钾肥次数及喷施时期对烤烟生长及产质量的影响

1.　研究目的与意义

钾是影响烟叶品质的重要元素之一，与烟叶的燃烧性、香吃味及烟草制品安全性有关。优质烟叶最低钾含量应达到2%，美国和津巴布韦等国的烟叶钾含量大多在2.5%以上，而我国北方烟区烟叶钾含量很少超过3%。较低的烟叶钾含量一直困扰着我国的烟草生产，成为进一步提高烟叶质量的主要限制因素之一。目前，为了增加烟叶钾含量，研究人员在增施钾肥、改进钾肥施用技术、研制高效钾肥、减少钾肥的土壤固定及培育高钾品种等方面做了大量切实而有效的工作，分次施钾提高烟叶钾含量已得到众多科技工作者和广大烟农的认可。但烤烟对钾的吸收随着品种、气候、土壤水分、土壤有效钾含量、土壤肥力及田间管理措施的不同而有所不同，因此不同的植烟区域和土壤应有不同的钾肥追施措施。

2.　材料与方法

试验地点：文山州砚山县

叶面喷施试验采用两因素随机区组设计，即叶面喷施次数和叶面喷施时期两个因素，叶面喷施次数分别为：1、2、3。叶面喷施钾肥采用KH_2PO_4，处理见表2-2-1，喷施浓度均为0.2 mol/L，每株均匀喷施100 mL，每次于下午5点左右喷施。其他管理措施同当地。

表2-2-1 试验处理表

A因素（喷施次数）	B（叶面喷施时期组合）（浓度为0.2 mol/L）	处理代码
1次	旺长期中期	P1
	现蕾期	P2
	打顶当天	P3
	打顶后10d	P4
2次	旺长期中期+现蕾期	P5
	现蕾期+打顶当天	P6
	打顶当天+打顶后10d	P7
3次	旺长期中期+现蕾期+打顶当天	P8
	现蕾期+打顶当天+打顶后10d	P9
4次	旺长期中期+现蕾期+打顶当天+打顶后10d	P10
对照（CK1）	不喷施	P11
对照（CK2）	按当地施肥措施	P12

样品采集与数据记载：每个处理下部叶取5～6叶位，中部叶取9～11叶位，上部叶取16～17叶位，取各部位最好的烟叶各2 kg，记载试验地点基本情况（海拔、经度和纬度等），基本农事操作，田间小气候（土壤温度、土壤湿度等），病虫害情况，原烟外观质量评价和主要经济性状。小区布置见图2-2-1。

田间排水沟													
保护行	P2	P4	P10	P8	P9	P7	P5	P11	P3	P6	P12	P1	保护行
机耕路													

图2-2-1 小区布置图

测定指标

（1）生育期记录：观察移栽期、10叶期、15叶期、现蕾期、脚叶采烤期、顶叶采烤期和生育期。

（2）农艺性状调查：每个处理取10株以上烟株平均值，测定移栽30 d、60 d

烟株株高、叶数、最大叶长、最大叶宽；移栽80 d，烟株封顶前株高、封顶后株高、叶数、上部倒数第4片长、宽，打顶后10 d（脚叶采烤前）取10株烟株，测算烟株定长后最大叶面积。

（3）物理指标：烤后烟叶的长、宽、梗重和平衡含水率等。

（4）化学指标：烤后烟叶的总氮、钾、氯、还原糖、总糖、烟碱和淀粉含量等。

3. 结果与分析

3.1 不同叶面喷施钾肥次数及喷施时期对烤烟农艺性状的影响

3.1.1 株高

由表2-2-2可以看出，移栽后30 d各个处理株高差异不显著，可以看出，烟株生长前期，土壤中的钾肥供应充足，钾肥追基比对烤烟的株高不构成影响；移栽后60 d，各处理的株高差异明显，其中P1、P5、P11相对较大，P10、P12显著低于其他各个处理，由此可见，生长中期各个处理之间的株高差异显著。个别处理达到了极显著的差异水平，可见叶面喷钾的时间与次数对烤烟生长中期的影响最大；打顶前各处理之间的株高差异变小，其中仅P7极显著低于P5、P6、P10、P11。其中P10在移栽后60d至打顶前生长较快，从株高最小，变成高于大多数处理。可以看出，P10这段时间生长非常迅速。打顶后10 d株高差距进一步变小，其中P7株高仍然较低，处理P10在统计学上达到了最大值。

3.1.2 叶数

由表2-2-2可以看出，移栽后30 d各处理叶数差异不大，仅P5显著高于P10，P5前期生长较好，P10前期生长较差。移栽后60 d各个处理间的叶数差异很大，有些达到了极显著的差异水平，其中P11叶数最多，P3、P10、P12叶数最少，P5的叶数仅低于P11。打顶前叶数差距变小，其中P12显著大于P2，P10的叶数增长较快。打顶后10 d，由于打掉顶叶，各处理叶片数变少，但各个处理差异不变，P12显著大于P2。可以看出，P5前期叶片数增长较快，P10前期叶片数增长缓慢，后期叶片数增长较快。

3.1.3 叶长叶宽

由表2-2-2可以看出，移栽后30 d，各个处理就有了一些差异，其中P8、P10的叶长和叶宽显著低于其他各个处理；移栽后60 d，各个处理虽然株高叶数差异明显，但是叶长和叶宽差异不大，没有差异达到极显著水平，只有几个差异达到显著，其中叶长P8、P12显著小于P11，叶宽P12显著小于P1、P2、P9；打顶前各处理的叶长和叶宽差异变大，其中叶长P1极显著低于P8、P10，叶宽P1、P7极显著低于其他处理。

表2-2-2 不同处理株高、有效叶数及最大叶长和叶宽平均值

处理	移栽后30d				移栽后60 d			
	株高（cm）	叶数（片）	叶长（cm）	叶宽（cm）	株高（cm）	叶数（片）	叶长（cm）	叶宽（cm）
P1	21.2aA	11.4aAB	34.4abA	16.4abcAB	106abA	21abcABC	53.3abA	24.5aA
P2	20aA	11.4aAB	30abAB	14.5bcdAB	94bcABC	19.5cdeBCD	52.3abA	24.9aA
P3	24aA	10.4abAB	34.4abA	18.6abA	91.3cdABC	18.8deCD	53.7abA	23.4abA
P4	17.4aA	11.6aAB	32abA	15.2abcAB	94.7bcABC	20.4bcdABCD	52.3abA	22abA
P5	21.9aA	12aA	32.8abA	16abcAB	107abA	21.8abAB	51.9abA	23.9abA
P6	20.8aA	11.6aAB	32.8abA	17.6abcA	96.4abcABC	20.3bcdABCD	52.5abA	24.2abA
P7	20.4aA	10.6abAB	31.2abAB	15.3abcAB	93.9bcABC	20.4bcdABCD	52.6abA	22.8abA
P8	16.8aA	10.4abAB	28.7bcAB	13.6cdAB	97.6abcAB	20.3bcdABCD	51.5bA	21.9abA
P9	24.8aA	10.8abAB	30.4abAB	16.2abcAB	96.8abcABC	20bcdABCD	54.2abA	25.4aA
P10	17.4aA	9.6bB	24.4cB	11.2dB	79.5dC	18eD	53.9abA	24.1abA
P11	25.2aA	11.6aAB	34.6abA	18.8aA	108.7aA	22.3aA	57.3aA	23.8abA
P12	25.6aA	11.6aAB	35aA	18.6abA	81.2dBC	18.8deCD	49.9bA	20.7bA
	打顶前				打顶后10 d			
	株高（cm）	叶数（片）	叶长（cm）	叶宽（cm）	株高（cm）	叶数（片）	叶长（cm）	叶宽（cm）
P1	94.7bcdAB	21.2abA	48.3cB	17.8cBC	92bcdeAB	19.2abA	51.2cB	18.8cBC
P2	96.5deAB	20.8bA	55.3abcAB	22.1bAB	90.4deAB	18.8bA	59.2abcAB	23.2bAB
P3	107.4abcdAB	21.8abA	57.9abAB	23.5abA	105.8abcdAB	19.8abA	61.8abAB	24.6abA
P4	109.8abcAB	21.8abA	56.5abcAB	22.7abAB	107.6abcdAB	19.8abA	60.4abcAB	23.8abAB
P5	109.5abcA	22.6abA	56.3abcAB	22.7abAB	108.6abcAB	20.6abA	60.2abcAB	23.8abAB
P6	112.7abA	23.6abA	55.5abcAB	22.9abAB	109.6abA	21.2abA	59.4abcAB	24abAB
P7	86.8eB	21.6abA	48.3bcAB	14.3cC	85.2eB	19.6abA	52.2bcAB	15.4cC
P8	107.7abcdAB	22.6abA	61.9aA	23.9abA	106.4abcdAB	20.6abA	65.8aA	25abA
P9	93.4cdeAB	21.4abA	54.3abcAB	22.5abAB	91.4cdeAB	19.4abA	58.2abcAB	23.6abAB
P10	112.6aA	23.2abA	61.5aA	26.9aA	111aA	21.2abA	65.4aA	28aA
P11	115.9aA	23.4abA	60.7aAB	23.9abA	114.2aA	21.4abA	64.6aAB	25abA
P12	108.5abcdAB	23.8aA	54.7abcAB	22.9abAB	105.4abcdAB	21.8aA	58.6abcAB	24abAB

3.2　不同叶面喷施钾肥次数及喷施时期对烤烟经济性状的影响

不同处理对烤烟经济性状的影响见表2-2-3。

表2-2-3　不同处理对烤烟经济性状的影响

处理	产量（kg/667 m²）	上中等烟比例（%）	均价（元）	产值（元/667 m²）
P1	137.3	76.57	19.51	2 678.57
P2	137.66	76.52	18.59	2 558.81
P3	134.68	76.75	18.84	2 537.81
P4	134.47	71.14	17.99	2 418.63
P5	140.78	85.24	19.87	2 797.77
P6	145.09	75.02	18.48	2 681.94
P7	143.23	74.41	18.26	2 615.5
P8	142.62	75.95	18.64	2 657.8
P9	140.88	79.72	19.17	2 699.9
P10	182.24	80.46	19.44	3 543.57
P11	120.38	76.62	18.99	2 285.81
P12	127.72	69.61	17.66	2 256.17

3.2.1　产量

由图2-2-2可以看出P10的产量明显高于其他各处理，达到182.24 kg/667m²。

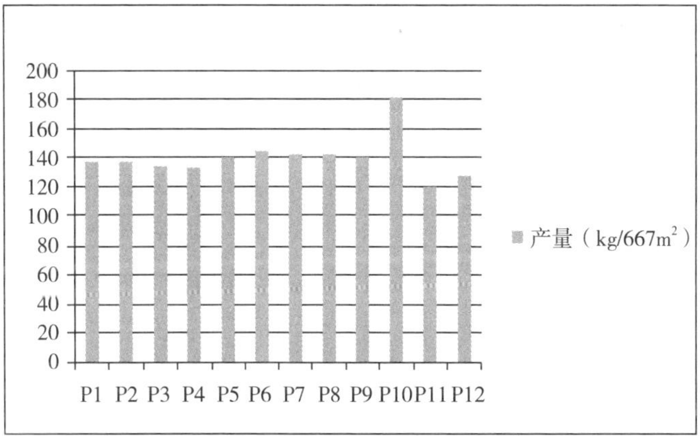

图2-2-2　不同处理对产量的影响

3.2.2 上中等烟比例

由图2-2-3可以看出，各个处理上中等烟比例大多在70%～80%之间，而P5的上中等烟比例最高，达到了85.24%。P10的上中等烟比例超过80%，低于P5。

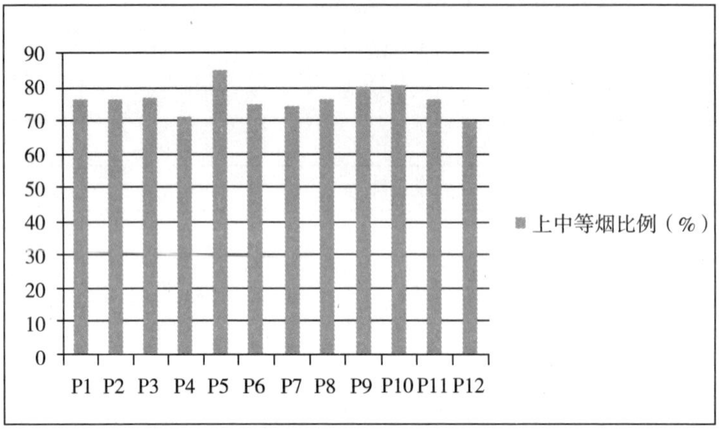

图2-2-3 不同处理对上中等烟比例的影响

3.2.3 均价

由图2-2-4可以看出，各个处理的均价在17.5～20元之间，其中上中等烟比例最高的P5均价也是最高，达到了19.87元，均价最低的P12也达到了17.66元。P10的均价较高，但低于P5。

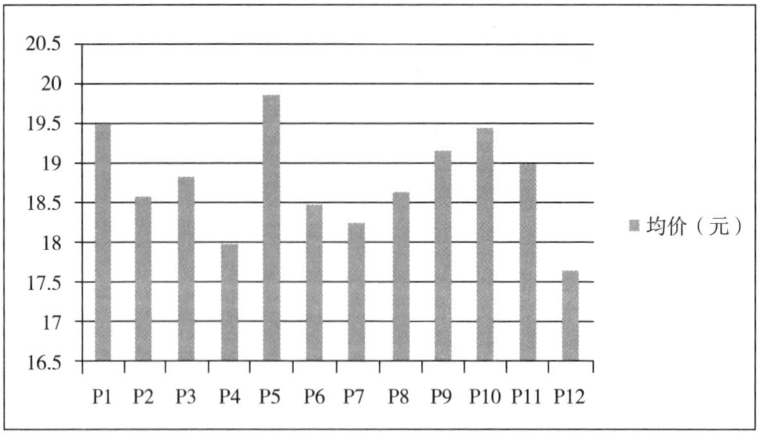

图2-2-4 不同处理对均价的影响

3.2.4 产值

由图2-2-5可以看出产量最高、均价和上中等烟比例较高的P10产值大于均价和上中等烟比例最高、产量一般的P5。P10的产值最高。

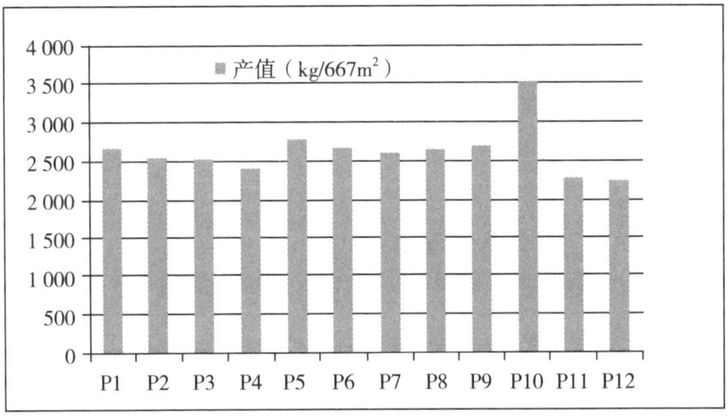

图2-2-5 不同处理对产值的影响

4. 小结

（1）通过对农艺性状的研究可以得知，烟株生长前期，各小区没有做处理，所以整体几乎没有差异，中期通过不同的喷钾措施，各个处理体现出了差异，前期P5（分两次喷施钾肥，旺长中期+现蕾期）生长最快，后期生长缓慢，而P10（分四次喷施，旺长中期+现蕾+打顶当天+打顶后10 d）前期生长缓慢，而后期生长迅速，农艺性状各指标超过其他处理，可见，分多次喷施叶面钾肥的效果要好于其他各个处理。

（2）通过对经济性状的研究表明，产量最高、均价与上中等烟比例较高的P10产值要高于其他各个处理，初步得出的结论是分四个时期喷施叶面钾肥（旺长中期+现蕾+打顶当天+打顶后10 d）的效果较好。

第三节 不同垄作和钾肥施用方式对烤烟生长和产质量的影响

1. 研究目的与意义

自20世纪80年代以来，我国烤烟生产上普遍采用起垄移栽，其在许多地方较平地栽烟起到了提高产量和品质的作用。目前烤烟生产过程中一味追求的高起垄，是否适合在春季干旱少雨的云南烟区推广应用，还值得商榷。文山烟区属于亚热带季风气候区，干湿季分明，干季（11月—次年5月）雨量占全年雨量的18%，常有干旱现象，雨季（6—10月）雨量占全年雨量的82%，易造成洪涝。因此，在烤烟栽培管理中应该做到前期蓄水保墒，后期排水通畅。在文山烟区，灌溉条件有限的情况下，垄体内土壤水分的变化主要受降水的影响，适宜的起垄高度有利于土壤在烟叶大田发育前期接纳自然降水和保蓄水分，起垄过高则不利于保持垄体内土壤含水量。文山烟区年平均气温为16.1～19.5℃，暖而不热，湿而不冷，一般都在温和至温暖的范围，季节变化不大。因此，虽然起垄有利于提高土壤温度，但相对于水分的制约，土壤温度对烤烟生长的限制并不迫切。

培土是影响根系发育和不定根形成的关键措施，而培土层的分层供肥对提高根系生长、增强吸收活性、提高肥料有效利用等方面尤为重要。培土后促使大量不定根形成，改变了烟草根系的吸收活性。当烟株进入中、后期生长时，不定根的吸收活性随着培土高度的增加已达到全根系的50%左右，成为活性吸收根的主体，可见烟草不定根对烟草中、后期的养分吸收的重要性。另外，在烟株生长前期雨量较小的情况下，雨水的入渗深度有限。因此培土高度不宜过高。当第一次培土后，烟株大量生成不定根，有利于烟株对水分的吸收利用，这时进行第二次培土，更有利于水分的有效利用。并且这时已进入雨季，较高的垄高有利于烟田排水，可减少涝害的发生。

钾是烟草的重要品质元素。提高烟叶钾含量，能提高烟叶品质。一般认为，优质烟叶的钾含量在2%以上。美国、津巴布韦等国的烟叶钾含量大多在2.5%以上。通过提高烟叶钾含量来提高烟叶的品质，一直是烟草科技工作者研究的重要课题。施钾方法是影响烟草钾营养的重要因素之一。目前在烟草生产中，钾肥的施用方法以“基肥+1次提苗肥+团棵期1次追肥”最为普遍。许多研究表明，分次施钾能提高烟叶钾含量。

本试验通过探索起垄高度对烟株生长发育、烟叶品质和生产效益的影响，寻找文山烟区最佳的烟墒起垄和培土高度范围，为大田生产服务提供理论依据。本试验还研究了旺长中后期施钾对烤烟产量和质量的影响，试图为改进烤烟施钾方法、提高烤烟质量提供科学依据。

2. 材料与方法

2.1　试验区域

云南文山州砚山县干河乡马鞍山“中华”品牌核心原料基地，位于北纬23° 41′ 35.24″ ，东经104° 23′ 15.32″ ，海拔1 531 m。试验地块坡度小于5°，前茬作物为玉米，供试土壤为红壤，质地为轻黏壤。肥力水平中等，较均匀。试验地块土壤肥力状况如表2-3-1所示。

表2-3-1　供试土壤肥力状况

有机质（%）	全氮（g/kg）	全磷（g/kg）	全钾（g/kg）	碱解氮（mg/kg）	速效磷（mg/kg）	速效钾（mg/kg）	pH
1.74 ± 0.03	2.78 ± 0.10	0.98 ± 0.04	10.47 ± 0.29	100.0 ± 1.7	14.5 ± 0.6	107.0 ± 3.1	6.58 ± 0.03

2.2　试验方法

2.2.1　供试品种

供试品种为云烟87。

2.2.2　田间试验设计

采用再裂区设计，重复3次，每小区60株，区组设通道，四周设保护行。试验因素分别为A：起垄高度；B：培土次数；C：追肥次数。

起垄高度设置两个水平，即A_1：起垄高度为0 cm（平地栽烟）和A_2：起垄高度为15 cm。

培土次数设置两个水平，即B_1：培土一次，移栽后35 d揭膜培土，培土高度为10 cm；B_2：培土两次，移栽后35 d揭膜培土，培土高度为10 cm，第一次培土后10 d进行第二次培土，培土高度为10 cm。

钾肥施用设置两个水平，即C_1：钾肥按60%作为基肥，40%作为追肥2次施入。按每667 m^2塘施8：12：16有机无机复合肥45 kg+15 kg硫酸钾作为基肥，移栽后15 d，施第一次追肥，每667 m^2兑水追施15：0：33复合肥12 kg。移栽后35 d揭膜培土，同时追施第二次钾肥，每667 m^2穴施硫酸钾15 kg；C_2：钾肥按40%作为基肥，60%作为追肥3次施入。按每667 m^2塘施8：12：16有机无机复合肥45kg作为基肥，移栽后15 d，每667 m^2兑水追施15：0：33复合肥12 kg。移栽后35 d揭膜培土，同时追施第二次钾肥，每667 m^2穴施硫酸钾15 kg。第二次培土的同时追施第三次钾肥，穴施硫酸钾15 kg。所有处理移栽后7～10 d，每667 m^2兑水追施磷酸一铵16 kg。

试验处理见表2-3-2：

表2-3-2　试验处理设置

处理编号	A因素：起垄高度	B因素：培土次数	C因素：钾肥施用方式	处理组合
T1	A_1	B_1	C_1	$A_1B_1C_1$
T2			C_2	$A_1B_2C_2$
T3		B_2	C_1	$A_1B_2C_1$
T4			C_2	$A_1B_2C_2$
T5	A_2	B_1	C_1	$A_2B_1C_1$
T6			C_2	$A_2B_1C_2$
T7		B_2	C_1	$A_2B_2C_1$
T8			C_2	$A_2B_2C_2$
T9	30 cm	培土1次	追施2次	CK

以当地推广的栽培方式为对照（CK），即起垄高度为30 cm，钾肥按60%作为基肥，40%作为追肥2次施入，移栽后15 d，追施第一次钾肥，施肥方法为兑水浇施或穴施。移栽后35 d揭膜培土，培土高度为10 cm，同时追施第二次钾肥，施肥方法为穴施。

各处理移栽深度统一为5叶移栽，相当于埋入土壤中的苗茎深7 cm。其他栽培措施按当地优质烟叶生产规范进行。试验小区按再裂区随机区组设计，布置如图2-3-1所示，双划线区分重复区组，粗实线区分主处理A，虚线区分副处理B，点划线区分副处理C。

	Ⅰ保护行					Ⅱ保护行					Ⅲ保护行					
保护行	T1	T2	T7	T8	T9	T4	T3	T9	T5	T6	T8	T7	T2	T1	T9	保护行
	T3	T4	T5	T6		T2	T1		T8	T7	T5	T6	T3	T4		
保护行																

图2-3-1　小区布置图（再裂区设计）

2.2.3　观测方法

2.2.3.1　温度水分数据

利用设置在试验基地内的自动气象站观测记录气温降雨等数据。从移栽后10 d开始，每5 d，在每个小区选取10个观测点（均匀分布），用便携式土壤水分测定仪（MP-406型）测定土壤体积含水率，用土温计测定土壤温度，测定深度为烟株根层（10～20 cm，培土后，测定时加上培土深度，以保证测定值能够反映根层情况）。

2.2.3.2　土壤取样方式

试验田对角线5点取样，测定各指标，其平均值代表试验地块土壤的背景值；各处理先确定取样点（5个点）后，每次均在同一植株两侧根际，依次交替定点取样。取样时，挖取离茎基部约10 cm，垂直向下5～35 cm深的剖层土壤约1 kg，装入已编号的样品袋中，带回风干碾碎，全部通过100号筛保存。

2.2.3.3　土壤养分分析方法

参考鲍士旦主编的《土壤农化分析》，即：碱解氮含量采用碱解扩散法测定；速效磷含量采用$NaHCO_3$-钼锑抗比色法测定；土壤速效钾含量采用醋酸铵浸提-火焰光度法测定；土壤有机质含量的测定采用重铬酸钾容量法；土壤pH的测定采用电位法。

2.2.3.4　生育期记录

按《烟草农艺性状调查方法》（YC/T 142—1998）观察移栽期、10叶期、15叶期、现蕾期、脚叶采烤期和顶叶采烤期，计算大田生育期。

2.2.3.5　农艺性状调查

每处理定点选取10株烟株，按《烟草农艺性状调查方法》（YC/T 142—1998）测量各性状取平均值，测定团棵期，打顶前10 d及打顶后10 d各处理烟株株高、叶数、最大叶长和最大叶宽。

各处理烟叶采收后按三段式烘烤法烘烤，按《烤烟》(GB 2635—92）分级，每个处理分别取X2F、C3F、B2F烟叶各1.5 kg，记好标签，包装密封后待测。

2.2.3.6　烤后烟叶物理性状、化学成分测定方法

按吉书文等[33]的方法测定烟叶物理性状；烟叶中总糖、还原糖、烟碱、钾（K_2O)、总氮和氯（Cl^-）含量按王瑞新等[32]的方法测定。

2.2.3.7　经济指标观测方法

在烤烟生产过程中，调查每个处理起垄、培土用工时数；调查地膜覆盖时垄面宽度；采烤后，按照《烤烟》GB 2635—92）进行分级，分别称重，从而得出每个处理烟叶的经济性状。

2.2.4　数据处理方法

数据处理采用DPS7.5、SPSS Statistics 17.0和Microsoft Excel 2007软件进行统计分析。

2.3　试验区烤烟生育期内气温和降雨分布

2.3.1　气温

由表2-3-3可知，在文山马鞍山地区，烤烟生育期内气温变化不大，旬平均气温最低为19.9℃，最高为22.9℃，均在烤烟生长的适宜范围内，可见，温度不是文山烟区的限制性因素。

2.3.2　降雨

由表2-3-3可看出，在文山马鞍山地区，降雨量在不同时期差异较大，干湿分明，旬降雨量最大为861.0 mm，最小为0 mm，5月和6月降雨稀少，7月和8月降雨较多。为了保证下茬粮食作物能够利用降雨，顺利生长，必须适当调整茬口。当地应确保5月初烟苗移栽完成，而这时降雨较少，抗旱保苗、促生长的压力较大，水分成为限制文山烟区烤烟发展的限制性因素。

表2-3-3　2012年5—8月马鞍山基地气温及降雨量

项目		5月	6月	7月	8月
平均气温（℃）	上旬	22.9	21.3	22.0	20.8
	中旬	22.1	21.0	22.0	21.4
	下旬	19.9	21.6	21.0	21.5
	月平均	21.6	21.3	21.7	21.2
降雨量（mm）	上旬	0.5	1.59	286.8	104.0
	中旬	2.2	4.00	497.8	458.4
	下旬	5.6	3.68	861.0	0
	月降雨量总数（mm）	8.3	9.27	1 645.6	562.4

3. 结果与分析

3.1 不同垄作和钾肥施用方式对烤烟根际土壤环境的影响

3.1.1 不同垄作和钾肥施用方式对烤烟根际土壤温度的影响

由表2-3-4、表2-3-5和表2-3-6可以看出，各处理8时土壤温度差异不大，均接近当时的气温，这是由于经过一夜的热量散失，土壤和大气基本达到热量平衡。而经过一段时间的太阳辐射后（14时和18时），由于垄体高度的不同，垄体接受太阳辐射的面积也不同，土壤温度差异较显著，表现出随着垄体高度的增加，根层土壤温度增加的趋势。尤其是烤烟生长前期烟株较小、不能覆盖垄体的时候，垄体升温较快，不同处理之间差异更显著。烤烟生长后期，烟棵较大，垄体土壤不直接暴露于阳光直射之下，各处理之间差异不显著，且土壤升温也较慢。

表2-3-4　各处理不同时期8时根层土壤温度平均值（℃）

处理	5月13日	5月18日	5月23日	5月28日	6月3日	6月8日	6月15日	6月20日	6月25日	6月30日
T1	19.3ab	20.2a	20.3a	20.2a	19.7a	20.3a	17.8a	19.3ab	21.5a	21.3a
T2	19.3ab	20.3a	20.1a	20.2a	19.4ab	20.4a	17.7a	19.3ab	21.4a	21.8a
T3	19.2ab	20.1a	20.2a	20.3a	19.2b	20.4a	17.5a	19.2ab	21.5a	21.7a
T4	19.3ab	20.3a	20.1a	20.4a	19.5ab	20.3ab	17.6a	19.3ab	21.6a	21.7a
T5	19.4a	20.3a	20.2a	20.2a	19.3ab	19.9b	17.7a	19.4a	21.8a	21.6a
T6	19.1b	20.4a	20.3a	20.3a	19.4ab	20.2ab	17.6a	19.1b	21.7a	21.5a
T7	19.3ab	20.3a	20.1a	20.3a	19.3ab	20.4a	17.6a	19.3ab	21.7a	21.4a
T8	19.3ab	20.2a	20.3a	20.3a	19.3ab	20.5a	17.5a	19.3ab	21.6a	21.5a
T9	19.4a	20.5a	20.4a	20.4a	19.5ab	20.5a	17.8a	19.4a	22.7a	21.7a

注：同一列数据小写字母不同者表示差异达显著水平（$p<0.05$），大写字母不同表示差异达极显著水平（$p<0.01$）下同。

表2-3-5 各处理不同时期14时根层土壤温度平均值（℃）

处理	5月13日	5月18日	5月23日	5月28日	6月3日	6月8日	6月15日	6月20日	6月25日	6月30日
T1	27.0bB	24.6bBC	22.3bCD	24.6bBC	20.7cdB	22.3aA	20.8bAB	20.9abA	22.5aA	22.6bcAB
T2	27.2bAB	24.7bABC	22.4bBCD	24.7bABC	20.6cdB	22.7aA	20.8bAB	20.9abA	22.6aA	22.5bcAB
T3	26.9bB	24.5bC	22.2bD	24.5bC	20.5dB	22.5aA	20.5bB	20.8bA	22.5aA	22.4cB
T4	27.0bB	24.6bBC	22.4bBCD	24.6bBC	20.9bcdAB	22.4aA	20.8bAB	20.9abA	22.4aA	23.0aA
T5	28.0aAB	25.4aABC	23.0aABC	25.4aABC	21.1abAB	22.6aA	21.5aA	20.7bA	22.9aA	22.7abAB
T6	28.1aA	25.5aAB	23.1aA	25.5aAB	21.0bcAB	22.7aA	21.4aAB	21.0abA	22.7aA	22.5bcAB
T7	28.2aA	25.6aA	23.1aAB	25.6aAB	21.0bcAB	22.5aA	21.5aA	21.1aA	22.5aA	22.6bcAB
T8	27.9aAB	25.3aABC	23.1aAB	25.3aABC	21.5aA	22.6aA	21.4aAB	21.0abA	22.7aA	22.5bcAB
T9	28.5aA	25.9aA	23.1aA	25.9aA	21.5aA	22.9aA	21.7aA	20.9abA	22.8aA	22.6bcAB

表2-3-6 各处理不同时期18时根层土壤温度平均值（℃）

处理	5月13日	5-18	5月23日	5月28日	6月3日	6月8日	6月15日	6月20日	6月25日	6月30日
T1	27aA	23.6bBC	22.9bcA	23.5bcBC	20.9cB	21.9cA	20.7cdBC	20.9aA	22.2cA	22.8aA
T2	26.9aA	23.5bBC	22.9bcA	23.5bcBC	21.1cAB	22bcA	20.6dC	20.9aA	22.3bcA	22.7abAB
T3	27.0aA	23.3bC	22.9bcA	23.5bcBC	20.9cB	22.2abcA	20.9bcABC	20.9aA	22.5abcA	22.6abAB
T4	26.9aA	23.2bC	22.7cA	23.3cC	21.1bcAB	22.2abcA	20.8cdABC	20.7aA	22.3cA	22.5bcAB
T5	27.1aA	24.6aAB	23.6aA	24.2aABC	21.3bcAB	22.3abA	21.1abAB	21aA	22.8aA	22.5bcAB
T6	27.4aA	24.7aAB	23.5aA	24.3aAB	21.6abAB	22.4abA	21.1abAB	21aA	22.7abA	22.5bcAB
T7	27.3aA	24.9aA	23.4abA	24.5aA	21.2bcAB	22.3abcA	21.3aA	21aA	22.5abcA	22.3cAB
T8	27.7aA	24.9aA	23.3abA	24abABC	21.9aA	22.5aA	21.2abAB	21.1aA	22.5abcA	22.3cB
T9	27.7aA	25.4aA	23.3abA	24.7aA	21.9aA	22.3abcA	21.5aA	21.4aA	22.5abcA	22.2cB

3.1.2 不同垄作和钾肥施用方式对烤烟根际土壤含水率的影响

从表2-3-7可以看出，垄高对烤烟生长前期根层土壤含水率影响较大，不同垄体高度处理间差异达到显著或极显著水平。这是由于各处理土壤温度的差异，导致土壤水分蒸发较大，尽管采用了垄体覆膜保水措施，但温度较高的处理垄体内水分蒸发凝结在薄膜表面较多，导致根层含水率变小。到6月15日，经过揭膜和第一次培土后，此时垄体直接与大气接触，低垄处理的含水率极显著大于高垄处理，但此时由于空气湿度较5月份大，蒸发量小，垄体土壤均保持湿润水平。到6月20日，此时烟株已经生长到能覆盖垄体，能避免日光直射，且此时降雨较充分，各处理差异不显著。6月25日，经过第二次培土后，由于红壤土较黏重，雨水入渗较慢，同一垄高处理二次培土副处理的垄体水分含量均极显著小于一次培土处理；0 cm垄高处理经过两次培土后，垄高已接近一次培土的15cm垄高处理，T3、T4、T5、T6处理间土壤含水率差异不显著，施钾次数对水分含量影响不显著。6月30日，T1、T2处理水分含量显著高于T5、T6、T7处理，极显著高于T8、T9处理，说明垄高对土壤根层水分含量依然影响较大。垄体越高，其保墒能力越差。

表2-3-7　各处理不同时期根层土壤含水率（%）

处理	5月13日	5月18日	5月23日	5月28日	6月3日	6月8日	6月15日	6月20日	6月25日	6月30日
T1	30.87aA	31.62aA	34.38aA	41.80abA	38.87aA	39.07aAB	43.29aA	40.33aA	43.34aA	37.78abAB
T2	30.71aAB	31.55aA	34.71aA	42.02aA	38.93aA	39.99aA	42.98aA	39.72aA	43.17aA	38.17aA
T3	30.55aABC	31.69aA	34.22aA	40.76abcA	39.3aA	39.56aA	43.11aA	39.72aA	40.50bB	37.33abcABC
T4	30.49aABC	31.85aA	34.22aA	40.58abcA	38.5aA	38.74aAB	43.01aA	38.22aA	40.46bB	37.16bcdABC
T5	29.88bBC	29.07bB	31.53bB	38.85bcdA	35.4bB	35.52bC	37.13bB	38.83aA	40.21bB	36.72cdeABC
T6	29.82bC	28.87bcB	30.96bcB	37.16dA	34.3bcB	36.23bBC	36.60cBC	39.5aA	40.05bB	36.52cdeABC
T7	29.75bC	29.01bB	31.26bB	37.69cdA	34.17bcB	36.34bBC	36.62cBC	40.17aA	37.60cC	36.43deBC
T8	29.72bC	28.40cB	30.56cB	36.76dA	33.27cB	35.7bC	36.23cC	41.78aA	37.42cC	35.87eC
T9	29.54bC	26.82dB	27.43dC	33.47eA	30.4dC	34.98bC	33.21dD	38.1aA	36.16dD	33.79fD

3.2　不同处理烤烟根际土壤理化性质变化规律

3.2.1　有机质

由表2-3-8可以看出，不同的垄高对土壤有机质含量有影响。虽然在前期处理间的差异不显著，但总体来说，起垄处理的土壤有机质含量低于平地栽烟处理。到采烤结束时，不论培土与否，平地栽烟处理的土壤有机质含量均显著高于起垄栽烟的处理，各处埋比对照高出37.5%以上，低垄栽烟处理比对照高出14%以上。

表2-3-8 各处理不同生育时期土壤有机质的含量（%）

处理	5月28日	6月7日	6月20日	7月15日	9月11日
T1	3.68a	3.55a	3.20a	3.04a	2.75a
T2	3.71a	3.47ab	3.16ab	3.01a	2.76a
T3	3.68a	3.36ab	3.17ab	2.9ab	2.86a
T4	3.73a	3.4ab	3.15ab	2.87ab	2.85a
T5	3.62a	3.22b	2.94ab	2.65ab	2.28b
T6	3.54a	3.28ab	2.89b	2.53b	2.31b
T7	3.59a	3.27ab	2.94ab	2.79ab	2.36b
T8	3.65a	3.21b	2.97ab	2.84ab	2.38b
T9	3.59a	3.18b	2.85b	2.72ab	2.00b

3.2.2 pH

从表2-3-9可以看出，施肥使得土壤pH有所增加，增幅达到0.29～0.38，各处理间pH差异不显著。随着烟株的生长，各处理pH均逐渐降低，呈现出前降后升的态势。

表2-3-9 各处理不同生育时期土壤pH的变化规律

处理	5月28日	6月7日	6月20日	7月15日	9月11日
T1	6.91a	6.74ab	6.32a	6.03abc	6.27a
T2	6.89a	6.77ab	6.44a	6.08abc	6.25a
T3	6.87a	6.74ab	6.43a	6.11abc	6.31a
T4	6.87a	6.64b	6.43a	5.96bc	6.28a
T5	6.94a	6.82a	6.35a	5.94c	6.28a
T6	6.92a	6.77ab	6.45a	6.18ab	6.26a
T7	6.95a	6.74ab	6.45a	6.19a	6.35a
T8	6.91a	6.74ab	6.46a	6.08abc	6.32a
T9	6.96a	6.59b	6.45a	6.08abc	6.45a

3.2.3 碱解氮

从表2-3-10可以看出，不同时期各处理间土壤碱解氮含量差异不显著，但是呈现出一定的规律性：

在前期，起垄处理比平地栽烟土壤碱解氮含量高，相差达到4.7～15 mg/kg。而到6月20日，这种趋势逐渐翻转，平地栽烟处理的土壤碱解氮含量比起垄处理的土壤碱解氮含量低，相差达到5.7～7.7 mg/kg，比对照最高相差16 mg/kg；而到

7月15日，起垄处理碱解氮含量又比平栽处理高出12～19 mg/kg。此后，到采烤结束，垄作处理比平栽处理土壤碱解氮含量低，最多相差9.7mg/kg。

到追施第三次钾肥后，三次施钾处理的土壤碱解氮含量均有小于同一副处理下的两次施钾处理的趋势，最高相差7.2%。到采烤结束后，这种趋势更加明显，最高相差达11.6%。

表2-3-10　各处理不同生育时期土壤碱解氮的含量（mg/kg）

处理	5月28日	6月7日	6月20日	7月15日	9月11日
T1	275.7a	193.3a	160.0a	138.7a	114.7a
T2	278.0a	195.7a	157.3ab	137.7a	109.3a
T3	274.0a	193.0a	155.7ab	135.7a	118.3a
T4	273.0a	195.3a	154.7ab	132.3a	106.0a
T5	284.3a	201.7a	154.3ab	153.0a	105.0a
T6	282.7a	205.3a	150.7ab	149.7a	109.0a
T7	285.3a	202.7a	148.0b	154.7a	111.3a
T8	288.0a	205.3a	147.7b	144.3a	102.7a
T9	289.0a	205.7a	147.0b	143.3a	96.3a

3.2.4　速效磷

不同时期各处理间土壤速效磷含量差异不显著，见表2-3-11。这是由烟草对磷的吸收规律和磷素在土壤中的特性决定的。

表2-3-11　各处理不同生育时期土壤速效磷的含量（mg/kg）

处理	5月28日	6月7日	6月20日	7月15日	9月11日
T1	68.1a	62.4a	50.4a	33.3a	20.8a
T2	69.1a	62.9a	50.2a	32.3a	21.5a
T3	68.1a	60.3a	50.1a	37.5a	24.6a
T4	67.5a	62.4a	49.5a	34.3a	17.5a
T5	69.8a	64.0a	49.3a	32.1a	19.0a
T6	68.4a	61.8a	47.7ab	32.0a	20.4a
T7	67.2a	61.3a	47.5ab	36.3a	22.3a
T8	68.7a	60.1a	47.2ab	37.4a	18.4a
T9	69.1a	62.0a	42.4b	33.8a	18.2a

3.2.5 速效钾

从表2-3-12可以看出，在前期，由于基肥施用量的不同，分两次追施钾肥处理的土壤速效钾含量极显著高于分三次追施钾肥处理，起垄高度对速效钾含量的影响不显著。到第二次培土及追施第三次钾肥（6月22日）后，各处理间差异减小，垄高处理、培土次数处理及分次施钾处理间差异均不显著；烟叶采烤结束后，除T2处理土壤速效钾含量较高外，其他处理间差异不显著，但三次追施钾肥处理比二次追施钾肥处理土壤速效钾含量高，平地栽烟处理比起垄栽烟处理土壤速效钾含量也更高。

表2-3-12 各处理不同生育时期土壤速效钾含量（mg/kg）

处理	5月28日	6月7日	6月20日	7月15日	9月11日
T1	375.33aA	340.67aA	273.33aA	183.33abA	136.67abA
T2	302.67bB	245.00bB	164.00bB	162.33abA	160.67aA
T3	366.00aA	327.67aA	265.33aA	176.00abA	141.67abA
T4	300.00bB	251.33bB	156.67bB	157.67bA	131.67abA
T5	373.33aA	345.00aA	276.67aA	174.33abA	129.33bA
T6	302.00bB	236.67bB	152.00bB	187.33aA	138.67abA
T7	374.67aA	312.33aA	243.67aA	173.00abA	126.33bA
T8	299.00bB	252.00bB	148.67bB	161.67abA	126.33bA
T9	375.67aA	328.67aA	243.67aA	190.33aA	118.33bA

3.3 不同垄作和钾肥施用方式对烤烟生育期的影响

由表2-3-13可见，试验处理对烤烟生育期影响不大，基本都在同一个时期，田间长势较均匀一致。

表2-3-13 各处理烤烟主要生育期

处理	移栽期	10叶期	15叶期	现蕾期	脚叶采烤期	顶叶采烤期	大田生育期 /d
T1	5–7	5–28	6–5	6–16	7–16	9–12	128
T2	5–7	5–28	6–4	6–16	7–16	9–12	128
T3	5–7	5–28	6–5	6–15	7–16	9–12	128
T4	5–7	5–28	6–4	6–16	7–16	9–12	128
T5	5–7	5–28	6–4	6–16	7–16	9–12	128
T6	5–7	5–28	6–4	6–15	7–16	9–12	128
T7	5–7	5–28	6–4	6–16	7–16	9–12	128
T8	5–7	5–28	6–4	6–15	7–16	9–12	128
CK	5–7	5–28	6–4	6–16	7–16	9–12	128

3.4　不同垄作和钾肥施用方式对烤烟农艺性状的影响

3.4.1　株高

由表2-3-14可以看出，团棵期时，垄高0 cm处理的株高较垄高15 cm处理的高出2 cm以上，且差异显著；封顶前10 d，各处理间差异不显著；封顶后，不同的处理措施对株高的影响不同。同一垄高处理下，两次培土处理的株高较一次培土的高出4 cm以上；同一培土处理条件下，垄高15 cm处理的株高较垄高0 cm的高出2 cm以上；钾肥施用次数对株高影响不明显。

3.4.2　叶数

由表2-3-14中可知，在第一次培土前（6月11日），垄高为15 cm处理比平栽处理的烟株有效叶数少0.6片以上，差异显著。而在烤烟生长后期，高垄和二次培土处理使得烤烟生长明显加快，使其最大叶数反而超过低垄处理和一次培土处理。

3.4.3　最大叶长、叶宽

从表2-3-14中可以看出，第一次培土前，垄高为0 cm的处理叶长比垄高为15 cm的处理叶长要长2 cm左右，其中0 cm垄高且基肥施用60%钾肥的处理显著大于垄高为15 cm的处理及对照。叶宽差异不显著。到封顶后，T7、T8处理叶长显著大于T2、T1和T9处理，T4处理叶长显著大于T1和T9处理，经过培土后垄高相近的处理间差异不显著，分次施钾对叶长影响不显著；同一垄高处理二次培土副处理的叶宽显著大于一次培土副处理2 cm以上，T8、T7叶宽极显著大于T1、T2、T5和对照T9处理。分次施钾处理烟叶叶片宽度有增加的趋势，但处理间差异不显著。

表2-3-14　不同处理烤烟株高、有效叶数及最大叶长和叶宽

处理	6月11日				6月20日				7月10日			
	株高（cm）	叶数（片）	叶长（cm）	叶宽（cm）	株高（cm）	叶数（片）	叶长（cm）	叶宽（cm）	株高（cm）	叶数（片）	叶长（cm）	叶宽（cm）
T1	47.7a	13.9a	48.3a	31a	106.9a	23.7a	71.9a	31.8ab	109.8f	20.5c	72.6cd	33.7c
T2	47.2ab	13.5ab	48ab	29.1a	105.9bcd	23.5a	71.4ab	31.5ab	110.9e	20.5bc	72.1d	33.9bc
T3	47.7a	13.7a	48.5a	30.2a	106.8a	23.8a	71.7ab	31.7ab	117.6c	20.8ab	74.8abcd	36.5a
T4	47.3ab	13.5ab	48ab	29.4a	105.4d	23.7a	71.3b	31.5ab	117.7c	20.8ab	75.1abc	36.3a
T5	45.1abc	13.1bc	46.3bc	29.7a	106.5ab	23.6a	71.6ab	32.0a	115.4d	20.6bc	73.8abcd	34.5bc
T6	44.4c	12.8c	45.5c	30.7a	105.8cd	23.7a	71.4ab	31.2b	115.5d	20.5bc	73.5bcd	34.8b
T7	45bc	12.9c	46c	30.3a	106.3abc	23.7a	71.9ab	31.7ab	119.3b	20.8ab	76.1ab	36.7a
T8	44.5c	12.9c	46.3bc	29.3a	105.2d	23.7a	71.5ab	31.5ab	121.5a	20.9a	76.7a	37.1a
T9	44.2c	12.9c	45.9c	29a	106.4d	23.3a	71.2b	31.5ab	110.7e	20.4c	72.1d	33.8bc

3.5 不同垄作和钾肥施用方式对烟叶物理性状的影响

3.5.1 对单叶重的影响

从表2-3-15可以看出下部叶单叶重T4处理显著大于T1、T2以及T5处理，从处理效果比较结果可以看出，不同垄高处理和不同培土次数处理对下部烟叶单叶重影响不显著，而不同的施钾次数对下部叶单叶重影响显著，分两次施钾处理的下部叶单叶重比分三次施钾处理平均高出0.57 g，差异显著；而从表2-3-16知，对于中部烟叶来说，T4和T8处理单叶重显著高于除T6外的其他处理，从处理效果比较来看，不同垄高对单叶重影响不显著。培土对中部叶单叶重影响达显著水平，二次培土处理比一次培土处理平均高出0.61 g。而不同施钾次数对中部烟叶单叶重的影响达极显著水平，三次施钾处理比两次施钾处理单叶重平均高0.72 g。由表2-3-17可知，不同处理间上部烟叶单叶重差异不显著。

3.5.2 对含梗率的影响

从表2-3-15、表2-3-16和表2-3-17可以看出，不同处理间烟叶含梗率差异不显著，但表现出一定的规律性，起垄处理比平地栽烟含梗率低，二次培土处理比一次培土处理含梗率低，三次施钾处理含梗率比两次施钾的低。

3.5.3 对烟叶厚度的影响

从表2-3-15可以看出，T8处理下部叶叶片厚度显著高于T1、T2、T5以及对照T9处理，其他处理间差异不显著，从处理效果比较来看，垄高对下部烟叶叶厚的影响不显著。而不同培土处理和钾肥施用次数处理对下部烟叶叶厚的影响显著。二次培土处理烟叶叶厚比一次培土处理平均厚6.10 μm，三次施钾处理比两次施钾处理下部烟叶平均厚3.73 μm。由表2-3-16可知，T8处理中部叶叶厚显著大于T1、T2、T5和T6处理，其他处理间差异不显著。从处理效果比较来看，垄高和分次施钾处理对中部烟叶叶厚的影响不显著，但培土次数对中部烟叶叶厚的影响达极显著水平，二次培土处理比一次培土处理中部烟叶平均厚10.21 μm。从表2-3-17可以得出，不同处理间上部烟叶叶厚差异不显著，不同处理对上部烟叶叶厚的影响较小。

3.5.4 对平衡含水率的影响

从表2-3-15可以看出，T4和T8处理下部叶平衡含水率显著高于其他处理，其他处理间差异不显著。从处理效果比较来看，垄高对下部叶平衡含水率影响不显著。培土处理对下部叶平衡含水率影响达显著水平，二次培土处理下部烟叶平衡含水率的比一次培土平均高出1.18%。不同施钾次数处理对下部烟叶平衡含水率的影响达极显著水平，三次施钾处理下部烟叶平衡含水率比两次施钾处理平均高出1.19%。由表2–3–16可知，不同处理间中部烟叶平衡含水率差异不显著，不同处理对中部烟叶平衡含水率影响较小。从表2–3–17可知，T4和T8处理上部烟叶平衡含水率显著高于T1、T5以及对照T9处理，其他处理间差异不显著。从处理效果比较来看，垄高对上部烟叶平衡含水率影响不显著。而培土处理的影响则达到极显著水平，二次培土处理上部烟叶平衡含水率比一次培土处理平均高出0.34%。不同施钾次数对上部烟叶平衡含水率的影响达显著水平，三次施钾处理上部烟叶平衡含水率比两次施钾处理平均高出0.52%。

3.5.5 对烟叶叶质重的影响

从表2–3–15可知，T4处理下部叶叶质重显著高于T1、T3、T5以及对照T9处理，T8和T2处理下部叶叶质重显著高于T1及T5处理。从处理效果比较结果来看，垄高对下部叶叶质重影响不显著。培土处理对下部叶叶质重的影响达显著水平，二次培土处理下部叶叶质重比一次培土处理平均高0.25 mg/cm^2。而不同施钾次数对下部烟叶叶质重的影响达极显著水平，三次施钾处理下部烟叶叶质重比两次施钾处理平均高0.43 mg/cm^2。由表2–3–16可知，不同处理间中部烟叶叶质重差异不显著。从处理效果比较结果来看，垄高和培土处理对中部烟叶叶质重影响不显著。而不同施钾次数对中部烟叶叶质重的影响达极显著水平，三次施钾处理比两次施钾处理中部烟叶叶质重平均高0.47 mg/cm^2。由表2–3–17可知，不同处理间上部烟叶叶质重差异不显著，不同处理对上部烟叶叶质重影响不显著。

表2–3–15 不同处理下部烟叶物理性状比较

处理	单叶重（g）	含梗率（%）	叶厚（μm）	平衡含水率（%）	叶质重（mg/cm^2）
T1	9.81b	32.37a	73.08b	17.55b	9.00d
T2	9.93b	31.32a	73.64b	18.12b	9.59ab
T3	10.02ab	31.98a	76.50ab	17.96b	9.24bcd
T4	11.00a	29.64a	82.44ab	19.94a	9.78a
T5	9.90b	31.64a	74.67b	17.52b	9.09cd
T6	10.37ab	31.84a	75.89ab	18.22b	9.54abc
T7	10.03ab	30.57a	77.75ab	18.35b	9.55abc
T8	10.73ab	30.11a	85.00a	19.88a	9.68ab

续表

处理		单叶重（g）	含梗率（%）	叶厚（μm）	平衡含水率（%）	叶质重（mg/cm^2）
T9		10.17ab	31.84a	74.30b	18.03b	9.28bcd
处理效果比较	A_1	10.19a	31.33a	76.42a	18.39a	9.40a
	A_2	10.26a	31.04a	78.33a	18.49a	9.47a
	B_1	10.45a	31.79a	74.33b	17.85b	9.31b
	B_2	10.00a	30.57a	80.43a	19.03a	9.56a
	C_1	10.51a	31.64a	75.51b	17.85bB	9.22bB
	C_2	9.94b	30.73a	79.24a	19.04aA	9.65aA

注：处理效果比较中，A_1和A_2表示主处理的两个水平，B_1、B_2表示副处理的两个水平，C_1、C_2表示副副处理的两个水平，同一处理的同一列不同小写字母表示处理间差异显著（$p<0.05$），不同大写字母表示差异极显著（$p<0.01$），下同。

表2-3-16　不同处理中部烟叶物理性状比较

处理		单叶重（g）	含梗率（%）	叶厚（μm）	平衡含水率（%）	叶质重（mg/cm^2）
T1		13.35c	28.63a	103.35c	20.40a	10.66a
T2		13.77bc	28.57a	107.00bc	20.72a	11.35a
T3		13.91bc	28.51a	112.17abc	21.92a	10.67a
T4		14.87a	26.69a	117.83ab	22.27a	11.46a
T5		13.55bc	27.63a	106.44bc	20.99a	10.59a
T6		14.17ab	27.31a	107.67bc	21.02a	11.25a
T7		13.80bc	28.02a	114.78abc	21.30a	11.45a
T8		14.82a	26.21a	120.57a	22.39a	11.17a
T9		13.63bc	28.83a	109.75abc	20.60a	10.98a
处理效果比较	A_1	14.00a	28.02a	110.09a	21.33a	11.04a
	A_2	14.09a	27.29a	112.36a	21.43a	11.11a
	B_1	13.74b	27.96a	106.12bB	21.79a	10.96a
	B_2	14.35a	27.36a	116.33aA	21.97a	11.19a
	C_1	13.69bB	28.13a	109.18a	21.15a	10.84bB
	C_2	14.41aA	27.19a	113.27a	21.60a	11.31aA

表2-3-17　不同处理上部烟叶物理性状比较

处理		单叶重（g）	含梗率（%）	叶厚（μm）	平衡含水率（%）	叶质重（mg/cm^2）
T1		13.27a	27.39a	137.67a	16.66b	13.22a
T2		13.63a	26.66a	137.67a	17.00ab	13.06a
T3		14.43a	25.86a	136.00a	16.89ab	12.31a
T4		14.33a	25.79a	135.00a	17.51a	12.19a
T5		13.20a	26.78a	137.00a	16.70b	13.05a
T6		13.97a	26.49a	136.50a	17.34ab	12.55a
T7		14.40a	25.72a	136.67a	17.07ab	12.24a
T8		14.03a	26.34a	135.65a	17.56a	12.15a
T9		13.43a	26.81a	136.17a	16.72b	12.92a
处理效果比较	A_1	13.92a	26.42a	136.58a	17.01a	12.69a
	A_2	13.90a	26.33a	136.46a	17.17a	12.50a
	B_1	13.52a	26.83a	137.21a	16.92bB	12.97a
	B_2	14.30a	25.93a	135.83a	17.26aA	12.22a
	C_1	13.83a	26.44a	136.83a	16.83b	12.70a
	C_2	13.99a	26.32a	136.21a	17.35a	12.49a

3.6　不同垄作和钾肥施用方式对烟叶化学成分的影响

3.6.1　对总糖、还原糖含量和两糖比的影响

从表2-3-18可以看出，所有处理下部烟叶总糖含量在22.74%～28.99%之间，含糖量均较高。T4处理最高，显著高于T1、T3、T5、T6、T7以及对照T9处理。T8处理的总糖含量显著高于T5和T6处理。同时从处理效果比较可知，垄高显著影响下部烟叶总糖含量，平栽下部烟叶总糖含量比起垄栽培平均高2.09%。培土处理对下部烟叶总糖含量的影响达极显著水平，二次培土处理下部烟叶总糖含量比一次培土平均高2.40%。施钾次数对下部烟叶总糖含量影响也显著，三次施钾处理下部烟叶总糖含量比两次施钾处理平均高1.73%。从表2-3-19可以看出，T4和T8处理中部烟叶总糖含量显著高于其他处理，而其他处理显著高于对照处理，它们之间差异不显著。从处理效果比较结果来看，垄高对中部烟叶总糖含量影响不显著。培土对中部烟叶总糖含量的影响达极显著水平，二次培土处理中部烟叶总糖含量比一次培土处理平均高1.40%。施钾次数对中部烟叶总糖含量

影响显著，三次施钾处理中部烟叶总糖含量比两次施钾处理平均高0.93%。由表2-3-20可知，T4处理上部烟叶总糖含量显著高于其他处理，T8处理上部烟叶总糖含量显著高于T1、T6以及对照T9处理，其他处理间差异不显著。从处理效果比较来看，垄高和施钾处理对上部烟叶总糖含量影响不显著。而培土处理对上部烟叶总糖含量影响显著，二次培土处理上部烟叶总糖含量比一次培土平均高1.24%。

对于还原糖来说，由表2-3-18可以看出，下部烟叶还原糖含量最高的处理为T8，其次为T4处理，均显著高于T1、T2、T3、T5、T6以及对照T9处理。同时，从处理效果比较结果来说，垄高对下部烟叶还原糖含量影响不显著。培土对下部烟叶还原糖含量的影响达显著水平，二次培土处理比一次培土处理下部烟叶还原糖含量平均高2.07%。施钾次数对下部叶还原糖含量的影响达显著水平，三次施钾处理比两次施钾处理下部烟叶还原糖含量平均高1.02%。从表2-3-19可以看出，T4处理中部烟叶还原糖含量显著高于T1、T2、T5以及对照T9处理，T8处理中部叶还原糖含量显著高于T2、T5以及对照T9处理，对照处理T9还原糖含量最低，显著低于T1、T2以及T5处理。从处理效果比较结果来看，垄高和钾肥施用次数对中部烟叶还原糖含量影响不显著。而培土处理对中部烟叶还原糖含量的影响达极显著水平，二次培土处理比一次培土处理中部烟叶还原糖含量的平均高2.16%。从表2-3-20可知，T4、T7和T8处理上部烟叶还原糖含量显著高于T1、T2、T5以及对照T9处理，T3处理上部叶还原糖含量显著高于T1处理，其他处理间差异不显著。从处理效果比较来看，垄高和钾肥施用次数对上部烟叶还原糖含量影响不显著，而培土处理对上部叶还原糖含量的影响达极显著水平，二次培土处理比一次培土处理上部烟叶含量平均高1.75%。

就两糖比来说，从表2-3-18可知，下部烟叶T7处理两糖比最高，显著高于T2处理，其他处理间差异不显著，从处理效果比较来看，起垄移栽处理有高于平地栽烟处理的趋势，但差异不显著。从表2-3-19可以看出，各处理间中部烟叶两糖比差异不显著。培土对中部烟叶两糖比影响显著，二次培土处理比一次培土处理中部烟叶两糖比平均小0.04。从表2-3-20可以看出，T7处理上部烟叶两糖比显著大于T2和T5，其他处理间差异不显著。垄高和钾肥施用次数对上部叶两糖比影响不显著，但培土对上部烟叶两糖比影响显著，二次培土处理比一次培土处理上部烟叶两糖比平均高0.03。

3.6.2 对烟碱含量的影响

从表2-3-18可以看出，T7和T3处理下部烟叶烟碱含量最高，显著高于T1、T2、T5、T6以及对照T9处理。T4和T8处理下部烟叶烟碱含量显著高于T2、T5以及对照T9处理。T1处理下部烟叶烟碱含量显著高于T5和T9处理。从处理效果比较结果来看，垄高和钾肥施用次数处理对烟碱含量的影响不显著。但培土处理对下部叶烟碱含量的影响达极显著水平，二次培土处理的下部烟叶烟碱含量比一次培土处理平均高0.37%。而三次追施钾肥处理有降低下部烟叶烟碱含量的趋势。从表2-3-19可以看出，T9处理烟碱含量最高，显著高于T1、T2、T3、T5和T7处理，其次为T8处理，显著高于T1处理，其他处理间差异不显著。从处理效果比较来看，垄高对中部烟叶烟碱含量影响不显著。培土对中部烟叶烟碱含量影响显著，二次培土处理比一次培土处理中部烟叶烟碱含量平均高0.13%。施钾处理对中部烟叶烟碱含量的影响达极显著水平，三次施钾处理比两次施钾处理中部烟叶烟碱含量平均高0.15%。而对于上部烟叶，从表2-3-20可以看出，除T5处理烟碱含量显著低于T3、T4和T9外，其他处理间差异不显著。处理效果比较结果显示，各处理对上部烟叶烟碱含量影响均不显著，但有一定的趋势，低垄移栽处理上部烟叶烟碱含量比平地栽烟烟碱含量低，平均低0.18%，二次培土处理比一次培土处理上部烟叶烟碱含量高，平均高0.25%。

3.6.3 对总氮含量的影响

从表2-3-18可以看出，下部烟叶总氮含量以T7处理为最高，显著高丁T1、T2、T4和T6处理，其他处理间差异不显著。从处理效果比较来看，垄高对下部烟叶总氮含量影响不显著，但低垄移栽下部烟叶总氮含量有比平地移栽高的趋势，平均高0.18%。培土和施钾处理对下部烟叶总氮含量的影响均达极显著水平，二次培土处理比一次培土处理下部烟叶总氮含量平均高0.13%，三次施钾处理比两次施钾处理下部烟叶总氮含量平均低0.21%。对于中部烟叶来讲，从表2-3-19可以看出，T1、T8和T9处理总氮含量较高，显著高于T2和T3处理，其他处理间差异不显著。从处理效果比较来看，垄高和培土对中部烟叶总氮含量影响显著，低垄栽烟总氮含量比平地栽烟总氮含量平均高0.22%，二次培土处理比一次培土处理总氮含量平均高0.18%。施钾处理对中部烟叶总氮含量影响不显著。而对于上部烟叶总氮含量，由表2-3-20可知，处理间差异不显著。垄高和培土对其影响不显著，施钾处理对其影响显著，三次施钾处理比两次施钾处理上部烟叶总氮含量平均低0.06%。

3.6.4 对淀粉含量的影响

对于下部烟叶淀粉含量，从表2-3-18可以看出，T1、T2、T3和T9含量较高，显著高于T4、T5、T6、T7和T8处理，T4处理淀粉含量显著高于T5、T6、T7和T8处理，T6和T8处理淀粉含量最低，显著低于T5和T7处理。从处理效果比较来看，垄高和钾肥施用次数对下部烟叶淀粉含量影响极显著，低垄栽烟下部烟叶淀粉含量比平地移栽处理平均低1.45%，三次施钾处理比两次施钾处理平均低0.64%，培土处理对下部烟叶淀粉含量影响不显著。对于中部烟叶来说，从表2-3-19可知，T1处理淀粉含量最高，显著高于其他处理，其次是T9和T3处理，显著高于T2、T4、T6、T7和T8处理，T2处理含量最低，显著低于其他处理。从处理效果比较结果来看，垄高对中部烟叶淀粉含量影响不显著。培土对其影响显著，二次培土处理比一次培土处理平均低0.3%。施钾次数对中部烟叶淀粉含量的影响达极显著水平，三次施钾处理比两次施钾处理平均低1.99%。从表2-3-20来看，T5处理上部烟叶淀粉含量最高，显著高于其他处理，其次为T1、T3、T6和T9处理，显著高于T2、T4、T7和T8处理。从处理效果比较结果来看，垄高、培土和钾肥施用次数对上部烟叶淀粉含量影响极显著。低垄移栽比平地栽烟处理上部烟叶淀粉含量平均高0.34%，二次培土处理比一次培土处理上部烟叶淀粉含量平均低0.7%，三次施钾处理比两次施钾处理上部烟叶淀粉含量平均低0.63%。

3.6.5 对钾含量的影响

从表2-3-18可以看出，T8处理的下部烟叶钾含量最高，显著高于T1、T2、T3、T5、T6和T9处理，其次为T7处理，显著高于T1、T3、T5、T6和T9处理，其他处理间差异不显著。从处理效果比较来看，垄高和施钾次数对下部烟叶钾含量影响不显著。培土对下部烟叶含量的影响达极显著水平，二次培土处理下部烟叶钾含量比一次培土平均高0.18%。对于中部烟叶钾含量来说，从表2-3-19可以看出，T4处理含量最高，显著高于T1、T5、T6、T7和T9，其次为T2和T8处理，显著高于T5、T6以及T9处理，T5和T9处理钾含量最低，显著低于T3处理。从处理效果来看，垄高对中部烟叶钾含量影响极显著，平地栽烟比起垄栽烟中部烟叶钾含量平均高0.15%。培土处理对中部烟叶钾含量影响显著，二次培土处理比一次培土处理中部烟叶钾含量平均高0.13%。施钾次数对中部烟叶钾含量影响不显著，三次施钾处理有比两次施钾处理高的趋势。从表2-3-20可以看出，T8处理上部烟叶钾含量最高，显著高于T1、T3、T5和T9处理，其他处理间差异不显著。从处理效果比较来看，垄高对上部烟叶钾含量影响不显著，培土和钾肥施用次数对上部烟叶钾含量影响显著。二次培土比一次培土处理上部烟叶钾含量平均高0.15%，三次施钾比两次施钾平均高0.15%。

3.6.6　对氯含量的影响

从表2–3–18，表2–3–19和表2–3–20可以看出，各处理下、中、上部烟叶氯含量均较小，且处理间差异不显著。从处理效果来看，除施钾次数对中部烟叶氯含量影响显著外，其他处理对烟叶氯含量影响皆不显著。

3.6.7　对糖碱比的影响

从表2–3–18可以看出，下部烟叶糖碱比以T2和T4处理最高，显著高于T3和T7处理，其他处理间差异不显著。从处理效果来看，垄高和培土处理对下部烟叶糖碱比影响不显著，施钾次数对下部烟叶糖碱比影响显著，三次施钾处理比两次施钾处理下部烟叶糖碱比平均高0.79。对于中部烟叶糖碱比，从表2–3–19可以看出，T1处理最高，显著高于T8处理，T9处理最低，显著低于其他处理，其他各处理间差异不显著。从处理效果来看，各处理对中部烟叶糖碱比影响不显著。从表2–3–20可以看出，T5处理上部烟叶糖碱比最高，显著高于T1、T2、T6和T9处理，其次为T4，显著高于T1、T2和T9处理，其他处理间差异不显著。从处理效果来看，垄高对上部烟叶糖碱比影响显著，低垄移栽比平地移栽上部烟叶糖碱比平均高0.21，培土和钾肥施用次数对上部烟叶糖碱比影响不显著。

3.6.8　对氮碱比的影响

从表2–3–18可以看出，下部烟叶氮碱比以T9和T5处理最高，显著高于T2和T4处理，T4处理下部烟叶氮碱比最低，显著低于除T1和T2外的其他处理，其他处理间差异不显著。从处理效果来看，垄高对下部烟叶氮碱比影响不显著。培土和钾肥施用次数对下部烟叶氮碱比影响显著，二次培土处理比一次培土处理下部烟叶氮碱比平均低0.05，三次施钾比两次施钾处理下部烟叶氮碱比低0.06。从表2–3–19可以看出，T7处理氮碱比最高，显著高于T1、T2、T4、T6和T9处理，T2处理氮碱比最低，显著低于T3、T5以及T8处理，其他处理间差异不显著。从处理效果来看，垄高、培土与钾肥施用次数对中部烟叶氮碱比均有显著的影响，低垄移栽比平地移栽平均高0.04，二次培土比一次培土平均高0.03，三次施钾比两次施钾平均低0.03。从表2–3–20可以看出，T5处理上部烟叶氮碱比最高，显著高于T1、T2、

T8以及T9处理，T2处理上部烟叶氮碱比最低，显著低于T7处理，其他处理间差异不显著。从处理效果来看，垄高对上部烟叶氮碱比影响极显著，低垄移栽氮碱比比平地移栽平均高0.03，培土和施钾次数对上部烟叶氮碱比影响不显著。

3.6.9 对钾氯比的影响

从表2-3-18，表2-3-19和表2-3-20可以看出，下、中和上部烟叶钾氯比在各处理间差异均不显著。从处理效果来看，各处理对下部叶钾氯比影响均不显著，但低垄移栽有比平地移栽高的趋势，三次施钾处理有比两次施钾处理高的趋势；垄高和培土处理对中部烟叶钾氯比影响不显著，但平地移栽有比低垄移栽高的趋势，二次培土有比一次培土处理高的趋势；施钾次数对中部烟叶钾氯比影响显著，三次施钾处理比两次施钾处理钾氯比平均高1.09。对于上部烟叶来说，垄高、培土和施钾次数对其钾氯比影响不显著，但低垄移栽处理有比平地移栽处理高的趋势，三次施钾处理有比两次施钾处理高的趋势。

表2-3-18 各处理下部叶化学成分

处理		总糖（%）	还原糖（%）	烟碱（%）	总氮（%）	淀粉（%）	钾（%）	氯（%）	糖碱比	两糖比	氮碱比	钾氯比
T1		25.10bc	19.00bc	2.88bc	1.90bcd	4.51a	2.66c	0.29a	8.73ab	0.76ab	0.66abc	9.13a
T2		26.57ab	19.55bc	2.74cd	1.76cd	4.21a	2.81bc	0.29a	9.68a	0.74b	0.64bc	9.83a
T3		25.66b	19.26bc	3.15a	2.11ab	4.33a	2.72c	0.28a	8.15b	0.75ab	0.67ab	9.83a
T4		28.99a	21.69a	3.02ab	1.66d	3.79b	2.87abc	0.30a	9.59a	0.75ab	0.55c	9.59a
T5		22.74c	18.18c	2.57d	1.96abcd	3.07c	2.71c	0.27a	8.83ab	0.80ab	0.76a	10.01a
T6		22.92c	18.31c	2.68cd	1.90bcd	2.28d	2.79c	0.28a	8.61ab	0.80ab	0.71ab	10.11a
T7		25.17bc	20.89ab	3.16a	2.24a	3.31c	3.04ab	0.32a	7.96b	0.83a	0.71ab	9.62a
T8		27.12ab	21.86a	3.03ab	2.04abc	2.36d	3.05a	0.28a	8.95ab	0.80ab	0.68ab	10.89a
T9		23.44bc	18.01c	2.58d	1.97abcd	4.38a	2.46c	0.24a	9.11ab	0.77ab	0.77a	10.14a
处理效果比较	A_1	26.58a	19.87a	2.95a	1.86a	4.21aA	2.76a	0.29a	9.04a	0.75b	0.63a	9.60a
	A_2	24.49b	19.81a	2.86a	2.04a	2.76bB	2.90a	0.29a	8.59a	0.81a	0.71a	10.16a
	B_1	24.33bB	18.76b	2.72bB	1.88bB	3.52a	2.74bB	0.28a	8.96a	0.77a	0.70a	9.77a
	B_2	26.73aA	20.93a	3.09aA	2.01aA	3.45a	2.92aA	0.30a	8.66a	0.78a	0.65b	9.99a
	C_1	24.67b	19.33bB	2.94a	2.05aA	3.80aA	2.78a	0.29a	8.42b	0.79a	0.70a	9.65a
	C_2	26.40a	20.35aA	2.87a	1.84bB	3.16bB	2.88a	0.29a	9.21a	0.77a	0.64b	10.11a

表2-3-19　各处理中部叶化学成分

处理		总糖（%）	还原糖（%）	烟碱（%）	总氮（%）	淀粉（%）	钾（%）	氯（%）	糖碱比	两糖比	氮碱比	钾氯比
T1		30.73b	25.03bc	3.42c	2.69a	4.30a	2.28bcd	0.21a	9.01a	0.81a	0.67bc	11.08a
T2		30.08b	24.75c	3.53bc	2.30bc	1.80e	2.42ab	0.20a	8.91ab	0.82a	0.63c	11.97a
T3		30.96b	27.19abc	3.58bc	2.25c	3.41b	2.36abc	0.22a	8.69ab	0.88a	0.70ab	11.14a
T4		32.73a	28.28a	3.67abc	2.49abc	2.12de	2.53a	0.21a	8.65ab	0.86a	0.67bc	12.01a
T5		30.28b	24.75c	3.52bc	2.45abc	2.92bc	2.17d	0.23a	8.59ab	0.82a	0.71ab	9.35a
T6		30.77b	25.68abc	3.70abc	2.50ab	2.84c	2.18cd	0.20a	8.55ab	0.84a	0.67bc	11.11a
T7		30.85b	25.96abc	3.61bc	2.49abc	2.61cd	2.27bcd	0.22a	8.53ab	0.84a	0.74a	10.82a
T8		32.96a	27.80ab	3.79ab	2.67a	2.52cd	2.39ab	0.21a	8.30b	0.84a	0.71ab	11.66a
T9		25.20c	19.76d	3.98a	2.68a	3.61b	2.03d	0.19a	6.33c	0.79a	0.67bc	10.84a
处理效果比较	A_1	31.13a	26.31a	3.55a	2.37b	2.91a	2.40aA	0.21a	8.76a	0.84a	0.67b	11.55a
	A_2	31.21a	26.05a	3.66a	2.59a	2.72a	2.25bB	0.21a	8.53a	0.84a	0.71a	10.74a
	B_1	30.47bB	25.05bB	3.54b	2.39b	2.97a	2.26b	0.21a	8.61a	0.82b	0.67b	10.88a
	B_2	31.87aA	27.31aA	3.67a	2.57a	2.67b	2.39a	0.21a	8.70a	0.86a	0.70a	11.40a
	C_1	30.70b	26.63a	3.53bB	2.49a	3.31aA	2.27a	0.22a	8.7a	0.84a	0.70a	10.60b
	C_2	31.63a	25.73a	3.68aA	2.47a	2.32bB	2.37a	0.21b	8.61a	0.84a	0.67b	11.69a

表2-3-20　各处理上部叶化学成分

处理		总糖（%）	还原糖（%）	烟碱（%）	总氮（%）	淀粉（%）	钾（%）	氯（%）	糖碱比	两糖比	氮碱比	钾氯比
T1		20.15d	16.90c	4.73ab	2.85a	1.31b	1.44b	0.26a	4.06d	0.84abc	0.58bc	5.59a
T2		20.72bcd	17.14bc	4.66ab	2.85a	0.70c	1.52ab	0.25a	4.18cd	0.83bc	0.57c	6.22a
T3		21.86abc	18.72ab	4.96a	3.03a	1.09b	1.46b	0.26a	4.63abc	0.86abc	0.64abc	5.71a
T4		22.31a	19.26a	4.95a	3.00a	0.77c	1.68ab	0.27a	4.79ab	0.87abc	0.64abc	6.66a
T5		21.51abcd	17.55bc	4.38b	2.99a	2.85a	1.43b	0.23a	4.94a	0.82c	0.69a	6.22a
T6		20.64cd	18.02abc	4.68ab	2.98a	1.10b	1.56ab	0.26a	4.41bcd	0.87ab	0.64abc	6.86a
T7		21.57abcd	19.16a	4.78ab	3.10a	0.56c	1.62ab	0.25a	4.52abcd	0.89a	0.65ab	6.39a
T8		22.21ab	19.45a	4.76ab	2.88a	0.72c	1.78a	0.27a	4.67abc	0.88ab	0.60bc	6.64a
T9		20.37cd	17.43bc	4.85a	2.84a	1.69b	1.45b	0.30a	4.19cd	0.86abc	0.58bc	5.10a
处理效果比较	A_1	21.26a	18.00a	4.83a	2.93a	0.97bB	1.53a	0.26a	4.42b	0.85a	0.61bB	6.05a
	A_2	21.48a	18.55a	4.65a	2.99a	1.31aA	1.59a	0.25a	4.63a	0.86a	0.64aA	6.53a
	B_1	20.75b	17.40bB	4.61a	2.92a	1.49aA	1.49b	0.25a	4.40a	0.84b	0.62a	6.22a
	B_2	21.99a	19.15aB	4.86a	3.00a	0.79bB	1.64a	0.26a	4.65a	0.87a	0.64a	6.35a
	C_1	21.27a	18.8a	4.71a	2.99a	1.45aA	1.49b	0.25a	4.54a	0.85a	0.64a	5.98a
	C_2	21.47a	18.47a	4.76a	2.93b	0.82bB	1.64a	0.26a	4.51a	0.86a	0.62a	6.60a

3.7 不同垄作和钾肥施用方式对烤烟经济效益的影响

3.7.1 不同处理用工成本比较

从表2–3–21可知，平地栽烟省去起垄操作，每667 m^{2}比常规起垄节省2.5个工日，约少150元；低起垄比常规起垄每667 m^{2}节省0.9个工日，约少54元。两次培土处理比一次培土处理每667 m^{2}多用工2.8个，多168元。对总用工来说，平地栽烟一次培土每667 m^{2}用工0.3个，多18元；而低起垄一次培土比常规每667 m^{2}节约用工0.9个工日，约少54元；低起垄二次培土比常规每667 m^{2}多1.9个工日，约多114元。

表2–3–21 不同处理起垄和培土用工成本

处理	起垄用工（个/667m^2）	起垄费用（元/667m^2）	培土用工（个/667m^2）	培土费用（元/667m^2）	合计用工（个/667m^2）	合计费用（元/667m^2）
T1	0	0	2.7	162	2.7	162
T2	0	0	2.7	162	2.7	162
T3	0	0	5.5	330	5.5	330
T4	0	0	5.5	330	5.5	330
T5	1.6	96	2.7	162	4.3	258
T6	1.6	96	2.7	162	4.3	258
T7	1.6	96	5.5	330	7.1	426
T8	1.6	96	5.5	330	7.1	426
T9	2.5	150	2.7	162	5.2	312

注：一个工日按8小时计算，按当地工资水平（60元/个工日）计算费用。

3.7.2 不同起垄高度、垄面宽度及覆膜宽度比较

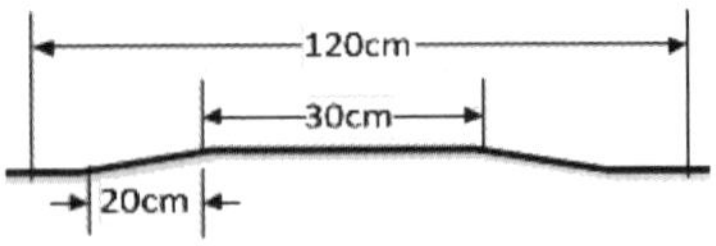

（a）平地栽烟

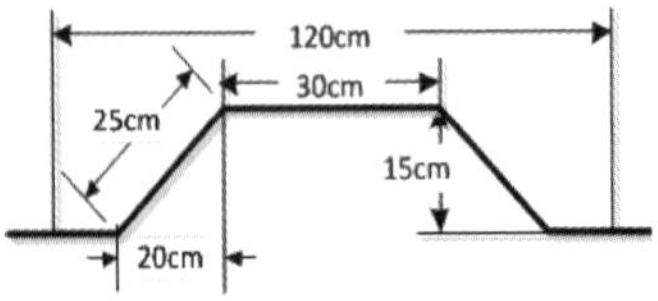

（b）垄高15cm

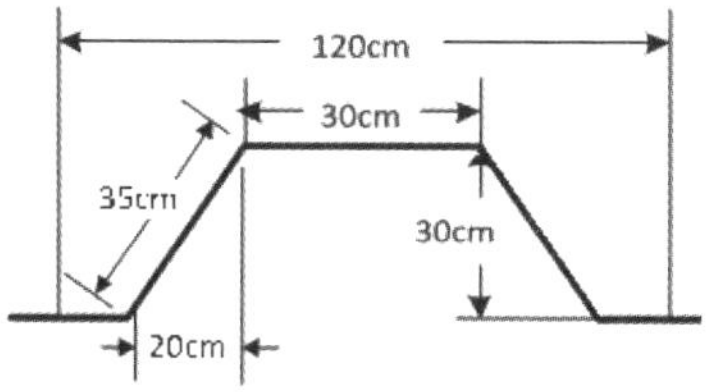

（c）常规垄（垄高30cm）

图2-3-2　不同起垄高度垄体横截面示意图

从图2-3-2可知，不同起垄高度处理，需不同宽度的地膜才能完全覆盖，达到保墒的效果。按同样的垄面宽度和行距计算，常规垄（垄高30 cm），需要宽度在100 cm以上的地膜才能完全覆盖垄体，垄高15 cm处理，需要宽度为80 cm以上的地膜才能完全覆盖垄体，而平地栽烟，仅需要宽度为70 cm的地膜就能完全覆盖，达到保墒的效果。667 m^2烟田，垄体长度约为555.8 m，按生产上常用的聚乙烯微膜规格（1 100 mm × 0.006 mm），每卷质量为10 kg，长度大约为1 480 m，每667 m^2需用3.76 kg地膜，若采用低起垄移栽，则可减少为地膜宽度20 cm，每667 m^2可节约地膜0.68 kg，按市场价15～20元/kg计算，约合10.2～13.6元；若采用平地移栽，则可减少地膜宽度30 cm，则每667 m^2可节约地膜1.02 kg，约合15.3～20.4元。

3.7.3　不同垄作和钾肥施用方式对烤烟经济性状的影响

由表2-3-22可看出，不同处理对产量的影响较小，差异均不显著。对上中等烟比例、均价以及产值来说，T4、T6、T7和T8处理上中等烟比例较高，显著高于其他处理和对照处理，从处理效果来看，垄高和培土对上中等烟比例影响不显著，但表现出一定的规律性，低垄移栽比平地移栽上中等烟比例平均高出0.77%，二次培土比一次培土平均高出0.68个百分点。T8处理均价和产值最高，极显著高于T7、T6、T3、T3、T5、T1和T9，显著高于T4。从处理效果来看，垄高对均价有显著影响，低垄移栽比平地移栽平均高0.23元/kg。培土和钾肥施用次数对均价有极显著的影响，二次培土比一次培土平均提高均价0.57元/kg，三次施钾处理比两次施钾处理平均提高均价0.53元/kg。从产值来看，T8处理最高，极显著高于除T4外的其他处理，其次为T4处理，极显著高于T1、T2、T3、T5和T9处理，产值最低为T1、T5和T9处理。从处理效果来看，垄高对产值影响显著，低起垄移栽比平地移栽产值平均高37.11元；培土和钾肥施用次数对产值影响极显著，二次培土比一次培土平均提高产值88.17元，三次施钾比二次施钾产值平均提高89.15元。

表2-3-22 不同处理经济性状比较

处理		产量（kg/667 m²）	上中等烟比例（%）	均价（元）	产值（元/667 m²）
T1		168.3aA	91.7cB	21.45fE	3609.7dD
T2		167.9aA	92.5bcAB	21.96deBC	3686cC
T3		167.8aA	92.4bcAB	21.91eCD	3678.1cC
T4		168.1aA	93.4abAB	22.39bAB	3763.5bAB
T5		167.9aA	91.6cB	21.49fDE	3609.3dD
T6		168.4aA	94.3aA	22.15cdBC	3730.1bBC
T7		167.8aA	93.1abAB	22.27bcBC	3736.1bBC
T8		167.6aA	94.1aA	22.74aA	3810.2aA
T9		168.8aA	91.5cB	21.56fE	3639.4dD
处理效果比较	A_1	168.01a	92.49a	21.93b	3684.31b
	A_2	167.92a	93.26a	22.16a	3721.42a
	B_1	168.12a	92.53a	21.76bB	3658.78bB
	B_2	167.81a	93.21a	22.33aA	3746.95aA
	C_1	167.96a	92.20bB	21.78bB	3658.29bB
	C_2	167.97a	93.54aA	22.31aA	3747.44aA

4. 小结

4.1 不同垄作和钾肥施用方式对植烟土壤温度和水分条件的影响

农业生产由生物本身的特性决定，同时也决定于气象条件等环境因素，气象条件强烈地影响着土壤、水的物理特性和状况，不同程度地影响着农业生产。文山烟区气温在烤烟生育期内变化不大，均在烤烟生长适宜的范围内，温度不是文山烟区的限制性因素。但降雨量在不同时期差异较大，干湿分明，前期降雨极少，成为烤烟移栽和烟株缓苗的限制因素，而后期降雨较大，多暴雨。这就要求在农艺措施上前期抗旱保墒，后期排水防涝。土壤水分是影响优质烟生产的重要因子，土壤水分状况对烤烟生长发育、生理生化过程、烟叶的产量和质量及肥料利用都有十分显著的影响。从试验结果来看，平栽和起垄对土壤温度的影响不如对水分的影响大。在前期降雨较少时，平栽和低垄较常规垄能显著提高根际土壤含水率，体积含水率最高比常规垄高出10%，说明降低起垄高度有利于保持土壤水分，有利于缓苗和烟株的生长发育；到后期降雨增加后，经过培土处理，垄体加高，使得田间排水通畅，土壤含水率差异逐渐减小，达到适宜烤烟生长的水平。在文山烟区采用平栽或低垄后培土符合当地的气候条件对农艺措施的要求。

4.2　对植烟土壤养分状况的影响

总体来说，起垄处理的土壤有机质含量低于平地栽烟处理。到采烤结束时，不论培土与否，平地栽烟处理，土壤有机质含量均显著高于起垄栽烟处理，各处理比对照高出37.5%以上，低垄栽烟处理比对照高出14%以上。这是因为起垄处理使土壤温度较高，有机质分解矿化速度较快，导致土壤有机质含量较低。

施肥使得土壤pH在一定范围内有所增加，各处理间pH差异不显著。随着烟株的生长，各处理pH均逐渐降低，呈现出前降后升的态势。这是由于烟株根系的主动吸收，根系向根际土壤外泌H^+以及根系生长较强，呼吸作用旺盛，导致根际土壤pH下降，而到烤烟生长后期，随着养分的逐渐消耗和根系代谢产物的产生，土壤pH逐渐升高。

养分和水分一样，是影响烤烟生长发育的主要生态因子，也是调控烟叶生产的有效手段。不同时期各处理间土壤碱解氮含量差异不显著，但是呈现出一定的规律性。在前期，起垄处理有比平地栽烟土壤碱解氮含量高的趋势，这是因为起垄处理后，垄体温度较高，有机质分解和其他形式氮素转化为碱解氮较多，另一个原因是平地栽烟根际含水率较高，导致烟株吸收较强，相应的土壤碱解氮含量相对较低。而到6月20日，这种趋势逐渐翻转，平地栽烟处理的土壤碱解氮含量比起垄处理的土壤碱解氮含量低，这是由于进入雨季后，垄体越高，养分淋失越多，导致起垄处理土壤碱解氮含量较平地处理低。到追施第三次钾肥后，三次施钾处理的土壤碱解氮含量均有小于同一副处理下的两次施钾处理的趋势，到采烤结束后，这种趋势更加明显。可能是氮钾之间存在协同效应，相互促进吸收，同时，促进烟株的营养生长，吸收更多的养分，使土壤碱解氮含量降低。

不同时期各处理间土壤速效磷含量差异不显著，这是由烟草对磷的吸收规律和磷素在土壤中的特性决定的。烟株对磷素的吸收一生都较低和平缓，磷在土壤中不易移动，且易与土壤结合，流失也较少。

在前期，由于基肥施用量的不同，分二次追施钾肥处理的土壤速效钾含量极显著高于分三次追施钾肥处理，但起垄高度对速效钾的影响不显著。到第二次培土及追施第三次钾肥（6月22日）后，各处理间差异减小，垄高处理、培土次数处理及分次施钾处理间差异均不显著；烟叶采烤结束后，除T2处理土壤速效钾含量较高外，其他处理间差异不显著，但三次追施钾肥处理有比二次追施钾肥处理土壤速效钾含量高的趋势，平地栽烟处理比起垄栽烟处理土壤速效钾含量也有高的趋势。这可能是因为分次施钾和垄高较低，减少了土壤钾素的淋失。

4.3 对烤烟生育期的影响

试验处理对烤烟生育期影响不大，这是由于烤烟的生育期由生态条件和自身的遗传特性决定，农艺措施对其影响有限。

4.4 对烤烟农艺性状的影响

烤烟生长前期，平栽处理烟株高度显著大于起垄处理；封顶后，不同的处理措施对株高的影响不同。同一垄高处理下，两次培土处理的株高较一次培土的高出4 cm以上；同一培土处理条件下，垄高15 cm处理的株高较垄高0 cm的高出2 cm以上；钾肥施用次数对株高影响不明显。这说明在文山烟区，水分因素比土壤温度因素对烤烟生长前期的制约作用大。而到后期降雨较多的情况下，过低的垄高会使烟田排水功能较差，土壤水分含量过大，影响根系发育，导致烟株生长较慢。而培土既可以增强烟田的排水，又可以增加烟株不定根的生长发育，使得烟株能够吸收更多的营养，烟株生长较快。

在第一次培土前，起垄处理烤烟有效叶数比平栽少0.6片以上，差异显著。可以看出，在烤烟生长前期，由于起垄处理根际水分含量小于平栽处理，故水分对烤烟生长有显著的限制作用。而在烤烟生长后期，高垄和二次培土处理使得烤烟生长明显加快，使其最大叶数反而超过低垄处理和一次培土处理。

第一次培土前，垄高为0 cm的处理叶长比垄高为15 cm的处理叶长要长2 cm左右，叶宽差异不显著。到封顶后，经过培土后垄高相近的处理间差异不显著，同一垄高处理二次培土处理的叶宽显著大于一次培土处理2 cm以上。说明二次培土有利于叶片的伸展，使叶片长度和宽度增加。分次施钾处理烟叶叶片宽度有增加的趋势。

4.5 对烟叶物理性状的影响

由田间试验可知，垄高对烤后烟叶物理性状影响不显著。

培土对中部叶单叶重影响较大，二次培土能提高中部烟叶单叶重，而对下部叶和上部叶单叶重影响较小。对含梗率影响不显著，但表现出二次培土处理比一次培土处理含梗率低的趋势，二次培土处理能提高下部烟叶和中部烟叶叶片厚度，培土处理对烟叶平衡含水率影响较大，二次培土处理能提高烟叶平衡含水率，培土处理对下部叶叶质重影响较大，二次培土能提高下部烟叶叶质重，而对中、上部烟叶叶质重影响较小。原因是培土能增加烤烟植株叶片光合速率，改善叶片光合性能。培土使烤烟根系发达并使烤烟发出更多的不定根，增强烟株对水分和养分的吸收能力，使得叶肉细胞增大，内含物增加。

在施钾量一定的情况下，增加钾肥施用次数，增加中后期钾肥供应，可使下部叶单叶重降低，而能显著提高中部烟叶单叶重。由于基追肥施比例的不同，烟株生长前期，土壤钾素含量两次施钾处理比三次施钾处理高，而追施第三次钾肥到下部叶成熟采收时间间隔较短，这是因为土壤钾含量对烟叶单叶重影响较大，可使下部叶和中部叶厚度增加，提高烤后烟叶平衡含水率，可以提高下、中部烟叶叶质重，但对上部烟叶影响不显著，对含梗率影响不显著，表现出三次施钾处理含梗率比两次施钾低的趋势，表明增加中后期钾肥供应有利于叶片生长，能够增加烟叶内含物含量，使叶片更充实。

4.6 对烟叶主要化学成分的影响

烟叶化学成分是决定烟叶质量的内在因素，其协调更是烟叶香味风格和质量特征的物质基础，是卷烟对烟叶原料要求的一个重要方面。

垄高对不同部位烟叶化学成分含量的影响不尽相同。垄高显著影响下部烟叶总糖含量，平栽下部烟叶总糖含量比起垄栽培高，而对中、上部烟叶总糖含量影响较小，原因是前期平栽使得根际土壤含水率大于起垄移栽，使得烟株光合作用更强，合成更多的光合作用产物，而后期降雨量较大的情况下，各处理土壤含水率均较大，光合作用的强度差异不大。垄高对烟叶还原糖含量和两糖比影响较小，起垄移栽处理下部叶两糖比有高于平地栽烟处理的趋势。垄高对烟叶烟碱含量影响均不显著，但低垄移栽处理有降低上部烟叶烟碱含量的趋势，平均降低0.18%；低垄栽烟比平地栽烟下、中部烟叶总氮含量高，对上部烟叶影响不显著。垄高对不同部位烟叶淀粉含量影响不同，低垄栽烟下部烟叶淀粉含量比平地移栽处理低，而对上部烟叶淀粉含量影响正好相反，对中部烟叶影响不明显。平地栽烟比起垄栽烟中部烟叶钾含量平均高0.15%。垄高对下部和上部烟叶钾含量影响不显著。垄高对下部和中部烟叶糖碱比影响不显著，而对上部烟叶糖碱比影响显著，低垄移栽比平地移栽上部烟叶糖碱比高；垄高对下部烟叶氮碱比影响不显著，对中、上部烟叶氮碱比均有显著的影响，低垄移栽比平地移栽高；对不同部位烟叶钾氯比影响趋势不同，对于下部和上部烟叶低垄移栽有比平地移栽高的趋势，而对中部烟叶影响相反。

培土影响烟叶总糖和还原糖含量，二次培土处理各部位烟叶总糖和还原糖含量均比一次培土高，影响中上部烟叶两糖比，但影响效果不同，二次培土处理使中部烟叶两糖比变小而使上部叶两糖比变大。二次培土处理能提高下部和中部烟叶烟碱和总氮含量，这是由于培土有利于不定根的发生和侧根的生长，而烟碱是在根部合成运送到烟叶中的，对上部烟叶影响不明显。二次培土处理能降低中部和上部烟叶淀粉含量，对下部烟叶淀粉含量影响不显著。二次培土处理能显著提高烟叶钾含量。培土处理对烟叶糖碱比含量影响不显著。培土处理对烟叶氮碱比的影响随部位不同而不同，二次培土能降低下部烟叶氮碱比，提高中部叶糖碱比，但对上部烟叶糖碱比影响不明显。二次培土处理对烟叶钾氯比影响不显著，但有提高烟叶钾氯比的趋势。

在施钾量一定的情况下，增加钾肥施用次数，增加中后期钾肥供应，能提高烟叶总糖含量，对下部和上部叶影响较大，而对上部烟叶影响不明显。对还原糖含量的影响和烟叶部位有关，三次施钾处理能提高下部烟叶还原糖含量，而对中部和上部叶影响不显著。施钾次数对烟叶两糖比影响不显著。三次追施钾肥处理有降低下部烟叶烟碱含量而提高中部叶烟碱含量的效应，对上部烟叶烟碱含量影响不显著。还能降低下部和上部烟叶总氮含量，但对中部烟叶总氮含量影响不显著；增加钾肥施用次数可以降低烟叶淀粉含量；能显著提高上部烟叶钾含量，对提高中部烟叶钾含量也有一定的效果；对烟叶氯含量影响不显著。增加施钾次数可以提高下部烟叶糖碱比，而对中部和上部叶糖碱比影响不明显；能降低下部和中部烟叶氮碱比，而对上部烟叶氮碱比影响不显著。增加施钾次数能显著提高中部烟叶钾氯比，对下部叶和上部叶钾氯比也有增加的趋势。

4.7 对烤烟生产成本的影响

烤烟生产过程中劳动强度大，物资使用较多，成本高，起垄和培土环节用工较多，从试验观察来看，每667 m^2平地栽烟一次培土比常规操作少用工2.5个，节约成本约150元，平地栽烟二次培土每667 m^2比常规多用工0.3个，多18

元；而低起垄一次培土比常规每667 m^2节约用工0.9个工日，约少54元；低起垄二次培土比常规每667 m^2多1.9个工日，约多114元。从地膜使用角度分析，若采用低起垄移栽，则可减少地膜宽度20 cm，每667 m^2可节约地膜0.68 kg，按市场价15～20元/kg计算，约合10.2～13.6元；若采用平地移栽，则可减少地膜宽度30 cm，则每667 m^2可节约地膜1.02 kg，约合15.3～20.4元。不仅降低了生产成本，也减少了资源消耗，缓解了环境压力。

4.8 对烤烟经济性状的影响

产量、上等烟比例、均价和产值是评价烟叶商品等级质量的主要指标，也是影响收益的直接指标。从试验结果来看，不同处理对产量的影响较小；低垄移栽比平地移栽上中等烟比例有提高的趋势，二次培土有提高上中等烟比例的趋势，但影响均不显著。垄高对均价和产值有显著影响，低垄移栽比平地移栽能提高均价和产值。培土和钾肥施用次数对均价和产值有极显著的影响，二次培土比一次培土平均提高均价0.57元/kg，每667 m^2平均提高产值88.17元。三次施钾处理比两次施钾处理平均提高均价0.53元/kg，每667 m^2平均提高产值89.15元。

第四节 不同氮肥用量与揭膜培土技术对烤烟产质量的影响

1. 研究目的与意义

烤烟是产量、质量并重的叶用经济作物。烟叶的产量取决于烟株总干物质的积累量及在叶片中的分配量，而干物质积累又与烟株对氮、磷、钾等养分的吸收积累密切相关，尤其是氮肥的用量对烤烟的产、质量均有显著影响。适宜的氮肥用量对于烤烟尤其重要。氮肥用量少，影响产量和质量；氮肥用量太多，导致烟叶化学成分不协调，品质变差。

烟草覆膜栽培是我国各烟区普遍采用的一项技术，具有调节土壤，改善根系分布状况，改变植株生长布局，提高中、下部叶品质的作用。但覆膜对烟株产生的积极作用在大田生育期中有一定的阶段性，当日均温达到20℃以上时，为了提高肥料利用率和协调烟草叶片发育，就要及时揭除地膜。如果不及时揭膜，过高的土壤温度就会对根系造成伤害，并且地膜会阻挡来自空气中的降雨，不利于烟株后期的生长。地膜覆盖后期地表温度过高、湿度不足等，会影响烟株根系正常的生长发育，对烟叶品质的提高有一定的负效应；适时培土能增肥提效，促进烟株生长，提高烟叶产量和品质。不同时期揭膜培土对烟株根系吸氮规律、生长发育和烟叶品质的影响也不同。

2. 材料与方法

试验地点：文山州砚山县。

试验时间：2013年。

试验设计：大田试验。

在文山州砚山县选择灌排方便、轮作良好、肥力水平中等的田块。试验采用两因素随机区组设计，即氮肥水平和揭膜处理两个因素，分别设3个氮肥水平：6 kg、7.5 kg和9 kg；揭膜处理设：35 d揭膜、50 d揭膜和不揭膜。试验处理见表2-4-1。

表2-4-1 试验处理表

代号	处理
1	亩施纯氮6 kg、移栽后35d揭膜培土
2	亩施纯氮6 kg、移栽后50d揭膜培土
3	亩施纯氮6 kg、不揭膜
4	亩施纯氮7.5 kg、移栽后35d揭膜培土
5	亩施纯氮7.5 kg、移栽后50d揭膜培土
6	亩施纯氮7.5 kg、不揭膜
7	亩施纯氮9 kg、移栽后35d揭膜培土
8	亩施纯氮9 kg、移栽后50d揭膜培土
9	亩施纯氮9 kg、不揭膜
10（CK）	亩施纯氮7.5 kg、当地习惯揭膜方式

样品采集与数据记载：每个处理下部叶取5～6叶位，中部叶取9～11叶位，上部叶取16～17叶位，取各部位最好的烟叶各2 kg，记载试验地点基本情况（海拔、经度和纬度等），基本农事操作，田间小气候（土壤温度、土壤湿度等），病虫害情况，原烟外观质量评价，主要经济性状。小区布置见图2-4-1。

田间排水沟											
保护行	N6	N2	N7	N9	N10	N5	N1	N3	N4	N8	保护行
机耕路											

图2-4-1　小区布置图

测定指标：

生育期记录：观察移栽期、10叶期、15叶期、现蕾期、脚叶采烤期、顶叶采烤期、生育期。

农艺性状调查：每处理取10株以上烟株平均值，测定移栽30 d、60 d烟株株高、叶数、最大叶长、最大叶宽；移栽80 d，烟株封顶前株高、封顶后株高、叶数、上部倒数第4片长、宽。打顶后10 d（脚叶采烤前）取10株烟株，测算烟株定长后最大叶面积。

物理指标：烤后烟叶的长、宽、梗重和平衡含水率等。

化学指标：烤后烟叶的总氮、淀粉、还原糖、总糖和烟碱含量等。

3. 结果与分析

3.1　不同氮肥用量与揭膜培土技术对烤烟农艺性状的影响

3.1.1　叶长

由表2-4-2可以看出移栽后30 d各处理间的差异明显，N6、N7极显著高于N1，可以看出前期试验处理对烟株长势的影响非常大；移栽后60 d，各处理差异显著，其中N1、N5、CK显著低于其他各处理。

打顶前，各处理差异变小，N2、N9与N1、N4的差异达到了显著水平。

打顶后10 d，差异进一步缩小，N2显著高于N4。

3.1.2　叶数

由表2-4-2可以看出移栽后30 d，各处理之间差异显著；移栽后60 d，各处理间差异变小，其中N6极显著高于N5；打顶前各处理间的差异进一步变小，其中N2、N9显著高于N1、N4；打顶后10 d N2、N9显著高于N4。

3.1.3 叶长叶宽

移栽后30 d叶片差异明显，可见各处理对烟株生长前期产生了非常大的影响。移栽后60 d各处理差异变小，其中叶长N7显著大于N8。

表2-4-2 不同处理株高、有效叶数及最大叶长和叶宽平均值

处理	移栽后30 d				移栽后60 d			
	株高（cm）	叶数（片）	叶长（cm）	叶宽（cm）	株高（cm）	叶数（片）	叶长（cm）	叶宽（cm）
N1	10.6cB	10cdeCD	22.4cdC	9.9bA	53.2efDE	14.6cB	52.4abA	22.5aA
N2	18.6abAB	11.4bcABC	27.8abcABC	13.5abA	69.3cdBCD	15cAB	53.6abA	23.9aA
N3	12.2bcB	8.6eD	22.4cdC	10.6bA	63.8deCDE	15.7abcAB	55.4abA	22.2aA
N4	15.4bcB	10.2cdCD	27.7abcABC	14.8abA	67.6cdBCD	15.9abcAB	53abA	22.8aA
N5	12.4bcB	10.2cdCD	22.1dC	9.8bA	49.8fE	14.7cB	53abA	21.1aA
N6	23.4aA	12.6abAB	30.2aAB	13.8abA	91.2aA	17.9aA	54.6abA	23.1aA
N7	24.2aA	13aA	31.4aA	14.8abA	82.3abAB	17.3abAB	57.2aA	23aA
N8	12.8bcB	9.8deCD	23.4bcdBC	11.8abA	65.2deCDE	15.3bcAB	50.9bA	23.3aA
N9	15bcB	11cdBC	27.4abcdABC	15.8aA	78.1bcABC	17.4abAB	55.2abA	22.4aA
CK	13.6bcB	9.8deCD	28.2abABC	12.3abA	57defDE	15.2bcAB	54.5abA	23aA
	打顶前				打顶后10 d			
	株高（cm）	叶数（片）	叶长（cm）	叶宽（cm）	株高（cm）	叶数（片）	叶长（cm）	叶宽（cm）
N1	87bA	22.2aA	56abA	20.2aA	94.6abA	21.6aA	57.2aA	21.4aA
N2	106.2aA	23.2aA	64.8aA	22.2aA	113.6aA	22.4aA	65.4aA	24.6aA
N3	100.8abA	22.2aA	55.2abA	22.2aA	102.6abA	20.8aA	55.8aA	23aA
N4	84bA	20.6aA	50bA	21.4aA	90bA	19.6aA	59.2aA	22.8aA
N5	92.4abA	23.8aA	59.4abA	21.6aA	95.2abA	22.4aA	62.2aA	23.8aA
N6	108aA	23.2aA	59.8abA	21.6aA	111.2abA	22aA	61.1aA	23.2aA
N7	92.4abA	23.2aA	55.4abA	21.8aA	98abA	23aA	58.2aA	22.8aA
N8	95.4abA	21.2aA	57.6abA	21.2aA	99abA	19.8aA	58.2aA	22.4aA
N9	106.4aA	22.6aA	60.2abA	21.8aA	111.8abA	21.2aA	61.4aA	24.2aA
CK	94.2abA	23.2aA	59.4abA	23.6aA	95.8abA	22.8aA	61aA	25aA

3.2 不同氮肥用量与揭膜培土技术对烤烟经济性状的影响

不同氮肥处理和揭膜时间对烤烟经济性状的影响如表2-4-3所示。

表2-4-3 不同氮肥处理和揭膜时间对烤烟经济性状的影响

处理	产量（kg / 667m²）	上中等烟比例（%）	均价（元）	产值（元 / 667m²）
N1	134.86	79.15	20.11	2 711.52
N2	138.34	81.73	21.11	2 920.28
N3	128.52	78	20.51	2 636.05
N4	145.29	83.54	21.17	3 075.29
N5	166.26	84.76	20.94	3 481.02
N6	157.9	68.02	18.17	2 869.25
N7	183.94	61.81	17.52	3 222.7
N8	179.59	60.89	17.08	3 068.13
N9	165.7	50.02	15.11	2 504.22
CK	136.81	76.87	20.55	2 811.51

3.2.1 产量

通过图2-4-2可以看出各个处理的产量都在130～185 kg/667m²之间，其中N7最大，达到了183.94 kg。

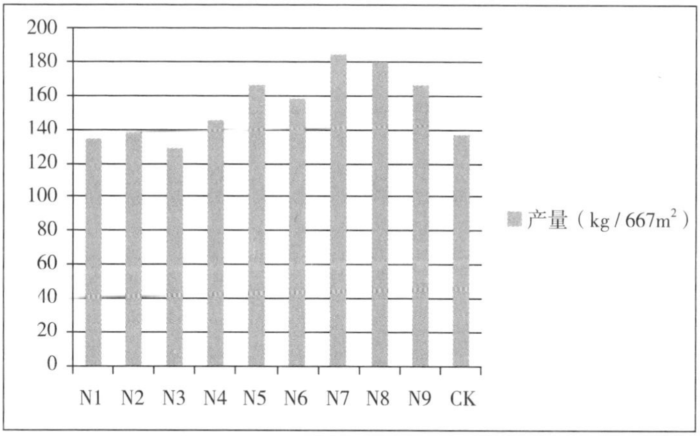

图2-4-2 不同处理对产量的影响

3.2.2 上中等烟比例

通过图2-4-3对上中等烟比例分析可以得知，各处理的上中等烟比例在50%～80%的范围内，其中N6、N7、N8和N9的上中等烟比例较小，N9的比例最小。

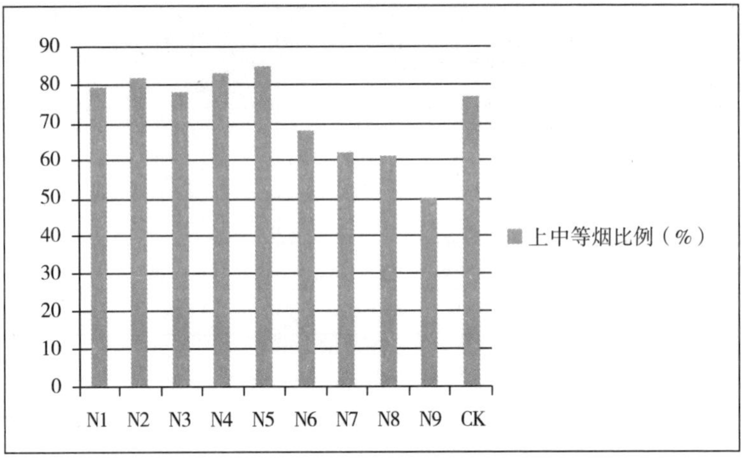

图2-4-3 不同处理对上中等烟比例的影响

3.2.3 均价

通过图2-4-4可以看出各处理的均价与上中等烟比例的变化趋势一致。

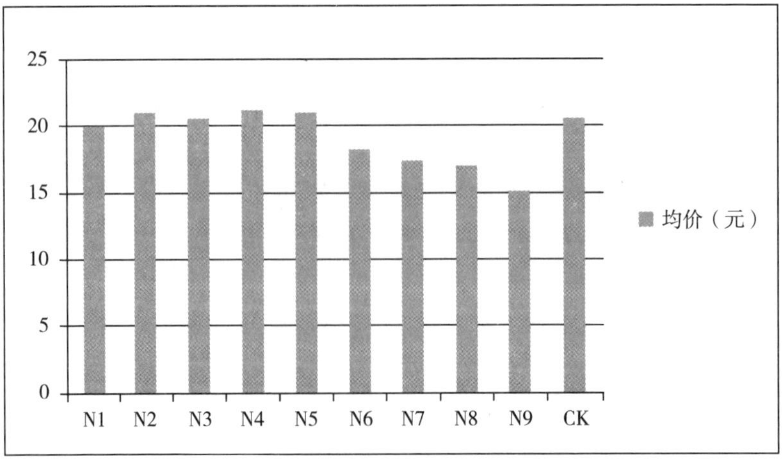

图2-4-4 不同处理对均价的影响

3.2.4　产值

通过图2-4-5可以看出产值最高的是产量中等、上中等烟比例和均价最高的N5。

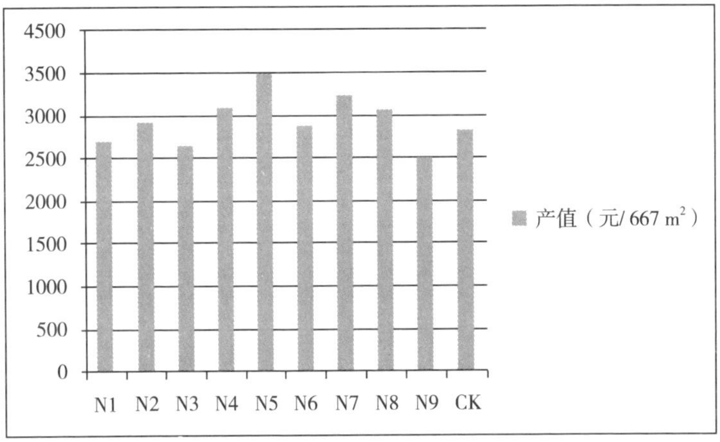

图2-4-5　不同处理对产值的影响

4.　小结

通过对农艺性状的研究表明，本试验处理由于土温、肥力的变化对烤烟的前期影响最大，中后期由于揭膜和肥力的改变，各处理的差异又逐渐缩小。

通过对经济性状的研究表明，产量适中、均价和上中等烟比例最高的N5产值最高。

第五节　不同覆膜技术对植烟土壤及烟叶产质量的影响

1.　研究目的与意义

文山壮族苗族自治州地势为西北高、东南低，最高海拔达2 991.2 m，最低海拔为107 m，平均海拔在1 000～1 800 m之间。北回归线横贯文山州而过，全州70%的地区属亚热带，30%的地区属温带，年平均气温在19℃左右，年降雨量约800 mm，日照时数在2 000 h以上，无霜期为270～350 d，冬无严寒，夏无酷暑，降水量和日照时数充足。良好的光、热、水、气条件，为文山州农业生产尤其是烤烟生产赋予了得天独厚的优势。

滇东南是云南省易发生干旱的地区之一，文山州在过去50年中，有10次干旱过程强度指数达-118以上，其中2009—2010年的干旱过程强度指数竟达-407，这种秋冬春季及初夏连旱的干旱过程强度是当地自有气象记录以来最强的，常态化的降雨量减少及极端的干旱灾害将成为文山烤烟及其他农作物生产的极大威胁和挑战。

覆膜是一种成本低廉、操作简单而又效果显著的农艺措施，但是烤烟覆膜栽培技术绝不是简单地覆盖一层地膜而已，适应当地生产实际及自然生态条件的覆膜相关配套措施是必要的。覆膜技术在文山州其他经济作物生产中已有应用，但是在烤烟种植方面刚刚起步，相关配套农艺措施还有待研究。

2. 材料与方法

2.1 试验设计

本研究的大田试验在云南省文山州砚山县进行。供试烤烟品种为云烟87，由砚山县烟草公司提供烟苗。土壤为红壤，全氮、全磷和全钾含量分别为1.74 g/kg、1.03 g/kg和23.36 g/kg，土壤速效氮、磷和钾的含量分别为141.32 mg/kg、28.70 mg/kg、259.66 mg/kg。试验设置如下7个处理：不覆膜（CK，处理1）；覆膜、不揭膜（处理2）；覆膜、移栽后20 d揭膜（处理3）；覆膜、移栽后20 d揭膜培土（处理4）；覆膜、移栽后40 d揭膜（处理5）；覆膜、移栽后40 d揭膜培土（处理6）；覆膜、移栽后60 d揭膜（处理7）。每处理三次重复，小区面积为50 m^2。

2.2 测定项目及方法

2.2.1 土壤指标测定

土壤温度调查，于移栽当天和移栽后每隔20 d，采用水银温度预埋的方法（深度分别为5 cm、15 cm、25 cm），于中午12时读取温度计数值，读数对应各土层温度。

土壤水分分布调查，于移栽当天和移栽后每隔20 d，采用水分测定仪（Meridian Measurement MPM-160B）分别在中午12时对5 cm、15 cm、25 cm土壤进行含水率检测。

土壤养分分布调查，于移栽当天和移栽后每隔20 d，根据五点法分别采集

5 cm、15 cm、25 cm土壤，风干，碾磨，过筛后测定全氮、全磷、全钾、碱解氮、速效磷和速效钾含量。全氮采用凯氏定氮法，全磷采用比色法，全钾采用火焰光度法，碱解氮采用碱解扩散法，速效磷采用0.05 mol/L HCl–0.025 mol/L（1/2 H_2SO_4）法，速效钾采用NH_4OAc浸提，火焰光度法。

2.2.2　烤烟农艺性状测定

于移栽后30 d、60 d、移栽后80 d，每小区选定10株长势一致且能代表本小区水平的烟株，测量株高、茎围、节距、有效叶片数及最大叶长宽。均按《烟草农艺性状调查标准方法》（YC/T 142—1998）测定。

2.2.3　烤后烟叶质量指标测定

2.2.3.1　物理性状测定

取各处理烤后烟叶的B2F、C3F、X2F进行物理指标测定。单叶重采用平衡水分称重法。厚度的测定：随机抽取20片烟叶，用薄片厚度计分别测量各烟叶叶尖处、叶中部、叶基部3处的厚度，测量位置均选取半叶的中线位置，求60个点的厚度平均值，即为厚度。含梗率的测定：随机抽取叶片20片，于水分平衡箱内平衡水分至16.5% ± 0.05%，用百分之一天平称取烟叶质量，去除烟梗，称量质量，计算含梗率。叶质重的测定：随机取烟叶20片，平衡叶片含水率至15%左右，取半片叶，沿着叶尖处、叶中部、叶基部等距取5点，用直径为15 mm打孔器打下5片圆片，将50个圆片放入水分测定盒中，在100 ℃条件下烘2h，冷却30min后称重，根据下列公式计算叶面密度：

$$叶面密度（g/m^2）=\frac{烘后质量-水分盒质量}{50\times\pi\times（D/2）^2}\times10^6$$

2.2.3.2　常规化学成分测定

取各处理烤后烟叶的B2F、C3F、X2F进行烟叶的主要化学成分分析。烟碱、总糖和还原糖采用流动分析仪检测，钾采用火焰光度法，淀粉采用比色法，总氮采用凯氏定氮法。

2.2.3.3　香气物质测定

非挥发性有机酸的测定：称取0.5 g粉碎混匀的中部烟叶样品，置于100 mL干燥具塞三角瓶中，加入25 mL 10%硫酸–甲醇溶液和戊二酸–甲醇溶液，摇匀后室温振荡24 h。然后过滤至分液漏斗中进行二氯甲烷萃取。萃取之后加入无水硫酸钠除水，取1 μL注入气相色谱，采用内标法进行定量分析。分析仪器为TRACE ULTRA，FID检测器，载气为高纯N_2，DB-5弹性石英毛细管柱（30m × 0.32mm id × 0.25 μ mdf），气化室和FID检测器温度均为250℃，分流比为10∶1；程序升温过程为：初温40℃保持1 min，10℃/min升至140℃，15℃/min升至260℃。

中性香气物质测定：准确称取25 g中部烟样粉末，置于500 mL圆底烧瓶中，加入350 mL的蒸馏水100 g，加入内标液500 μL于电炉上加热，另一侧圆底烧瓶（250 mL）中加入60 mL二氯甲烷，蒸馏萃取2 h。用250 mL的分液漏斗收集馏出液至150 mL，在分液漏斗中加入20 mL 10%的酒石酸溶液，分液后加入适量无水硫酸钠脱水，浓缩至1 mL。试验用气质联用系统（GC/MS）为Agilent 6850 Network GC system和5975C（EI-MSD）；毛细管柱是DB-5/M S（Agilent 19091 S-433 E）；8位自动进样器；质谱库为NIST。载气为He；柱头压为68.95 kPa，溶剂延迟时间为3.5 min；传输线温度250℃，离子源温度170℃；EI能量70 eV，扫描范围：35～350 amu。内标为芳樟醇（8mg/mL）。

色素的测定：采用高效液相色谱法，称取1.0 g烘干粉碎中部烟叶样品，用90%丙酮（含0.01二丁基羟基甲苯，BHT）恒温振荡提取4 h，抽滤后定容至50 mL。分析仪器为Dionex Summit HPLC，170U可见-紫外检测器；色谱柱为Diamonsil-ODS-C18（5 μ，250 × 4.6mm i.d）；进样量为20 μ L；流动相A为乙酸乙酯，B为90%乙腈；梯度洗脱，流速0.6 mL/min；波长450 nm；分析测定β-胡萝卜素和叶黄素的含量采用外标法。

多酚含量的测定：采用高效液相色谱法，称取0.5g烤后中部烟叶，置于索氏提取器中，用石油醚进行脱脂处理，将脱脂后的烟叶置于圆底烧瓶中，加入适量甲醇，水浴加热回流2 h，过滤后定容。吸取供试液注入液相色谱，用外标法进行定量分析。分析仪器为Dionex Summit HPLC，170U可见-紫外检测器；色谱柱为Diamonsil-ODS-C18（5 μ，250 × 4.6 mm i.d）；进样量为20 μ L；流动相为甲醇与0.05 mol/L磷酸二氢钾水溶液；梯度洗脱，流速为1 mL/min；检测波长为326 nm。用外标法定量分析，芸香苷标准品为Fhika公司产品（纯度全90%），绿原酸标准品为Sigma公司产品（纯度全95%）。

3. 结果与分析

3.1 覆膜对植烟垄体土壤特性的影响

3.1.1 覆膜对植烟垄体土壤温度的影响

由表2-5-1可以看出，覆盖地膜对垄体不同土层温度产生较大影响，各时间段的影响程度有所不同，其中，以前期影响最大，覆膜栽培条件下各土层温度较露地栽培各土层温度高1～2℃，土层越深，温度差异有减小趋势。5 cm深度土层是直接接受阳光照射的土层，其变化较其他土层明显，在7个取样时间点，覆膜与露地的温差分别为1.8℃、1.5℃、0.9℃、0.6℃、0.2℃、0.9℃和1.0℃，呈现出两头温度差异大、中间温度差异小的趋势。

分析原因为：在大田移栽之后的烟株生长前期，烟株地上部组织较小，地面接收光线较多，所以垄体浅层温度在覆膜情况下会显著高于深层和不覆膜的浅层。随着烟株的生长发育，垄体多处于烟株荫下，光照引起的垄体温度差异会有所减小。在后期烟叶成熟采收过程，尤其是上部叶开始采收之后，地面接收光线又会逐渐恢复，增温效应又会加强，但由于地膜降解或破损等原因，增温的效果会在一定程度上受到影响。

烟根的最佳生长温度为25～28℃，在云南文山等地，虽然移栽期时温度已经不是烟株生长的限制，但覆膜引起的增温效果未超过烟根最佳生长温度，故覆膜对烟根的生长有一定促进作用。防止根系早衰是烤烟生产后期的重要任务，若后期不揭膜，增温效应可导致根系提前衰老，对烤烟生产不利。

植烟垄体土壤是烟株根系赖以生存的环境，温度是衡量土壤环境的重要因子。烟株根系活力、根系酶活、土壤微生物活性、土壤酶活以及有机质矿化反应等均受到土壤温度的影响。覆膜对土壤温度的影响并不能简单地归结于塑料地膜的保温效应，该影响可总结为各种非生物因素与生物因素综合作用的结果：覆膜条件下，地膜的光滑特性及膜下附着的小水滴会引起光线的反射和折射，改变光线路径，引起能量散失，但是由于地膜的屏障作用，由膜下物质（土壤、水分和空气）吸收的能量较难散失到地膜以外，在相对封闭的空间内，温度得以保持；而在露地栽培条件下，表层土壤在吸收能量的同时，不断向外界散失能量，较难实现积累，在有空气流动的情况下，热量散失更快；此外，温度的变化还受土壤微生物新陈代谢、植物根系新陈代谢、土壤自身化学反应及土壤中各种动物的呼吸等影响。

表2-5-1 不同日期不同处理垄体温度（℃）状况调查表

测量深度		5月7日	5月28日	6月17日	7月7日	7月27日	8月16日	9月5日
覆膜	5 cm	26.1	25.0	23.0	25.3	22.1	25.6	26.0
	15 cm	25.8	24.2	21.9	23.1	21.8	23.5	24.2
	25 cm	24.6	22.9	21.3	22.6	20.5	22.3	22.6
露地	5 cm	24.3	23.5	22.1	24.6	21.9	24.7	25.0
	15 cm	23.7	22.0	21.5	23.1	21.5	23.6	23.4
	25 cm	23.5	21.5	20.6	22.5	20.7	22.0	22.3

3.1.2 覆膜对植烟垄体土壤含水率的影响

3.1.2.1 雨后连续晴天气条件下覆膜对土壤含水率的影响

降雨后覆膜对土壤含水率的影响见图2-5-1，1～5 d数据为雨后测得。由图2-5-1可以较直观地看出降雨前后覆膜对垄体土壤含水率的影响十分明显。覆膜条件下5 cm土层在降水1 d内仍未上升，降水1 d后才开始有明显增加；15 cm土层含水率的增加先于5 cm，这是因为水分无法从垄体顶部进入土壤而只能从垄体底部向上移动，在该水分传递的过程中，处于中间的15 cm土层含水率波动不大；覆膜条件下，降雨会直接进入烟沟底部，或经过地膜表面流淌到烟沟中，垄体底部25 cm深的土层是距离烟沟最近的土层，因此也是雨水运移过程中最先经过的土层，其含水率在降雨后会有大幅上升，增加10.5%，之后，由于雨水逐渐向地下和垄体上部移动，该土层土壤含水率会呈下降趋势，并趋于稳定。从整体来看，随着时间的推迟，雨后覆膜垄体土壤含水率会趋于基本一致水平，且在所跟踪检测的5 d范围内，该水平高于降雨前2%～4%。

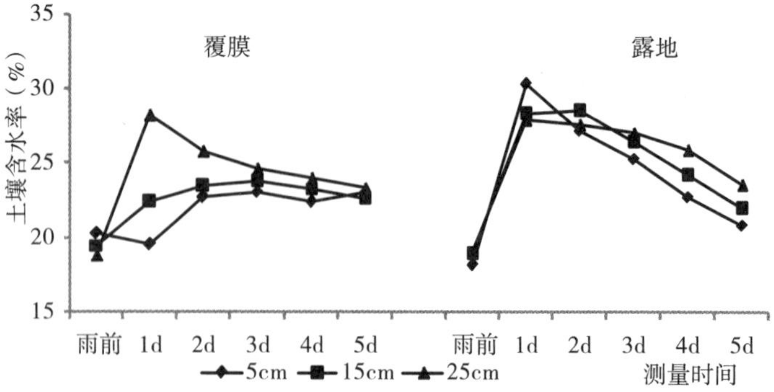

图2-5-1 降雨后覆膜对不同深度土壤含水率的影响

在降雨过程中，露地栽培条件下的土壤表层直接接受降水，故垄体含水率会在相对较短时间内迅速上升。5 cm处于表层，含水率增加最大，增加值达到12.1%，雨后表层土壤黏重，重力水含量较高。降雨后，随着时间的推移，重力水会逐渐下渗，加之土壤表层水分蒸发，烟株根系的利用等因素，其含水率下降较快；15 cm为垄体中间土层，其含水率下降速度较表层土壤慢；25 cm土层处于垄体最底部，是垄体水分下移过程的必由之路，水分较充足。另外，由于降雨过程中烟沟排水不及时等原因，烟沟的水也可能直接进入垄体基部，使该土层含水率较容易保持在相对较高水平，但是，最终也会随时间推移而恢复到正常水平。

如图2-5-2所示，降雨前覆膜垄体和露地垄体土壤含水率存在差异，覆膜水分状况明显优于露地，以5 cm土层差异最大，随深度增加，差异减小，25 cm处差异不大；至降水5 d后，二者水分状况与降雨前相似，覆膜垄体土壤水分状况较露地好，深层水分较降雨前增加较多。

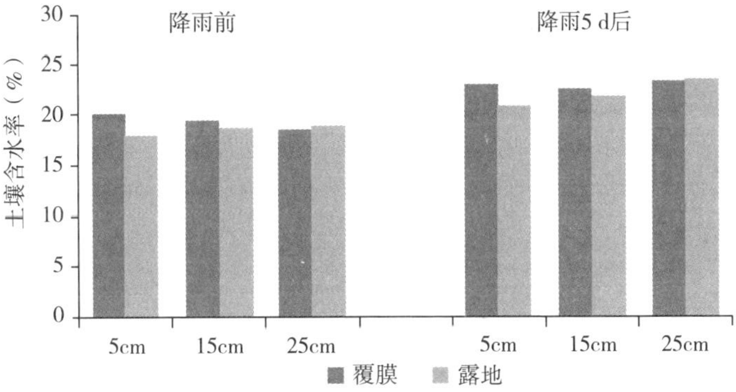

图2-5-2　降雨前后覆膜与露地不同深度土壤含水率比较

根系是陆生植物吸收水分的主要器官，根系生长在土壤中，因此，根系所处土壤条件必然影响植物的水分吸收。土壤水分状况、土壤通气状况、土壤温度等均会影响根系对水分的吸收，而地膜覆盖恰好可对上述三因素产生重要影响。由于文山烟区大田移栽时间尚未进入雨季，所以土壤水分就成了移栽成活率及前期生长的重要限制因素，无论是等雨移栽还是灌溉移栽，覆膜都会减少土壤有效水分的散失，有利于移栽成活以及烟株的早生快发，为烟叶生产打下良好的基础。

进入雨季以后，降水较多，水分已经不再是制约烟叶生产的因素，在露地栽培条件下，降水集中容易导致烟垄含水率急剧升高，并引起一段时间内的土壤黏重，重力水占据了土壤中绝大多数的大孔隙，氧气不足，CO_2积累，影响根系的正常呼吸作用，进而影响其吸水吸肥作用的发挥，不利于烟株的健康生长。在覆膜栽培条件下，雨水不会迅速进入垄体，而是从烟塘下渗或者通过毛细管力从沟底向上传递，保证了土壤环境良好的通气性，促进根系的有氧呼吸及生长。但是，由烤烟生产中后期土壤水分的检测可发现，不揭膜导致垄体水分相对较低，随着烟株生长后期生物量、叶面积的不断增大，蒸腾作用导致的水分散失日渐强烈，烟株对水分需求较大，覆盖地膜可能导致烟株水分亏缺而产生不利影响。

3.1.2.2 大田生育期内覆膜对植烟垄体土壤含水率的影响

由表2-5-2可知，地膜对垄体土壤水分的影响显著，5月份降水少，地膜覆盖下的垄体不同土层水分含量均不同程度地高于不覆膜处理，在测量过程中，可以发现地膜的内表面往往会附着小水滴，并不断汇集成流，回到垄体表层土壤，使之变得湿润，由5月7日和5月28日两次测量可发现，覆膜条件下，浅层土壤含水率高于较深层次。进入6月份以后，降水量大大增加，但是由于地膜不透水，雨水无法直接到达表层土壤，使其含水率低于深层土壤。在露地栽培条件下，各层土壤的含水率受降雨情况影响较大，一般在雨后，土壤表层含水率会上升较快，在连晴天气中，表层土壤最容易散失水分，含水率下降较快。

表2-5-2 不同日期不同处理垄体水分（%）状况调查表

测量深度		5月7日	5月28日	6月17日	7月7日	7月27日	8月16日	9月5日
覆膜	5 cm	18.7	16.8	18.2	19.5	18.6	19.7	18.0
	15 cm	18.0	15.6	19.8	20.3	20.7	21.3	19.4
	25 cm	14.2	14.3	22.0	21.4	20.4	22.0	21.2
露地	5 cm	18.5	13.5	17.0	25.6	20.4	27.9	17.2
	15 cm	17.2	14.1	17.7	24.7	21.1	28.6	17.8
	25 cm	16.2	14.0	20.5	25.2	20.6	23.5	20.0

3.1.3　覆膜对植烟垄体土壤养分的影响

3.1.3.1　大田生育期内覆膜对植烟垄体全效养分的影响

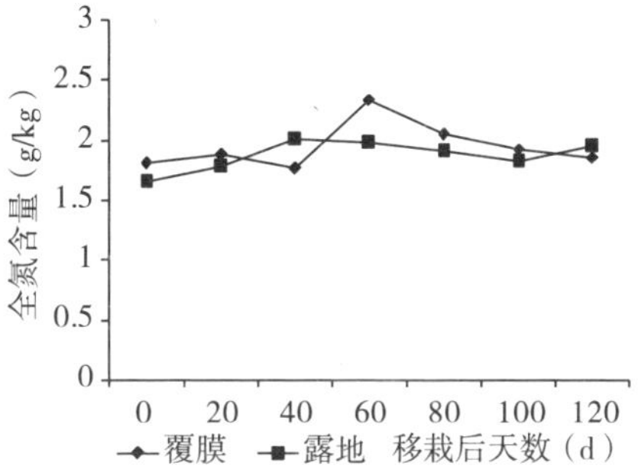

图2-5-3　15cm土层全氮含量变化趋势

覆膜栽培与露地栽培条件下植烟垄体15 cm土层的全氮变化见图2-5-3。覆膜对土壤全氮有较大影响，呈现前期保持较平稳状态，至60 d最大，然后逐渐降低的规律。露地条件下全氮变化较覆膜条件下缓和，至40 d前逐渐升高，之后相对稳定。

由于覆膜改善了土壤的湿热状况，所以土壤养分释放规律也会随之变化。前期土壤含水率有限，可能会导致微生物活性低，前茬作物残留根系腐解及土壤其他有机质的分解也会受到影响，导致前期全氮变幅不大。随着试验地区进入雨季，土壤含水率上升，微生物活性增强，各种化学反应加快，全氮呈现增加趋势，烟株进入旺长期以后，对氮素需求非常大，总氮的含量变化是烟株吸收、随水分运移、土壤释放等多方面作用的结果。在根系吸收的因素中，由于覆膜导致烟株根系分布更趋向表层，可能导致在15 cm土层中覆膜烟株根系的吸收量大于露地栽烟根系。

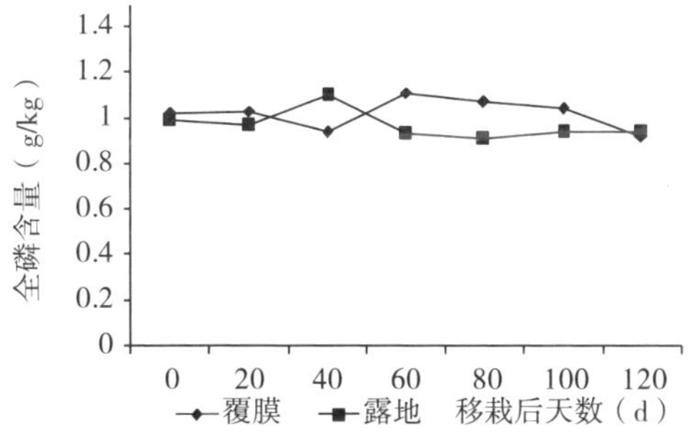

图2-5-4　15cm土层全磷含量变化趋势

覆膜栽培与露地栽培条件下植烟垄体15 cm土层的全磷变化见图2-5-4。两种条件下，全磷的变化趋势大致相反。覆膜垄体的全磷呈现前期平稳，中期低谷，之后缓慢下降的规律。露地垄体则表现为前期平稳，中期出现高峰，之后稳中有升。虽然二者都有波动，但是变化幅度都不剧烈，试验田块全磷含量相对充沛，生育期结束时全磷含量下降不大，覆膜和露地两种条件下土壤全磷分别下降0.10 g/kg和0.05 g/kg。全磷的变化和全氮一样，受多方面因素影响。

覆膜栽培与露地栽培条件下植烟垄体15 cm土层的全钾变化如图2-5-5所示。烤烟对钾的需求是所有矿质元素中最多的一种，由图2-5-5可知，覆膜与露地两种条件下土壤全钾含量下降，但变化趋势有所不同。覆膜垄体全钾含量由22.9 g/kg减少到17.0 g/kg，露地垄体全钾含量由24.0 g/kg变为16.0 g/kg，降幅较覆膜处理大。

移栽后40～100 d内露地栽烟垄体15 cm土层速效钾含量持续下降，推测原因为钾元素在土壤中容易随水分移动，降水促使垄体钾素流向更深层次土壤，导致未覆膜条件下钾素含量下降较多。一般肥力较好的田块供肥能力持续性较好，全钾降幅较全氮、全磷多的原因为：烟草生物量较大且为喜钾作物，地上垄体中根系较丰富，对钾元素消耗较大。

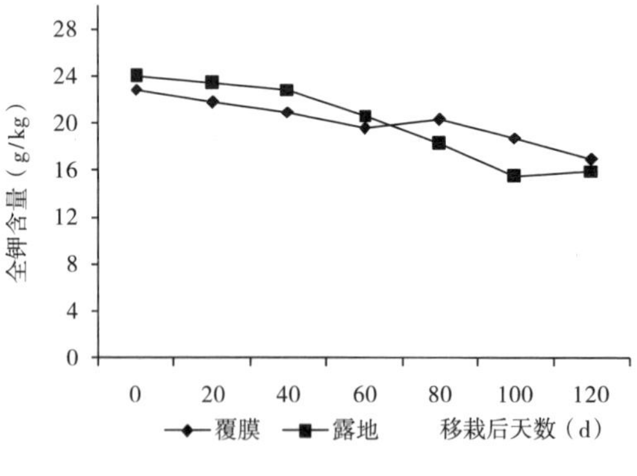

图2-5-5　5cm土层全钾含量变化趋势

3.1.3.2　不同覆膜期限对土壤碱解氮的影响

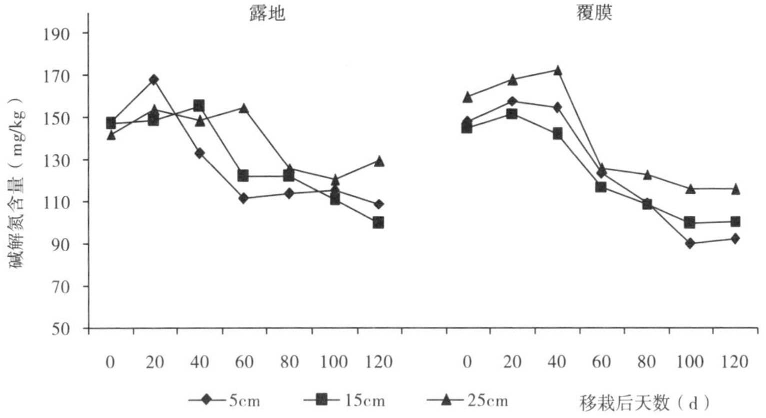

图2-5-6　覆膜与露地条件下土壤碱解氮含量的变化

覆膜与否对土壤碱解氮含量的影响见图2-5-6。从图2-5-6中可以看出各处理的碱解氮变化幅度均较大。露地条件下的表层5 cm土壤在移栽后20 d有所上升，达到最大值167.8 mg/kg，在20～60 d内呈下降趋势，60 d后平稳；15 cm土层变化呈现前期平稳，中后期逐渐下降的趋势；25 cm土层在前60 d内波动幅度不大，碱解氮含量稍有上升，在移栽后60～100 d内下降较快，最后保持平稳，之后又小幅度上升。从总体来看，垄体碱解氮含量最终都有所下降，一是因为烟株的吸收，二是因为养分的淋失。表层土壤变化最剧烈，土层越浅，碱解氮的下降就出现得越早，这是因为根系进入各土层的时间不同。

覆膜条件下，5 cm土层土壤在移栽后40 d内有小幅度上升，之后呈现较快下降趋势，碱解氮消耗严重；15 cm土层碱解氮含量变化主要在移栽后20～100 d内呈下降趋势，后期平稳；25 cm土层碱解氮含量变化为前40 d稳中有升，之后20 d内下降剧烈，最后60 d内稳中有降。

如图2-5-7所示，相比其他处理，20 d揭膜处理三个土层的碱解氮变化趋势比较一致，最大的特点就是在60 d处都出现一个低谷，原因可能有二：一是移栽后20～60 d烟株快速引起氮素消耗高峰，二是揭膜后一定时期内降雨引起养分向下淋失。

40 d揭膜处理，三个土层碱解氮含量在移栽后20 d内都有所上升，之后至80 d

内，除15 cm土层最后有小幅度上升外，另外两土层均持续下降。从田间长势来看，该处理烟株长势连贯，农艺性状表现良好，证明其根系养分供应状况良好。移栽后40 d内，由于地膜的增温保墒作用，垄体湿热状况良好，土壤矿化速率快，为烟株旺长奠定基础，揭膜遇雨后，氮素除消耗外，还会因为雨水淋溶而减少，使后期土壤碱解氮含量保持相对较低水平，符合优质烟叶生产要求。

由图2–5–7可知，60 d揭膜处理的表层土壤在揭膜前呈现与不揭膜处理相似的变化趋势，碱解氮含量降低至较低水平，由于覆膜后烟株根系下扎幅度小，表层土壤根系分布丰富，该土层的养分衰竭对烤烟生产十分不利；15 cm土层变化趋势与5 cm土层相似，但是变化幅度小；25 cm土层碱解氮含量变化呈“M”形，最高点出现在移栽后20 d和80 d，最低点为移栽后60 d，揭膜前养分下降是因为烟株消耗，揭膜后上升可能是上层土壤的碱解氮随雨水向下移动所致。

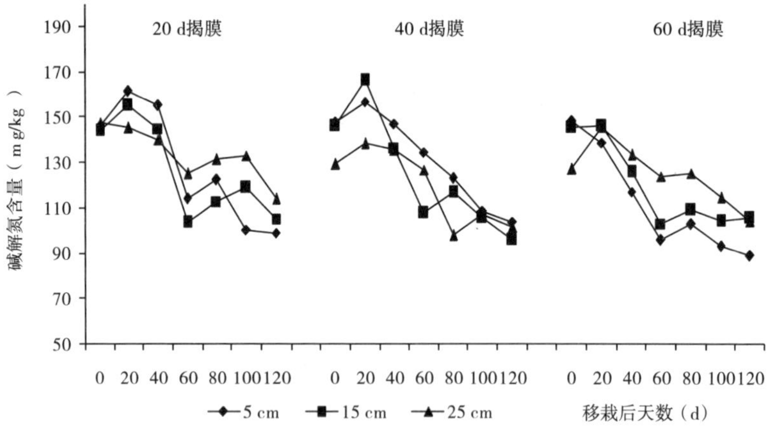

图2–5–7 不同揭膜时间对土壤碱解氮含量的影响

3.1.3.3 不同覆膜期限对土壤速效磷的影响

覆膜与否对土壤速效磷的影响如图2–5–8所示。露地条件下各速效磷含量变化趋势一致，大体呈“M”形，最低点均出现在移栽后60 d，第一阶段的上升可能是土壤释放有效磷大于植株吸收所致，随着植株生长，对磷的需求增大，导致有效磷含量下降。第二阶段的上升可能与土壤水分状况有关，磷的有效性受土壤水分影响较大，供水良好，磷肥有效性越强，因此进入雨季可能会使露地垄体有效磷含量上升。

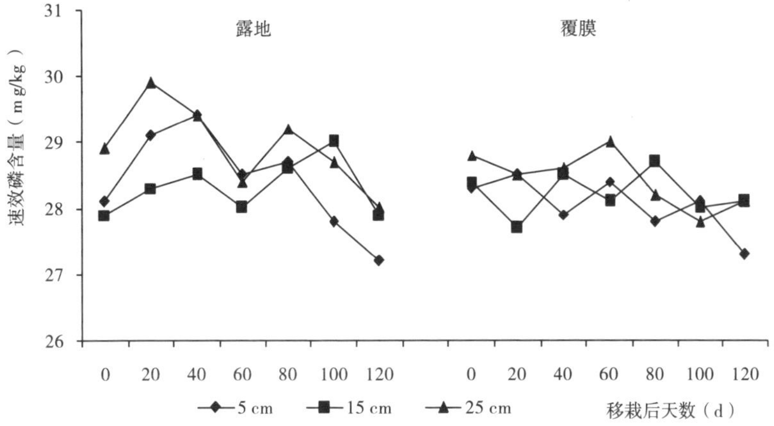

图2-5-8　覆膜与露地条件下土壤速效磷含量的变化

覆膜条件下各土层速效磷的变化一直处于波动中，变化幅度较小，可能的原因有三个：一是在全程覆膜的条件下，垄体水分含量没有剧烈地升高或降低，在相对干旱且水分条件较均一的环境下，磷的有效性较恒定；二是土壤有固磷作用，磷的移动较困难，区别于氮、钾等元素较易随水分移动；三是土壤释放的有效磷与植株的吸收达到较平衡的状态。

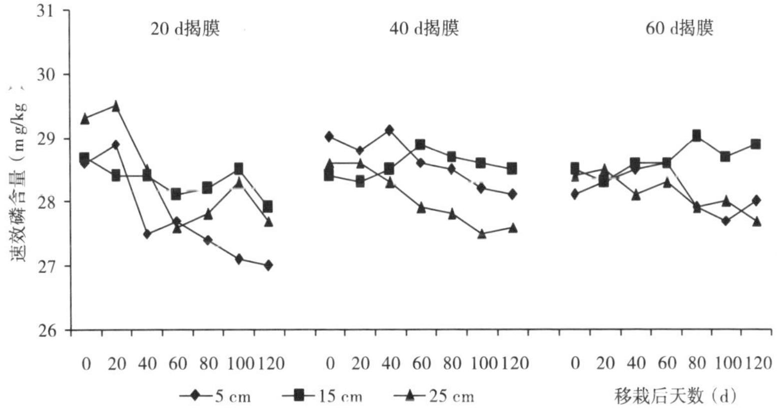

图2-5-9　不同揭膜时间对土壤速效磷含量的影响

不同揭膜时间对速效磷变化的影响见图2-5-9。20 d揭膜处理的不同土层速效磷变化趋势和处理1相似，类似“M”形，最低点出现在移栽后60 d，由于该处理在移栽后20 d揭膜，覆膜时间较短，故推断导致此结果的原因与处理1类似。

40 d揭膜处理中5 cm土层在揭膜前保持较平稳水平，揭膜后呈下降趋势，推断与水分供应增加后磷的移动性有所增强有关，也有可能是植株吸收所致；15 cm土层速效磷含量在移栽后60 d呈现上升趋势，之后下降，整个大田生育期内变化幅度不大；25 cm土层速效磷含量基本呈两头平稳，中间下降趋势，推测与植株的吸收有关。

60 d揭膜处理各土层速效磷含量在揭膜前变化较小，揭膜后20 d内15 cm土层速效磷含量上升，其余两个土层速效磷含量下降，可能受揭膜后植株吸收、土壤释放和养分移动等多种因素影响。移栽80 d后，各土层速效磷含量变化幅度不大。

3.1.3.4　不同覆膜期限对土壤速效钾的影响

覆膜与否对土壤速效钾的影响如图2-5-10所示。露地条件下的速效钾含量变化较剧烈，在移栽后40 d内，三个土层均呈现先升后降的趋势，之后5 cm土层速效钾含量继续下降，在移栽后60～80 d内维持较低水平，速效钾具有水溶性，表层土壤速效钾会随雨水进入更深土层，15 cm土层速效钾含量维持在相对较高的水平就可能为上述原因所致，当然每个土层还受植株利用及有机质矿化等影响。最后20 d内，除表层土壤速效钾含量大幅下降外，其余两个土层含量变幅不大，原因可能是植株吸收钾素减少，表层钾素淋溶。

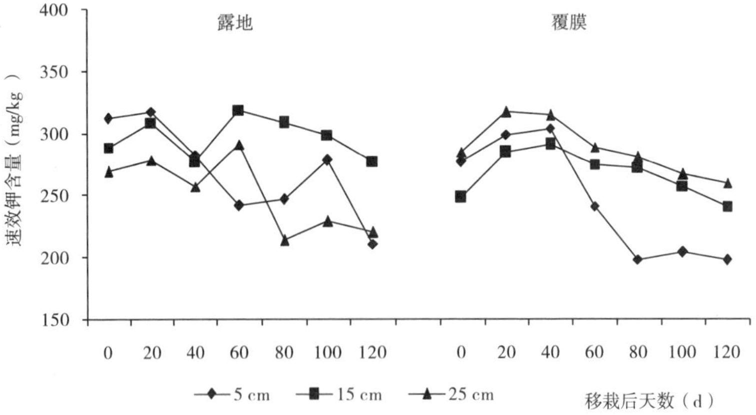

图2-5-10　覆膜与露地条件下土壤速效钾含量的变化

覆膜条件下的三个土层速效钾变化趋势较一致，呈现前期小幅上升，中后期逐渐下降的规律。5 cm土层速效钾含量降低最快，可能是由于大田生育期内未揭膜而导致根系分布较浅，引起养分大量消耗。其余两个土层减少较慢。

如图2-5-11所示，20 d揭膜处理的垄体在移栽后20 d内速效钾含量均有所上升，20 d揭膜后，5 cm、15 cm土层速效钾含量开始呈下降趋势，此时烟株生物量较少，所以速效钾的下降可能与水分的移动有关，20～40 d内，25 cm土层速效钾含量仍呈上升趋势，一方面可能是因为上层土壤钾元素下移，另一方面也可能为其自身有机质矿化所致。移栽40 d后，整个垄体土壤钾素呈减少趋势。

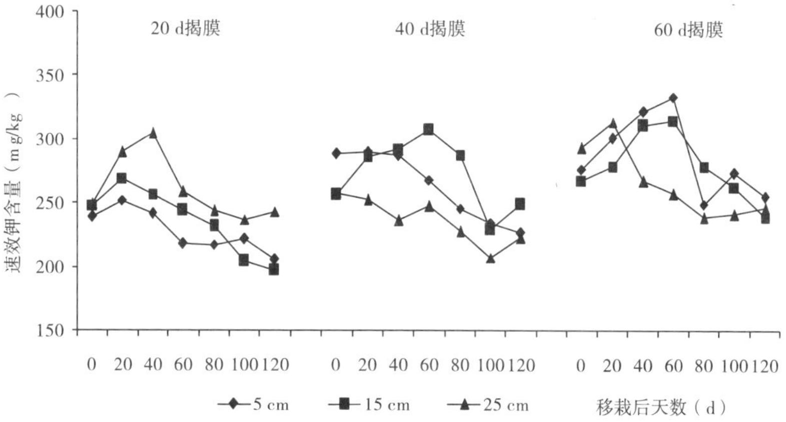

图2-5-11　不同覆膜期限对土壤速效钾含量的影响

40 d揭膜处理在揭膜前，5 cm和15 cm土层速效钾含量均有所上升，25 cm先下降，后持平，推测可能是因为钾素随水分向上移动而移动。揭膜后，各土层速效钾含量逐渐下降，分析为钾素淋溶及植株消耗的共同结果。

60 d揭膜处理在移栽后20 d内，整个垄体土壤速效钾含量上升，20～60 d，25 cm速效钾含量下降，其余土层速效钾含量上升，可能是未揭膜导致水分带动钾素自下而上移动的结果。揭膜后，各土层速效钾含量呈下降趋势。5 cm土层速效钾在移栽后100 d时有所上升，但是幅度不大。

土壤养分供应与烟株的营养状况有重要关系，烟株营养是烤烟的生长发育的基础。土壤养分变化规律较复杂：动植物、微生物残体不断进入土壤，增加土壤有机质含量，全效养分不断地转化为速效养分，速效养分又不断被植物吸收利用，降水过程以及土壤内的水分运动也可以带动养分的迁移，所以土壤中各土层的养分含量是处于动态变化中的。覆盖地膜将间接影响土壤的养分变化，首先覆膜可以改变土壤温度，温度升高，有机物分解及有机质矿化速率加快，根系活力增强，吸收速率加快。其次，覆膜可以改变垄体水分的迁移规律，进而影响可溶性营养物质的移动，覆膜后表层土壤中的根系分布将增加，而水分在向表层土壤移动的过程中可将深层土壤的养分带到表层。第三，覆膜下的垄体没有大量重力水通过，养分不易淋失。从这三点来讲，覆膜对土壤养分释放、保证养分被烟株吸收、保持养分方面有积极影响。

3.2 不同覆膜措施对烤烟生产的影响

3.2.1 不同覆膜措施对烤烟大田农艺性状的影响

由表2-5-3可以看出，移栽后30 d的农艺性状已经出现显著差异，从叶长、叶宽来看，处理1表现最差，这与田间的长势相吻合，由于移栽期降雨很少，土壤含水率低，不覆膜移栽容易导致烟苗还苗慢、成活率低等不良结果，处理3的叶长显著大于处理1，显著小于处理2、处理5、处理6和处理7，处理4与处理1有显著差异，与其他处理无显著差异；叶宽方面，处理7最大，处理2、处理4和处理5其次，但四者之间差异不显著，处理3叶宽显著大于处理1；处理5、处理6株高显著大于处理1、处理3和处理4，处理2、处理7与所有处理间无显著差异；处理1叶数最少，处理3显著多于处理1，显著少于剩余处理，可能由于20 d揭膜后，受水分限制较大；茎围方面，30 d尚未揭膜的处理显著大于已经揭膜的处理和未覆盖地膜处理。

表2-5-3 不同处理移栽后30 d农艺性状

处理编号	叶长（cm）	叶宽（cm）	株高（cm）	叶数（片）	茎围（cm）
处理1	44.1c	23.5d	28.6b	9.8c	5.98c
处理2	49.8a	27.6ab	29.4ab	11.7a	6.20b
处理3	45.3b	25.2c	28.2b	10.8b	6.16b
处理4	46.3ab	27.5ab	28.4b	11.9a	6.42a
处理5	49.4a	27.7ab	30.5a	11.5a	6.39a
处理6	48.8a	26.8b	30.5a	11.6a	6.38a
处理7	49.8a	29.5a	29.5ab	11.6a	6.47a

注：同一列数据小写字母不同者表示差异达显著水平（$p<0.05$）。下同。

进入6月份以后，试验项目区降水虽然有所增加，但仍明显不足，水分仍然是制约烟株生长的重要因素。由表2-5-4可以看出，处理3、处理4、处理5和处理6叶长较长，处理2、处理7其次，处理1最短；叶宽方面，处理1最窄，处理7

次之，其余较宽；处理2、处理6和处理7株高较高，处理1、处理3和处理5株高较矮，处理4居于中间且差异显著；处理5、处理6和处理7叶数显著多于其他处理；采取培土措施的处理4、处理6茎围显著大于其他未培土的处理，证明培土对茎秆的粗壮程度有一定影响。

由表2-5-5可知，移栽后80 d，处理4、处理6叶长最长，处理3、处理5其次，其余较短；叶宽为处理6最宽，处理4、处理5次之，其余较窄；封顶株高也呈现显著差异，但是绝对量的差别并不大；叶数方面没有显著性差异，茎围以处理6最大，处理4、处理5次之，其余较小。

表2-5-4　不同处理移栽后60 d农艺性状

处理编号	叶长（cm）	叶宽（cm）	株高（cm）	叶数（片）	茎围（cm）
处理1	76.3c	23.3c	133.6b	21.7b	8.81b
处理2	77.2b	27.1a	138.0a	22.5b	8.82b
处理3	78.1a	27.7a	133.4b	22.2b	8.81b
处理4	79.5a	29.2a	135.2b	21.9b	9.21a
处理5	77.9a	27.2a	133.4b	23.3a	8.68b
处理6	80.4a	30.2a	138.0a	22.7a	9.18a
处理7	77.0b	25.1b	139.3a	23.0a	8.78b

表2-5-5　不同处理移栽后80 d农艺性状

处理编号	叶长（cm）	叶宽（cm）	株高（cm）	叶数（片）	茎围（cm）
处理1	75.2c	25.1c	123.1b	20.7	8.43c
处理2	75.8c	25.3c	124.0b	20.8	8.61c
处理3	76.9b	25.3c	124.1b	20.7	8.76c
处理4	79.1a	28.0b	124.5ab	20.9	9.26b
处理5	78.1b	27.0b	124.0b	21.2	9.28b
处理6	80.0a	28.9a	125.5a	21.1	9.46a
处理7	75.6c	25.3c	122.3b	20.6	8.90c

如图2-5-12，从最大叶面积来看，覆膜期限对烤烟生长有明显影响，团棵期时，不覆膜处理和移栽后20 d揭膜处理已经揭膜，其最大叶面积显著小于此时还未揭膜的处理，20 d揭膜处理由于有前期20 d的覆膜，在最大叶面积方面优于不覆膜处理；至旺长期时，上述两个处理仍然落后，由于此时降水量已经开始增加，水分已经不是限制烤烟生长的最大因素，40 d揭膜处理在揭膜后并没有受到水分制约，其最大叶面积与此时还处于覆膜的处理无显著差异；移

栽后80 d后，不覆膜处理与移栽后20 d揭膜处理最大叶面积相当，二者显著低于其他3个处理。所以从最大叶面积的角度可以看出不覆膜或过早揭膜不利于烟株生长发育。

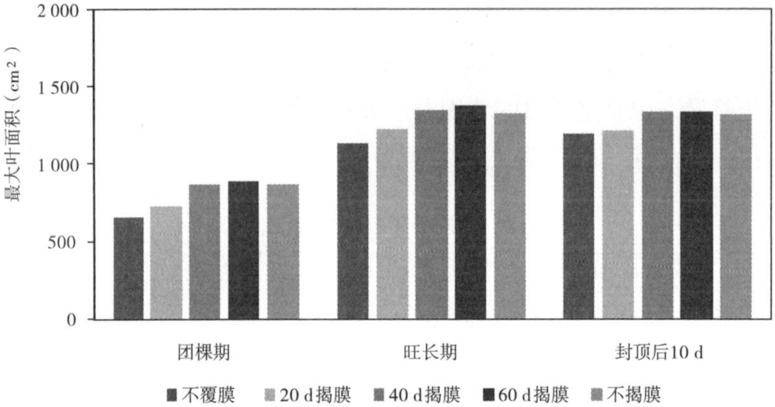

图2-5-12　覆膜期限对最大叶面积的影响

3.2.2　覆膜对烟田生态系统的影响

地膜作为物理屏障，可以影响植烟土壤的温度、水分。由于膜下气温高，空间小，在杂草叶片贴近地膜内表面生长时，膜下冷凝水珠会阻碍叶片呼吸，所以覆膜对杂草的抑制效果较好（见图2-5-13）。这样不仅节省了用工成本，还可以减少除草剂的使用，有利于烤烟生产效益的提高和烟叶安全性的提高。

图2-5-13 覆膜的抑草效应图

2-5-14 覆膜条件下雨水冲刷垄体图

2-5-15 覆膜条件下水土流失

后期降雨丰沛后，地膜已不能再起保水作用，反而会阻止水分进入土壤，这时就应该适时揭膜。此外，由于云南地处云贵高原，坡地较多，在雨季来临或有较大降雨时，覆膜会导致烟田中烟沟径流增大，毁坏垄体，加剧水土流失，且对烟水设施等基础设施造成威胁（见图2–5–14、图2–5–15）。因此，适时揭膜尤为重要。移栽后40 d烟株的高度、叶片数相对较低、较少，这有利于避免揭膜操作对烟株的机械伤害，揭膜操作也相对容易。

3.2.3　培土对烤烟生长的影响

从图2–5–16中可以看出，培土对茎围的增加有重要影响。团棵期间，移栽后20 d揭膜培土处理由于已经完成培土10 d，其茎围就已经与20 d揭膜未培土产生差异；而此时40 d揭膜及40 d揭膜培土尚未进行处理，茎围基本无差异。旺长期时,20 d揭膜和40 d揭膜两个处理的茎围分别低于20 d揭膜培土和40 d揭膜培土。直至移栽后80 d，这种效果依然持续。证明培土对增加茎围、提高烟株健壮程度方面有决定性作用。

培土是农业生产中为促进根系生长发育而常用的农艺措施。覆膜后的垄体水分变化较缓和，往往导致根系分布较浅，揭膜后表层土壤环境会发生剧烈的变化，使烟株难以适应，在这种情况下，培土就显得尤为重要。一方面培土会促进烟株新根系的发生，使根系总量大幅提高，保证烟株健壮生长所需的养分、水分，另一方面培土为垄体增加了新的、根系尚未利用的土壤，成为烟株养分的重要来源。

从研究所得的大田农艺性状、烤后烟叶质量以及产量、产值数据可知，在所有试验处理中，处理6的综合表现最优，且在很多测量指标上与处理5有显著差异，说明40 d的覆膜期限较适合文山烤烟生产，且在揭膜后及时培土对烤烟的生产最为有利。

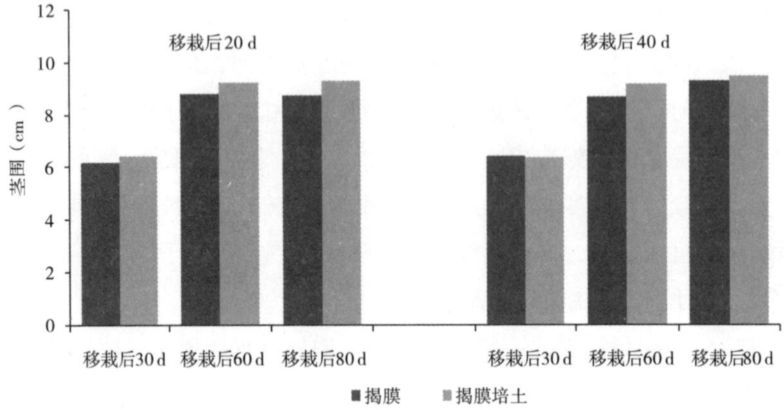

图2-5-16　揭膜培土对茎围的影响

3.2.4　不同处理对烤烟生育进程的影响

由表2-5-6可以看出，处理1进入团棵期最晚，相比其他处理推迟3 d，其长势也处于各处理中最差，可见不覆盖地膜会导致烟株前期生长的滞后。处理1、处理2现蕾期和打顶期晚于其他三个处理，原因是不覆盖地膜或过早揭膜影响了烟株在伸根、旺长阶段的生长。由于试验地块进入雨季为7、8月份，此时处理1、处理2和处理3已均无覆膜，水分供应充足，脚叶成熟比其他两个处理稍晚。从整个大田生育期来看，不揭膜处理处理5在后期顶叶成熟阶段较其他处理明显加快，可能的原因有两个：第一，由于后期叶片数量逐渐减少，垄体表面接受光照增多，覆膜会导致垄体温度保持在较高水平，加速了烟株衰老进程；第二，可能与膜下土壤养分耗竭程度不同有关，养分不足导致烟株被迫提前进入衰老状态。

表2-5-6　不同处理主要生育期时间调查表（月-日）

处理编号	移栽期	团棵期	现蕾期	打顶期	脚叶成熟	采收结束	大田生育期（d）
处理1	5-7	6-11	7-9	7-12	7-15	9-9	126
处理2	5-7	6-8	7-7	7-11	7-13	9-3	119
处理3	5-7	6-8	7-9	7-12	7-15	9-9	126
处理4	5-7	6-8	7-7	7-10	7-13	9-9	126
处理5	5-7	6-8	7-8	7-11	7-15	9-9	126
处理6	5-7	6-8	7-7	7-10	7-13	9-9	126
处理7	5-7	6-8	7-7	7-10	7-13	9-9	126

根系是烟株吸收水分、养分的重要场所，在地上部所处环境相同的条件下，根系吸收活力以及土壤环境的适宜性对烤烟的生长就显得尤为重要。在本试验实施过程中，5月份降水不足10 mm，裸地栽培严重制约了烟苗的还苗和伸根。所以有地膜覆盖的处理组能够减少垄体水分的散失，提高定根水和移栽后灌溉水的利用率，提高烟苗成活率，促进烟苗早生快发。进入7月份，该烟区进入雨季，降雨量大增，从水分角度考虑，地膜覆盖在保水方面不仅没有积极效果，反而会产生相反的结果。所以，适时揭膜在烤烟生产中也尤为重要。

3.3　不同覆膜措施对烤后烟叶质量的影响

3.3.1　不同覆膜措施对烤后烟叶物理指标的影响

不同覆膜措施对烤后上部烟叶物理指标的影响见表2-5-7，从烤后烟叶叶长、叶宽来看，处理3、处理4、处理5和处理6表现较好，显著优于其他3个处理，其中以处理6表现最佳，叶长、叶宽分别达到75.6 cm和21.1 cm；处理1、处理4叶片较厚，达到130 μm左右，处理7烤后叶片最薄，其他处理居中；处理1、处理2的含梗率显著高于其他处理，达到28%及以上，其余5个处理之间无显著性差异，均在27%以下；处理1、处理3含水率显著低于其他5个处理；从单叶重来看，处理3、处理4、处理5和处理6显著大于处理1、处理7，处理2烤后叶片最轻。不同处理对叶质重的影响达显著水平，以处理1和处理2较小。

表2-5-7　不同处理烤后上部烟叶物理指标

处理编号	叶长（cm）	叶宽（cm）	厚度（μm）	含梗率（%）	含水率（%）	单叶重（g）	叶质重（g/m^2）
处理1	72.0b	18.9cd	132.3a	28.1a	12.0b	15.0b	102.2b
处理2	72.3b	18.5d	119.8b	28.0a	12.9a	14.6c	103.8b
处理3	74.0a	20.0b	124.5b	26.2b	11.7b	16.1a	105.4a
处理4	74.8a	19.6b	127.7a	25.8b	12.7a	16.0a	107.1a
处理5	73.5a	19.8b	122.9b	26.5b	12.5a	15.9a	105.5a
处理6	75.6a	21.1a	120.1b	26.9b	13.3a	16.3a	107.5a
处理7	72.1b	19.1c	117.0c	26.7b	12.4a	15.3b	106.7a

表2-5-8 不同处理烤后中部烟叶物理指标

处理编号	叶长（cm）	叶宽（cm）	厚度（μm）	含梗率（%）	含水率（%）	单叶重（g）	叶质重（g/m^2）
处理1	73.5b	22.0b	75.9c	31.6a	14.3b	13.8b	85.2bc
处理2	74.0b	22.6b	80.3b	32.0a	13.9b	14.0b	81.7c
处理3	76.0a	22.8b	77.8bc	31.6a	14.8a	14.1b	84.1bc
处理4	77.9a	23.6a	81.1b	29.4bc	15.1a	14.5b	83.6b
处理5	76.2a	23.1b	82.1a	30.1b	14.8a	14.2b	87.1a
处理6	78.2a	23.5a	83.3a	28.5c	15.2a	15.0a	88.0a
处理7	74.1b	23.0b	83.0a	31.7a	14.0b	14.2b	82.4c

不同覆膜措施对烤后中部烟叶物理指标的影响见表2-5-8，试验各处理中，中部叶的叶长、叶宽均表现较好，但是仍然存在显著性差异，与下部叶相类似，处理3、处理4、处理5和处理6表现相对较好；从厚度来看，处理5、处理6和处理7显著大于其他4个处理，处理2、处理4其次，处理1最薄，处理3与处理1、处理2和处理4间无显著性差异；含梗率方面，处理1、处理2、处理3和处理7含梗率显著大于其他3个处理，处理6的含梗率最低，且显著低于处理5，处理4与处理5、处理6间无显著性差异；处理3、处理4、处理5和处理6含水率显著高于其他3个处理；除处理6单叶重显著较高外，其他6个处理间差异不显著；叶质重也有显著差异，处理5和处理6叶质重最大，处理4显著低于二者，处理2、处理7显著最小，处理1、处理3与处理4、处理2及处理7间差异不明显。

不同覆膜措施对烤后下部烟叶物理指标的影响见表2-5-9，烤后下部烟叶叶长差异层次较多，处理4、处理5和处理6表现最好，处理3、处理7较好，处理2较差，处理1最差；在叶宽方面，同样是处理1最差，显著小于处理4，其余处理均显著大于处理4；处理5叶片最薄，除与处理3无显著性差异外，与其余处理的差异均达到显著水平；含梗率，处理1最高，处理4居中，处理5最低，三者差异显著，处理2、处理3介于前二者之间且与其无显著差异，处理6、处理7介于后二者之间且与其无显著差异；处理3、处理4和处理7含水率显著高于其他处理；处理6单叶重最大，处理2、处理7居中，处理1最小，处理3、处理4和处理5介于处理6与处理2、处理7之间，与三者之间差异未达到显著水平；处理1、处理2和处理5叶质重显著小于剩余4个处理。

物理特性是烟叶质量和加工品质最为直观的体现。叶长、叶宽以及单叶重可影响产量和产值的形成；厚度则反映了烟叶的身份；平衡含水率可表征烟叶的吸湿性，平衡含水率高，加工过程造碎少；含梗率指烟梗占叶片总质量的比例，含梗率越低，出片率越高；叶质重则受烟叶内含物的影响。就叶片、长宽而言，虽然烘烤过程中会有所变化，但是烤后烟叶在长宽方面与大田期的农艺性状关系密切，仍以处理3、处理4、处理5和处理6表现相对较好；上部叶和下部叶厚度、含梗率均为处理1最大，处理6中部叶最厚，但是含梗率最低；中上部叶含水率、叶质重均以处理6最高，下部叶含水率为处理3最高，下部叶叶质重以处理5最高；处理6各部位的单叶重均最高；综合各物理指标来看，处理6表现最佳。

表2-5-9 不同处理烤后下部烟叶物理指标

处理编号	叶长（cm）	叶宽（cm）	厚度（μm）	含梗率（%）	含水率（%）	单叶重（g）	叶质重（g/m^2）
处理1	62.4c	25.1c	75.2a	35.3a	12.8b	8.5c	72.3b
处理2	65.5b	26.3a	73.8a	33.3ab	12.9b	9.3b	71.9b
处理3	65.9b	26.5a	73.4ab	32.6ab	14.1a	9.6ab	71.3b
处理4	67.2a	26.0b	74.2a	31.6b	13.5a	9.5ab	74.5a
处理5	66.8a	26.4a	73.0b	29.5c	13.3b	9.6ab	77.0a
处理6	66.9a	26.3a	73.8a	30.0bc	13.0b	9.8a	75.6a
处理7	66.0b	26.2a	74.6a	31.1bc	13.9a	9.4b	75.4a

3.3.2 不同覆膜措施对烤后烟叶常规化学指标的影响

从表2-5-10可知，不同覆膜措施对烤后上部烟叶化学指标的影响是显著的。处理2烟碱含量最高，达到4.14%，显著高于除处理3以外的其他处理，处理3与所有处理之间无显著差异；处理6、处理4、处理5和处理7总糖含量显著高于其他3个处理；还原糖含量，处理1、处理3和处理6均低于20%，其余处埋显著高于前三者，分布于25%左右；处理3、处理5和处理6的总氮含量显著高于其他处理；处理6淀粉含量最低，仅为1.15%，处理3、处理7显著高于处理6，其余4个处理淀粉含量显著较高；钾含量上，处理5、处理6和处理7显著高于处理1、处理2和处理3，处理4居中，与其他处理间无显著差异。

各处理上部烟叶糖碱比均小于1，分布在0.48～0.72之间，一般认为比值越小，烟味越浓，刺激性增大，因此，各处理中处理6氮碱比最适宜，其次分别为处理7、处理1、处理4、处理5和处理2。一般认为烟叶糖碱比含量在8.0～10.0范围内为适宜。各处理中，处理4、处理5和处理7的糖碱比落在适宜范围内，其他处理按接近程度大小分别为：处理2＞处理1＞处理6＞处理3；优质烟叶对氮碱比的要求为等于1或略小于1，一般上部叶的氮碱比小于中下部。

表2-5-10　不同处理烤后上部烟叶化学指标及协调性

处理编号	烟碱（%）	总糖（%）	还原糖（%）	总氮（%）	淀粉（%）	氧化钾（%）	氮碱比	糖碱比
处理1	3.56b	25.01b	18.95b	2.42b	1.88a	1.72b	0.68	7.03
处理2	4.14a	29.46a	25.22a	2.24b	2.03a	1.78b	0.54	7.12
处理3	3.82ab	23.69b	18.83b	2.65a	1.43b	1.79b	0.69	6.20
处理4	3.31b	28.97a	23.86a	2.26b	1.91a	1.88ab	0.68	8.75
处理5	3.61b	30.16a	24.74a	2.61a	2.07a	1.92a	0.72	8.35
处理6	3.42b	23.01b	19.39b	2.69a	1.15c	2.03a	0.79	6.73
处理7	3.45b	30.46a	25.58a	2.38b	1.45b	1.96a	0.69	8.83

不同覆膜措施对烤后中部烟叶化学指标的影响见表2-5-11，从烟碱来看，除处理1、处理6含量较高外，其他处理烟叶烟碱含量处于中等或较低水平，其中处理7烟碱显著高于剩余处理；总糖含量差异显著，处理2、处理4总糖含量较高，处理1、处理4和处理5居中，剩余3个处理最低；各处理间还原糖的差异基本与总糖相似；处理1、处理6和处理7总氮含量最高，处理3、处理4和处理5其次，处理2最低；淀粉含量为处理4、处理5和处理7高，处理6居中，其余处理低；处理1钾含量显著较低，其余处理之间有差异，但未达到显著水平。

氮碱比方面，处理5和处理4分别为0.98和0.96，比较接近于1.0，证明总氮和烟碱比例协调，其余处理氮碱比与1.0的接近程度为：处理6＞处理3＞处理7＞处理2＞处理1；糖碱比方面，处理1、处理6和处理7均处于8.0～10.0的范围之内，糖碱比较适宜，处理3糖碱比达到11.85，为次适宜，其余处理糖碱比在15.54～16.93之间，比值较大，可导致烟叶劲头小、香气平淡、烟味过于温和等结果。

表2-5-11　不同处理烤后中部烟叶化学指标及协调性

处理编号	烟碱（%）	总糖（%）	还原糖（%）	总氮（%）	淀粉（%）	氧化钾（%）	氮碱比	糖碱比
处理1	3.31a	32.19b	26.79b	2.55a	2.44c	1.80b	0.77	9.73
处理2	2.25c	38.10a	33.33a	1.75c	2.47c	1.94a	0.78	16.93
处理3	2.58c	30.58b	26.30c	2.17b	2.43c	1.88a	0.84	11.85
处理4	2.33c	37.74a	31.86a	2.23b	3.31a	2.06a	0.96	16.20
处理5	2.23c	34.65b	29.69b	2.19b	2.96a	2.13a	0.98	15.54
处理6	3.13a	27.66c	24.96c	2.68a	2.63b	2.07a	0.86	8.84
处理7	2.84b	28.12c	24.86c	2.34a	3.20a	1.98a	0.82	9.90

表2-5-12　不同处理烤后下部烟叶化学指标及协调性

处理编号	烟碱（%）	总糖（%）	还原糖（%）	总氮（%）	淀粉（%）	氧化钾（%）	氮碱比	糖碱比
处理1	2.08b	25.65a	23.21b	2.18	1.77a	2.32c	1.05	12.33
处理2	2.30a	26.64a	24.40b	2.07	1.92a	2.38b	0.90	11.58
处理3	2.02b	26.14a	23.39b	2.11	1.33b	2.54b	1.04	12.94
处理4	1.80c	28.85a	26.34a	1.97	1.86a	2.66a	1.09	16.03
处理5	2.05b	21.14b	18.12c	1.98	1.45b	2.59b	0.97	10.31
处理6	2.24a	27.66a	24.05b	2.26	2.14a	2.50b	1.01	12.35
处理7	1.94b	17.91c	16.39c	2.15	0.99c	2.52b	1.11	9.23

不同覆膜措施对烤后下部烟叶化学指标的影响见表2-5-12，处理2、处理6烟碱含量最高，处理4最低，分别与其他4个处理有显著性差异；就总糖含量而言，处理7显著低于处理5，此二者又显著低于其他5个处理；所有处理的还原糖与总糖的高低顺序基本一致，但是显著性有所不同，以处理4含量最高，处理5、处理7显著较低，其余处理居中；不同覆膜措施对下部烟叶总氮的影响未达到显著性水平；处理7淀粉含量显著低于其他处理，仅为0.99%，处理3、处理5稍高，其余处理最高；钾含量为处理4最高，处理1最低，其他居于二者之间且彼此间差异不显著。

各处理下部叶氮碱比表现较好，分布在0.90～1.11之间，较接近于1.0，处理5、处理6较符合“等于或略小于1.0”的要求，处理7和处理2偏离1.0较多。糖碱比方面，只有处理7落在8.0～10.0的范围之内，处理4糖碱比达到16.03，协调性较差，其他处理糖碱比分布在10.31～12.94之间，稍偏高。

由以上不同叶位不同处理的化学成分及协调性可知，常规化学成分受覆膜的影响不尽相同。各处理上部叶以处理3、处理5烟碱含量较高，其他分布在3.31% ～3.61%之间，处理2、处理4、处理5和处理7总糖还原糖较高，总氮方面无显著差异，处理6的淀粉含量最低，钾含量最高，氮碱比较适宜，糖碱比以处理7和处理4较理想。

中部叶烟碱以处理1、处理6和处理7表现较好，氮碱比适宜，其他处理烟碱含量偏低，加之总糖含量又处于相对较高水平，导致糖碱比偏高。处理4和处理5总氮含量中等，但是由于烟碱含量相对较低，所以氮碱比最接近1.0。处理1、处理2和处理3淀粉含量较其他处理低，钾含量则为处理1显著低于其他处理。

下部叶烟碱含量以处理2和处理6稍高，总氮水平无显著差异，各个处理氮碱比也比较适宜。总糖方面，处理7含量最低，由于其烟碱含量较低，所以处理7氮碱比处于8.0～10.0适宜范围内，其他处理则偏高。处理7淀粉含量最低。钾含量以处理4表现最好，其他处理钾含量存在差异，但也较为理想。

3.3.3 不同覆膜措施对烤后烟叶致香物质的影响

表2-5-13 不同处理对烤后中部烟叶有机酸含量的影响（μg/g）

有机酸种类	处理1	处理2	处理3	处理4	处理5	处理6	处理7
草酸	18.53a	16.78ab	11.43c	11.93c	17.12a	14.87b	15.61b
丙二酸	1.24a	0.92b	0.50c	0.37d	0.84b	1.23a	0.51c
苹果酸	93.20ab	75.02b	58.82 c	48.39d	87.75ab	101.93a	76.23b
柠檬酸	12.24a	8.62ab	5.46c	4.04c	8.33b	14.81a	7.93b
月桂酸	0.51a	0.36b	0.26c	0.35b	0.46a	0.42ab	0.31bc
肉豆蔻酸	4.16a	1.95c	2.46b	2.87b	4.13a	4.54a	2.53bc
棕榈酸	3.78a	2.33c	3.05b	3.55ab	4.33a	2.85bc	3.20b
硬脂酸	14.11ab	12.83b	12.77b	13.95ab	15.88a	15.24a	12.85b
亚油酸	42.99b	44.14b	49.25b	51.8ab	57.7a	51.33ab	49.6ab
合计	190.77b	162.95c	144.00d	137.24d	196.54a	207.22a	168.77c

注：同一行数据小写字母不同者表示差异达显著水平（$p<0.05$）。下同。

有机酸的含量与烤烟香吃味的形成有很大关系，尤其影响烟气醇和程度，低级脂肪酸可以使卷烟产品有乳酪味、甜味以及果香味。苹果酸、草酸、柠檬酸和琥珀酸是烟草中重要的有机酸，尤其以苹果酸为代表，在烟叶中含量较高且作用重要，它们无挥发性，对烟草的香气没有明显的贡献，但是这类有机酸在减轻烟气刺激性方面有显著作用，其可以通过调节烟草的pH而起到平衡酸碱度的作用，有机酸含量高，烟草吸味将变得醇和，烟气浓度也会有所增加。另外，苹果酸还具有消除吸烟过程中的干渴口感的效果。

如表2-5-13所示，不同覆膜措施对烤烟有机酸含量影响较大，各种有机酸受影响的程度不尽相同。就所检测的有机酸总量而言，处理5和处理6显著高于其他处理，处理1有机酸含量显著高于处理2和处理7，处理3和处理4表现最差。

表2-5-14　不同处理对烤后中部烟叶中性香气物质含量的影响（μg/g）

香气物质种类	处理1	处理2	处理3	处理4	处理5	处理6	处理7
类胡萝卜素降解产物							
6-甲基-5-庚烯-2-酮	0.70b	0.44c	0.55bc	0.62b	0.47c	0.96a	0.63b
氧化异佛尔酮	4.21a	2.67b	3.60ab	2.81b	3.30b	4.92a	4.34a
α-紫罗兰酮	7.66b	7.57b	8.12b	7.81b	8.63b	11.17a	9.74ab
β-大马酮	2.23b	1.92b	1.87b	1.99b	1.99b	2.83a	2.33b
香叶基丙酮	1.28a	0.74b	0.85b	0.79b	1.25a	1.06a	1.26a
巨豆三烯酮1	7.95c	7.41c	8.44bc	7.68c	8.95b	8.73b	11.99a
巨豆三烯酮3	0.31d	1.99b	0.35d	2.41ab	1.09c	1.47 c	3.17 a
合计	24.33b	22.74b	23.78b	24.11b	25.69b	31.14a	33.47a
苯丙氨酸类代谢产物							
苯甲醛	1.10a	0.81b	0.94ab	1.09ab	1.21a	1.35a	1.13a
苯甲醇	2.15c	0.90d	1.26d	1.47d	1.35d	4.46a	2.87b
苯乙醛	0.81b	1.42b	1.33b	1.56b	1.34b	3.48a	4.06a
苯乙醇	0.56	0.58	0.60	0.61	0.62	0.62	0.58
合计	4.62b	3.71c	4.13bc	4.72b	4.51b	9.91a	8.64a
美拉德反应产物							
糠醛	21.06a	17.80b	19.24ab	22.57a	23.00a	22.24a	21.74a
糠醇	3.86ab	2.95b	3.14b	4.88a	5.10a	4.69a	4.78a
2-乙酰基吡咯	1.46ab	1.14b	1.18b	1.15b	1.17b	1.95a	1.38ab
合计	26.38a	21.89b	23.56b	28.60a	29.26a	28.88a	27.90a
中性香气物质总计	55.33bc	48.34c	51.47c	57.43b	59.46b	69.93a	70.01a

类胡萝卜素属于萜烯类化合物，对烤烟香气有至关重要的作用，诸多烟草关键致香成分都是由其降解而来，例如，6–甲基–5–庚烯–2–酮、氧化异佛尔酮、α–紫罗兰酮、β–大马酮、香叶基丙酮和巨豆三烯酮等，该类降解产物阈值低、刺激性小，对烟叶香气质及香气量贡献较多。由表2–5–14可知，不同处理间的类胡萝卜素降解产物含量差异较大，处理7的类胡萝卜素降解产物总量较多，达到了33.47 μg/g，处理6也处于较高水平，二者无显著差异，其他处理类胡萝卜素降解产物显著低于这两个处理。

如表2–5–14所示，检测到的苯丙氨酸类降解产物主要有苯甲醛、苯甲醇、苯乙醛和苯乙醇4种，此类香气物质对烟叶的果香味和清香味有提高作用。除苯乙醇含量未达到显著性差异外，其他3种苯丙氨酸类降解产物均呈现差异。处理6和处理7的苯丙氨酸类降解产物含量显著高于其他处理，处理2最低，显著低于处理1、处理4和处理5，与处理3之间无显著差异。最高含量9.91 μg/g比3.71 μg/g高出1.67倍，证明适时揭膜培土对该类香气物质积累有较大影响。

糠醛、糠醇和2–乙酰基吡咯属于美拉德反应产物，对烟叶香吃味贡献较大。由表2–5–14可知，7个不同处理的3种美拉德反应产物含量差异性达到显著水平。就其总量而言，除处理2和处理3美拉德反应产物含量稍低外，其他处理间无显著差异，含量较高。

从各种中性香气物质的累加值来看，处理6和处理7表现较好，所检测并统计的中性香气物质含量均为89.07 μg/g，处理4和处理5次之，但是显著高于处理2，处理1、处理3与处理2、处理4和处理5之间没有显著性差异。这证明覆膜期限及培土措施对烤烟的香气物质会起到一定影响作用。

表2–5–15　不同处理对烤后中部烟叶色素含量的影响（μg/g）

色素种类	处理1	处理2	处理3	处理4	处理5	处理6	处理7
叶黄素	64.63a	48.75c	59.30ab	54.58b	59.82ab	66.12a	64.01a
β–胡萝卜素	64.83b	62.01b	58.44b	64.02b	73.89a	75.62a	60.99b
合计	129.46ab	110.76c	117.74b	118.6b	133.71ab	141.74a	125.00ab

β–胡萝卜素也可以发生不同键位的断裂，形成碳原子数更少的香气物质，处理5和处理6的β–胡萝卜素含量显著高于其他5个处理。就两种色素总量而言，处理6含量最高，达到141.74 μg/g，显著高于处理3和处理4，处理1、处理5和处

理7与上述3个处理无显著差异，处理2的β-胡萝卜素含量显著低于其他处理。

叶黄素是重要的香气前体物质，可在不同键位断裂降解产生多种香气物质，如β-大马酮、巨豆三烯酮等。如表2-5-15所示，处理1、处理6和处理7叶黄素含量较高、显著高于处理4，处理3和处理5与上述4个处理间无显著差异，处理2叶黄素含量显著低于其他各处理。

多酚是烟草中的重要香气前体物质，一般来说，等级高的烟叶绿原酸和芸香苷的含量也较高。烤烟叶片中的多酚主要包括绿原酸、芸香苷及与二者的对映异构体等。烟气香味受多酚的热解产物直接影响，多酚含量高则烟气呈现清甜香和烤香。另外，多酚对烟叶色泽形成有重要的影响。由表2-5-16可知，处理1、处理4、处理5和处理6绿原酸含量较高，达到8 μg/g以上，4个处理间无显著性差异，处理2和处理3其次，但是显著高于处理7；芸香苷含量方面，处理3、处理4、处理6和处理7显著高于处理1和处理5，处理2与其他各处理间差异性未达显著水平；从绿原酸和芸香苷总量来看，处理4、处理5和处理6表现显著优于处理2和处理3，处理1多酚含量显著高于处理7，与其他处理间无显著差异，处理7显著低于其他6个处理。

烟草香味是烟叶散发的香气和燃烧后产生的气、味的总称。香气物质是香味的主要来源，本研究证明，覆膜及培土措施对烤烟香气物质含量有重大影响。各处理中，处理6在中部叶香气物质含量方面表现突出，其有机酸、中性香气物质、色素和多酚均为各处理中最高；处理4有机酸含量最低；中性香气物质方面，处理7和处理6含量一致；处理2香气物质含量最差，其中性香气物质、色素和多酚为各处理最低。

表2-5-16　不同处理对烤后中部烟叶多酚含量的影响（μg/g）

多酚种类	处理1	处理2	处理3	处理4	处理5	处理6	处理7
绿原酸	8.08a	6.95b	7.07b	8.35a	8.50a	8.09a	5.46c
芸香苷	6.35b	6.76ab	6.92a	7.16a	6.49b	6.90a	7.36a
合计	14.44ab	13.71b	13.99b	15.50a	14.98a	14.99a	12.82c

3.4　不同覆膜措施对经济性状的影响

由表2-5-17可知，不同处理之间产量、产值、均价、上中等烟比例均有差异，其中，处理6经济性状表现最好，产量、产值、均价分别达到2 544.0 kg/hm^2、

56 616.0 元/hm^2、22.3元/kg，较CK（处理1、不覆盖地膜）分别增加13.7%、27.3%和12.3%。处理4、处理5以及处理6的产量显著高于其他处理，其中，处理2、处理3和处理7又显著高于处理1；产值方面，处理6显著高于其他处理，处理1和处理7显著低于其他处理；均价以处理4、处理5和处理6较高，处理1、处理2和处理7较低，处理3与所有处理之间无显著差异；上中等烟比例除处理6最高外，处理3、处理4和处理5也显著高于其余3个处理。

所有处理中以处理6表现最佳，处理3、处理4和处理5表现也较为理想，说明在文山覆盖地膜并在一定时间内揭膜培土对烤烟生产是极其有益的，全生育期覆膜或晚揭膜将导致覆膜所产生效益下降。不覆盖地膜虽然减少了覆膜、揭膜所需的劳动成本，但是从试验的效果来看，露地栽烟的产量、产值明显落后于覆膜栽烟。不覆膜也会带来灌溉、中耕除草等劳动成本的增加。因此，覆膜的增收效应是明显的。

烤烟的品质与产量密切相关，产量低于“优质适产”产量水平时，提高产量可使烟株长相更加接近“优质适产”标准，品质也会有所提升，当产量超过“优质适产”产量标准时，品质会随产量增加而下降。在同等自然条件下，覆膜可提高“优质适产”所要求的产量水平。所以，在保证品质的前提下，覆膜给提升产量以更大空间。

表2-5-17　不同处理处理经济性状统计表

处理编号	产量（kg/hm^2）	产值（元/hm^2）	均价（元/kg）	上中等烟比例（%）
处理1	2 244.0c	44 490.0c	19.82b	85.1b
处理2	2 388.0b	49 540.5b	20.75b	88.8b
处理3	2 455.5b	51 271.5b	20.88ab	91.5a
处理4	2 509.5a	53 356.5b	21.26a	92.4a
处理5	2 491.5a	52 303.5b	20.99a	91.2a
处理6	2 544.0a	56 616.0a	22.30a	94.0a
处理7	2 344.5b	47 542.5c	20.28b	88.9b

4. 小结

（1）覆盖地膜对垄体不同土层温度产生较大影响，影响程度因时间段和土层深度而异。烤烟大田生育期前期覆膜对土壤温度影响较大，覆膜栽培条件下各土层温度较露地栽培各土层温度高1～2℃；烤烟大田生育期中期，由于烟株的遮阴效果，覆膜对土壤温度的影响减小；至后期采收导致叶片减少，增温效果较中期增强；土层越深，土壤温度受覆膜影响越小。

（2）覆膜栽烟垄体的水分状况与露地栽烟不同。在降雨后，覆膜垄体水分是由垄体底部进入，深层土壤含水率最先上升，其次是中间土层，最后为浅层土壤，垄体土壤水分变化缓和；露地垄体各土层含水率上升先后顺序与覆膜垄体相反，降雨量较大时土壤易黏重。前期降水较少的条件下，覆膜可有效保持垄体水分，促进移栽后烟株早生快发；后期降水较多条件下，覆膜垄体土壤含水率低于露地垄体。

（3）不同覆膜期限对植烟垄体养分的变化规律有影响，烟株根系集中分布的15 cm土层全效养分变化规律不同，生育期结束与移栽前相比，覆膜处理全氮基本不变，全磷稍有下降，全钾下降较多；露地处理全氮有上升，全磷基本不变，全钾下降较多。各土层速效养分变化受覆膜期限的影响情况各不相同。

（4）各处理中，农艺性状方面以40 d揭膜培土表现最好，20 d揭膜、20 d揭膜培土、40 d揭膜表现也较好，其他相对较差。不覆膜栽烟可导致生育进程相对缓慢，揭膜时间早（移栽后20 d）也可导致生育进程较大程度减慢，不揭膜可缩短生育期约7 d。培土可促进茎围增加，提高烟株粗壮程度，对烤烟生产有利。

（5）物理特性以40 d揭膜培土表现最好；在内在化学成分及其协调性方面，各处理不尽相同；在香气物质方面，以40 d揭膜培土表现最好，不揭膜处理表现最差。

（6）产量、产值方面以40 d揭膜培土表现最佳，产量、产值、均价和上中等烟比例分别达到2 544.0 kg/hm^2、56 616.0元/hm^2、22.3元/kg和94.0%，分别比不覆盖地膜的处理分别增加13.7%、27.3%、12.3%和8.9%。

（7）综合烤烟大田生长状况以及烤后烟叶质量，适合云南文山气候条件的覆膜期限为40 d，并且需在揭膜后及时进行培土，可获得较好的产质量。

第六节　不同种类有机肥与化肥配施对烟叶品质及土壤性状的影响

1. 研究目的与意义

通过对烤烟施用不同种类的有机肥，研究烤烟生长期间土壤和有机肥氮素矿化动态与供氮特征，分析有机肥对烤烟生长、烟叶品质及土壤理化性质的影响，期望通过有机肥的合理施用，挖掘和彰显文山烟叶的风格特色，同时探讨不同种类有机肥在土壤培肥中的作用。

2. 材料与方法

以云烟87为供试材料，试验设5个处理：F1（CK），纯施化肥；F2：菜籽饼肥+化肥；F3：有机无机复混肥+化肥；F4：厩肥+有机无机复混肥；F5：厩肥+化肥。各处理总氮用量相同，为亩施纯氮7.2 kg，其中菜籽饼肥按总施氮量的50%施入。以上各处理磷、钾不足部分用无机肥补足。各小区施肥方案见表2-6-1。

表2-6-1　各小区施肥方案

编号	处理	亩施基肥	亩施提苗肥	追施硫酸钾
F1（CK）	纯施化肥	8∶15∶22纯化肥43 kg	16 kg 磷酸一铵 12 kg 15∶0∶33	10.2 kg
F2	菜籽饼肥+纯化肥	82 kg 菜籽饼肥 20.6 kg 8∶15∶22纯化肥	16 kg 磷酸一铵 12 kg 15∶0∶33	18.13 kg
F3	纯化肥+有机无机复混肥	8∶8∶20有机无机复混肥21.5kg 21.5kg 纯化肥	16 kg 磷酸一铵 12 kg 15∶0∶33	11 kg
F4	有机无机复混肥+厩肥	800 kg 厩肥 30.5 kg 8∶8∶20有机无机复混肥	16 kg 磷酸一铵 12 kg 15∶0∶33	16.65 kg
F5	厩肥+化肥	800 kg 厩肥 30.5 kg 8∶15∶22纯化肥	16 kg 磷酸一铵 12 kg 15∶0∶33	15.5 kg

试验的观察记载主要包括以下几方面内容：

（1）记载试验地点基本情况：海拔、经度和纬度、县（市）乡村名，土壤基本情况、前茬作物以及烟草生育期间的气温和降雨量。

（2）记载基本农事操作。

（3）生育期记录，观察移栽期、10叶期、15叶期、现蕾期、脚叶采烤期、顶叶采烤期和生育期。

（4）农艺性状调查。

每处理取10株以上烟株平均值，测定移栽30 d、60 d烟株株高、叶数、最大叶长、最大叶宽；移栽80 d，烟株封顶前株高、封顶后株高、叶数、最大叶长、叶宽。

打顶后10 d（脚叶采烤前）取10株烟株，测算烟株定长后最大叶面积。

（5）病虫害情况调查。

（6）原烟外观质量评价。

（7）主要经济性状（各参试品种的亩产值、均价、级指计算，均按示范点当地收购价格计算）等。

（8）土壤取样。

烤烟移栽后，每30 d在垄体上烟株中间取土样，取样时去除表层土2～4 cm，取样深度30 cm，每个土样选取5个样点进行取样，混合均匀，再按四分法收集2 kg混合样品。

3.　结果与分析

3.1　不同有机肥对根层土壤水分含量的影响

从表2-6-2可以看出，在不同时期，配施有机肥的处理，根层土壤含水率均高于纯施化肥处理，从施用有机肥量来看，施加越多，水分含量越高。反映出有机肥在保水方面有较大的作用。

表2-6-2 不同施肥处理根层土壤体积含水率平均值（%）

处理	5月13日	5月23日	6月3日	6月15日	6月30日
F1	28.6	27.4	31.4	27.9	30.5
F2	29.1	29.9	33.5	34.4	31.8
F3	29.2	29.3	33.0	32.8	31.5
F4	30.5	32.4	35.5	42.6	35.9
F5	32.2	31.3	32.8	36.6	32.5

3.2 不同有机肥对烤烟生育期的影响

从表2-6-3可知，纯施化肥的生育期最短，为121 d，而配施厩肥的生育期最长，达到128 d，可见配施有机肥有延长生育期的作用，这是由于有机肥养分的缓释效应，对于生长前期烤烟对养分的大量需求供应不如纯施化肥。

表2-6-3 不同施肥处理对烤烟生育期的影响

处理	移栽期	10叶期	15叶期	现蕾期	脚叶采烤期	顶叶采烤期	大田生育期/d
F1	5–7	5–28	6–3	6–14	7–16	9–5	121
F2	5–7	5–29	6–5	6–14	7–16	9–8	124
F3	5–7	5–28	6–4	6–15	7–16	9–8	124
F4	5–7	5–29	6–6	6–16	7–16	9–12	128
F5	5–7	5–28	6–6	6–16	7–16	9–12	128

3.3 不同有机肥对烤烟农艺性状的影响

从表2-6-4可知，配施有机肥处理的前期生长速度不如纯施化肥，在6月11日测定时纯施化肥处理的株高、叶数均为最大，而F4处理各项指标均为最小。但在后期，随着有机肥的矿化和降雨的增加，有机肥在保水方面的优势就发挥了出来，烤烟生长加快，超过对照处理。其中以F4生长最迅速，到封顶后其各项指标均为最大。

表2-6-4　不同施肥处理对烤烟农艺性状的影响（cm）

处理	6月11日				6月20日				7月10日			
	叶长	叶宽	株高	叶数	叶长	叶宽	株高	叶数	叶长	叶宽	株高	叶数
F1	47.6	30.4	45.6	14.0	71.0	31.6	105.4	23.6	72.4	33.6	110.96	20.4
F2	47.8	31.2	44.5	13.4	72.0	31.6	106.8	23.8	73.8	33.8	116.56	20.6
F3	47.6	31.4	45.2	13.6	71.6	32.0	106.0	23.6	75.2	34.0	116.1	20.4
F4	46.8	27.6	43.8	12.8	72.6	31.6	107.2	23.8	76.8	36.6	122.0	20.8
F5	47.6	28.0	44.2	13.0	72.4	31.8	106.8	23.8	76.0	36.0	119.44	21.0

3.4　不同有机肥对烤烟经济性状的影响

从表2-6-5可以看出，配施有机肥有利于提高烤烟的产量和产值。产值和均价以配施菜籽饼肥处理为最高，产量以配施厩肥最高。配施菜籽饼肥和有机无机复混肥有利于提高烤烟的上等烟比例和均价，提高烟叶质量。配施厩肥却降低了上等烟比例和均价，但由于其产量最高，其产值并不低。

表2-6-5　不同施肥处理烤烟经济性状比较

处理	上等烟比例（%）	中等烟比例（%）	下等烟比例（%）	均价（元/kg）	产量（kg/667 m^2）	产值（元/667 m^2）
F1	63.04	29.07	7.892	21.49	166.8	3 585
F2	65.22	27.49	7.291	21.97	169.2	3 716
F3	65.61	26.26	8.127	21.57	168.2	3 627
F4	57.74	33.71	8.547	20.92	175.5	3 671
F5	60.23	30.5	9.273	20.98	174.3	3 657

4.　小结

（1）配施有机肥可以提高文山烟区烤烟生长前期土壤根层含水率。

（2）配施有机肥有延长烤烟生育期的效应。

（3）配施有机肥处理在烤烟生长前期，由于养分供应不如纯施化肥，生长较慢，但在团棵后，有机肥在保水保肥方面的优势发挥出来，烤烟生长迅速。

（4）配施菜籽饼肥和有机无机复混肥有利于提高烤烟的质量，配施厩肥降低了烤烟质量，但能提高烤烟的产量，总体产值比纯施化肥高。

第七节 摘除脚叶数、二次打顶叶数对烤烟产质量及内在化学成分的影响

1. 研究目的与意义

烟叶在烟草植株上是自下而上成熟，分批采收，由于不同部位烟叶所处的环境条件不尽一致，导致各部位烟叶内在化学成分、产质量及品质存在明显差异。脚叶处于植株最下部，生长条件差，加上养分消耗过度，导致烟叶内部干物质积累少，叶薄、色淡且质量差。所以产出的烟叶本身就是下部低次烟，没有烘烤价值。美国烟叶生产采取不采收底脚叶的办法，烟叶质量优良。二次打顶则是摘除发育不良、品质较差的顶叶，把不适用鲜烟叶消除在田间。在生产中，为获得适宜的烟叶产量和优质烟叶，适时摘除脚叶并确定适宜的留叶数是一项调节烟株营养的重要技术措施。为研究摘除脚叶数、二次打顶叶数对烤烟产质量及内在化学成分的影响，探索提高烟叶质量的途径和方法，特进行本试验，旨在为优化烟叶等级结构和提高烟叶质量提供理论依据和实践指导。

2. 材料与方法

2.1 试验地点和材料

本试验于2012年在文山州砚山县干河乡马鞍山村进行。试验点海拔1 531 m，经度104° 23'15.32 "，纬度23° 41'35.24 "，前作为玉米，土壤类型为红壤，土地平整，土层较厚，肥力中等均匀，地势平坦，排灌方便。田间烟株长势整齐一致，供试烤烟品种为当地主栽品种云烟87。

2.2 试验设计

该试验设摘除脚叶数（A）和二次打顶叶数（B）2个因素，每个因素设3个水平。3个摘除脚叶数水平分别是：不摘除脚叶、一直挂在烟秆上不采烤，摘除2片脚叶，摘除4片脚叶。3个二次打顶叶数水平分别是：不二次打顶、二次打顶摘除1片、二次打顶摘除3片。采用随机区组设计，设3次重复，共27个小区。烤

烟在大田中生长到现蕾时第一次打顶，每株留有效叶数为21片，并进行A因素处理。B处理在开采腰叶前进行。每处理小区70株烟，并做好相应的标识，行株距统一为120cm × 55cm。各处理情况见表2–7–1。

表2–7–1　试验设计

处理	摘除脚叶数	二次打顶叶数
A	不摘除脚叶，一直挂在烟秆上不采烤	不二次打顶
B	不摘除脚叶，一直挂在烟秆上不采烤	摘除1片叶
C	不摘除脚叶，一直挂在烟秆上不采烤	摘除3片叶
D	摘除2片脚叶	不二次打顶
E	摘除2片脚叶	摘除1片叶
F	摘除2片脚叶	摘除3片叶
G	摘除4片脚叶	不二次打顶
H	摘除4片脚叶	摘除1片叶
I	摘除4片脚叶	摘除3片叶

2.3　试验管理

试验大田管理按照当地烟叶生产技术进行，烟株于5月7日移栽，移栽时亩施8：12：16的有机无机复混肥45 kg，在栽烟前做塘肥施用，移栽方法采用明水移栽。移栽后3 d，每亩用磷酸一铵6 kg兑水500 kg提苗；移栽后10 d，每亩用磷酸一铵10 kg兑水500 kg提苗。移栽后30 d每亩再用N ：P_2O_5：K_2O=15：0：3复合肥5 kg对偏小的烟株施用平衡肥，施肥后及时进行提沟培土。各小区农事操作基本保持一致。

2.4　试验样品采集

分别将各小区烟叶在正常成熟时进行挂牌烘烤，选取每个处理和试验重复样B2F、C3F、X2F等级各1 kg烟样。所采集的每个等级的烟叶统一放入样品袋内，并封好袋口。样品袋内外均附上处理标签，待化验检测。

2.5　试验测定内容和方法

2.5.1　农艺性状测定

根据《中华人民共和国烟草行业标准烟草农艺性状调查方法》（YC/T 142—1998），每个小区选取10株有代表性的烟株，测量株高、茎围、节距以及腰叶最大叶长、最大叶宽等农艺性状。

2.5.2 烤后烟叶经济性状统计

烘烤结束后，对标识的每秆烟叶进行称重，记录每秆烟叶的干重；按叶位归类，并分别按照国家四十二级标准分级，统计每小区各等级烟叶质量，以每亩1100株烟进行亩产量和亩产值测算，计算上等、中等烟叶比例、产值及均价等。烟叶价格计算以2012年云南文山烟区烤烟收购价格表为准。

2.5.3 物理性状

物理性状测定烤后烟叶单叶重、开片度、叶长、叶宽和含梗率等。测定方法参照YC/T 31—1996进行。叶长（cm）、叶宽（cm）、开片度（%）：随机选取10片烟叶，逐片测量叶片长度，叶片长度的平均数为该样品的长度；逐片测量叶片宽度，叶片宽度的平均数为该样品的宽度。开片度是指叶宽与叶长的百分比。单叶重是指一片叶的质量。随机抽取20片含水率为15%左右的烟叶，称量每片烟叶质量，平均值为单叶重。含梗率（%）：随机抽取20片烟叶，平衡含水率到16.5%±0.5%，分离叶肉与主脉，分别称烟片和烟梗的质量，按公式计算含梗率：含梗率=[烟梗质量/（叶肉质量+烟叶质量）]×100%。

2.5.4 烤后烟叶化学成分检测

主要检测了烟样中的烟碱、总糖、还原糖、总氮、淀粉、氯和钾。具体方法参考：总糖（YC/T 159—2002）、还原糖（YC/T 159—2002）、总氮（YC/T 161—2002）、烟碱（YC/T 160—2002）、钾（YC/T 217—2007）、氯（YC/T 162—2002）、淀粉（YC/T 216—2007）。

2.5.5 烤后烟叶主要香气前体物检测

主要检测了烟叶样品中的类胡萝卜素、多酚、非挥发性有机酸和中性香气物质。多酚和类胡萝卜素的测定方法：参照杨虹琦、岳骞等[34]的研究方法。非挥发有机酸、中性香气物质测定方法采用气相色谱仪，具体方法参照文献[4]。

2.6 数据统计分析方法

试验数据统计及分析运用Excel 2007及SPSS 17.0中文版。

3. 结果与分析

3.1 摘除脚叶数和二次打顶叶数对烤烟农艺性状的影响

在烤烟进行打顶留叶后，试验处理为摘除脚叶数与二次打顶叶数双因素，在开采腰叶7 d后考查摘除脚叶数及二次打顶叶数对农艺性状的影响（见表2–7–2）。由表2–7–2可知，A因素（摘除脚叶数）对烤烟节距和最大叶宽的影响差异极显著。节距具体表现为A1＞A2＞A3，最大叶宽具体表现为A3＞A2＞A1。A因素对最大叶长的影响差异显著，表现为A3＞A1＞A2；对烤烟株高和茎围影响不显著。B因素（二次打顶叶数）对烤烟株高、最大叶长和最大叶宽的影响达极显著水平。株高在三种A处理水平下，均表现为B1＞B2＞B3；最大叶长和最大叶宽在三种A处理水平下，均表现为B3＞B2＞B1。B因素对烤烟茎围和节距影响不显著。烤烟茎围在A1水平下，表现为B3＞B1＞B2；在A2水平下，表现为B2＞B1＞B3。烤烟节距在A1和A2水平下，表现为B1＞B3＞B2；在A3水平下，表现为B3小于B1和B2。同时，二因素分析结果表明，A因素（摘除脚叶数）和B因素（二次打顶叶数）之间的交互作用对烤烟最大叶长和最大叶宽的影响较大，对株高、茎围和节距的影响不明显。

表2–7–2　不同处理对烤烟农艺性状的影响

处理	株高（cm）	茎围（cm）	节距（cm）	最大叶长（cm）	最大叶宽（cm）
A1B1	117.5a	9.2a	6.7a	75.1b	28.3b
A1B2	113.6b	9.0a	6.3a	78.6a	29.0b
A1B3	108.8c	9.3a	6.5a	80.0a	31.6a
平均	113.3	9.2	6.5	77.9	29.6
A2B1	117.1a	9.3a	6.4a	75.0b	29.3b
A2B2	113.2b	9.4a	6.1a	76.3b	30.2b
A2B3	108.8c	9.2a	6.2a	79.1a	32.4a
平均	113.0	9.3	6.2	76.7	30.6
A3B1	116.9a	9.1a	6.3a	77.2b	30.7b
A3B2	113.1b	9.3a	5.9a	77.5b	33.5ab
A3B3	108.7c	9.3a	5.8a	80.7a	34.8a
平均	112.9	9.2	6.0	78.5	33.0
F（A因素）	0.94	0.26	75.11**	23.98*	67.37**
F（B因素）	502.07**	0.08	2.19	48.75**	75.87**
F（A×B）	0.217	0.44	0.98	3.53*	15.63*

注：A因素代表摘除脚叶数，B因素代表二次打顶叶数。*和**分别表示差异性在5%和1%水平下显著。

3.2 摘除脚叶数和二次打顶叶数对烤烟物理性状的影响

3.2.1 上部叶物理性状

表2-7-3 不同处理对烤烟上部叶物理性状的影响

处理	叶长（cm）	叶宽（cm）	单叶重（g）	含梗率（%）	平衡含水率（%）	开片度（%）
A1B1	55.9b	16.2b	10.3b	28.53c	16.48b	28.98b
A1B2	56.0b	16.7b	10.4b	28.92b	16.55a	29.82ab
A1B3	59.6a	18.6a	11.4a	29.19a	16.45b	31.20a
平均	57.1	17.1	10.7	28.88	16.49	29.94
A2B1	55.4b	16.2b	10.3b	28.52c	16.63a	29.24b
A2B2	56.0b	17.6ab	10.5b	28.97b	16.62a	31.42ab
A2B3	59.9a	19.2a	11.4a	29.23a	16.63a	32.05a
平均	57.1	17.7	10.7	28.91	16.63	30.99
A3B1	55.8b	16.2b	10.4c	28.49c	16.73a	29.03b
A3B2	56.2b	18.4ab	10.6b	28.93b	16.73a	32.74ab
A3B3	59.9a	20.2a	11.7a	29.29a	16.44b	33.72a
平均	57.3	18.2	10.9	28.91	16.63	31.76
F（A因素）	0.95	34.62**	11.77*	0.60	172.97**	174.34**
F（B因素）	512.39**	939.37**	441.45**	295.64**	131.50**	254.59**
F（A×B）	1.11	26.64**	2.02	1.08	76.83**	94.95**

注：A因素代表摘除脚叶数，B因素代表二次打顶叶数。*和**分别表示差异性在5%和1%水平下显著。

从表2-7-3可知，A因素（摘除脚叶数）对烤烟上部叶叶宽、平衡含水率和开片度的影响达极显著。叶宽表现为A3>A2>A1；平衡含水率表现为A1小于A2和A3；开片度表现为A3>A2>A1。A因素对单叶重的影响差异显著，表现为A3>A2=A1。A因素对叶长和含梗率的影响不明显。叶长表现为A3大于A1和A2；含梗率表现为A1小于A2和A3。B因素（二次打顶叶数）对烤烟上部叶叶长、叶宽、单叶重、含梗率、平衡含水率和开片度的影响差异极显著。叶长、叶宽和单叶重在三种A处理水平下均表现为：B3>B2>B1。含梗率在三种A处理水平下均表现为：B1>B2>B3。平衡含水率在A1处理水平下表现为B2>B1>B3；在A2处理水平下表现为B1=B3>B2；在A3处理水平下表现为B1=B2>B3。开片度在A处理水平下均表现为B3>B2>B1。同时，二因素分析结果表明，A因素和B因素之间的交互作用对烤烟上部叶叶宽、平衡含水率和开片度有极显著影响，对上部叶叶长、单叶重和含梗率的影响不明显。

3.2.2 中部叶物理性状

表2-7-4 不同处理烤烟中部叶物理性状的影响

处理	叶长（cm）	叶宽（cm）	单叶重（g）	含梗率（%）	平衡含水率（%）	开片度（%）
A1B1	66.5a	23.2b	9.5c	30.20a	16.20b	34.88b
A1B2	69.0a	23.7b	10.7b	29.79b	16.36b	34.35b
A1B3	67.2a	25.9a	11.5a	29.32c	16.49a	38.54a
平均	67.5	24.2	10.6	29.77	16.35	35.85
A2B1	67.4a	23.5b	10.2c	29.97a	16.37b	34.86b
A2B2	67.7a	24.0ab	11.0b	28.98b	16.59a	35.45ab
A2B3	69.3a	25.4a	11.9a	28.05c	16.52a	36.65a
平均	68.1	24.3	11.0	29.00	16.49	35.68
A3B1	67.4a	23.7b	10.5c	29.15a	16.76a	35.16b
A3B2	66.9a	24.6ab	11.4b	28.94b	16.40b	36.77b
A3B3	68.5a	26.3a	12.4a	28.26c	16.46b	38.39a
平均	67.6	24.9	11.4	28.79	16.47	36.83
F（A因素）	2.69	2.23	26.06**	38.15**	97.41**	20.73*
F（B因素）	2.60	8.05*	141.84**	54.12**	36.18**	66.24**
F（A×B）	2.92	0.81	7.61*	4.55*	87.87**	54.91**

注：A因素代表摘除脚叶数，B因素代表二次打顶叶数。*和**分别表示差异性在5%和1%水平下显著。

从表2-7-4可以看出，A因素（摘除脚叶数）对烤烟中部叶单叶重、含梗率和平衡含水率的影响差异极显著。单叶重表现为A3＞A2＞A1；含梗率表现为A1＞A2＞A3；平衡含水率表现为A2＞A3＞A1。A因素对中部叶开片度的影响差异显著，表现为A3＞A1＞A2。A因素对中部叶叶长和叶宽的影响不明显。B因素（二次打顶叶数）对中部叶单叶重、含梗率、平衡含水率和开片度的影响达极显著。单叶重在三种A处理水平下均表现为B3＞B2＞B1；含梗率在三种A处理水平下均表现为B1＞B2＞B3；平衡含水率在A1处理水平下表现为B3＞B2＞B1，在A2处理水平下表现为B2＞B3＞B1，在A3处理水平下表现为B1＞B3＞B2；开片度在A2和A3处理水平下均表现为B3＞B2＞B1。B因素对中部叶叶宽的影响差异显著，在三种A处理水平下均表现为B3＞B2＞B1。B因素对中部叶叶长的影响不明显，在A1处理水平下均表现为B2＞B3＞B1，在A2处理水平下表现为B3＞B2

>B1，在A3处理水平下表现为B3>B1>B2。同时，二因素分析结果表明，A因素和B因素之间的交互作用对中部叶平衡含水率和开片度有极显著影响，对单叶重和含梗率有显著影响，对叶长、叶宽的影响不明显。

3.2.3 下部叶物理性状

表2-7-5 不同处理对烤烟下部叶物理性状的影响

处理	叶长（cm）	叶宽（cm）	单叶重（g）	含梗率（%）	平衡含水率（%）	开片度（%）
A1B1	53.1b	19.7a	7.6a	32.27c	16.06b	39.00a
A1B2	54.4ab	20.3a	7.7a	31.82b	16.08ab	39.15a
A1B3	55.2a	20.4a	7.7a	31.76a	16.13a	39.26a
平均	54.2	20.1	7.6	31.95	16.09	39.04
A2B1	57.8a	20.8a	7.8a	32.08c	16.08b	37.22a
A2B2	57.9a	21.1a	8.0a	31.75b	16.32a	37.15a
A2B3	58.6a	21.8a	8.1a	31.25a	16.28a	37.20a
平均	58.1	21.2	7.9	31.69	16.23	37.15
A3B1	59.4b	21.9a	8.4b	31.96a	16.32a	37.12a
A3B2	59.6ab	21.6a	8.5ab	31.71b	16.15a	37.21a
A3B3	61.3a	22.3a	8.6a	30.97c	16.07a	37.03a
平均	60.1	21.9	8.5	31.55	16.18	37.04
F（A因素）	317.92**	122.67**	162.13**	9.14*	145.67**	42.46**
F（B因素）	5.07	4.36	4.43	33.27**	6.71*	1.62
F（A×B）	0.74	2.43	0.93	2.27	72.73**	1.14

注：A因素代表摘除脚叶数，B因素代表二次打顶叶数。*和**分别表示差异性在5%和1%水平下显著。

从表2-7-5中可以看出，A因素（摘除脚叶数）对下部叶叶长、叶宽、单叶重、平衡含水率和开片度的影响差异性极显著。叶长、叶宽和单叶重均表现为A3>A2>A1；平衡含水率表现为A2>A3>A1；开片度表现为A1>A2>A3。A因素对含梗率的影响差异显著，表现为A1>A2>A3。B因素（二次打顶叶数）对下部叶含梗率的影响差异极显著，在三种A处理水平下均表现为B1>B2>B3。B因素对下部叶平衡含水率的影响差异显著，在A1处理水平下表现为B3>B2>B1；在A2处理水平下表现为B2>B3>B1；在A3处理水平下表现为B1>B2>B3。B因素对叶长、叶宽、单叶重和开片度的影响差异不明显。叶长表现为在三种A处理水平下均为B3>B2>B1；叶宽在A1和A2处理水平下表现为B3>B2>B1，在A3处理水平下表现为B3>B1>B2；单叶重表现为在A1处理水平下B1小于B2

和B3，在A2和A3处理水平下为B3＞B2＞B1；开片度表现为在A1处理水平下B3＞B2＞B1，在A2处理水平下为B1＞B3＞B2，在A3处理水平下为B2＞B1＞B3。同时，二因素方差分析结果表明，A因素和B因素之间的交互作用对下部叶平衡含水率有极显著影响，对叶长、叶宽、单叶重、含梗率和开片度的影响不明显。

3.3　摘除脚叶数和二次打顶叶数对烤烟经济性状的影响

由表2-7-6可知，A因素（摘除脚叶数）对产量、产值、均价、上等烟比例和上中等烟比例的影响差异达极显著。产量表现为A1＞A2＞A3；产值表现为A2＞A1＞A3；均价、上等烟比例和上中等烟比例均表现为A3＞A2＞A1。B因素（二次打顶叶数）对产量、产值、均价、上等烟比例和上中等烟比例的影响差异性极显著。产量在三种A处理水平下均表现为B1＞B2＞B3；产值在A1处理水平下表现为B3＞B2＞B1，在A2和A3处理水平下均表现为B2＞B1＞B3；均价、上等烟比例和上中等烟比例在三种A处理水平下均表现为B3＞B2＞B1。同时，二因素方差分析结果表明，A因素和B因素之间的交互作用对产量、产值、均价、上等烟比例和上中等烟比例的影响差异极显著。

表2-7-6　不同处理对烤烟经济性状的影响

处理	产量（kg/hm^2）	产值（元/hm^2）	均价（元/kg）	上等烟比例（%）	上中等烟比例（%）
A1B1	2 492.48a	52 005.61c	20.86a	59.97c	88.75c
A1B2	2 479.96b	52 625.11b	21.22a	61.89b	90.01b
A1B3	2 457.41c	52 829.36a	21.49a	63.27a	91.55a
平均	2 476.62	5 248.70	21.19	61.71	90.11
A2B1	2 467.65a	53 070.83b	21.50b	62.51c	92.50c
A2B2	2 424.83b	53 906.78a	22.23a	66.18b	95.77b
A2B3	2 364.83c	53 000.35c	22.41a	67.74a	96.18a
平均	2 419.12	53 325.98	22.05	65.48	94.82
A3B1	2 404.91a	53 335.06b	22.17a	65.49c	95.73c
A3B2	2 377.65b	53 510.61a	22.50a	67.91b	96.94b
A3B3	2 194.81c	50 153.47c	22.85a	69.90a	98.14a
平均	2 325.79	52 333.04	22.51	67.77	96.94
F（A因素）	364.75**	107.29**	472.32**	320.31**	158.49**
F（B因素）	237.26**	173.05**	130.33**	160.75**	92.09**
F（A×B）	195.48**	134.87**	56.57**	44.58**	53.97**

注：A因素代表摘除脚叶数，B因素代表二次打顶叶数。*和**分别表示差异性在5%和1%水平下显著。

3.4 摘除脚叶数和二次打顶叶数对烤烟化学成分的影响

3.4.1 上部叶化学成分

不同处理对烤烟上部叶化学成分的影响见表2-7-7。

表2-7-7 不同处理对烤烟上部叶化学成分的影响

处理	烟碱（%）	总糖（%）	还原糖（%）	总氮（%）	淀粉（%）	钾离子（%）	氯（%）	两糖差（%）	糖碱比
①	2.35d	29.35b	26.31b	1.73df	4.53a	1.73b	0.29ef	3.04cd	12.45a
②	2.93c	28.24d	25.75c	1.71df	4.36abc	1.76b	0.28ef	2.48df	9.64b
③	3.08bc	25.99f	22.55f	1.64f	3.90bcd	2.03ab	0.27f	3.44c	8.43bc
④	2.52d	30.44a	27.59a	1.79cd	4.46ab	2.03ab	0.33cde	2.84cdf	12.08a
⑤	3.14b	24.46h	22.63f	2.32a	4.40abc	2.00ab	0.34cd	2.15f	7.47c
⑥	3.86a	26.44e	21.92g	2.04b	3.80cd	1.96ab	0.30def	4.52b	7.61c
⑦	2.89c	29.00c	23.45e	2.07b	4.40abc	1.93ab	0.43a	5.55a	10.02b
⑧	2.94c	29.18bc	24.43d	2.35a	3.96abcd	2.06ab	0.42ab	4.74b	9.92b
⑨	3.97a	25.57g	22.17g	1.84c	3.40d	2.16a	0.37bc	3.39c	7.16c

注：①表示不摘除脚叶，一直挂在烟秆上不采烤，不二次打顶；②表示不摘除脚叶，一直挂在烟秆上不采烤，二次打顶1片叶；③表示不摘除脚叶，一直挂在烟秆上不采烤，二次打顶3片叶；④表示摘除2片脚叶，不二次打顶；⑤表示摘除2片脚叶，二次打顶1片叶；⑥表示摘除2片脚叶，二次打顶3片叶；⑦表示摘除4片脚叶，不二次打顶；⑧表示摘除4片脚叶，二次打顶1片叶；⑨表示摘除4片脚叶，二次打顶3片叶；小写字母表示显著水平。

3.4.1.1 上部叶烟碱含量

从图2-7-1可知，上部叶烟碱含量随摘除脚叶数和二次打顶叶数的增多逐渐增加。其中处理I的烟碱含量最高，为3.97%。处理A为最低值2.35%。

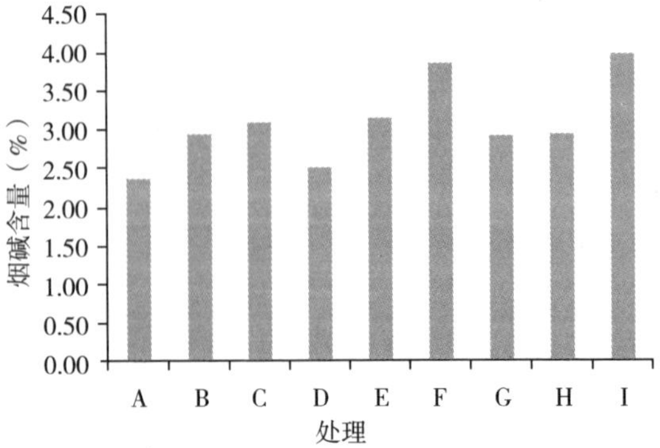

图2-7-1 不同处理上部叶烟碱含量

由表2–7–8可以看出，A因素（摘除脚叶数）和B因素（二次打顶叶数）单独作用及A因素和B因素交互作用对烤烟上部叶烟碱含量的影响达极显著水平。由表2–7–7可以看出，处理⑨、⑥与处理⑤、③之间差异达显著水平；处理⑤和处理⑧、②之间差异达显著水平；处理③和处理⑦之间差异达显著水平；处理⑦和处理④、①之间差异达到显著水平。但是处理⑨和处理⑥，处理⑤和处理③，处理③和处理⑧、处理②，处理⑦和处理②、处理⑧，处理①和处理④间均没有显著差异。根据优质烟叶烟碱含量在1.5%～3.5%范围的标准，处理⑥和处理⑨大于3.5%范围，其他处理均在此范围内。

表2–7–8　不同处理上部叶烟碱含量方差分析表

变异来源	平方和	自由度	均方	*F*值	显著水平
A因素	1.16	2	0.58	13.30	0.001 6
B因素	5.03	2	2.51	58.23	0.000 0
A因素×B因素	0.79	4	0.19	4.61	0.000 4
误差	0.078	18	0.04		
总变异	7.06	26			

注：A因素代表摘除脚叶数；B因素代表二次打顶叶数。0.05=显著水平；0.01=极显著水平。

3.4.1.2　上部叶总糖含量

从图2–7–2可以看出，处理D的上部叶总糖含量最高，为30.44%，其次为处理A和处理G，分别为29.35%和29.18%。处理E的上部叶总糖含量最低，为24.46%。

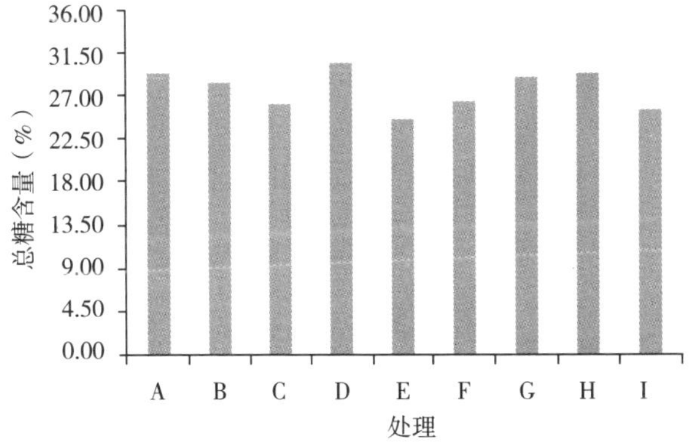

图2–7–2　不同处理上部叶总糖含量

进一步进行方差分析，从表2-7-9可知，A因素（摘除脚叶数）和B因素（二次打顶叶数）单独作用及A因素和B因素交互作用对烤烟上部叶总糖含量的影响均达极显著水平。说明摘除下部叶数和二次打顶叶数的不同，都能显著影响上部叶总糖含量。由表2-7-7可以看出，处理⑦和处理⑧、处理①和处理⑧之间均没有出现差异；但是其他处理之间都表现为显著差异。根据烟叶总糖含量在24%～28%为适宜范围的标准，本试验的结果有处理⑤、处理⑨、处理③和处理⑥在此范围内，其他处理都超出了此范围。

表2-7-9 不同处理上部叶总糖含量方差分析表

变异来源	平方和	自由度	均方	*F*值	显著水平
A因素	3.64	2	1.82	21.74	0.003 1
B因素	59.82	2	29.91	376.46	0.000 0
A因素×B因素	38.34	4	9.58	114.13	0.000 0
误差	0.155	18	0.009		
总变异	101.96	26			

注：A因素代表摘除脚叶数；B因素代表二次打顶叶数。0.05=显著水平；0.01=极显著水平。

3.4.1.3 上部叶还原糖含量

从图2-7-3可以看出，上部叶中还原糖含量随着二次打顶叶数的增加而逐渐降低。其中处理D的还原糖含量最高，达到27.59%，处理F为最低值21.92%。从图2-7-3中还可看出，摘除四片脚叶时烤烟上部叶还原糖含量比摘除脚叶少时低。

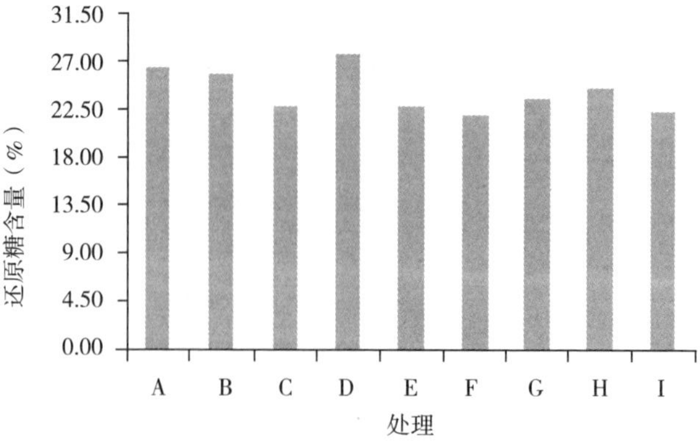

图2-7-3 不同处理上部叶还原糖含量

由表2-7-10可以看出，A因素（摘除脚叶数）和B因素（二次打顶叶数）单独作用及A因素和B因素交互作用对烤烟上部叶还原糖含量的影响均达极显著水平。从表2-7-7可以看出，处理⑥和处理⑨、处理③和处理⑤之间均没有显著差异；而其他处理之间均表现出显著差异。根据优质烤烟还原糖含量在18%～22%范围的标准，处理⑥在此范围，其他处理均不在此范围。

表2-7-10　不同处理上部叶还原糖含量方差分析表

变异来源	平方和	自由度	均方	*F*值	显著水平
A因素	10.39	2	5.19	42.58	0.000 3
B因素	57.91	2	28.95	243.97	0.000 0
A因素×B因素	31.89	4	7.97	67.92	0.000 1
误差	0.23	18	0.013		
总变异	100.42	26			

注：A因素代表摘除脚叶数；B因素代表二次打顶叶数。0.05=显著水平；0.01=极显著水平。

3.4.1.4　上部叶两糖差

从图2-7-4可以看出，处理G的上部叶两糖差值最大，为5.55%，其次为处理H和处理F，分别为4.74%和4.52%。处理E的上部叶两糖差值最小，为2.15%。从图2-7-4还可以看出，与其他两种摘除脚叶处理相比，摘除四片脚叶的处理上部叶两糖差值较大。

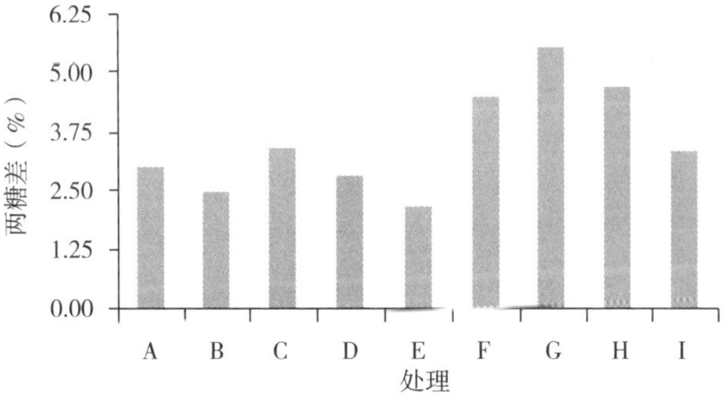

图2-7-4　不同处理上部叶两糖差

从方差分析表2-7-11可以看出，A因素（摘除脚叶数）和B因素（二次打顶叶数）单独作用及A因素和B因素交互作用对烤烟上部叶两糖差的影响均达极显著水平。从表2-7-7可以看出，处理⑦与处理⑧、⑥之间差异达到显著水平；处理③、⑨与处理②之间差异达到显著水平；处理⑥、⑧与处理③、⑨、①、④之间差异达显著水平；但是处理⑤与处理②、④，处理①与处理②、④，处理⑥与处理⑧间均没有显著差异。

表2-7-11 不同处理上部叶两糖差的方差分析

变异来源	平方和	自由度	均方	*F*值	显著水平
A因素	13.33	2	6.66	91.03	0.000 3
B因素	2.69	2	1.34	18.38	0.004 4
A因素 × B因素	14.66	4	3.66	50.07	0.000 1
误差	1.31	18	0.073		
总变异	32.01	26			

注：A因素代表摘除脚叶数；B因素代表二次打顶叶数。0.05=显著水平；0.01=极显著水平。

3.4.1.5 上部叶糖碱比

从图2-7-5可以看出，处理A的上部叶糖碱比最高，为12.45，其次是处理D，为12.08。处理I的上部叶糖碱比最低，为7.16。

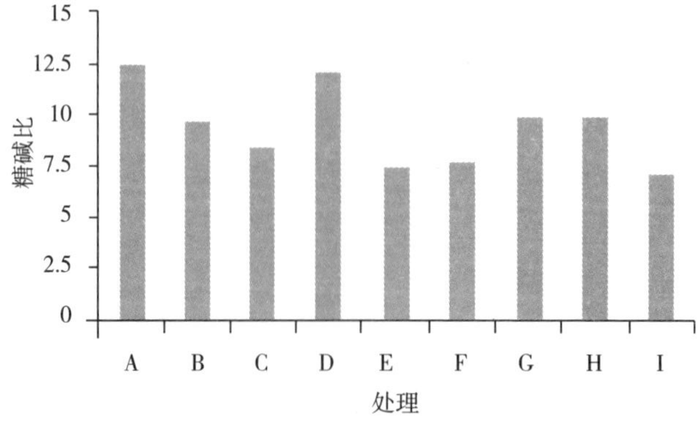

图2-7-5 不同处理上部叶糖碱比

根据方差分析表2-7-12可知，A因素（摘除脚叶数）和B因素（二次打顶叶数）单独作用及A因素和B因素交互作用对烤烟上部叶糖碱比的影响均达极显著水平。说明摘除脚叶数和二次打顶叶数的不同，都能显著影响上部叶糖碱比。由表2-7-7可知，处理①、④与处理⑦、⑧、②、③，处理⑨、⑤、⑥与处理

②、⑧、⑦之间差异均达显著水平；但是处理③与处理⑥、⑤、⑨，处理③与处理②、⑧、⑦，处理①与处理④之间均没有显著差异。根据烤烟糖碱比适宜范围为5～8的标准，本试验的结果中有处理⑤、处理⑥和处理⑨在此范围内，其他处理都超出了范围。

表2-7-12　不同处理上部叶烤烟糖碱比的方差分析

变异来源	平方和	自由度	均方	*F*值	显著水平
A因素	7.68	2	3.84	9.61	0.001 4
B因素	66.79	2	33.39	83.55	0.000 0
A因素×B因素	15.97	4	3.99	9.99	0.000 4
误差	7.19	18	0.40		
总变异	97.63	26			

注：A因素代表摘除脚叶数；B因素代表二次打顶叶数。0.05=显著水平；0.01=极显著水平。

3.4.1.6　上部叶总氮含量

从图2-7-6可以看出，处理H的上部叶总氮含量最高，为2.35%，其次是处理E，为2.32%。处理C的上部叶总氮含量最低，为1.64%。从图2-7-6还可以看出，在相同的摘除脚叶处理中，上部叶总氮含量随着二次打顶叶数的增多而先增加后减少。

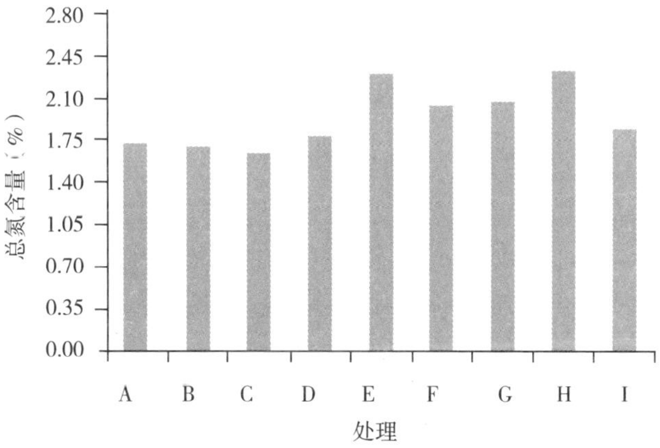

图2-7-6　不同处理上部叶总氮含量

表2-7-13 不同处理上部叶总氮的方差分析表

变异来源	平方和	自由度	均方	*F*值	显著水平
A因素	0.84	2	0.42	63.05	0.000 0
B因素	0.45	2	0.22	36.54	0.000 1
A因素×B因素	0.36	4	0.092	26.49	0.000 1
误差	0.025	18	0.001		
总变异	1.68	26			

注：A因素代表摘除脚叶数；B因素代表二次打顶叶数。0.05=显著水平；0.01=极显著水平。

根据方差分析表2-7-13可知，A因素（摘除脚叶数）和B因素（二次打顶叶数）单独作用及A因素和B因素交互作用对烤烟上部叶总氮含量的影响均达极显著水平。说明摘除脚叶数和二次打顶叶数的不同，都能显著影响上部叶总氮含量。由表2-7-7可以知，处理⑤、⑧与处理⑥、⑦，处理⑨与处理①、②，处理④与处理③之间差异均达显著水平；而处理③与处理①、处理②，处理④与处理⑨，处理⑥与处理⑦，处理⑤与处理⑧之间均没有显著差异。根据烟叶总氮含量在1.5%～3.5%为适宜范围的标准，本试验的所有结果均处于适宜范围内。

3.4.1.7 上部叶淀粉含量

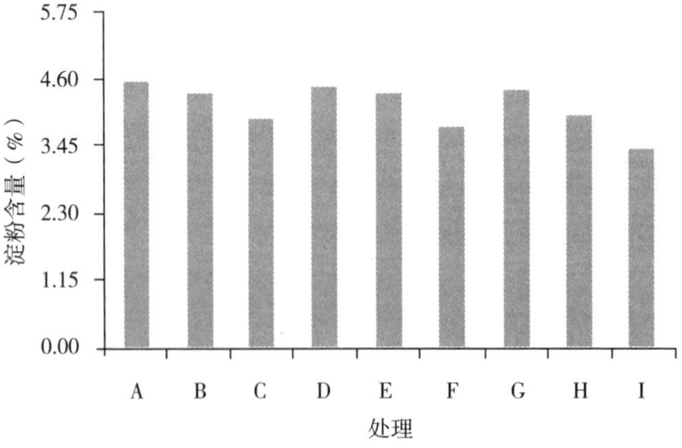

图2-7-7 不同处理上部叶淀粉含量

从图2-7-7可以看出，上部叶淀粉含量随着二次打顶叶数的增多而逐渐降低。其中，处理A的上部叶淀粉含量最高，为4.53%，其次是处理D和处理G，分别为4.46%和4.40%。处理I为最低值3.4%。

从方差分析表2-7-14可以看出，A因素（摘除脚叶数）和B因素（二次打顶叶数）单独作用对烤烟上部叶淀粉含量的影响达极显著水平；而A因素和B因素交互作用对烤烟上部叶淀粉含量的影响不明显。由表2-7-7可以看出，处理①与处理③之间差异达显著水平；处理⑨与处理②、⑤、⑦之间差异达显著水平。但是处理①与处理④、⑦、⑤、②、⑧，处理③与处理⑧、②、⑤、⑦，处理⑨与处理⑥、③、⑧之间均没有显著差异。

表2-7-14　不同处理上部叶淀粉含量的方差分析

变异来源	平方和	自由度	均方	*F*值	显著水平
A因素	0.63	2	0.31	6.71	0.006 6
B因素	2.80	2	1.40	29.77	0.000 1
A因素×B因素	0.16	4	0.041	0.87	0.500 8
误差	0.84	18	0.047		
总变异	4.44	26			

注：A因素代表摘除脚叶数；B因素代表二次打顶叶数。0.05=显著水平；0.01=极显著水平。

3.4.1.8　上部叶钾含量

从图2-7-8可以看出，处理Ⅰ的上部叶钾含量最高，为2.16%，其次是处理H，为2.06%。处理A的上部叶钾含量最低，为1.73%。从图2-7-8中还可以看出，在相同的二次打顶叶数处理中，上部叶钾含量随摘除脚叶数的增加而增加。

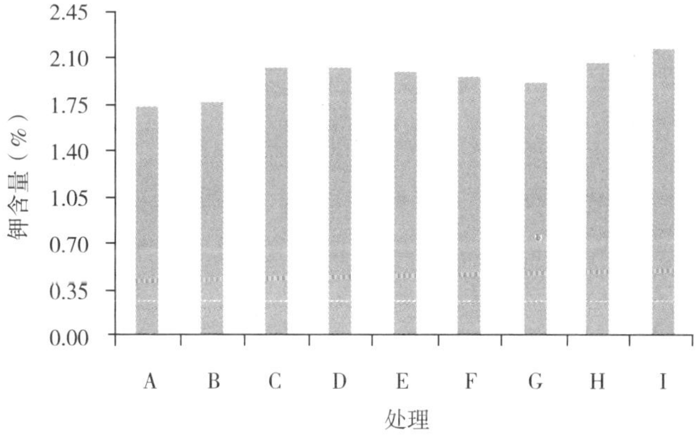

图2-7-8　不同处理上部叶钾含量

根据方差分析表2-7-15可知，A因素（摘除脚叶数）单独作用对烤烟上部叶钾含量的影响显著。而B因素（二次打顶叶数）单独作用及A因素和B因素交互作用对烤烟上部叶钾含量的影响均不明显。说明摘除脚叶数能显著影响上部叶钾含量。由表2-7-7可知，处理⑨与处理①、②之间差异达到显著水平；处理⑨与处理⑦、⑥、⑤、④、③、⑧，处理①、②与处理⑦、⑥、⑤、④、③、⑧之间均没有显著差异。

表2-7-15　不同处理上部叶钾含量的方差分析

变异来源	平方和	自由度	均方	*F*值	显著水平
A因素	0.21	2	0.11	5.82	0.011 2
B因素	0.11	2	0.058	3.12	0.068 6
A因素×B因素	0.13	4	0.034	1.83	0.167 0
误差	0.33	18	0.019		
总变异	0.80	26			

注：A因素代表摘除脚叶数；B因素代表二次打顶叶数。0.05=显著水平；0.01=极显著水平。

3.4.1.9　上部叶氯含量

从图2-7-9可以看出，处理G的上部叶氯含量最高，为0.43%，其次为处理H和处理I，分别为0.42%和0.37%。处理C的上部叶氯含量最低，为0.27%。从图2-7-9中还可以看出，在相同的二次打顶叶数处理中，上部叶氯含量随摘除脚叶数的增加而增加。在相同摘除脚叶处理中，上部叶氯含量随二次打顶叶数的增多而逐渐减少。可能是摘除脚叶增加了烟株的通风透光性，提高了根系的代谢活性，从而有利于从土壤中吸收氯。

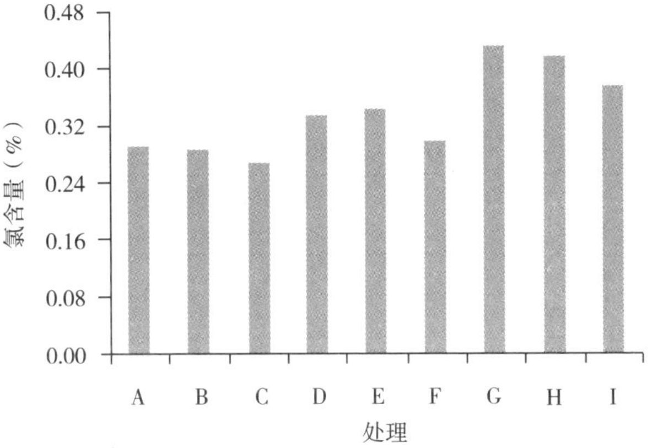

图2-7-9　不同处理上部叶氯含量

从方差分析表2-7-16可以看出，A因素（摘除下部叶数）和B因素（二次打顶叶数）单独作用对烤烟上部叶氯含量的影响均达极显著水平。而A因素和B因素交互作用对烤烟上部叶氯含量的影响不显著。说明摘除脚叶数和二次打顶叶数对烤烟上部叶氯含量不起交互调控作用。从表2-7-7可以看出，处理⑦与处理⑨，处理⑧与处理⑤、④，处理⑤与处理①、②，处理④与处理③之间均达到差异性显著；但是处理③与处理①、②、⑥，处理④与处理①、②、⑥，处理⑤与处理④、⑥，处理⑨与处理④、⑤之间均没有显著差异。根据优质烤烟氯含量小于0.5%的标准，本试验结果所有处理均处于此范围内。

表2-7-16　不同处理上部叶氯含量的方差分析

变异来源	平方和	自由度	均方	*F*值	显著水平
A因素	0.075	2	0.037	40.38	0.000
B因素	0.008	2	0.004	14.76	0.000 2
A因素×B因素	0.001	4	0.000	1.26	0.320 4
误差	0.005	18	0.000		
总变异	0.089	26			

注：A因素代表摘除脚叶数；B因素代表二次打顶叶数。0.05=显著水平；0.01=极显著水平。

3.4.2 中部叶化学成分

不同处理对烤烟中部叶化学成分的影响见表2-7-17。

表2-7-17 不同处理对烤烟中部叶化学成分的影响

处理	烟碱（%）	总糖（%）	还原糖（%）	总氮（%）	淀粉（%）	钾离子（%）	氯（%）	两糖差（%）	糖碱比
①	2.34bc	29.84bcd	26.33c	1.40c	3.03ab	2.33b	0.27f	3.50bc	12.73a
②	2.19c	29.80bcd	26.40c	1.42c	3.33a	2.23b	0.27f	3.40bc	13.60a
③	2.42b	30.39ab	27.26a	1.42c	2.96ab	2.60ab	0.35cde	3.73abc	12.54a
④	2.39bc	29.71cd	24.90e	2.15a	3.03ab	2.66ab	0.31ef	4.81a	12.42a
⑤	2.40bc	29.68cd	24.78e	1.87b	2.80ab	2.46b	0.41c	4.57ab	12.42a
⑥	2.42b	29.85bcd	24.92e	2.14a	2.80ab	2.53ab	0.53b	4.59ab	12.20a
⑦	2.35bc	30.47a	26.95b	2.08ab	2.83ab	2.63ab	0.38cd	3.19c	12.97a
⑧	2.85a	29.40d	25.66d	2.09ab	2.50b	3.03a	0.34de	3.06c	9.62b
⑨	2.37bc	30.10abc	25.83d	2.10ab	2.53b	2.56ab	0.80a	4.26abc	12.70a

注：①表示不摘除脚叶，一直挂在烟秆上不采烤，不二次打顶；②表示不摘除脚叶，一直挂在烟秆上不采烤，二次打顶1片叶；③表示不摘除脚叶，一直挂在烟秆上不采烤，二次打顶3片叶；④表示摘除2片脚叶，不二次打顶；⑤表示摘除2片脚叶，二次打顶1片叶；⑥表示摘除2片脚叶，二次打顶3片叶；⑦表示摘除4片脚叶，不二次打顶；⑧表示摘除4片脚叶，二次打顶1片叶；⑨表示摘除4片脚叶，二次打顶3片叶；小写字母表示显著水平。

3.4.2.1 中部叶烟碱含量

从图2-7-10可知，不同摘除脚叶数和二次打顶叶数处理中中部叶烟碱含量最高的是处理H，为2.85%，最低的是处理B，为2.19%。其他处理含量相差不大。

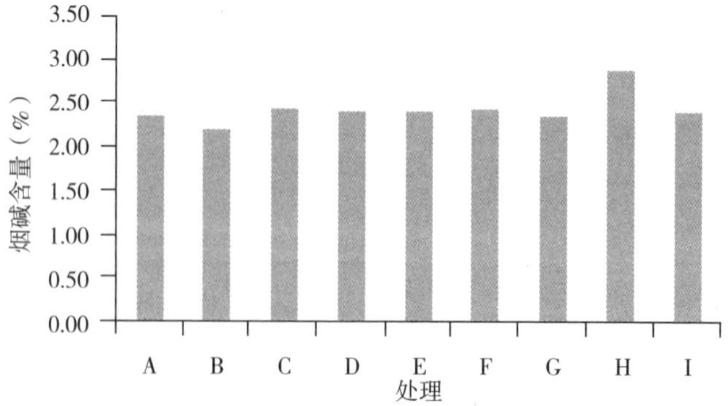

图2-7-10 不同处理中部叶烟碱含量

根据方差分析表2-7-18可以看出，A因素（摘除脚叶数）单独作用及A因素和B因素（二次打顶叶数）交互作用对烤烟中部叶烟碱含量的影响达极显著水平。B因素单独作用对烤烟中部叶烟碱含量的影响达显著水平。由表2-7-17可以看出，处理⑧与处理①、③、④、⑤、⑥、⑦、⑨，处理③、⑥与处理②之间差异均达到显著水平；但是处理③与处理①、④、⑤、⑥、⑦、⑨，处理②与处理①、⑦、⑨、④、⑤之间均没有显著差异。根据优质烟叶烟碱含量在1.5%～3.5%范围的标准，所有处理均在此范围内。

表2-7-18　不同处理中部叶烟碱含量的方差分析表

变异来源	平方和	自由度	均方	*F*值	显著水平
A因素	0.188	2	0.094	17.07	0.000 1
B因素	0.066	2	0.033	5.95	0.010 3
A因素×B因素	0.505	4	0.126	22.93	0.000 0
误差	0.099	18	0.006		
总变异	0.858	26			

注：A因素代表摘除脚叶数；B因素代表二次打顶叶数。0.05=显著水平；0.01=极显著水平。

3.4.2.2　中部叶总糖含量

从图2-7-11可以看出，在摘除相同下部叶数处理中，中部叶所含总糖含量随着二次打顶叶数的增加而先减少后增加。其中处理G在所有处理中总糖含量最高，为30.47%，其次为处理C和处理I，分别为30.39%和30.10%。处理H中部叶总糖含量最低，为29.40%。

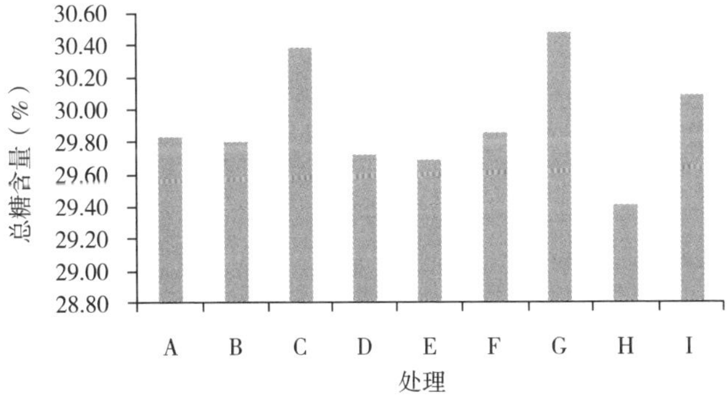

图2-7-11　不同处理中部叶总糖含量

进一步进行方差分析，从表2-7-19可以看出，A因素（摘除下部叶数）单独作用对烤烟中部叶总糖含量的影响达显著水平。B因素（二次打顶叶数）单独作用及A因素和B因素交互作用对烤烟中部叶总糖含量的影响均达极显著水平。由表2-7-17可以看出，处理⑦与处理①、②、⑥，处理③与处理④、⑤，处理⑨与处理⑧之间均表现为差异显著；但是处理⑦与处理③、⑨，处理③与处理①、②、⑥、⑨，处理⑤与处理①、②、④、⑥，处理⑧与处理①、②、④、⑤、⑥之间均没有出现差异。

表2-7-19　不同处理中部叶总糖含量的方差分析表

变异来源	平方和	自由度	均方	*F*值	显著水平
A因素	0.37	2	0.187	4.35	0.028 7
B因素	1.18	2	0.59	13.75	0.000 2
A因素 × B因素	1.31	4	0.32	7.64	0.000 8
误差	0.77	18	0.043		
总变异	3.63	26			

注：A因素代表摘除脚叶数；B因素代表二次打顶叶数。0.05=显著水平；0.01=极显著水平。

3.4.2.3　中部叶还原糖含量

从图2-7-12可以看出，处理G中部叶还原糖含量最高，为27.26%，处理E所含还原糖最低，为24.78%。从图2-7-12中还可以看出，不摘除脚叶处理比另外两种摘除脚叶处理还原糖含量高，而摘除两片脚叶处理所含还原糖含量最低。

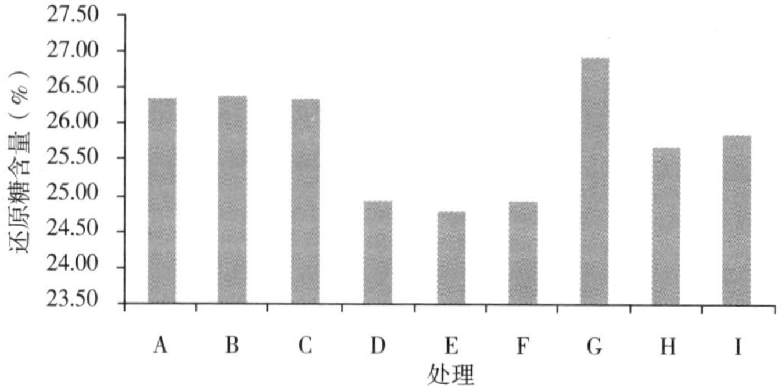

图2-7-12　不同处理中部叶还原糖含量

由方差分析表2-7-20可以看出，A因素（摘除脚叶数）和B因素（二次打顶叶数）单独作用及A因素和B因素交互作用对烤烟中部叶还原糖含量的影响均达极显著水平。从表2-7-17可以看出，处理③与处理⑦，处理⑧、⑨与处理①、②，处理⑧、⑨与处理④、⑤、⑥之间均表现为显著差异。但是处理⑤与处理④、⑥，处理⑧与处理⑨，处理①与处理②之间均没有显著差异。

表2-7-20　不同处理中部叶还原糖含量的方差分析表

变异来源	平方和	自由度	均方	*F*值	显著水平
A因素	15.45	2	7.72	103.50	0.000 0
B因素	1.06	2	0.53	71.43	0.000 1
A因素×B因素	3.49	4	0.87	116.97	0.000 0
误差	0.13	18	0.007		
总变异	20.15	26			

注：A因素代表摘除脚叶数；B因素代表二次打顶叶数。0.05=显著水平；0.01=极显著水平。

3.4.2.4　中部叶两糖差

从图2-7-13可知，处理D的中部叶两糖差最大，为4.81%，其次为处理E和处理F，分别为4.59%和4.57%。处理H的中部叶两糖差最小，为3.06%。从图2-7-13中还可以看出摘除两片脚叶处理的中部叶两糖差值比其他两种摘除脚叶处理要大。

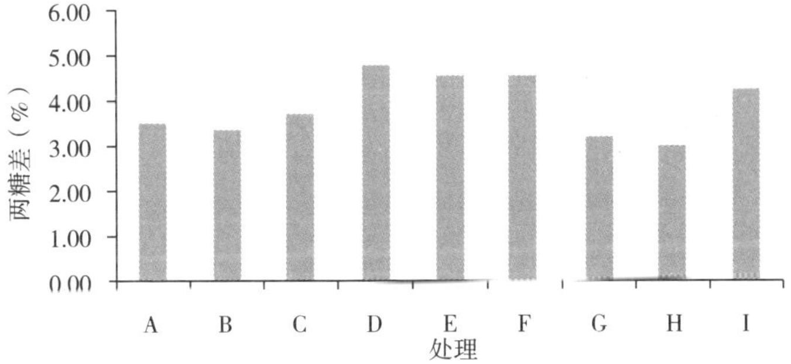

图2-7-13　不同处理中部叶两糖差

从方差分析表2-7-21可以看出，A因素（摘除脚叶数）单独作用对烤烟中部叶两糖差的影响达极显著水平。B因素（二次打顶叶数）单独作用及A因素和B因素交互作用对烤烟中部叶两糖差的影响不显著。从表2-7-17可以看出，处理④与处理①、②，处理⑤、⑥与处理⑦、⑧间差异均达显著水平。处理④与处理③、⑤、⑥、⑨，处理②与处理①、③、⑤、⑨，处理⑧与处理⑦、①、②、③、⑨之间均没有显著差异。

表2-7-21　不同处理中部叶两糖差的方差分析表

变异来源	平方和	自由度	均方	*F*值	显著水平
A因素	7.75	2	3.875	21.06	0.000 1
B因素	1.25	2	0.629	3.42	0.055 0
A因素×B因素	1.61	4	0.403	2.18	0.111 3
误差	3.31	18	0.184		
总变异	13.93	26			

注：A因素代表摘除脚叶数；B因素代表二次打顶叶数。0.05=显著水平；0.01=极显著水平。

3.4.2.5　中部叶糖碱比

从图2-7-14可以看出，处理B的中部叶糖碱比最高，为13.60，其次是处理G和处理A，分别为12.97和12.73。处理H的中部叶糖碱比最低，为9.62。

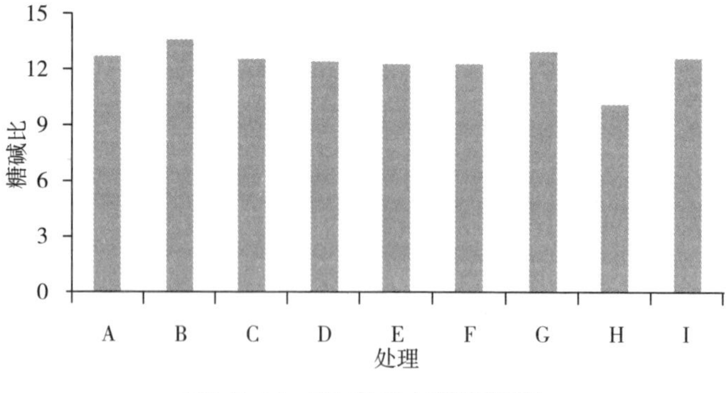

图2-7-14　不同处理中部叶糖碱比

根据方差分析表2-7-22可知，A因素（摘除脚叶数）和B因素（二次打顶叶数）单独作用及A因素和B因素交互作用对烤烟中部叶糖碱比的影响达极显著水平。说明不同的摘除脚叶数和二次打顶叶数，都能显著影响中部叶糖碱比。由表2-7-17可以看出，处理⑧与处理⑥、⑤、④、③、⑨、①、⑦、②之间差异达显著水平；其他处理之间均没有显著差异。

表2-7-22　不同处理中部叶糖碱比的方差分析表

变异来源	平方和	自由度	均方	F值	显著水平
A因素	6.46	2	3.23	11.02	0.000 7
B因素	3.83	2	1.91	6.54	0.007 3
A因素×B因素	18.97	4	4.74	16.19	0.000 1
误差	5.27	18	0.29		
总变异	34.54	26			

注：A因素代表摘除脚叶数；B因素代表二次打顶叶数。0.05=显著水平；0.01=极显著水平。

3.4.2.6　中部叶总氮含量

从图2-7-15可以看出，处理D的中部叶总氮含量最高，为2.15%，其次是处理F，为2.14%。处理A的中部叶总氮含量最低，为1.41%。从图2-7-15中还可看出，不摘除脚叶的处理比另外两种摘除脚叶处理的中部叶总氮含量低。

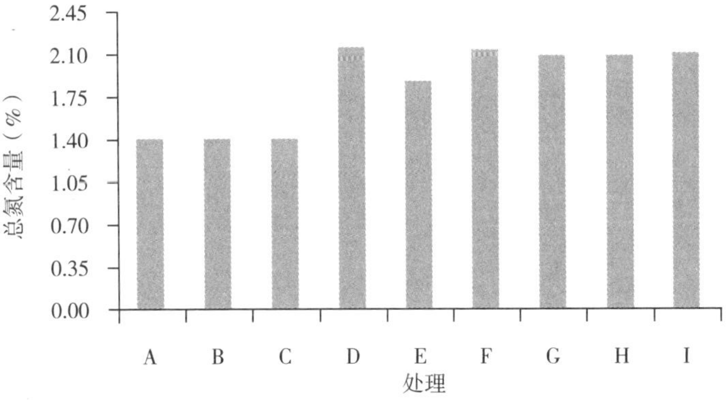

图2-7-15　不同处理中部叶总氮含量

根据方差分析表2-7-23可以看出，A因素（摘除脚叶数）单独作用对烤烟中部叶总氮含量的影响达极显著水平。B因素（二次打顶叶数）单独作用及A因素和B因素交互作用对烤烟中部叶总氮含量的影响均达显著水平。由表2-7-17可以看出，处理④、⑥与处理⑤，处理⑦、⑧、⑨、⑤与处理①、②、③之间差异均达到显著水平；但是处理①与处理②、③，处理⑤与处理⑦、⑧、⑨，处理④与处理⑥、⑧、⑨之间均没有显著差异。

表2-7-23 不同处理中部叶总氮含量的方差分析表

变异来源	平方和	自由度	均方	*F*值	显著水平
A因素	2.61	2	1.30	91.61	0.000 0
B因素	0.052	2	0.026	3.78	0.042 4
A因素x B因素	0.10	4	0.026	3.79	0.020 8
误差	0.123	18	0.007		
总变异	2.89	26			

注：A因素代表摘除脚叶数；B因素代表二次打顶叶数。0.05=显著水平；0.01=极显著水平。

3.4.2.7 中部叶钾含量

从图2-7-16可以看出，处理H在所有处理之中中部叶钾含量最高，为3.03%，其次是处理D，为2.66%。处理B的中部叶钾含量最低，为2.23%。从图2-7-16中还可以看出，在相同的二次打顶叶数处理中，中部叶钾含量随摘除脚叶数的增加而增加。

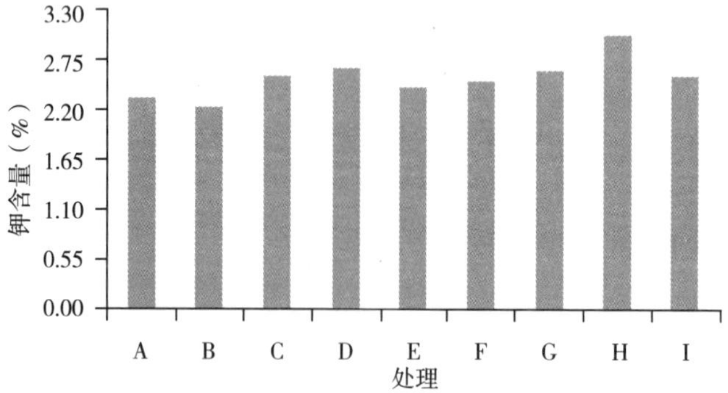

图2-7-16 不同处理中部叶钾含量

根据方差分析表2-7-24可知，A因素（摘除脚叶数）单独作用对烤烟中部叶钾含量的影响极显著；而B因素（二次打顶叶数）单独作用对烤烟中部叶钾含量的影响不明显，A因素和B因素交互作用对烤烟中部叶钾含量的影响达显著水平。说明摘除脚叶数能极显著影响中部叶钾含量，二次打顶叶数对中部叶钾含量的影响作用不明显。由表2-7-17可以看出处理⑧与处理①、②、⑤之间差异达显著水平；但是处理⑧与处理⑥、⑨、③、⑦、④，处理②与处理①、⑤、⑥、⑨、③、⑦、④之间均没有显著差异。根据优质烤烟钾含量大于2.5%的标准，只有处理①、处理②低于此范围，其他处理都达到要求。

表2-7-24　不同处理中部叶钾含量的方差分析表

变异来源	平方和	自由度	均方	*F*值	显著水平
A因素	0.57	2	0.28	7.84	0.003 5
B因素	0.005	2	0.003	0.071	0.931 3
A因素×B因素	0.65	4	0.16	4.51	0.0106 4
误差	0.65	18	0.036		
总变异	1.88	26			

注：A因素代表摘除脚叶数；B因素代表二次打顶叶数。0.05=显著水平；0.01=极显著水平。

3.4.2.8　中部叶淀粉含量

从图2-7-17可以看出，中部叶淀粉含量随二次打顶叶数和摘除脚叶数的增多而逐渐降低。其中，处理B在所有处理中部叶淀粉含量最高，为3.33%，其次是处理A和处理D，分别为3.03%和3.03%。处理I为最低值2.50%。

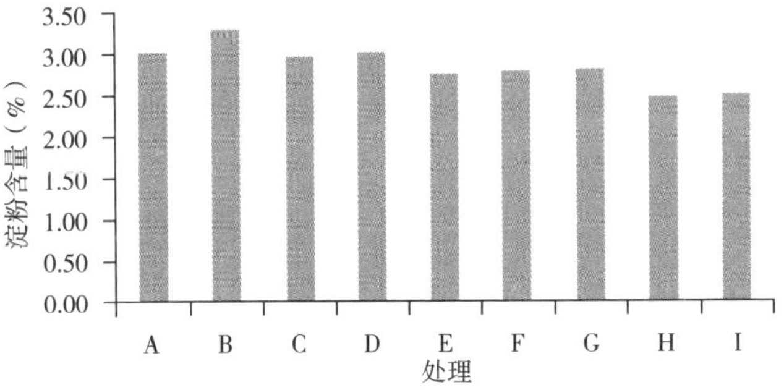

图2-7-17　不同处理中部叶淀粉含量

根据方差分析表2-7-25可知，A因素（摘除脚叶数）单独作用对烤烟中部叶淀粉含量的影响达极显著水平；但是B因素（二次打顶叶数）单独作用和A因素和B因素交互作用对烤烟上部叶淀粉含量的影响不明显。由表2-7-17可以看出，处理②与处理⑧、处理⑨之间差异达显著水平；但是处理②与处理①、③、④、

⑤、⑥、⑦，处理⑧与处理①、③、④、⑤、⑥、⑦、⑧之间均没有显著差异。根据优质烤烟淀粉含量小于3%的标准，只有处理①、处理②和处理④高于此范围，其他处理均处于标准范围内。

表2-7-25 不同处理中部叶淀粉含量的方差分析表

变异来源	平方和	自由度	均方	*F*值	显著水平
A因素	1.07	2	0.538	11.81	0.000 5
B因素	0.18	2	0.090	1.98	0.166 5
A因素×B因素	0.35	4	0.090	1.97	0.142 2
误差	0.82	18	0.046		
总变异	2.43	26			

注：A因素代表摘除脚叶数；B因素代表二次打顶叶数。0.05=显著水平；0.01=极显著水平。

3.4.2.9 中部叶氯含量

从图2-7-18可以看出，处理I在所有处理中中部叶氯含量最高，为0.80%。其次为处理F和处理C，分别为0.53%和0.41%。处理B的中部叶氯含量最低，为0.27%。从图2-7-18中还可看出，在摘除相同的脚叶数处理中，二次打顶打除3片叶这个处理氯含量最高。

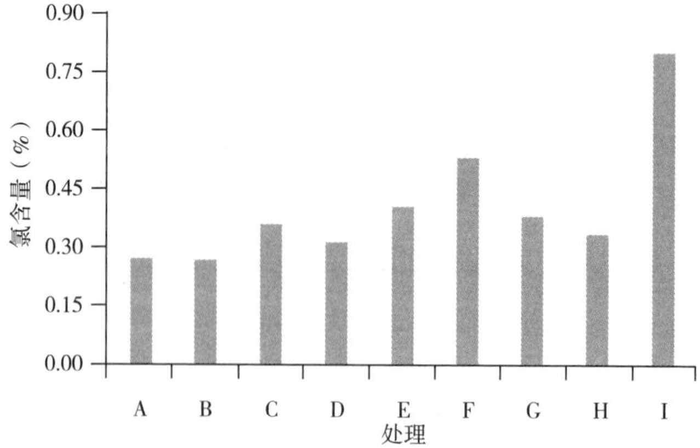

图2-7-18 不同处理中部叶氯含量

根据方差分析表2-7-26可知，A因素（摘除脚叶数）和B因素（二次打顶叶数）单独作用及A因素和B因素交互作用对烤烟中部叶氯含量的影响达极显著水平。从表2-7-17可以看出，处理⑨与处理⑥，处理⑥与处理③、⑤、⑦，处理⑤与处理⑧，处理⑧与处理①、②之间均达到差异显著；但是处理④与处理①、②，处理④与处理③、⑧，处理⑧与处理⑦，处理③与处理⑦之间均没有显著差异。根据优质烤烟氯含量小于0.5%的标准，本试验结果中，只有处理⑥和处理⑨超过此范围，其他处理均在此范围内。

表2-7-26　不同处理中部叶氯含量的方差分析表

变异来源	平方和	自由度	均方	*F*值	显著水平
A因素	0.19	2	0.098	26.53	0.000 3
B因素	0.32	2	0.16	34.21	0.000 1
A因素×B因素	0.15	4	0.039	18.45	0.000 4
误差	0.009	18	0.000		
总变异	0.68	26			

注：A因素代表摘除脚叶数；B因素代表二次打顶叶数。0.05=显著水平；0.01=极显著水平。

3.4.3　下部叶化学成分

不同处理对烤烟下部叶化学成分的影响见表2-7-27。

表2-7-27　不同处理对烤烟下部叶化学成分的影响

处理	烟碱（%）	总糖（%）	还原糖（%）	总氮（%）	淀粉（%）	钾离子（%）	氯（%）	两糖差（%）	糖碱比
①	1.80d	25.06ab	21.98d	1.72b	2.30a	2.70d	0.35f	3.05b	13.91a
②	1.78d	24.98ab	23.73a	2.14a	2.30a	3.10bc	0.45de	1.31f	11.73a
③	2.28a	24.28ab	22.66c	2.13a	2.06a	3.06c	0.37ef	1.19f	10.46a
④	2.01bc	23.21b	20.82g	2.05a	2.33a	2.90d	0.31fg	2.06d	12.28a
⑤	1.86cd	23.36ab	21.25f	2.07a	2.30a	2.93cd	0.25g	2.41c	12.02a
⑥	2.03bc	23.61ab	21.60e	2.14a	2.13a	2.90cd	0.48cd	1.97d	12.87a
⑦	2.04b	26.23a	23.71a	2.12a	2.26a	3.40ab	0.69b	3.84a	13.16a
⑧	1.86cd	25.42ab	23.05b	2.17a	2.13a	3.43a	0.55c	1.22f	11.12a
⑨	1.92bcd	24.60ab	23.24b	1.69b	2.03a	3.00cd	0.79a	1.60e	13.94a

注：①表示不摘除脚叶，一直挂在烟秆上不采烤，不二次打顶；②表示不摘除脚叶，一直挂在烟秆上不采烤，二次打顶1片叶；③表示不摘除脚叶，一直挂在烟秆上不采烤，二次打顶3片叶；④表示摘除2片脚叶，不二次打顶；⑤表示摘除2片脚叶，二次打顶1片叶；⑥表示摘除2片脚叶，二次打顶3片叶；⑦表示摘除4片脚叶，不二次打顶；⑧表示摘除4片脚叶，二次打顶1片叶；⑨表示摘除4片脚叶，二次打顶3片叶；小写字母表示显著水平。

3.4.3.1　下部叶烟碱含量

从图2-7-19可以看出，处理C在所有处理中下部叶烟碱含量最高，为2.28%，其次为处理F和处理G，分别为2.04%和2.03%。处理B下部叶烟碱含量最低，为1.78%。从图2-7-19中还可以知道，在摘除相同脚叶数的处理中，二次打顶摘除2片叶处理烟碱含量最低。

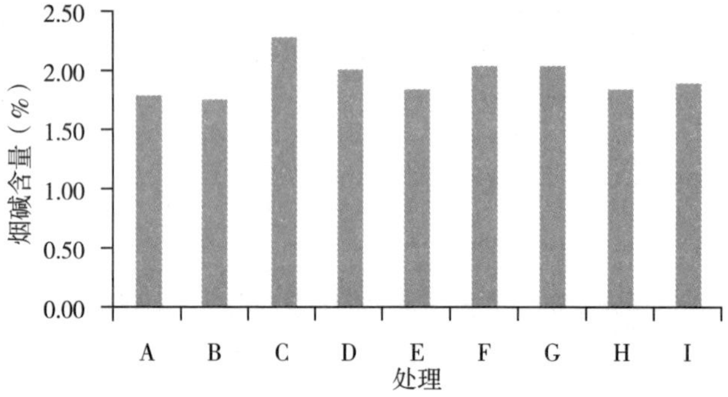

图2-7-19　不同处理下部叶烟碱含量

从方差分析表2-7-28可知，A因素（摘除脚叶数）单独作用对烤烟下部叶烟碱含量的影响不显著水平；B因素（二次打顶叶数）单独作用及A因素和B因素交互作用对烤烟下部叶烟碱含量的影响达极显著水平。从表2-7-27可以看出，处理③与处理④、⑥、⑦、⑨，处理⑦与处理⑤、⑧，处理④和处理⑥与处理①、②之间差异均达显著水平；但是处理⑦与处理④、⑥、⑨，处理④与处理⑤、⑥、⑧、⑨，处理①与处理②、⑤、⑧、⑨之间均没有显著差异。根据优质烟叶烟碱含量在1.5%～3.5%范围的标准，所有处理均在此范围内。

表2-7-28　不同处理下部叶烟碱含量的方差分析表

变异来源	平方和	自由度	均方	*F*值	显著水平
A因素	0.003	2	0.001	0.328	0.724 8
B因素	0.269	2	0.134	32.67	0.000 0
A因素×B因素	0.316	4	0.079	19.17	0.000 1
误差	0.074	18	0.004		
总变异	0.661	26			

注：A因素代表摘除脚叶数；B因素代表二次打顶叶数。0.05=显著水平；0.01=极显著水平。

3.4.3.2　下部叶总糖含量

从图2-7-20可以看出，处理G在所有处理中下部叶下部叶总糖含量最高，为26.23%，其次为处理H与处理A，分别为25.42%和25.06%。处理D下部叶总糖含量最低，为23.21%。

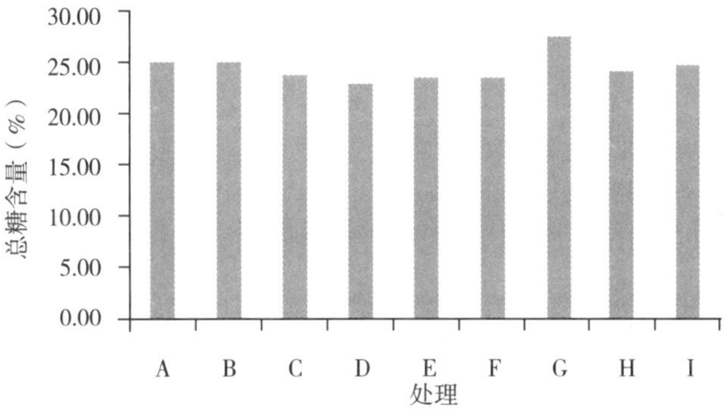

图2-7-20　不同处理下部叶总糖含量

进一步进行方差分析，从表2-7-29可以看出，A因素（摘除脚叶数）单独作用对烤烟下部叶总糖含量的影响达极显著水平。B因素（二次打顶叶数）单独作用及A因素和B因素交互作用对烤烟下部叶总糖含量的影响不显著。由表2-7-27可以看出，处理⑦与处理④之间表现为差异显著；但是处理⑦与处理①、②、③、⑤、⑥、⑧，处理④与处理①、②、③、⑤、⑧、⑨之间均没有出现显著差异。

表2-7-29　不同处理下部叶总糖含量的方差分析表

变异来源	平方和	自由度	均方	*F*值	显著水平
A因素	19.27	2	9.63	8.85	0.002 1
B因素	2.05	2	1.02	0.94	0.406 8
A因素×B因素	3.27	4	0.82	0.75	0.568 9
误差	19.59	18	1.08		
总变异	44.20	26			

注：A因素代表摘除脚叶数；B因素代表二次打顶叶数。0.05=显著水平；0.01=极显著水平。

3.4.3.3　下部叶还原糖含量

从图2-7-21可以看出来，处理B在所有处理中下部叶还原糖含量最高，为23.73%，其次为处理G和处理I，分别为23.71%和23.24%。处理D所含还原糖含量最低，为20.82%。

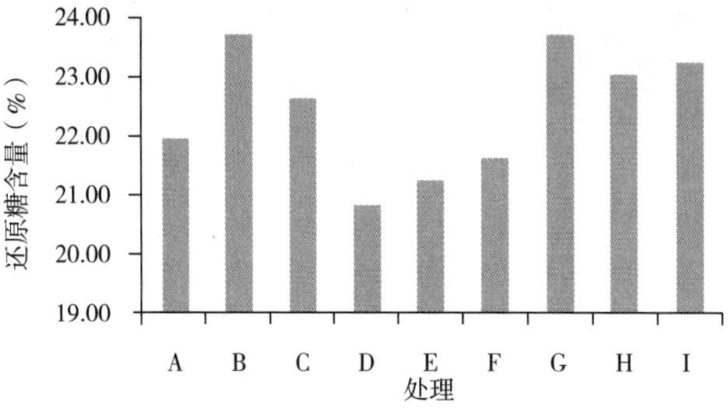

图2-7-21　不同处理下部叶还原糖含量

由方差分析表2-7-30可以看出，A因素（摘除脚叶数）和B因素（二次打顶叶数）单独作用及A因素和B因素交互作用对烤烟下部叶还原糖含量的影响均达极显著水平。从表2-7-27可以看出来，处理②及处理⑦与处理⑧、⑨，处理③与处理①，处理⑥与处理⑤，处理④与处理⑤之间均表现为差异显著；但是处理②与处理⑦，处理⑧与处理⑨之间均没有显著差异。

表2-7-30　不同处理下部叶还原糖含量的方差分析表

变异来源	平方和	自由度	均方	*F*值	显著水平
A因素	21.60	2	10.80	198.12	0.000 0
B因素	1.17	2	0.588	108.72	0.000 0
A因素×B因素	5.06	4	1.26	34.25	0.000 2
误差	0.097	18	0.005		
总变异	27.94	26			

注：A因素代表摘除脚叶数；B因素代表二次打顶叶数。0.05=显著水平；0.01=极显著水平。

3.4.3.4　下部叶两糖差

从图2-7-22可以看出，处理G在所有处理中下部叶两糖差值最大，为3.84%，其次是处理A，为3.05%。处理C的下部叶两糖差值最小，为1.19%。

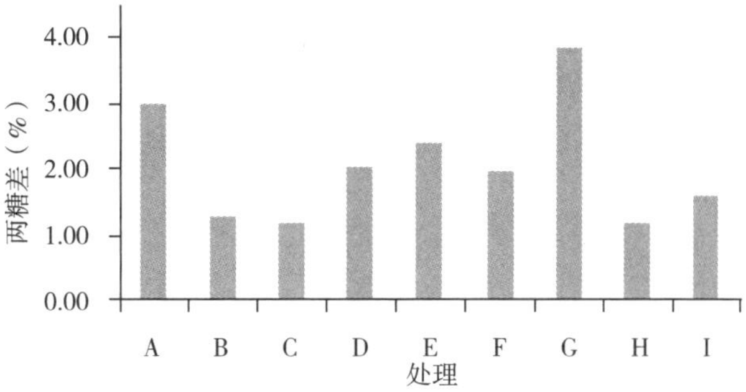

图2-7-22　不同处理下部叶两糖差

根据方差分析表2-7-31可以看出，A因素（摘除脚叶数）和B因素（二次打顶叶数）单独作用及A因素和B因素交互作用对烤烟下部叶两糖差的影响达极显著水平。从表2-7-27可以看出，处理⑦与处理①，处理⑤与处理④、⑥，处理⑨与处理②、③、⑧之间均达差异显著；但是处理⑥与处理④，处理③与处理②、处理⑧之间均没有显著差异。

表2-7-31　不同处理下部叶两糖差的方差分析表

变异来源	平方和	自由度	均方	*F*值	显著水平
A因素	0.704	2	0.352	39.09	0.000 1
B因素	11.20	2	5.60	121.84	0.000 0
A因素×B因素	7.65	4	1.91	72.31	0.000 0
误差	0.162	18	0.009		
总变异	19.71	26			

注：A因素代表摘除脚叶数；B因素代表二次打顶叶数。0.05=显著水平；0.01=极显著水平。

3.4.3.5　下部叶糖碱比

从图2-7-23可以看出，处理B在所有处理中下部叶糖碱比最高，为14.08，其次是处理A和G，分别为13.88和13.47。处理C的下部叶糖碱比最低，为9.88。而处理B与处理C之间的降幅最大。

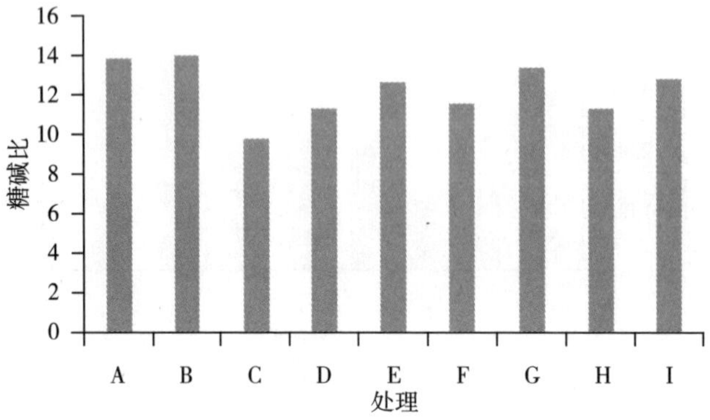

图2-7-23 不同处理下部叶糖碱比

根据方差分析表2-7-32可知，A因素（摘除脚叶数）和B因素（二次打顶叶数）单独作用及A因素和B因素交互作用对烤烟下部叶糖碱比的影响均不显著。说明摘除脚叶数和二次打顶叶数对下部叶的糖碱比均无影响。

表2-7-32 不同处理下部叶糖碱比的方差分析表

变异来源	平方和	自由度	均方	*F*值	显著水平
A因素	2.07	2	1.03	0.45	0.640 2
B因素	9.98	2	4.99	2.20	0.140 8
A因素×B因素	20.39	4	5.09	2.25	0.106 3
误差	38.50	18	2.26		
总变异	70.28	26			

注：A因素代表摘除脚叶数；B因素代表二次打顶叶数。0.05=显著水平；0.01=极显著水平。

3.4.3.6 下部叶总氮含量

从图2-7-24可以看出，处理I在所有处理中下部叶总氮含量最低，为1.69%，其次为处理A，为1.72%。其他处理下部叶总氮含量都大于2%。

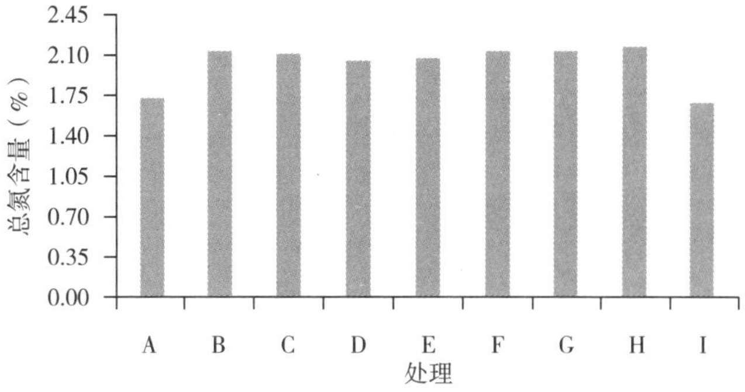

图2-7-24　不同处理下部叶总氮含量

根据方差分析表2-7-33可以看出，A因素（摘除脚叶数）单独作用对烤烟下部叶总氮含量的影响不显著。B因素（二次打顶叶数）单独作用对烤烟下部叶总氮含量的影响达显著水平；A因素和B因素交互作用对烤烟下部叶总氮含量的影响达极显著水平。由表2-7-27可以看出，处理①、⑨与处理④、⑤、②、③、⑦、⑥、⑧之间差异达显著水平；而处理①与处理⑨，处理②与处理③、④、⑤、⑥、⑦、⑧之间均没有显著差异。

表2-7-33　不同处理下部叶总氮含量的方差分析表

变异来源	平方和	自由度	均方	*F*值	显著水平
A因素	0.051	2	0.026	2.19	0.140 3
B因素	0.138	2	0.069	5.94	0.010 4
A因素×B因素	0.642	4	0.160	13.79	0.000 1
误差	0.209	18	0.012		
总变异	1.041	26			

注：A因素代表摘除脚叶数；B因素代表二次打顶叶数。0.05=显著水平；0.01=极显著水平。

3.4.3.7　下部叶钾含量

从图2-7-25可以看出，处理G在所有处理中下部叶钾含量最高，为3.43%，其次是处理H，为3.40%。处理A的下部叶钾含量最低，为2.70%。

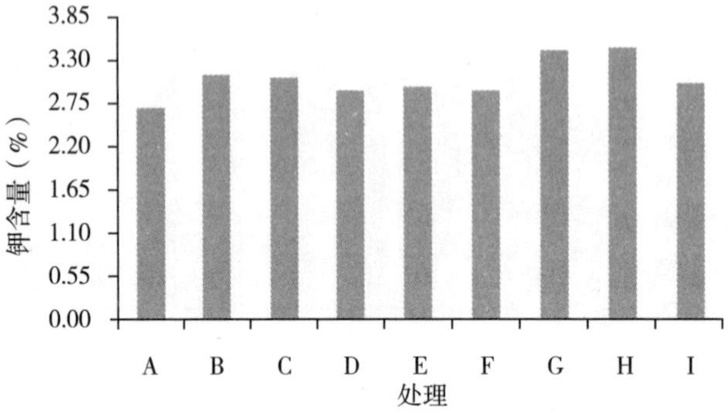

图2-7-25 不同处理下部叶钾含量

根据方差分析表2-7-34可以看出，A因素（摘除脚叶数）单独作用及A因素和B因素（二次打顶叶数）交互作用对烤烟下部叶钾含量的影响均达极显著。B因素单独作用对烤烟上部叶钾含量的影响显著。由表2-7-27可以看出，处理⑧与处理②，处理③与处理①之间差异均达显著水平；但是处理⑦与处理⑧，处理②与处理⑦，处理④与处理②、③、⑤、⑥、⑨，处理①与处理②、⑤、⑥、⑨之间均没有显著差异。根据优质烤烟钾含量大于2.5%的标准，本试验结果所有处理均在此范围内。

表2-7-34 不同处理下部叶钾含量的方差分析表

变异来源	平方和	自由度	均方	*F*值	显著水平
A因素	0.72	2	0.36	27.02	0.000 1
B因素	0.15	2	0.078	5.86	0.010 9
A因素×B因素	0.49	4	0.12	9.19	0.000 3
误差	0.24	18	0.013		
总变异	1.60	26			

注：A因素代表摘除脚叶数；B因素代表二次打顶叶数。0.05=显著水平；0.01=极显著水平。

3.4.3.8 下部叶淀粉含量

从图2-7-26可以看出，下部叶淀粉含量随二次打顶叶数和摘除脚叶数的增多而逐渐降低。其中，处理D在所有处理中下部叶中淀粉含量最高，为2.33%。其次是处理E和处理B，分别为2.30%和2.30%。处理I为最低值2.03%。

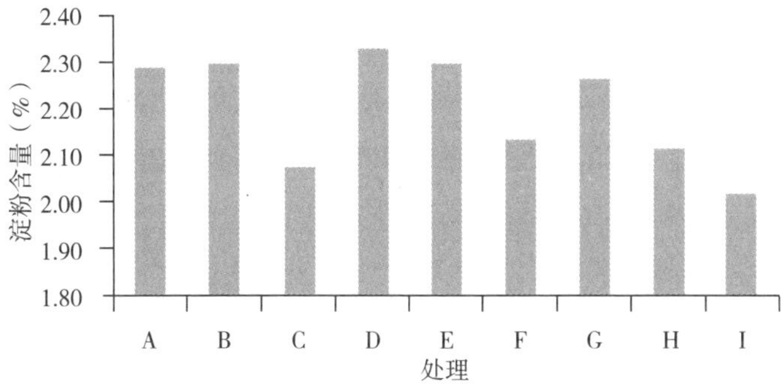

图2-7-26　不同处理下部叶淀粉含量

根据方差分析表2-7-35可知，A因素（摘除脚叶数）单独作用和A因素和B因素（二次打顶叶数）交互作用对烤烟下部叶淀粉含量的影响均不明显。B因素单独作用对烤烟下部叶淀粉含量的影响极显著。根据优质烤烟淀粉含量小于3%的标准，本试验结果所有处理均在此范围内。

表2-7-35　不同处理下部叶淀粉含量的方差分析表

变异来源	平方和	自由度	均方	*F*值	显著水平
A因素	0.059	2	0.029	1.64	0.220 5
B因素	0.241	2	0.120	6.77	0.006 4
A因素×B因素	0.019	4	0.005	0.27	0.892 9
误差	0.320	18	0.018		
总变异	0.639	26			

注：A因素代表摘除脚叶数；B因素代表二次打顶叶数。0.05=显著水平；0.01=极显著水平。

3.4.3.9　下部叶氯含量

从图2-7-27可以看出，处理I在所有处理中下部叶氯含量最高，为0.79%。其次为处理G和处理H，分别为0.69%和0.55%。处理E的下部叶氯含量最低，为0.25%。从图2-7-27中还可看出，摘除四片脚叶的处理下部叶氯含量比其他两种处理要高。

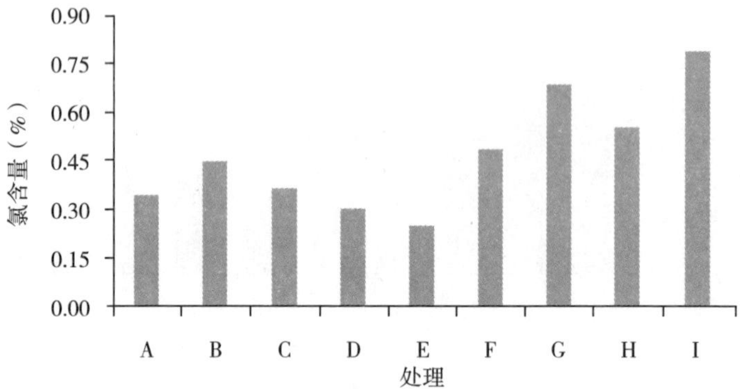

图2-7-27 不同处理下部叶氯含量

进一步进行方差分析，从表2-7-36可知，A因素（摘除脚叶数）和B因素（二次打顶叶数）单独作用及A因素和B因素交互作用对烤烟下部叶氯含量的影响均达极显著水平。从表2-7-27可以看出，处理⑨与处理⑦，处理⑧与处理②，处理②与处理①、④，处理①、③与处理⑤之间均达到差异显著；但是处理④与处理⑤，处理④与处理①、③，处理②与处理③，处理②与处理⑥，处理⑥与处理⑧之间均没有显著差异。根据优质烤烟氯含量小于0.5%的标准，本试验结果中，只有处理⑦、处理⑧和处理⑨超出此范围，其他处理均在此范围内。

表2-7-36 不同处理下部叶氯含量的方差分析表

变异来源	平方和	自由度	均方	*F*值	显著水平
A因素	0.57	2	0.28	67.93	0.000 0
B因素	0.083	2	0.041	38.61	0.000 1
A因素×B因素	0.10	4	0.027	24.90	0.000 2
误差	0.019	18	0.001		
总变异	0.78	26			

注：A因素代表摘除脚叶数；B因素代表二次打顶叶数。0.05=显著水平；0.01=极显著水平。

3.5 摘除脚叶数和二次打顶叶数对烤烟香气物质的影响

3.5.1 色素和多酚含量

烤烟中的色素一直被认为是对烟叶品质有重要作用的化合物，它不仅决定着烟叶调制后的色泽，而且经过生物降解后，其降解产物影响着烟叶的香气质与香气量。

从图2-7-28可以看出，当摘除相同脚叶数时，烤烟中部叶色素含量随着二次打顶叶数的增加表现为先减小后增加，即当摘除相同脚叶数时，二次打顶摘除1片叶处理中部叶所含色素要低于另外两种二次打顶处理。从图2-7-28中还可以看出，当二次打顶叶数相同时，中部叶色素含量随着摘除脚叶数的增多而逐渐减少。

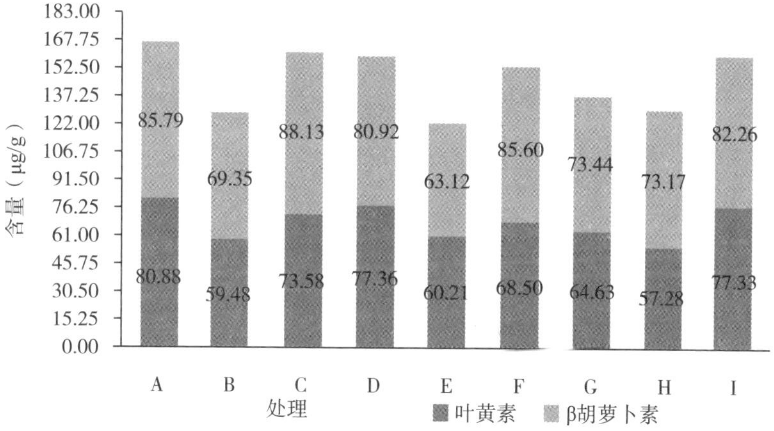

图2-7-28　不同处理中部叶色素含量

多酚类物质是烤烟中重要的化合物，对烟叶色泽、香吃味等均有显著作用。烤烟中含量最多的酚类化合物是绿原酸和芸香苷，它们占总酚量的75%～95%。朱小茜、耿明等[35]的研究表明，在同一部位同一颜色的烟叶中，多酚的含量随等级的升高而增加。

从图2-7-29可知，处理E在所有处理之中中部叶绿原酸含量最高，为13.17 mg/g，其次是处理B，为13.07 mg/g。处理D中部叶绿原酸含量最低，为12.06 mg/g。处理G在所有处理之中中部叶芸香苷含量最高，为11.42 mg/g，处理F在所有处理之中中部叶芸香苷含量最低，为9.57 mg/g。根据优质烤烟芸香苷平均含量为0.4%，可知本试验所有处理结果均处于适宜的范围值内。

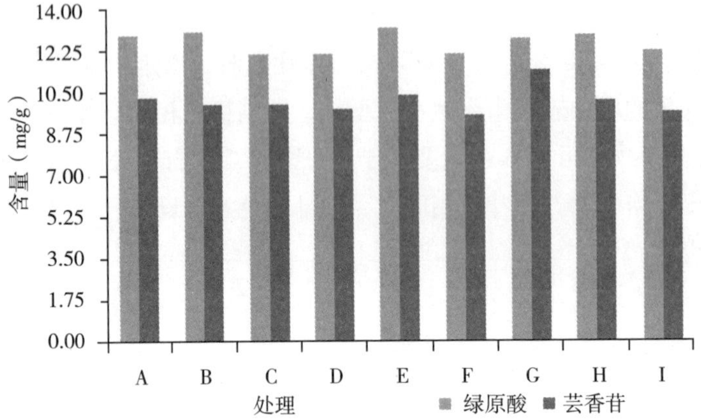

图2-7-29　不同处理中部叶多酚含量

3.5.2　中性香气物质含量

表2-7-37　不同处理中部叶中性香气物质含量（μg/g）

	不同处理								
致香物质	A	B	C	D	E	F	G	H	I
糠醛	7.53	16.86	16.94	23.73	21.87	22.87	21.40	19.90	5.67
糠醇	1.18	4.01	1.53	5.32	3.72	4.00	1.57	4.39	0.96
3-甲基-2（5H）-呋喃酮	tr	1.17	0.71	1.03	0.95	1.06	1.17	1.00	0.17
2-乙酰基吡咯	0.22	1.40	0.96	1.18	1.18	1.21	1.16	1.36	0.36
棕色化产物类（总计）	8.93	23.44	20.14	31.26	27.72	29.14	25.3	26.65	7.16
苯甲醛	0.25	1.21	0.90	1.25	1.15	1.29	1.07	1.23	0.25
苯甲醇	0.17	1.24	1.03	1.66	1.34	2.38	0.94	3.50	0.09
苯乙醛	1.13	3.40	1.76	3.64	2.51	1.66	2.73	3.99	0.82
苯乙醇	0.79	1.78	1.47	1.49	1.44	1.66	1.65	2.02	0.66
苯丙氨酸类（总计）	2.34	7.63	5.16	8.04	6.44	6.99	6.39	10.74	1.82
茄酮	11.89	12.24	12.67	12.31	12.72	12.58	12.37	11.97	tr
类西柏烷类（总计）	11.89	12.24	12.67	12.31	12.72	12.58	12.37	11.97	Tr

续表

	不同处理								
致香物质	A	B	C	D	E	F	G	H	I
β-大马酮	1.12	2.61	1.58	2.95	2.05	2.32	2.28	2.59	1.35
巨豆三烯酮3	0.02	0.19	2.29	2.55	2.38	3.45	2.16	2.27	0.65
巨豆三烯酮1	tr	9.60	tr	9.76	tr	3.59	5.79	11.60	tr
香芹酮	tr	tr	tr	12.65	tr	12.44	12.10	tr	tr
金合欢基丙酮3	2.87	64.10	0.51	3.57	31.75	41.72	16.12	35.44	0.90
6-甲基-5-庚烯-2-酮	0.33	0.71	0.47	0.61	0.57	0.51	0.33	0.59	0.35
α-紫罗兰酮	tr	tr	tr	12.07	0.00	3.42	9.15	7.57	tr
香叶基丙酮	0.88	1.55	1.40	1.46	0.91	1.54	0.95	1.47	1.14
环柠檬醛	0.07	0.16	0.17	0.32	0.29	0.30	0.30	0.38	0.07
类胡萝卜素类（总计）	5.29	78.92	6.42	45.94	37.95	69.29	49.18	61.91	4.46
新植二烯	190.37	191.43	190.64	190.54	190.35	191.66	192.63	192.48	191.23
氧化异佛尔酮	0.15	0.20	0.18	0.22	0.20	0.22	0.20	0.21	tr
正氧化柠檬烯	tr	tr	0.84	tr	tr	0.98	0.96	tr	tr
负氧化柠檬烯	tr	tr	tr	0.72	0.65	0.68	0.69	0.63	0.11
氧化石竹烯	0.43	6.09	3.10	10.03	1.11	7.08	0.98	5.75	0.29
总计	219.40	319.95	239.15	299.06	277.14	318.62	288.7	310.34	205.07

注："tr"表示痕量。

烤烟的中性致香物质是用于烟叶香气特征评价研究的重要化学组分，也是对烟叶香气质、香气量及香型风格进行评价的重要指标之一。致香物质按烟叶香气前体物可分为棕色化产物类、苯丙氨酸类、类西柏烷类、类胡萝卜素类等。从本试验检测出来的23种香气物质中，棕色化产物类有4种、苯丙氨酸类有4种、类西柏烷类有1种、类胡萝卜素类有9种，其他类别的有5种。

从表2-7-37可知，所有处理中部叶中致香物质棕色化反应产物总量以处理D最高，处理I最低；苯丙氨酸类以处理H最高，处理I最低；类西柏烷类以处理E最高，处理I最低，为痕量。类胡萝卜素类以处理B最高，处理I最低。所有处理中部叶新植二烯含量差异不明显。所有处理中部叶致香物质总量以处理B最高，为319.95μg/g，其次为处理F，为318.62μg/g，处理I致香物质总量最少，为219.4μg/g。

3.5.3 非挥发酸含量

非挥发性有机酸广泛存在于烟草中，它能改进吸味，增加烟气浓度，从而使烟气变得醇和，是影响烟气吸味和香气质量的主要化学成分之一。对烤烟有机酸的检测结果表明，草酸、苹果酸和柠檬酸等多元酸含量较高的烟叶品质较优。

对表2-7-38分析得出，处理G在所有处理之中中部叶草酸含量最高，为21.04 mg/g，处理B含量最低，为10.42 mg/g。在相同摘除下部叶处理下，中部叶草酸含量随着二次打顶叶数的增加表现为先减小后增加。处理H在所有处理之中中部叶苹果酸含量最高，为90.58 mg/g，处理A含量最低，为43.33 mg/g。在相同摘除下部叶处理下，中部叶苹果酸含量随着二次打顶叶数的增加表现为先增大后减小。处理G在所有处理之中中部叶柠檬酸含量最高，为13.94 mg/g，处理I含量最低，为7.70 mg/g。处理H在所有处理之中中部叶非挥发酸含量最高，为132.16 mg/g，其次是处理G，为124.74 mg/g。处理B含量最低，为77.35 mg/g。

表2-7-38 不同处理中部叶非挥发酸含量（mg/g）

处理	草酸	丙二酸	富马酸	苹果酸	柠檬酸	月桂酸	肉豆蔻酸	棕榈酸	亚油酸	总计
A	15.56	0.54	3.06	43.33	8.90	0.31	2.20	3.12	0.98	78.01
B	10.42	0.39	3.01	48.67	9.62	0.28	1.71	2.39	0.86	77.35
C	14.31	0.46	3.51	49.52	10.74	0.31	1.86	3.47	0.85	85.02
D	14.05	0.52	3.02	51.35	9.19	0.30	2.09	2.75	1.95	85.22
E	10.82	0.31	3.35	62.19	8.48	0.31	1.59	2.39	1.52	90.96
F	14.88	0.65	3.17	54.63	10.38	0.33	1.35	3.18	1.37	89.94
G	21.04	1.14	3.43	80.31	13.94	0.24	2.66	0.79	1.18	124.74
H	18.14	1.06	3.23	90.58	12.35	0.43	2.32	2.72	1.34	132.16
I	14.28	0.58	4.47	46.08	7.70	0.29	1.71	4.27	1.12	80.51

4. 小结

摘除脚叶可以改善通风透光条件，增强烟株代谢，提高产量和质量。研究表明，在打顶时继续保留底脚叶，有利于烟株从生长环境中进一步吸收钾，保留底脚叶有助于改善烟叶的含钾量和内在品质。而摘除不同数目的底脚叶会使绿原酸和芸香苷以及已烷提取物等物质都有显著差异。本试验研究了摘除脚叶数和二次打顶叶数对烤烟产量、质量及内在化学成分的影响。结果表明：

（1）烤烟节距随着摘除脚叶数的增加呈现减小的趋势，而最大叶宽则呈现增大的趋势。烤烟株高随着二次打顶叶数的增加呈现减小的趋势，而最大叶长和最大叶宽则呈现增大的趋势。摘除脚叶数和二次打顶叶数之间的交互作用对烤烟最大叶长和最大叶宽的影响较大，对株高、茎围和节距的影响不明显。而摘除脚叶数和二次打顶摘除顶叶数对烤烟物理性状均有不同程度的影响。说明摘除脚叶和二次打顶去除了同化物质向衰老的脚叶和发育不良的顶叶转化，使光合产物向其他烟叶内分配，增加了烟叶有效叶面积。

（2）A因素（摘除脚叶数）和B因素（二次打顶叶数）单独作用以及A因素和B因素之间的交互作用对烤烟产量、产值、均价、上等烟比例和上中等烟比例的影响差异均达极显著水平。其中产量在相同摘除脚叶数下表现为：B1＞B2＞B3；产值随着二次打顶叶数的增加呈现先增后减少的趋势，与张振平、刘孟君[36]研究结果一致，具体表现为：A2B2＞A3B2＞A3B1＞A2B1＞A2B3＞A1B3＞A1B2＞A1B1＞A3B3。上等烟比例以A3B3最高，A1B1最低。说明通过摘除脚叶和二次打顶使余下的烟叶生长发育改善，增加了有效烟叶内的干物质，提升了烟叶的品质。

（3）上部叶烟碱含量随着A因素（摘除脚叶数）和B因素（二次打顶叶数）的增多逐渐增高。还原糖、淀粉含量随着二次打顶叶数的增加而逐渐降低。总氮含量随着二次打顶叶数的增多呈现先增加后减少的趋势。钾、氯含量随着摘除脚叶数的增加而增加。A因素和B因素交互作用对烤烟上部叶烟碱、总糖、还原糖、糖碱比和总氮含量的影响均达极显著水平，对淀粉、钾和氯含量影响不明显。

中部叶淀粉含量随着二次打顶叶数和摘除脚叶数的增多而逐渐降低，在相同的二次打顶叶数处理中，钾含量随着摘除脚叶数的增加而增加。不摘除脚叶处理中还原糖含量比另外两种摘除脚叶处理高；而总氮含量则要低。在摘除相同的脚叶数处理中，二次打顶摘除3片叶处理氯含量最高。A因素（摘除脚叶数）和B因素（二次打顶叶数）交互作用对烤烟中部叶烟碱含量、总糖含量、还原糖含量、糖碱比、总氮含量和氯含量的影响均达极显著水平，对淀粉含量影响不明显。但是摘除脚叶单独作用对烤烟中部叶淀粉含量的影响达极显著水平。

下部叶淀粉含量随着二次打顶叶数和摘除脚叶数的增多而逐渐降低。摘除脚叶单独作用对烤烟下部叶烟碱含量和淀粉含量的影响不显著。在摘除相同脚叶数的处理中，二次打顶摘除两片叶处理烟碱含量最低。摘除脚叶数和二次打顶叶数交互作用对烟碱含量、还原糖含量、两糖差、总氮含量、钾含量和氯含量的影响均达极显著水平，对糖碱比、淀粉含量影响不明显。

上述情况可能是烟株内的同化物再分配现象。根据同化物分配机制，可能是烟株为一个有机整体，脚叶、腰叶、顶叶之间相互影响、相互作用，并形成一个平衡，而源库之间的相互作用导致了烟叶内的同化物再分配。

（4）当摘除相同脚叶数时，烤烟中部叶色素含量随着二次打顶叶数的增加表现为先减少后增加。当二次打顶叶数相同时，色素含量和苹果酸含量随着摘除脚叶数的增多而逐渐减少。所有处理中部叶致香物质总量以处理B最高，其次为处理F；处理I致香物质总量最少。处理H在所有处理之中中部叶非挥发酸含量最高，处理B含量最低，

综上所述，不同摘除脚叶数和二次打顶叶数处理下对烤烟生育特性和产品质量影响不同。本试验研究表明：摘除4片脚叶和二次打顶摘除3片顶叶处理叶长、叶宽、单叶重最大。产量为不摘除脚叶、不二次打顶处理最高；摘除4片脚叶、二次打顶摘除3片顶叶处理最低。产值为摘除2片脚叶、二次打顶1片顶叶最高；摘除4片脚叶、二次打顶3片顶叶最低。上中等烟比例为不摘除脚叶、不二次打顶最低；摘除4片脚叶、二次打顶3片顶叶最高。摘除2片脚叶、二次打顶1片顶叶处理烟叶品质最好；摘除2片脚叶、二次打顶摘除3片顶叶处理烟碱含量过高；摘除4片脚叶、二次打顶3片顶叶烟碱含量过高，氯含量过高；不摘除脚叶、不二次打顶处理和不摘除脚叶、二次打顶摘除1片顶叶处理钾含量和中性香气物质过低，淀粉含量过高。综合产量、产值和烤烟品质，各处理中以摘除2片脚叶、二次打顶摘除1片顶叶为宜。

第八节　摘除脚叶时间和二次打顶时间对烤烟产质量及内在化学成分的影响

1. 研究目的与意义

在烤烟生产中，为了调节烟株营养获得适宜的烟叶产量和优质烟叶，二次打顶并确定适宜的留叶数是一项关键的技术措施。烟农在打顶时，为了改善下部烟叶的通风透光条件，减少病虫害，经常同时打去底部的2～3片脚叶。然而烟株是一个有机的整体，其上、中、下部烟叶间的生长发育必然存在着相互影响、相互制约的关系。因此，为了揭示不同摘除脚叶时间、二次打顶时间对烤烟产量和内在化学成分的影响，特进行了本试验，并为优化烟叶等级结构和提高烟叶质量提供理论依据和实践指导。

2. 材料与方法

2.1 试验设计

试验设摘除脚叶时间（A）和二次打顶时间（B）2个因素。A因素设4个水平，分别为：第一次打顶前7d摘除两片脚叶、打顶时摘除两片脚叶、打顶后7 d摘除两片脚叶、打顶后14 d摘除两片脚叶；B因素设3个水平，分别为：下二棚烟叶采烤时第二次打掉顶部一片叶；开采腰叶时第二次打顶一片叶；不二次打顶，采上部叶时弃去顶部一片叶不烤。现蕾时第一次打顶，每株留有效叶数为21片。试验采用随机区组排列，设3次重复，共36个小区。每处理小区70株烟，并做好相应的标识，行株距统一为120 cm × 55 cm。各处理情况见表2-8-1。

表2-8-1 试验设计

处理	摘除脚叶时间	二次打顶时间
①	第一次打顶前7 d摘除两片	下二棚烟叶采烤时第二次打掉顶部1片叶
②	第一次打顶前7 d摘除两片	开采腰叶时第二次打顶1片叶
③	第一次打顶前7 d摘除两片	不二次打顶，采上部叶时弃去顶部1片叶不烤
④	打顶时摘除两片脚叶	下二棚烟叶采烤时第二次打掉顶部1片叶
⑤	打顶时摘除两片脚叶	开采腰叶时第二次打顶1片叶
⑥	打顶时摘除两片脚叶	不二次打顶，采上部叶时弃去顶部1片叶不烤
⑦	打顶后7 d摘除两片脚叶	下二棚烟叶采烤时第二次打掉顶部1片叶
⑧	打顶后7 d摘除两片脚叶	开采腰叶时第二次打顶1片叶
⑨	打顶后7 d摘除两片脚叶	不二次打顶，采上部叶时弃去顶部1片叶不烤
⑩	打顶后14 d摘除两片脚叶	下二棚烟叶采烤时第二次打掉顶部1片叶
⑪	打顶后14 d摘除两片脚叶	开采腰叶时第二次打顶1片叶
⑫	打顶后14 d摘除两片脚叶	不二次打顶，采上部叶时弃去顶部1片叶不烤

2.2 测定内容和方法

农艺性状，烤后烟叶经济性状、物理性状，烤后烟叶化学成分，烤后烟叶主要香气前体物检测。

3. 结果与分析

3.1 摘除脚叶时间和二次打顶时间对烤烟农艺性状的影响

试验处理为摘除脚叶时间与二次打顶时间双因素，在开采腰叶7 d后考察摘除脚叶时间及二次打顶时间对农艺性状的影响（见表2-8-2）。由表2-8-2可知，A因素（摘除脚叶时间）对烤烟株高的影响差异达显著水平；在四种A处理水平下，具体表现为A4＞A3＞A2＞A1；A因素对烤烟茎围、节距、最大叶长和最大叶宽影响不显著。茎围具体表现为A4＞A3＞A1＝A2；最大叶长具体表现为A4＞A1＞A2＞A3；最大叶宽表现为A4＞A3＞A2＞A1。B因素（二次打顶时间）对烤烟株高、茎围、节距、最大叶长和最大叶宽的影响差异不显著。烤烟株高在A1、A2和A4水平下，均表现为B3＞B1＞B2；在A3水平下表现为B3＞B2＞B1。同时，二因素方差分析结果表明，A因素（摘除脚叶时间）和B因素（二次打顶时间）的交互作用对烤烟的最大叶宽有影响；对株高、茎围、节距和最大叶长的影响不明显。

表2-8-2　不同处理对烤烟农艺性状的影响

处理	株高（cm）	茎围（cm）	节距（cm）	最大叶长（cm）	最大叶宽（cm）
A1B1	111.2a	9.4a	6.2a	79.4a	29.2a
A1B2	110.6a	9.5a	6.2a	77.5a	30.4a
A1B3	112.1a	9.1a	6.5a	77.0a	31.1a
平均	111.3	9.3	6.3	77.9	30.2
A2B1	112.9a	9.4a	6.3a	77.4a	31.5a
A2B2	111.5a	9.2a	6.3a	76.8a	30.4a
A2B3	113.3a	9.5a	6.4a	79.0a	29.7a
平均	112.5	9.3	6.3	77.7	30.5
A3B1	112.0a	9.5a	6.2a	78.5a	30.6a
A3B2	113.1a	9.5a	6.2a	77.2a	31.5a
A3B3	113.8a	9.2a	6.3a	76.5a	30.5a
平均	113.0	9.4	6.2	77.4	30.8
A4B1	113.4a	9.6a	6.2a	77.7a	32.1a
A4B2	112.4a	9.4a	6.4a	78.1a	30.7a
A4B3	113.7a	9.5a	6.5a	79.7a	30.3a
平均	113.2	9.50	6.4	78.5	31.0
F（A因素）	7.32*	0.54	0.78	2.87	0.436
F（B因素）	2.52	0.53	0.51	3.42	1.286
F（A×B）	2.29	1.95	0.45	2.46	3.634*

注：A因素代表摘除脚叶时间，B因素代表二次打顶时间。*和**分别表示差异性在5%和1%水平下显著。

3.2 摘除脚叶时间和二次打顶时间对烤烟物理性状的影响

3.2.1 上部叶物理性状

表2-8-3 不同处理对烤烟上部叶物理性状的影响

处理	叶长（cm）	叶宽（cm）	单叶重（g）	含梗率（%）	平衡含水率（%）	开片度（%）
A1B1	57.2a	18.1a	10.8a	28.82a	16.40a	30.16a
A1B2	56.3ab	16.8b	10.5a	28.30b	16.38b	30.27a
A1B3	55.2b	16.5b	10.4a	28.27c	16.25c	30.20a
平均	56.2	17.1	10.5	28.47	16.35	30.21
A2B1	58.1a	18.4a	10.9a	28.80a	16.63a	31.59a
A2B2	56.3ab	16.3b	10.1ab	28.29b	16.56b	30.53a
A2B3	55.6b	15.9b	9.5.b	28.26c	16.41c	30.55a
平均	56.6	16.8	10.2	28.45	16.54	30.89
A3B1	58.3a	18.2a	11.2a	28.81a	16.54a	31.62a
A3B2	57.6ab	17.0b	10.6ab	28.30b	16.42b	32.66a
A3B3	55.9b	16.2b	10.2b	29.23c	16.32c	30.62a
平均	57.2	17.1	10.6	28.44	16.43	31.64
A4B1	57.4a	18.2a	10.8a	28.81	16.55a	31.22a
A4B2	55.8b	17.6ab	10.4ab	28.31	16.45b	30.76a
A4B3	55.2c	16.4b	9.8b	28.25	16.41c	30.53a
平均	56.1	17.4	10.3	28.46	16.47	30.83
F（A因素）	0.77	2.11	0.275	1.09	22.72**	3.08
F（B因素）	383.45**	214**	151.41**	248.79**	44.39**	1.60
F（A×B）	0.10	2.50*	0.24	0.58	14.61**	0.99

注：A因素代表摘除脚叶时间，B因素代表二次打顶时间。*和**分别表示差异性在5%和1%水平下显著。

从表2-8-3可以看出，A因素（摘除脚叶时间）对烤烟上部叶平衡含水率的影响差异性极显著，表现为A2>A4>A3>A1。A因素对烤烟上部叶叶长、叶宽、单叶重、含梗率和开片度的影响差异性不明显。B因素（二次打顶时间）对烤烟上部叶叶长、叶宽、单叶重、含梗率和平衡含水率的影响差异性极显著。

其中叶长、叶宽、单叶重、含梗率和平衡含水率在四种A处理水平下均表现为：B1＞B2＞B3。B因素对烤烟上部叶开片度影响差异性不明显，在A1处理水平下表现为B2＞B3＞B1；在A2和A4处理水平下表现为B1大于B2和B3；在A3处理水平下表现为B2＞B1＞B3。同时，二因素方差分析结果表明，A因素和B因素之间的交互作用对烤烟上部叶平衡含水率有极显著影响；对上部叶叶宽有显著影响；对上部叶叶长、单叶重、含梗率和开片度的影响不明显。

3.2.2　中部叶物理性状

表2-8-4　不同处理对烤烟中部叶物理性状的影响

处理	叶长（cm）	叶宽（cm）	单叶重（g）	含梗率（%）	平衡含水率（%）	开片度（%）
A1B1	68.0a	24.9a	11.6a	30.10c	16.21a	36.45a
A1B2	67.5a	23.5a	11.0b	30.49a	16.19b	34.85a
A1B3	69.1a	24.1a	11.2b	30.29b	16.18b	34.87a
平均	68.2	24.1	11.2	30.29	16.19	35.38
A2B1	68.6a	23.7a	11.5a	30.11c	16.44a	34.29a
A2B2	69.5a	24.9a	10.8b	30.51b	16.45a	35.82a
A2B3	68.0a	23.3a	11.1b	30.81a	16.36b	34.20a
平均	68.7	23.9	11.1	30.48	16.41	34.53
A3B1	69.7a	24.3a	11.2a	28.81c	16.27a	34.86a
A3B2	68.5a	25.0 a	10.9b	29.57b	16.27a	36.12a
A3B3	69.7a	23.7a	11.2b	30.89a	16.16b	34.57a
平均	69.3	24.3	11.1	29.75	16.23	35.10
A4B1	69.5a	23.3a	11.8a	28.61c	16.28a	34.10a
A4B2	68.5a	24.6a	11.4b	29.32b	16.29a	35.80a
A4B3	67.8a	24.0a	11.2b	29.66a	16.17b	35.24a
平均	68.6	23.9	11.4	29.19	16.24	35.08
F（A因素）	0.22	1.15	2.46	252.62**	57.67**	0.22
F（B因素）	0.01	3.07	11.35*	263.89**	38.04**	0.91
F（A×B）	0.13	3.00	1.10	56.65**	3.05*	0.82

注：A因素代表摘除脚叶时间，B因素代表二次打顶时间。*和**分别表示差异性在5%和1%水平下显著。

表2-8-4所示为试验各处理对烤烟中部叶物理性状影响情况，从表2-8-4中可以看出，A因素（摘除脚叶时间）对烤烟中部叶含梗率和平衡含水率的影响差异性极显著。其中含梗率表现为A2＞A1＞A3＞A4；平衡含水率表现为A2＞A4＞A3＞A1。A因素对烤烟中部叶叶长、叶宽、单叶重和开片度的影响差异性不明显。B因素（二次打顶时间）对烤烟中部叶含梗率和平衡含水率的影响差异性极显著。其中含梗率在A1处理水平下表现为B2＞B3＞B1；在A2、A3和A4处理水平下均表现为B3＞B2＞B1；平衡含水率在A1处理水平下表现为B1＞B2＞B3；在A2和A4处理水平下均表现为B2＞B1＞B3；在A3处理水平下表现为B1＝B2＞B3。B因素对烤烟中部叶单叶重的影响差异显著，在A1、A2和A4处理水平下均表现为B1＞B3＞B2；在A3处理水平下表现为B3＝B1＞B2。B因素对云烟87中部叶叶长、叶宽和开片度的影响差异不明显。其中，叶长在A1处理水平下表现为B3＞B1＞B2，在A2处理水平下表现为B2＞B1＞B3，在A3处理水平下表现为B1＝B3＞B2，在A4处理水平下表现为B1＞B2＞B3，叶宽在A1处理水平下表现为B1＞B3＞B2，在A2和A3处理水平下均表现为B2＞B1＞B3，在A4处理水平下表现为B2＞B3＞B1，开片度在A1处理水平下表现为B1＞B3＞B2，在A2和A3处理水平下均表现为B2＞B1＞B3，在A4处理水平下表现为B2＞B3＞B1。同时，二因素方差分析结果表明，A因素和B因素之间的交互作用对烤烟中部叶含梗率有极显著影响；对中部叶平衡含水率有显著影响；对叶长、叶宽、单叶重和开片度的影响不明显。

3.2.3 下部叶物理性状

表2-8-5 不同处理对烤烟下部叶物理性状的影响

处理	叶长（cm）	叶宽（cm）	单叶重（g）	含梗率（%）	平衡含水率（%）	开片度（%）
A1B1	59.5a	22.5a	8.4a	31.87c	16.05a	37.52a
A1B2	61.1a	22.0a	8.0a	32.15b	16.06a	36.66a
A1B3	60.3a	23.3a	7.9a	32.54a	16.05a	38.32a
平均	60.3	22.6	8.1	32.19	16.05	37.5
A2B1	59.7a	21.2a	8.3a	31.60b	16.21a	37.37a
A2B2	58.2a	22.5a	8.1a	31.49c	16.19a	38.39a
A2B3	59.4a	21.4a	8.2a	32.17a	16.20a	36.63a
平均	59.1	21.7	8.2	31.75	16.20	37.56
A3B1	58.8a	22.6a	7.5a	30.76c	16.10a	37.92a

续表

处理	叶长（cm）	叶宽（cm）	单叶重（g）	含梗率（%）	平衡含水率（%）	开片度（%）
A3B2	57.7a	21.1a	8.0a	31.38b	16.09a	37.75a
A3B3	58.2a	20.7a	7.6a	32.33a	16.09a	36.98a
平均	58.2	21.4	7.7	31.49	16.09	37.5
A4B1	58.7a	21.8a	7.9a	30.59c	16.10a	38.63a
A4B2	57.3a	20.5a	7.0a	30.96b	16.07a	37.26a
A4B3	57.5a	20.2a	7.3a	31.29a	16.08a	37.04a
平均	57.8	20.8	7.4	30.95	16.08	37.62
F（A因素）	178.18**	52.61**	38.86**	153.64**	45.63**	62.63**
F（B因素）	0.033	0.13	0.47	144.61**	0.66	0.14
F（A×B）	0.05	0.15	0.042	23.61**	0.34	0.15

注：A因素代表摘除脚叶时间，B因素代表二次打顶时间。*和**分别表示差异性在5%和1%水平下显著。

表2-8-5所示为试验各处理对烤烟下部叶物理性状的影响情况。从表中2-8-5可以看出，A因素（摘除脚叶时间）对烤烟下部叶叶长、叶宽、单叶重、含梗率、平衡含水率和开片度的影响差异性极显著。其中叶长、叶宽和含梗率均表现为A1>A2>A3>A4；单叶重表现为A2>A1>A3>A4；平衡含水率表现为A2>A3>A4>A1；开片度表现为A4>A2>A3=A1。B因素（二次打顶时间）对烤烟下部叶含梗率的影响差异性极显著，在A1、A3和A4处理水平下均表现为B3>B2>B1；在A2处理水平下表现为B3>B1>B2。B因素对烤烟下部叶叶长、叶宽、单叶重、平衡含水率和开片度的影响差异不明显。其中，平衡含水率在A1处理水平下表现为B2>B1=B3，在A2和A4处理水平下均表现为B1>B3>B2，在A3处理水平下表现为B1>B2=B3，开片度在A1处理水平下表现为B3>B1>B2，在A2处理水平下表现为B2>B1>B3，在A3和A4处理水平下均表现为B1>B2>B3。同时，二因素方差分析结果表明，A因素和B因素之间的交互作用对烤烟下部叶含梗率有极显著影响；对下部叶叶长、叶宽、单叶重、平衡含水率和开片度的影响不明显。

3.3 摘除脚叶时间和二次打顶时间对烤烟经济性状的影响

表2-8-6 不同处理对烤烟经济性状的影响

处理	产量（kg/hm^2）	产值（元/hm^2）	均价（元/kg）	上等烟比例（%）	上中等烟比例（%）
A1B1	2 437.60a	53 609.92b	21.99a	64.51c	95.17c
A1B2	2 432.38b	53 877.60a	22.15b	65.45b	95.87b
A1B3	2 409.78c	53 466.11c	22.18b	65.75a	96.04a
平均	2 426.58	53 651.21	22.11	65.24	95.70
A2B1	2 419.81a	53 612.66b	22.15a	65.79c	95.13c
A2B2	2 412.41b	53 807.66a	22.30b	66.52a	95.95a
A2B3	2 402.48c	53 488.39c	22.26b	66.29b	95.83b
平均	2 411.57	53 636.24	22.24	66.20	95.64
A3B1	2 414.85b	53 799.44b	22.27a	66.35c	95.85b
A3B2	2 417.48a	54 009.75a	22.34b	66.70a	96.28a
A3B3	2 409.98c	53 613.08c	22.24a	66.49b	95.64c
平均	2 414.10	53 807.42	22.28	66.51	95.92
A4B1	2 404.91a	53 277.15b	22.15a	65.79c	94.83c
A4B2	2 397.46b	53 402.62a	22.27b	66.21a	95.72a
A4B3	2 392.65c	53 041.13c	22.16a	65.82b	95.08b
平均	2 398.34	53 240.30	22.19	65.94	95.21
F（A因素）	183.49**	256.29**	104.67**	375.63**	297.09**
F（B因素）	116.57**	202.93**	91.60**	182.46**	353.78**
F（A×B）	34.97**	1.84	16.37**	280.05**	36.35**

注：A因素代表摘除脚叶时间，B因素代表二次打顶时间。*和**分别表示差异性在5%和1%水平下显著。

从表2-8-6可知，A因素（摘除脚叶时间）对烤烟产量、产值、均价、上等烟比例和上中等烟比例的影响差异性极显著。产量表现为A1>A3>A2>A4；产值表现为A3>A1>A2>A4；均价表现为A3>A2>A4>A1；上等烟比例表现为A3>A2>A4>A1；上中等烟比例表现为A3>A1>A2>A4。B因素（二次打顶时间）对烤烟产量、产值、均价、上等烟比例和上中等烟比例的影响差异性极显著。产量在A1、A2和A4处理水平下均表现为B1>B2>B3，在A3处理水平下表现为B2>B1>B3；产值在四种A处理水平下均表现为B2>B1>B3；均价在A1和A2处理水平下均表现为B1与B2、B3差异性显著，在A3处理水平下表现为B2与B1、B3差异性显著；在A4处理下表现为B2与B1、B3差异性显著；上等烟比例和中上等烟比例在A1处理水平下均表现为B3>B2>B1，在A2和A4处理水平下均表现为B2>B3>B1。而上等烟比例在A3处理水平下表现为B2>B3>B1；上中等烟比例在A3处理水平下表现为B2>B1>B3。同时，二因素方差分析结果表明A因素和B因素之间的交互作用对烤烟的产量、均价、上等烟比例和上中等烟比例的影响差异性极显著；而对产值的影响不明显。

3.4　摘除脚叶时间和二次打顶时间对烤烟化学成分的影响

3.4.1　上部叶化学成分

不同处理对烤烟上部叶化学成分的影响见表2-8-7。

表2-8-7　不同处理对烤烟上部叶化学成分的影响

处理	烟碱（%）	总糖（%）	还原糖（%）	总氮（%）	淀粉（%）	钾（%）	氯（%）	两糖差（%）	糖碱比
①	3.27a	27.76f	24.77e	2.02bc	4.03a	1.76ab	0.32cd	2.98de	8.48de
②	2.87cd	28.80d	24.11f	2.24b	3.66abc	1.56b	0.27d	4.69a	11.10a
③	2.59fg	26.71g	23.08g	2.50a	3.56bc	1.56b	0.33bc	3.63c	9.29bcd
④	3.03bc	28.14ef	25.22d	1.86cd	3.96ab	1.70ab	0.47a	2.91ef	9.26bcd
⑤	2.89cd	30.64b	26.87b	1.60e	3.60abc	1.70ab	0.38b	3.77bc	11.08a
⑥	2.76de	25.67h	22.95g	1.94cd	3.46c	1.56b	0.30cd	2.72ef	8.88cd
⑦	3.15ab	29.39c	25.84c	1.22f	3.96ab	1.96ab	0.25e	3.55cd	9.54bcd
⑧	2.90cd	28.37de	24.07f	1.19f	3.90abc	2.03a	0.26d	4.30ab	10.42ab
⑨	2.69ef	30.53b	25.68c	1.72de	3.63abc	1.66ab	0.38b	4.85a	10.27abc
⑩	3.27a	25.17h	22.76h	1.15f	3.90abc	2.03a	0.34bc	2.41ef	7.6e
⑪	2.79de	24.44i	23.09g	1.73de	3.53bc	2.06a	0.46a	1.35g	8.96bcd
⑫	2.47g	31.57a	29.22a	1.15f	3.50c	1.93ab	0.30cd	2.35f	11.37a

注：小写字母表示显著水平。

3.4.1.1 上部叶烟碱含量

从图2-8-1可以看出，处理⑩在所有处理中上部叶烟碱含量最高，为3.27%；其次为处理①和处理⑦，分别为3.27%和3.15%。处理⑫上部叶烟碱含量最低，为2.47%。从图2-8-1中还可以看出，在摘除脚叶时间相同的处理中，上部叶烟碱含量随二次打顶时间推迟而逐渐减小。

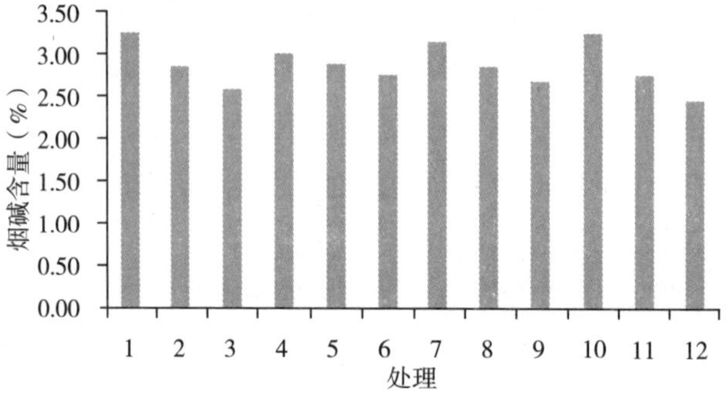

图2-8-1 不同处理上部叶烟碱含量

从方差分析表2-8-8可以看出，A因素（摘除脚叶时间）单独作用对烤烟上部叶烟碱含量的影响不显著；B因素（二次打顶时间）单独作用及A因素和B因素交互作用对烤烟上部叶烟碱含量的影响达极显著水平。从表2-8-7可以看出，处理⑩、①与处理④，处理⑦与处理②、⑤、⑧，处理④与处理⑤、⑪，处理⑨与处理⑪之间差异均达显著水平；但是处理⑦与处理①、⑩，处理④与处理⑦，处理④与处理②、⑤、⑧、⑪，处理⑥与处理②、⑤、⑪，处理⑨与处理⑥、⑪，处理③与处理⑪均没有显著差异。根据优质烟叶烟碱含量在1.5% ～3.5%范围的标准，所有处理均在此范围内。

表2-8-8 不同处理上部叶烟碱含量方差分析表

变异来源	平方和	自由度	均方	*F*值	显著水平
A因素	0.028	3	0.009	2.89	0.055 8
B因素	1.86	2	0.932	91.88	0.000 0
A因素×B因素	0.25	6	0.042	13.16	0.000 1
误差	0.077	24	0.003		
总变异	2.22	35			

注：A因素代表摘除脚叶时间；B因素代表二次打顶时间。0.05=显著水平；0.01=极显著水平。

3.4.1.2　上部叶总糖含量

从图2-8-2可以看出，处理⑫的上部叶总糖含量最高，为31.57%；其次为处理⑤和处理⑨，分别为30.64%和30.53%；处理⑪的上部叶总糖含量最低，为24.44%。

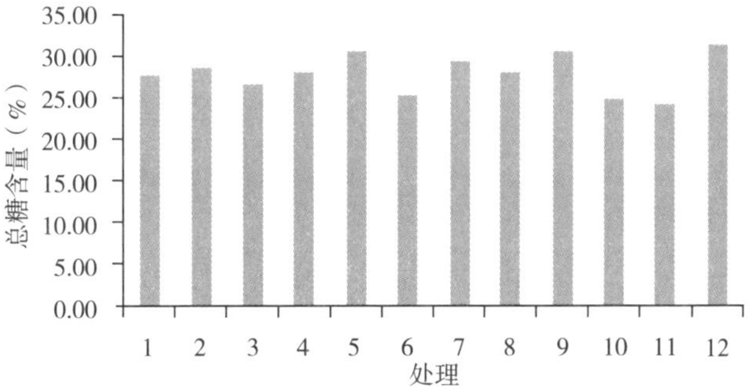

图2-8-2　不同处理上部叶总糖含量

进一步进行方差分析，从表2-8-9可以看出，A因素（摘除脚叶时间）和B因素（二次打顶时间）单独作用及A因素和B因素交互作用对烤烟上部叶总糖含量的影响均达极显著水平。说明不同的摘除脚叶时间和二次打顶时间，都能显著影响上部叶总糖含量。由表2 8-7可以看出，处理⑫与处理⑤、⑨，处理⑦与处理②、⑧，处理④与处理③，处理③与处理⑥、⑩，处理⑩与处理⑪之间差异均表现为显著；但是处理⑤与处理⑨，处理②与处理⑧，处理④与处理⑧，处理①与处理④，处理⑥与处理⑩之间均没有出现显著差异。根据烟叶总糖含量在24%～28%为适宜范围的标准，本试验的结果中有处理⑪、处理⑩、处理⑥、处理①、处理③与处理④处于此范围内，其他处理均超出了此范围。

表2-8-9　不同处理上部叶总糖含量方差分析表

变异来源	平方和	自由度	均方	*F*值	显著水平
A因素	26.69	3	8.89	132.75	0.000 0
B因素	6.09	2	3.04	79.71	0.000 1
A因素×B因素	136.89	6	22.81	96.86	0.000 0
误差	0.918	24	0.038		
总变异	170.60	35			

注：A因素代表摘除脚叶时间；B因素代表二次打顶时间。0.05=显著水平；0.01=极显著水平。

3.4.1.3　上部叶还原糖含量

从图2-8-3可以看出，处理⑫在所有处理中上部叶还原糖含量最高，为29.22%；处理⑩的上部叶还原糖含量最低，为22.76%。

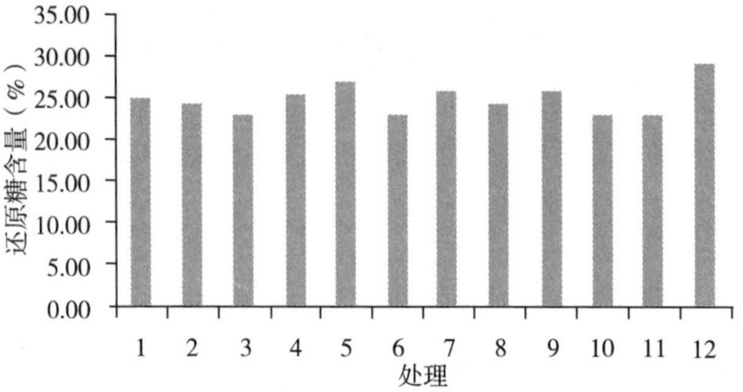

图2-8-3　不同处理上部叶还原糖含量

进一步进行方差分析，从表2-8-10可以看出，A因素（摘除脚叶时间）和B因素（二次打顶时间）单独作用及A因素和B因素交互作用对烤烟上部叶还原糖含量的影响均达极显著水平。由表2-8-7可知，处理⑫与处理⑤，处理⑤与处理⑦、⑨，处理④与处理①，处理②、⑧与处理⑪、③、⑥，处理⑩与处理⑥之间均表现为显著差异；但是处理⑦与处理⑨，处理②与处理⑧，处理③与处理⑥、⑪之间均没有出现显著差异。

表2-8-10　不同处理上部叶还原糖含量方差分析表

变异来源	平方和	自由度	均方	*F*值	显著水平
A因素	8.21	3	2.737	75.77	0.000 0
B因素	3.345	2	1.672	47.02	0.000 0
A因素×B因素	109.345	6	18.224	65.88	0.000 0
误差	0.085	24	0.004		
总变异	120.984	35			

注：A因素代表摘除脚叶时间；B因素代表二次打顶时间。0.05=显著水平；0.01=极显著水平。

3.4.1.4　上部叶两糖差

从图2-8-4可知，处理⑨在所有处理中上部叶两糖差值最高，为4.85%；其次是处理②，为4.69%；处理⑪的上部叶两糖差值最低，为1.35%。从图2-8-4中还可以看出，在打顶后14 d摘除脚叶所有处理比其他三种不同时间摘除脚叶处理的烤烟上部叶两糖差值要小。打顶前7 d摘除脚叶和打顶时摘除脚叶处理的烤烟上部叶两糖差随二次打顶时间的推迟表现为先增加后减小。

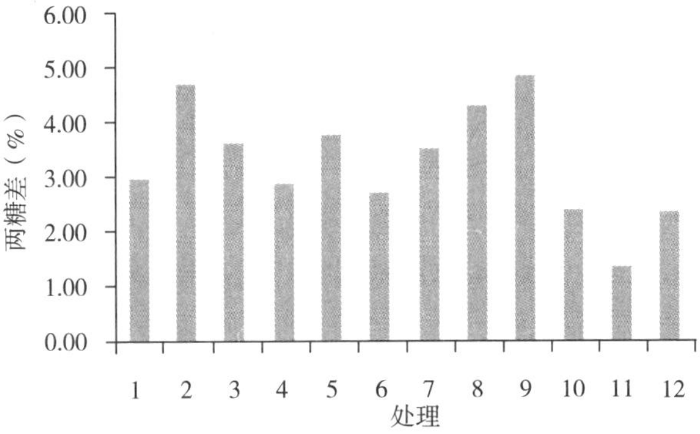

图2-8-4　不同处理上部叶两糖差

由方差分析表2-8-11可以知道，A因素（摘除脚叶时间）和B因素（二次打顶时间）单独作用及A因素和B因素交互作用对烤烟上部叶两糖差的影响达极显著水平。由表2-8-7可知，处理⑨、②与处理⑤，处理⑧与处理③、⑦，处理③、⑤与处理①，处理①与处理⑫，处理⑪与处理④、⑥、⑩、⑫之间均表现为差异显著；但是处理⑨与处理②、⑧，处理⑤与处理⑧，处理⑤与处理①、③、⑦，处理①与处理④、⑥、⑩，处理⑫与处理④、⑥、⑩之间均没有表现为差异显著。

表2-8-11　不同处理上部叶两糖差的方差分析

变异来源	平方和	自由度	均方	*F*值	显著水平
A因素	24.39	3	8.13	89.14	0.000 0
B因素	2.06	2	1.03	24.05	0.000 3
A因素×B因素	8.97	6	1.49	34.77	0.000 1
误差	1.03	24	0.043		
总变异	36.46	35			

注：A因素代表摘除脚叶时间；B因素代表二次打顶时间。0.05=显著水平；0.01=极显著水平。

3.4.1.5　上部叶糖碱比

从图2-8-5可知，处理⑫在所有处理中上部叶糖碱比最高，为11.61；其次为处理⑤与处理②，分别为11.1和11.08；处理⑩的上部叶糖碱比最低，为7.6。

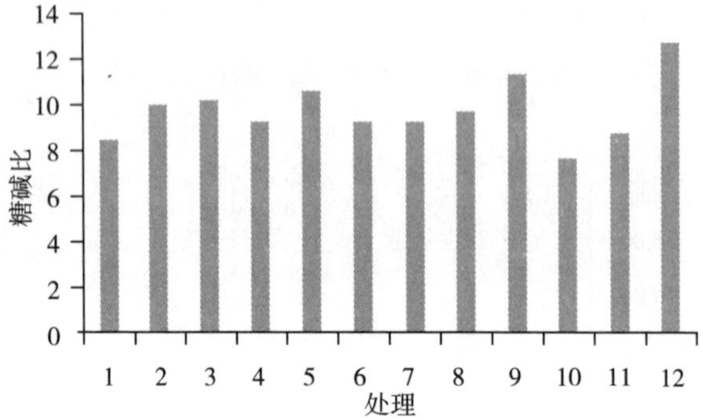

图2-8-5 不同处理上部叶糖碱比

进一步进行方差分析，从表2-8-12可以看出，A因素（摘除脚叶时间）单独作用对烤烟上部叶糖碱比的影响不明显。B因素（二次打顶时间）单独作用及A因素和B因素交互作用对烤烟上部叶糖碱比的影响达极显著水平。由表2-8-7可以看出，处理②、⑤、⑫与处理③、④、⑦、⑪，处理⑧与处理⑥，处理⑨与处理①，处理⑩与处理③、④、⑦之间差异均达显著水平；但是处理②与处理⑤、⑧、⑨、⑫，处理③与处理④、⑦、⑧、⑨、⑪，处理⑥与处理③、④、⑦，处理①与处理⑥、⑩、⑪之间均没有显著差异。根据烤烟糖碱比适宜范围为5～8的标准，本试验的结果只有处理⑩处于这个标准内，其他处理都超出了此范围。

表2-8-12 不同处理上部叶烤烟糖碱比的方差分析

变异来源	平方和	自由度	均方	*F*值	显著水平
A因素	2.19	3	0.732	2.74	0.065 5
B因素	18.31	2	9.158	34.25	0.000 0
A因素×B因素	27.04	6	4.507	16.85	0.000 1
误差	6.41	24	0.267		
总变异	53.97	35			

注：A因素代表摘除脚叶时间；B因素代表二次打顶时间。0.05=显著水平；0.01=极显著水平。

3.4.1.6　上部叶总氮含量

从图2-8-6可以看出，处理③在所有处理中上部叶总氮含量最高，为2.5%；其次是处理②，为2.24%；处理⑫的上部叶总氮含量最低，为1.15%。从图2-8-6中还可以看出，随着摘除脚叶时间的推迟，上部叶总氮含量逐渐降低。

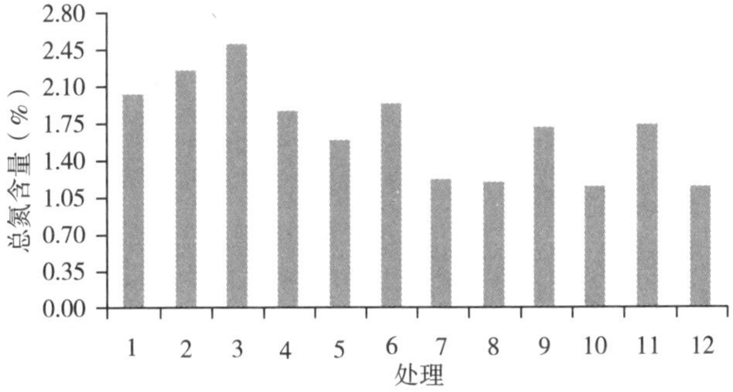

图2-8-6　不同处理上部叶总氮含量

进一步进行方差分析，从表2-8-13可以看出，A因素（摘除脚叶时间）和B因素（二次打顶时间）单独作用及A因素和B因素交互作用对烤烟上部叶总氮含量的影响均达极显著水平。说明不同的摘除脚叶时间和二次打顶时间，都能显著影响上部叶总氮含量。从表2-8-7可以看出，处理③与处理①、②，处理②与处理④、⑥，处理①与处理⑨、⑪，处理④、⑥与处理⑤，处理⑤、⑨、⑪与处理⑦、⑧、⑩、⑫之间差异均达显著水平；但是处理①与处理②，处理①与处理④、⑥，处理④与处理⑤、⑨、⑪，处理⑦与处理⑧、⑩、⑫之间均没有显著差异。根据烟叶总氮含量在1.5%～3.5%为适宜范围的标准，本试验结果中处理⑦、处理⑧、处理⑩和处理⑫低于这个标准，其他处理结果都在此范围内。

表2-8-13　不同处理上部叶总氮的方差分析表

变异来源	平方和	自由度	均方	*F*值	显著水平
A因素	4.928	3	1.643	75.44	0.000 3
B因素	0.428	2	0.214	28.08	0.002 6
A因素×B因素	1.348	6	0.225	29.46	0.002 1
误差	0.183	24	0.008		
总变异	6.888	35			

注；A因素代表摘除脚叶时间；B因素代表二次打顶时间。0.05=显著水平；0.01=极显著水平。

3.4.1.7 上部叶钾含量

从图2-8-7可以看出，处理⑧在所有处理中上部叶钾含量最高，为2.06%；其次为处理⑩和处理⑪，均为2.03%；处理③的上部叶钾含量最低，为1.56%。从图2-8-7中还可以看出，随摘除脚叶时间的推迟，上部叶钾含量逐渐增加。

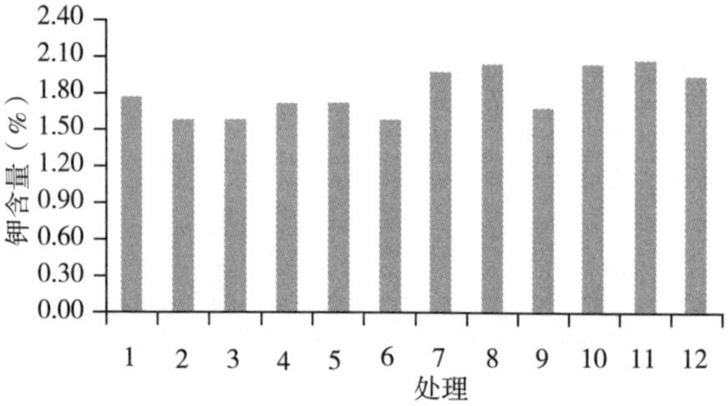

图2-8-7 不同处理上部叶钾含量

进一步进行方差分析，根据表2-8-14可知，A因素（摘除脚叶时间）单独作用对烤烟上部叶钾含量的影响达极显著水平；B因素（二次打顶时间）单独作用对烤烟上部叶钾含量的影响达显著水平。但是A因素与B因素交互作用对烤烟上部叶钾含量影响不明显。从表2-8-7可以看出，处理⑧、⑩、⑪与处理②、⑥、③之间差异均达到显著水平；但是处理①与处理④、⑤、⑦、⑧、⑨、⑩、⑪、⑫，处理③与处理④、⑥、⑦、⑨、⑫之间均没有显著差异。

表2-8-14 不同处理上部叶钾含量的方差分析

变异来源	平方和	自由度	均方	*F*值	显著水平
A因素	0.910	3	0.303	12.84	0.000 1
B因素	0.237	2	0.119	5.02	0.015 1
A因素 × B因素	0.136	6	0.023	0.96	0.472 1
误差	0.567	24	0.024		
总变异	1.85	35			

注：A因素代表摘除脚叶时间；B因素代表二次打顶时间。0.05=显著水平；0.01=极显著水平。

3.4.1.8 上部叶淀粉含量

从图2-8-8可以看出，处理①在所有处理中上部叶淀粉含量最高，为4.03%；

其次为处理⑦与处理④，均为3.96%；处理⑥的上部叶淀粉含量最低，为3.46%。从图2-8-8中还可以看出，在相同时间摘除脚叶的处理中，随二次打顶时间的推迟，上部叶淀粉含量逐渐减少。

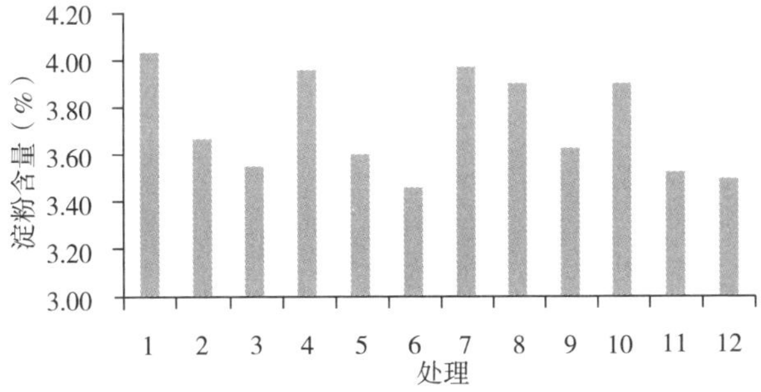

图2-8-8　不同处理上部叶淀粉含量

根据方差分析表2-8-15可知，A因素（摘除脚叶时间）单独作用和A因素与B因素（二次打顶时间）交互作用对烤烟上部叶淀粉含量影响均不明显；但是B因素单独作用对烤烟上部叶淀粉含量的影响达极显著水平。从表2-8-7可以看出，处理①与处理③、⑪，处理④、⑦与处理⑥、⑫之间差异均达到显著水平；但是处理①与处理②、④、⑤、⑦、⑧、⑨、⑩，处理⑪与处理③、⑤、⑨、②、⑧、⑩，处理⑥与处理⑫、⑪、③、⑤、⑨、②之间均没有显著差异。

表2-8-15　不同处理上部叶淀粉含量的方差分析

变异来源	平方和	自由度	均方	*F*值	显著水平
A因素	0.192	3	0.064	2.88	0.056 6
B因素	1.134	2	0.567	25.51	0.000 1
A因素×B因素	0.113	6	0.019	0.84	0.547 4
误差	0.533	24	0.022		
总变异	1.972	35			

注：A因素代表摘除脚叶时间；B因素代表二次打顶时间。0.05=显著水平；0.01=极显著水平。

3.4.1.9 上部叶氯含量

从图2-8-9可以看出，处理④在所有处理中上部叶氯含量最高，为0.47%；其次为处理⑪，为0.46%；处理⑦上部叶氯含量最低，为0.25%。

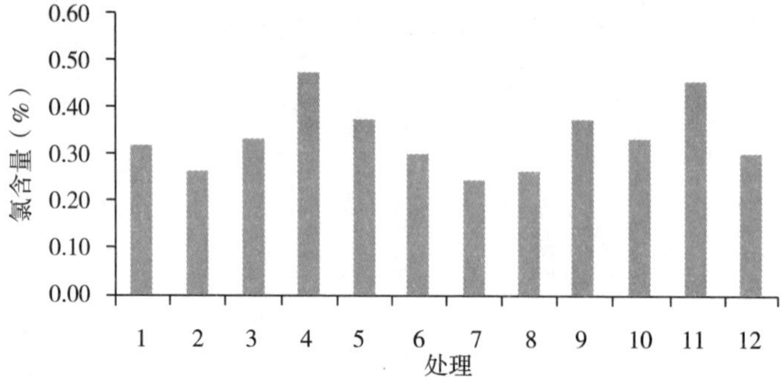

图2-8-9 不同处理上部叶氯含量

进一步进行方差分析，从表2-8-16可知，A因素（摘除脚叶时间）单独作用和A因素与B因素（二次打顶时间）交互作用对烤烟上部叶氯含量影响均达极显著水平；但是B因素单独作用对烤烟上部叶氯含量的影响不明显。从表2-8-7可以看出，处理④、⑪与处理③、⑤、⑨，处理⑤、⑨与处理①、⑥、⑫，处理③、⑩与处理②、⑧，处理①与处理⑦之间差异均达显著水平；但是处理④与处理⑪，处理③与处理⑤、⑨、⑩，处理①与处理③、⑩、⑥、⑫，处理⑧与处理②、⑥、⑫、①，处理⑦与处理②、⑥、⑧之间均没有显著差异。

表2-8-16 不同处理上部叶氯含量的方差分析

变异来源	平方和	自由度	均方	*F*值	显著水平
A因素	0.05	3	0.017	49.63	0.000 0
B因素	0.002	2	0.001	2.80	0.080 7
A因素×B因素	0.12	6	0.02	59.98	0.000 0
误差	0.008	24	0.00		
总变异	0.179	35			

注：A因素代表摘除脚叶时间；B因素代表二次打顶时间。0.05=显著水平；0.01=极显著水平。

3.4.2　中部叶化学成分

不同处理对烤烟中部叶化学成分的影响见表2-8-17。

表2-8-17　不同处理对烤烟中部叶化学成分的影响

处理	烟碱（%）	总糖（%）	还原糖（%）	总氮（%）	淀粉（%）	钾（%）	氯（%）	两糖差（%）	糖碱比
①	2.35b	29.58h	27.11gh	2.17ab	3.33a	2.43a	0.30ef	2.46e	12.57ef
②	2.62a	30.60f	27.08h	2.18a	3.00a	2.50a	0.30ef	3.52c	11.65f
③	2.30b	29.73h	28.48c	2.11ab	2.93a	2.46a	0.40bc	1.25g	12.90ef
④	2.23bc	30.37g	28.25de	2.21a	3.30a	2.43a	0.34de	2.12f	13.61de
⑤	1.95ef	30.79e	27.62f	1.85bc	3.00a	2.46a	0.42b	3.21d	15.78c
⑥	2.06cde	30.66ef	29.27a	1.65cd	2.23b	2.40a	0.41bc	1.51g	14.95cd
⑦	2.18bcd	31.68d	28.56c	1.37de	3.26a	2.50a	0.37cd	3.11d	14.54cd
⑧	2.05cde	32.50b	29.01b	1.41de	2.73ab	2.43a	0.47a	3.48c	15.84c
⑨	2.03de	31.85d	27.29g	1.45de	2.73ab	2.36a	0.34de	4.56a	15.70c
⑩	2.07cde	32.09c	28.15e	1.26e	3.20a	2.23a	0.37cd	3.93b	15.51c
⑪	1.80f	32.87a	28.52c	1.17e	2.90a	2.46a	0.25f	4.34a	18.23b
⑫	2.21g	32.41b	28.41cd	1.16e	2.90a	2.40a	0.38bcd	4.00b	21.23a

注：小写字母表示显著水平。

3.4.2.1　中部叶烟碱含量

从图2-8-10可以看出，处理②在所有处理中上部叶烟碱含量最高，为2.62%；其次为处理①，为2.35%；处理⑫中部叶烟碱含量最低，为1.52%。从图2-8-10中还可以看出，在摘除脚叶时间相同的处理中，中部叶烟碱含量随二次打顶时间推迟表现为逐渐减小。

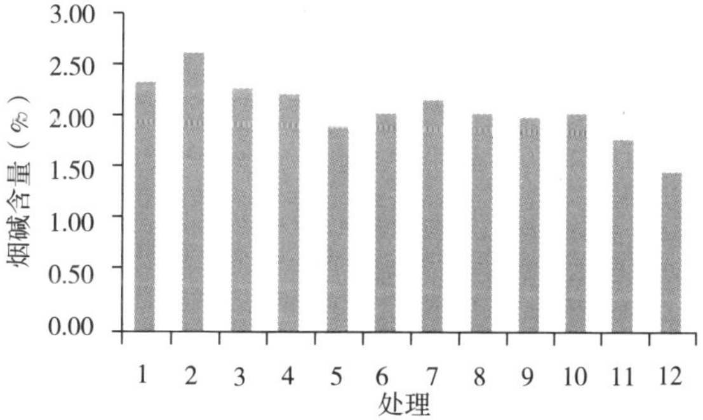

图2-8-10　不同处理中部叶烟碱含量

由方差分析表2-8-18可以看出，A因素（摘除脚叶时间）和B因素（二次打顶时间）单独作用及A因素和B因素交互作用对烤烟中部叶烟碱含量的影响均达极显著水平。从表2-8-17可以看出，处理②与处理③、④、⑦，处理①、③与处理⑥、⑧、⑩，处理④与处理⑨，处理⑨、⑧、⑥、⑩与处理⑤、⑪，处理⑫与处理⑪之间差异均达显著水平；但是处理①与处理③、④，处理⑥与处理⑦、⑧、⑨、⑩，处理⑤与处理⑥、⑦、⑧、⑨、⑩，处理⑤与处理⑪之间均没有显著差异。根据优质烟叶烟碱含量在1.5% ～3.5%范围的标准，所有处理均在此范围内。

表2-8-18 不同处理中部叶烟碱含量的方差分析表

变异来源	平方和	自由度	均方	*F*值	显著水平
A因素	1.787	3	0.596	35.23	0.000 3
B因素	0.31	2	0.155	35.19	0.000 3
A因素 × B因素	0.465	6	0.078	17.59	0.001 2
误差	0.106	24	0.004		
总变异	2.668	35			

注：A因素代表摘除脚叶时间；B因素代表二次打顶时间。0.05=显著水平；0.01=极显著水平。

3.4.2.2 中部叶总糖含量

从图2-8-11可看出，处理⑪在所有处理之中中部叶总糖含量最高，为32.87%；其次为处理⑧与处理⑫，分别为32.50%和32.41%；处理①的中部叶总糖含量最低，为29.58%。从图2-8-11中还可知，随摘除脚叶时间推迟，中部叶总糖含量升高；在相同摘除脚叶时间处理中，中部叶总糖含量随二次打顶时间推迟表现为先增大后减小。

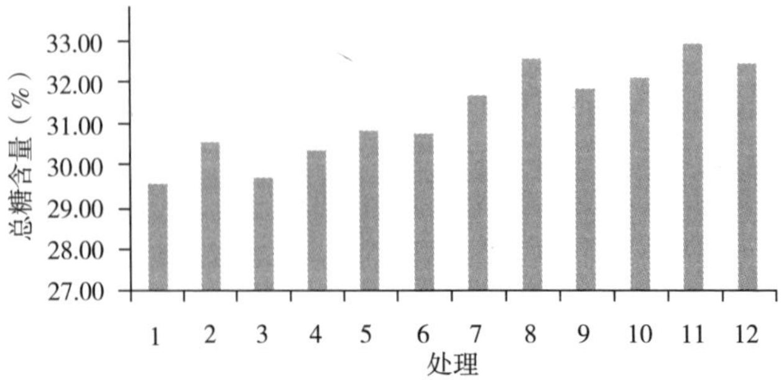

图2-8-11 不同处理中部叶总糖含量

进一步进行方差分析，从表2-8-19可知，A因素（摘除脚叶时间）和B因素（二次打顶时间）单独作用及A因素和B因素交互作用对烤烟中部叶总糖含量的影响均达极显著水平。由表2-8-17可以看出，处理⑪与处理⑧、⑫，处理⑩与处理⑦、⑨，处理⑤与处理②，处理④与处理①、③之间差异均表现为显著水平；但是处理⑧与处理⑫，处理⑦与处理⑨，处理⑤与处理⑥，处理②与处理⑥，处理①与处理③之间均没有出现显著差异。

表2-8-19　不同处理中部叶总糖含量的方差分析表

变异来源	平方和	自由度	均方	*F*值	显著水平
A因素	36.094	3	12.031	81.75	0.000 0
B因素	3.669	2	1.835	48.61	0.000 4
A因素×B因素	0.581	6	0.097	22.63	0.000 7
误差	0.103	24	0.004		
总变异	40.448	35			

注：A因素代表摘除脚叶时间；B因素代表二次打顶时间。0.05=显著水平；0.01=极显著水平。

3.4.2.3　中部叶还原糖含量

从图2-8-12可以看出，处理⑥在所有处理之中中部叶还原糖含量最高，为29.27%；其次是处理⑧，为29.01%；处理②的中部叶还原糖含量最低，为27.08%。从图2-8-12中还可看出，在打顶前7 d和打顶时摘除脚叶的处理中，中部叶还原糖含量以不二次打顶，采上部叶时弃去顶部1片叶不烤这个处理最高。

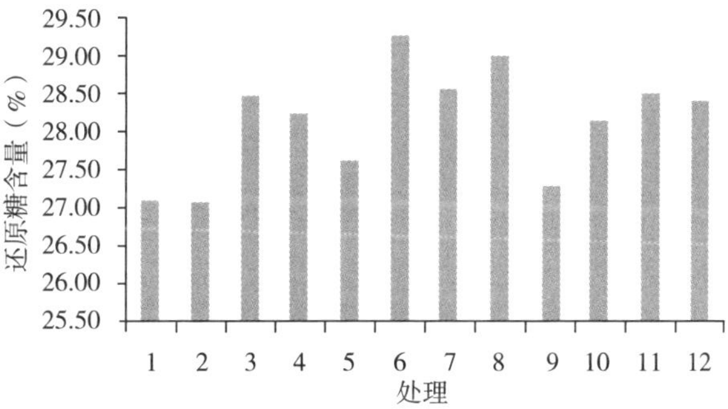

图2-8-12　不同处理中部叶还原糖含量

进一步进行方差分析，从表2-8-20可知，A因素（摘除脚叶时间）和B因素（二次打顶时间）单独作用及A因素和B因素交互作用对烤烟中部叶总糖含量的影响达极显著水平。从表2-8-17可以看出，处理⑥与处理⑧，处理⑧与③、⑦、⑪、⑫，处理④、⑫与处理⑩，处理⑩与处理⑤，处理⑨与处理②之间均表现为差异显著；但是处理③与处理⑦、⑪、⑫，处理④与处理⑫，处理④与处理⑩，处理①与处理⑨，处理①与处理②之间均没有出现显著差异。

表2-8-20 不同处理中部叶还原糖含量的方差分析表

变异来源	平方和	自由度	均方	*F*值	显著水平
A因素	4.216	3	1.405	37.56	0.002 6
B因素	0.843	2	0.421	25.21	0.005 7
A因素×B因素	12.2	6	2.033	49.59	0.001 4
误差	0.106	24	0.004		
总变异	17.365	35			

注：A因素代表摘除脚叶时间；B因素代表二次打顶时间。0.05=显著水平；0.01=极显著水平。

3.4.2.4 中部叶两糖差

从图2-8-13可知，处理⑨在所有处理之中中部叶两糖差值最高，为4.56%；其次为处理⑪与处理⑫，分别为4.34%和4%；处理③的中部叶两糖差值最低，为1.25%。从图2-8-13中还可以看出，在打顶前7 d摘除脚叶、打顶时摘除脚叶和打顶后14 d摘除脚叶处理中，中部叶两糖差随着二次打顶时间的推迟先增加后减小。

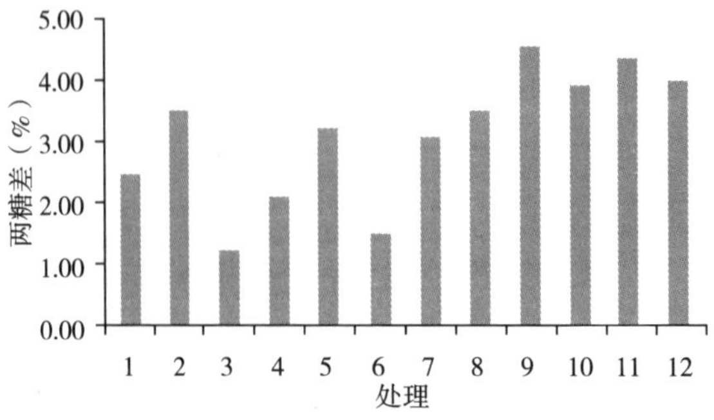

图2-8-13 不同处理中部叶两糖差

由方差分析表2-8-21可知，A因素（摘除脚叶时间）和B因素（二次打顶时间）单独作用及A因素和B因素交互作用对烤烟中部叶两糖差的影响均达极显著水平。由表2-8-17可知，处理⑨、处理⑪与处理⑩、⑫，处理②、⑧与处理⑤、⑦，处理①与处理④，处理④与处理③、⑥之间均表现为差异显著；但是处理⑨与处理⑪、处理⑩与处理⑫，处理②与处理⑧，处理⑤与处理⑦，处理③与处理⑥之间均没有表现为差异显著。

表2-8-21　不同处理中部叶两糖差的方差分析表

变异来源	平方和	自由度	均方	*F*值	显著水平
A因素	22.595	3	7.53	96.94	0.000 0
B因素	4.787	2	2.394	21.41	0.000 7
A因素×B因素	11.084	6	1.847	24.90	0.000 4
误差	0.197	24	0.008		
总变异	38.663	35			

注：A因素代表摘除脚叶时间；B因素代表二次打顶时间。0.05=显著水平；0.01=极显著水平。

3.4.2.5　中部叶糖碱比

从图2-8-14可知，处理⑫在所有处理之中中部叶糖碱比最高，为21.23；其次是处理⑪，为18.23；处理②的中部叶糖碱比最低，为11.65。从图2-8-14中还可以看出，随着摘除脚叶时间的推迟，中部叶糖碱比逐渐增大。

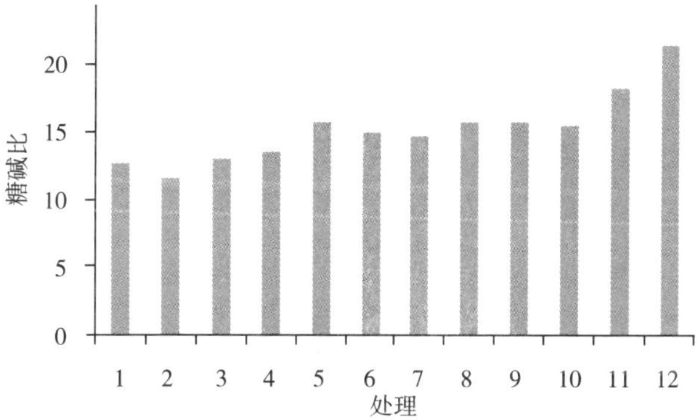

图2-8-14　不同处理中部叶糖碱比

进一步进行方差分析，从表2-8-22可知，A因素（摘除脚叶时间）和B因素（二次打顶时间）单独作用及A因素和B因素交互作用对烤烟中部叶糖碱比的影响均达极显著水平。由表2-8-17可以知道，处理⑫与⑪，处理⑤、⑧、⑨、⑩与处理④，处理⑥、⑦与处理①、③，处理④与处理②之间差异均达显著水平；但是处理⑤与处理⑥、⑦、⑧、⑨、⑩，处理④与处理⑥、⑦，处理①与处理③、④，处理①与处理②、③之间均没有显著差异。

表2-8-22　不同处理中部叶糖碱比的方差分析表

变异来源	平方和	自由度	均方	*F*值	显著水平
A因素	161.425	3	53.808	226.61	0.000 0
B因素	27.866	2	13.933	58.67	0.000 5
A因素×B因素	34.047	6	5.674	23.898	0.000 7
误差	5.699	24	0.237		
总变异	229.036	35			

注：A因素代表摘除脚叶时间；B因素代表二次打顶时间。0.05=显著水平；0.01=极显著水平。

3.4.2.6　中部叶钾含量

从图2-8-15可以看出，处理⑦与处理②在所有处理之中中部叶钾含量最高，为2.5%；处理⑩的中部叶钾含量最低，为2.23%。从图2-8-15中还可以看出，在打顶前7 d摘除脚叶、打顶时摘除脚叶和打顶后14 d摘除脚叶处理中，中部叶钾含量随着二次打顶时间推迟先增大后减小。

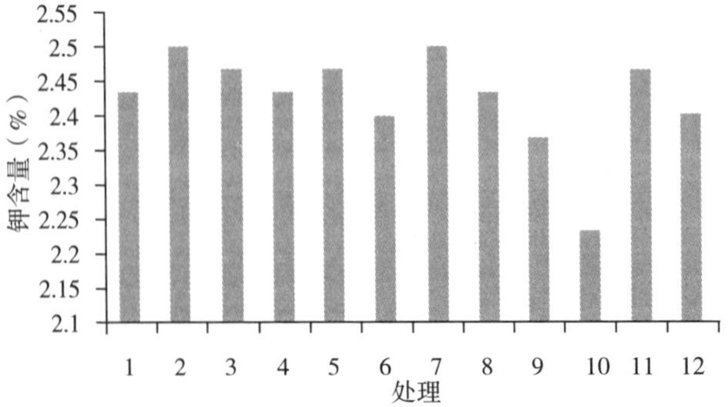

图2-8-15　不同处理中部叶钾含量

进一步进行方差分析，根据表2-8-23可知，A因素（摘除脚叶时间）和B因素（二次打顶时间）单独作用及A因素与B因素交互作用对烤烟中部叶钾含量影响不明显，说明摘除脚叶时间和二次打顶时间对烤烟中部叶钾含量的影响效果不明显。

表2-8-23　不同处理中部叶钾含量的方差分析表

变异来源	平方和	自由度	均方	*F*值	显著水平
A因素	0.047	3	0.016	0.175	0.912 3
B因素	0.032	2	0.016	0.173	0.840 6
A因素×B因素	0.095	6	0.016	0.175	0.981 1
误差	2.173	24	0.091		
总变异	2.34	35			

注：A因素代表摘除脚叶时间；B因素代表二次打顶时间。0.05=显著水平；0.01=极显著水平。

3.4.2.7　中部叶总氮含量

从图中2-8-16可以看出，处理④的中部叶总氮含量最高，为2.21%；其次为处理②与处理①，分别为2.18%和2.17%；处理⑫的中部叶总氮含量最低，为1.16%。从图2-8-16中还可以看出，随摘除脚叶时间的推迟，中部叶总氮含量逐渐降低。

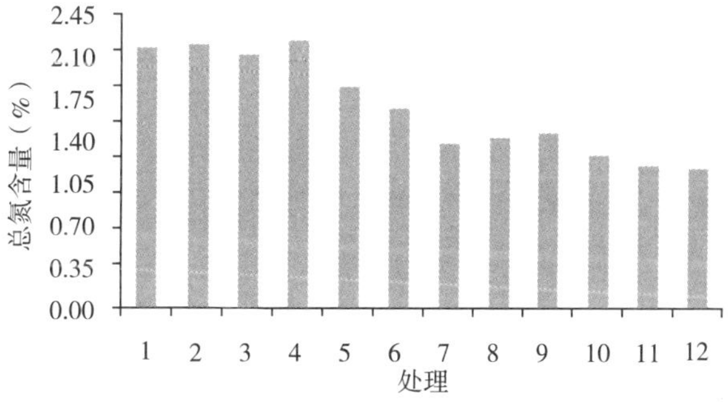

图2-8-16　不同处理中部叶总氮含量

进一步进行方差分析，从表2-8-24可知，A因素（摘除脚叶时间）和B因素（二次打顶时间）单独作用及A因素和B因素交互作用对烤烟上部叶总氮的影响均达极显著水平。说明不同的摘除脚叶时间和二次打顶时间，都能显著影响中部叶总氮含量。从表2-8-17可以看出，处理④、②与处理⑤，处理①、③与处理⑥，处理⑤与处理⑦、⑧、⑨，处理⑥与处理⑩、⑪、⑫之间差异均达显著水平；但是处理①与处理②、③、④，处理①与处理⑤，处理⑤与处理⑥，处理⑦与处理⑧、⑨，处理⑦与处理⑩、⑪、⑫之间均没有显著差异。根据烟叶总氮含量在1.5% ～3.5%为适宜范围的标准，本试验结果中处理⑦、处理⑧、处理⑨、处理⑩、处理⑪和处理⑫均低于这个标准，其他处理都在此范围内。

表2-8-24　不同处理中部叶总氮含量的方差分析表

变异来源	平方和	自由度	均方	*F*值	显著水平
A因素	5.19	3	1.732	142.25	0.000 0
B因素	0.148	2	0.074	6.07	0.007 3
A因素×B因素	0.372	6	0.062	5.08	0.001 6
误差	0.292	24	0.012		
总变异	6.007	35			

注：A因素代表摘除脚叶时间；B因素代表二次打顶时间。0.05=显著水平；0.01=极显著水平。

3.4.2.8　中部叶淀粉含量

从图2-8-17可以看出，处理①在所有处理之中中部叶淀粉含量最高，为3.33%；其次为处理④与处理⑦，分别为3.30%和3.26%。处理⑥的中部叶淀粉含量最低，为2.23%。从图2-8-17中还可以看出，在相同时间摘除脚叶的处理中，随二次打顶时间的推迟，中部叶淀粉含量逐渐减少。

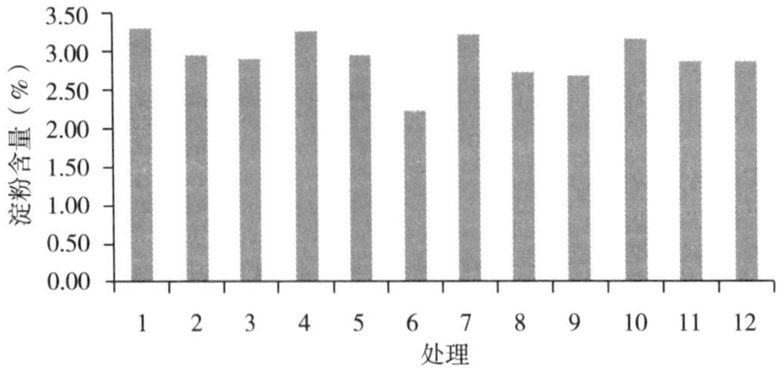

图2-8-17　不同处理中部叶淀粉含量

进一步进行方差分析，从表2-8-25可以看出，A因素（摘除脚叶时间）单独作用对烤烟中部叶淀粉含量影响不明显；B因素（二次打顶时间）单独作用对烤烟中部叶淀粉含量的影响达极显著水平。A因素与B因素（二次打顶时间）交互作用对烤烟中部叶淀粉含量影响达显著水平。从表2-8-17可知，处理⑥与处理①、②、③、④、⑤、⑦、⑩、⑪、⑫之间差异均达显著；但是处理⑥与处理⑧、⑨，处理①与处理②、③、④、⑤、⑦、⑧、⑨、⑩、⑪之间均没有显著差异。

表2-8-25　不同处理中部叶淀粉含量的方差分析表

变异来源	平方和	自由度	均方	*F*值	显著水平
A因素	0.306	3	0.102	2.35	0.097 6
B因素	2.034	2	1.017	23.46	0.000 2
A因素×B因素	0.806	6	0.134	3.10	0.021 5
误差	1.04	24	0.043		
总变异	4.186	35			

注：A因素代表摘除脚叶时间；B因素代表二次打顶时间。0.05=显著水平；0.01=极显著水平。

3.4.2.9　中部叶氯含量

从图2-8-18可以看出，处理⑧在所有处理之中中部叶氯含量最高，为0.47%；其次为处理⑤和处理⑥，分别为0.42%和0.41%；处理⑪中部叶氯含量最低，为0.25%。

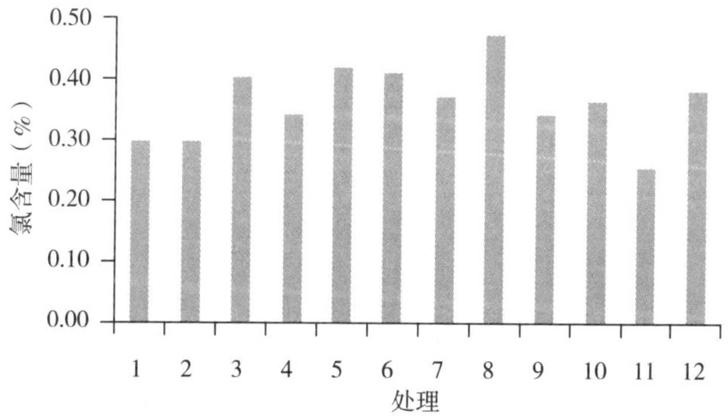

图2-8-18　不同处理中部叶氯含量

进一步进行方差分析，从表2-8-26可知，A因素（摘除脚叶时间）和B因素（二次打顶时间）单独作用及A因素与B因素交互作用对烤烟中部叶氯含量的影响达极显著水平。从表2-8-17可以看出，处理⑧与处理③、⑤、⑥，处理⑤与处理⑦、⑩，处理④、⑨与处理①、②、⑪之间差异均达显著水平；但是处理③与处理⑤、⑥、⑫，处理⑦与处理⑨、⑩、⑫，处理④与处理⑨、⑦、⑩，处理①与处理②、④，处理①与处理②、⑪之间均没有显著差异。

表2-8-26 不同处理中部叶氯含量的方差分析表

变异来源	平方和	自由度	均方	*F*值	显著水平
A因素	0.030	3	0.01	32.54	0.000 0
B因素	0.010	2	0.005	16.92	0.000 3
A因素×B因素	0.083	6	0.014	44.82	0.000 0
误差	0.007	24	0.000		
总变异	0.131	35			

注：A因素代表摘除脚叶时间；B因素代表二次打顶时间。0.05=显著水平；0.01=极显著水平。

3.4.3 下部叶化学成分

不同处理对烤烟下部叶化学成分的影响见表2-8-27。

表2-8-27 不同处理对烤烟下部叶化学成分的影响

处理	烟碱（%）	总糖（%）	还原糖（%）	总氮（%）	淀粉（%）	钾（%）	氯（%）	两糖差（%）	糖碱比
①	2.04a	23.87j	22.77g	2.06a	2.10a	2.56a	0.44abc	1.10f	11.67f
②	1.44f	29.58c	27.76b	2.11a	2.03ab	2.53a	0.33de	1.82cd	20.54bc
③	1.94ab	26.88f	24.93e	2.09a	2.00abc	2.53a	0.32e	1.94c	13.82de
④	1.62de	31.08a	29.08a	1.40bc	1.90abcd	2.66a	0.32e	2.00c	19.10c
⑤	1.84bc	28.15d	25.67d	1.26c	1.83abcd	2.70a	0.34de	2.48b	15.23d
⑥	1.56ef	24.21i	21.41i	1.38bc	1.83abcd	2.66a	0.41bcd	2.80a	15.47d
⑦	1.74cd	23.17k	21.82h	1.36bc	1.80abcd	2.60a	0.40bcde	1.35e	13.26ef
⑧	2.03a	24.75h	23.16f	1.56bc	1.80abcd	2.53a	0.48ab	1.59d	12.19ef
⑨	2.03a	25.81g	25.02e	1.47bc	1.73bcd	2.53a	0.39cde	0.79g	12.68ef
⑩	1.22g	26.72f	25.65d	1.32bc	1.63d	2.50a	0.37cde	1.07f	21.79b
⑪	1.07h	30.49b	29.23a	1.31bc	1.66cd	2.53a	0.50a	1.26ef	28.34a
⑫	1.23g	27.53e	26.37c	1.52bc	1.63d	2.56a	0.51a	1.16ef	22.25b

注：小写字母表示显著水平。

3.4.3.1　下部叶烟碱含量

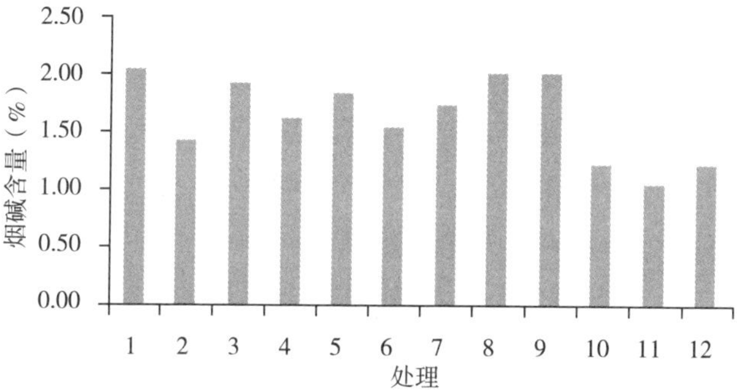

图2-8-19　不同处理下部叶烟碱含量

从图2-8-19可以看出，处理①在所有处理中下部叶烟碱含量最高，为2.04%；其次为处理⑧和处理⑨，均为2.03%；处理⑪下部叶烟碱含量最低，为1.07%。从图2-8-19中还可以看出，在打顶后14 d摘除脚叶处理比其他三种摘除脚叶时间下部叶烟碱含量低。

进一步进行方差分析，根据表2-8-28可知，A因素（摘除脚叶时间）和B因素（二次打顶时间）单独作用及A因素和B因素交互作用对烤烟下部叶烟碱含量的影响均达极显著水平。从表2-8-27可以看出，处理⑤与处理⑧、⑨、①，处理③与处理⑦，处理④与处理②，处理⑫与处理⑪之间差异均达显著水平；但是处理①与处理③、⑧、⑨，处理③与处理⑤，处理⑤与处理⑦，处理④与处理⑥，处理②与处理⑥，处理⑩与处理⑫之间均没有显著差异。根据优质烟叶烟碱含量在1.5%～3.5%范围的标准，本试验结果中处理②、处理⑩、处理⑪、处理⑫低于优质烟碱标准，其他处理均在此范围内。

表2-8-28　不同处理下部叶烟碱含量的方差分析表

变异来源	平方和	自由度	均方	*F*值	显著水平
A因素	2.98	3	0.993	97.76	0.000 0
B因素	0.058	2	0.029	11.54	0.003 7
A因素×B因素	0.924	6	0.154	61.68	0.000 5
误差	0.06	24	0.002		
总变异	4.022	35			

注：A因素代表摘除脚叶时间；B因素代表二次打顶时间。0.05=显著水平；0.01=极显著水平。

3.4.3.2 下部叶总糖含量

从图2-8-20可以看出，处理④在所有处理中下部叶总糖含量最高，为31.08%；其次为处理⑪和处理②，分别为30.49%和29.58%；处理⑦的下部叶总糖含量最低，为23.17%。

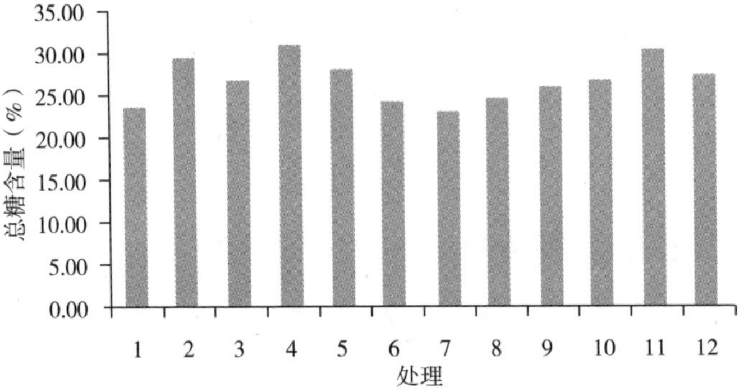

图2-8-20 不同处理下部叶总糖含量

进一步进行方差分析，从表2-8-29可以看出，A因素（摘除脚叶时间）和B因素（二次打顶时间）单独作用及A因素和B因素交互作用对烤烟下部叶总糖含量的影响均达极显著水平。由表2-8-27可以看出，处理④与处理⑪，处理②与处理⑤，处理⑫与处理③、⑩，处理⑨与处理⑧，处理⑥与处理①，处理①与处理⑦之间差异均表现为显著水平；但是处理③与处理⑩之间没有出现显著差异。

表2-8-29 不同处理下部叶总糖含量的方差分析表

变异来源	平方和	自由度	均方	*F*值	显著水平
A因素	72.435	3	24.14	181.04	0.000 0
B因素	34.853	2	17.42	94.57	0.000 0
A因素×B因素	119.79	6	19.96	103.22	0.000 0
误差	0.099	24	0.004		
总变异	227.183	35			

注：A因素代表摘除脚叶时间；B因素代表二次打顶时间。0.05=显著水平；0.01=极显著水平。

3.4.3.3　下部叶还原糖含量

从图2-8-21可以看出，处理⑪在所有处理中下部叶还原糖含量最高，为29.23%；其次为处理④和处理②，分别为29.08%和27.76%；处理⑥的下部叶还原糖含量最低，为21.41%。

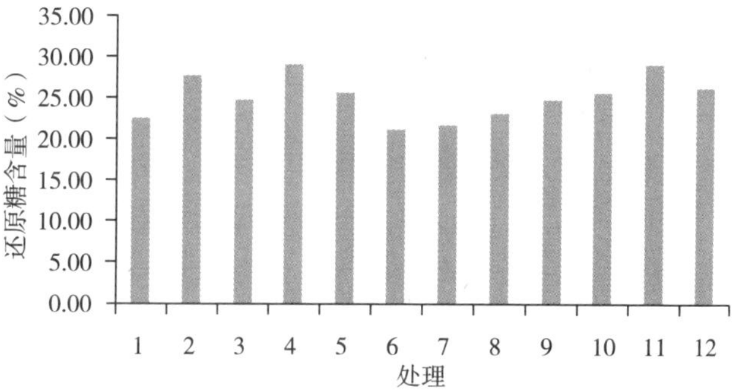

图2-8-21　不同处理下部叶还原糖含量

进一步进行方差分析，从表2-8-30可以看出，A因素（摘除脚叶时间）和B因素（二次打顶时间）单独作用及A因素和B因素交互作用对烤烟下部叶还原糖含量的影响均达极显著水平。从表2-8-27可以看出，处理⑪、处理④与处理②，处理⑫与处理⑤、⑩，处理③、⑨与处理⑧，处理①与处理⑦，处理⑦与处理⑥之间差异均表现为显著水平；而处理④与处理⑪，处理⑤与处理⑩，处理③与处理⑨之间均没有出现显著差异。

表2-8-30　不同处理下部叶还原糖含量的方差分析表

变异来源	平方和	自由度	均方	*F*值	显著水平
A因素	63.565	3	21.18	298.31	0.000 0
B因素	27.597	2	13.79	115.57	0.000 0
A因素×B因素	135.76	6	22.62	264.73	0.000 0
误差	0.094	24	0.004		
总变异	227.016	35			

注：A因素代表摘除脚叶时间；B因素代表二次打顶时间。0.05=显著水平；0.01=极显著水平。

3.4.3.4 下部叶两糖差

由图2-8-22可知，处理⑥在所有处理中下部叶两糖差值最高，为29.23%；其次是处理⑤，为29.08%；处理⑨的下部叶两糖差值最低，为21.41%。从图2-8-22中还可以看出，在打顶前7 d摘除脚叶和打顶时摘除脚叶处理中，下部叶两糖差随二次打顶时间的推迟逐渐增加。此外，处理⑥与处理⑨差值最大，达到7.18%。

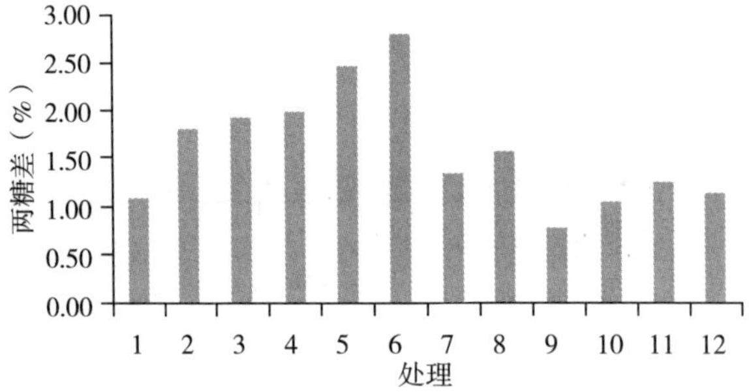

图2-8-22 不同处理下部叶两糖差

进一步进行方差分析，由表2-8-31可知，A因素（摘除脚叶时间）和B因素（二次打顶时间）单独作用及A因素和B因素交互作用对烤烟下部叶两糖差的影响均达极显著水平。由表2-8-27可知，处理⑪、④与处理②，处理⑫与处理⑤、⑩，处理③、⑨与处理⑧，处理①与处理⑦，处理⑦与处理⑥之间差异均达显著水平；但是处理④与处理⑪，处理⑤与处理⑩，处理③与处理⑨之间均没有表现为差异显著。

表2-8-31 不同处理下部叶两糖差的方差分析表

变异来源	平方和	自由度	均方	*F*值	显著水平
A因素	8.976	3	2.99	175.56	0.000 0
B因素	1.066	2	0.53	84.74	0.000 6
A因素×B因素	2.212	6	0.36	58.60	0.001 3
误差	0.151	24	0.006		
总变异	12.406	35			

注：A因素代表摘除脚叶时间；B因素代表二次打顶时间。0.05=显著水平；0.01=极显著水平。

3.4.3.5　下部叶糖碱比

从图2-8-23可知，处理⑪在所有处理中下部叶糖碱比最高，为28.34；其次是处理⑫与处理⑩，分别为22.25和21.79。处理①的下部叶糖碱比最低，为11.67。从图2-8-23中还可以看出，打顶后14 d摘除脚叶处理下部叶糖碱比比其他时间摘除脚叶处理的下部叶糖碱比值高。

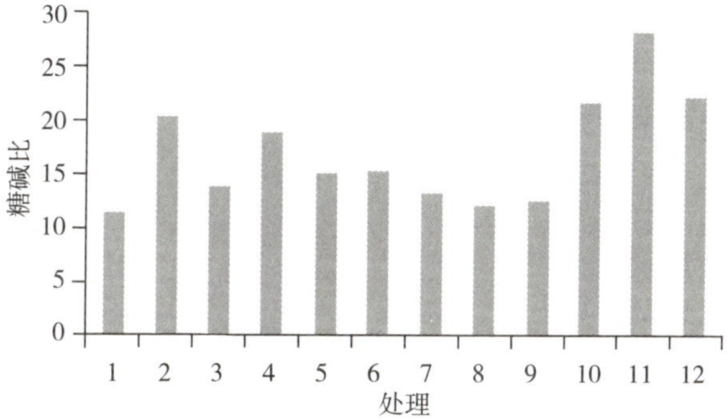

图2-8-23　不同处理下部叶糖碱比

进一步进行方差分析，从表2-8-32可知，A因素（摘除脚叶时间）和B因素（二次打顶时间）单独作用及A因素和B因素交互作用对烤烟下部叶糖碱比的影响达极显著水平。由表2-8-27可以知道，处理⑪与处理②、⑩、⑫，处理⑩、⑫与处理④，处理②、④与处理③、⑤、⑥，处理⑤与处理⑦、⑧、⑨，处理①与处理③之间差异均达显著水平；但是处理②与处理⑩、⑫，处理②与处理④，处理③与处理⑤、⑥，处理⑦与处理⑧、⑨，处理①与处理⑨之间均没有显著差异。

表2-8-32　不同处理下部叶糖碱比的方差分析表

变异来源	平方和	自由度	均方	*F*值	显著水平
A因素	647.68	3	215.89	232.34	0.000 0
B因素	64.57	2	32.28	79.61	0.000 3
A因素×B因素	174.27	6	29.04	71.62	0.000 5
误差	9.73	24	0.406		
总变异	896.27	35			

注：A因素代表摘除脚叶时间；B因素代表二次打顶时间。0.05=显著水平；0.01=极显著水平。

3.4.3.6 下部叶总氮含量

从图2-8-24可以看出，打顶前7 d摘除脚叶处理比其他三种脚叶处理方式下部叶总氮含量高；打顶时摘除脚叶、打顶后7 d摘除脚叶和打顶后14 d摘除脚叶三种脚叶处理方式下部叶总氮含量相差不大。说明打顶后摘除脚叶对下部叶总氮含量影响不明显。

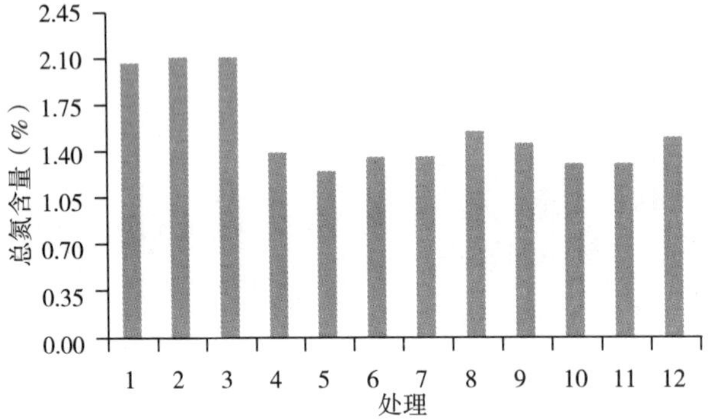

图2-8-24 不同处理下部叶总氮含量

进一步进行方差分析，从表2-8-33可知，A因素（摘除脚叶时间）单独作用对烤烟下部叶总氮含量的影响达极显著水平。B因素（二次打顶时间）单独作用及A因素和B因素交互作用对烤烟下部叶总氮含量的影响不明显。从表2-8-27可以看出，处理①、②、③与处理④、⑥、⑦、⑧、⑨、⑩、⑪、⑫，处理⑧与处理⑤之间差异均达显著水平；但是处理①与处理②、③，处理④与处理⑥、⑦、⑧、⑨、⑩、⑪、⑫，处理⑤与处理⑪、⑩、⑥、⑦之间差异均没有达到显著水平。根据烟叶总氮含量在1.5%～3.5%为适宜范围的标准，本试验结果中处理①、处理②、处理③、处理⑧及处理⑫均处于适宜范围内，其他处理均低于这个标准。

表2-8-33 不同处理下部叶总氮含量的方差分析表

变异来源	平方和	自由度	均方	*F*值	显著水平
A因素	3.261	3	1.08	106.16	0.000 0
B因素	0.044	2	0.022	2.15	0.137 2
A因素×B因素	0.143	6	0.024	2.33	0.064 7
误差	0.246	24	0.010		
总变异	3.694	35			

注：A因素代表摘除脚叶时间；B因素代表二次打顶时间。0.05=显著水平；0.01=极显著水平。

3.4.3.7 下部叶钾含量

从图2-8-25可以看出处理⑤在所有处理中下部叶钾含量最高，为2.7%；其次为处理⑥和处理④，均为2.66%；处理⑩下部叶钾含量最低，为2.5%。

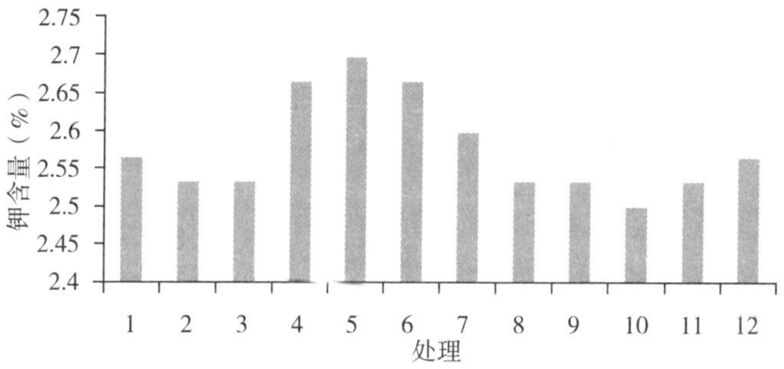

图2-8-25 不同处理下部叶钾含量

根据方差分析表2-8-34可知，A因素（摘除脚叶时间）和B因素（二次打顶时间）单独作用及A因素与B因素交互作用对烤烟下部叶钾含量影响均不明显。可能是钾离子随着下部叶的成熟，其所含有的钾离子转运到了中上部叶中。

表2-8-34 不同处理下部叶钾含量的方差分析表

变异来源	平方和	自由度	均方	*F*值	显著水平
A因素	0.122	3	0.041	1.68	0.196 6
B因素	0.01	2	0.000	0.011	0.988 5
A因素×B因素	0.019	6	0.003	0.134	0.990 5
误差	0.58	24	0.024		
总变异	0.722	35			

注：A因素代表摘除脚叶时间；B因素代表二次打顶时间。0.05=显著水平；0.01=极显著水平。

3.4.3.8　下部叶淀粉含量

从图2-8-26可以看出，处理①在所有处理中下部叶淀粉含量最高，为2.10%；其次为处理②和处理③，分别为2.03%和2.0%；处理⑫的下部叶淀粉含量最低，为1.63%。从图2-8-26中还可以看出，在相同时间摘除脚叶的处理中，随二次打顶时间的推迟，下部叶淀粉含量逐渐减少。

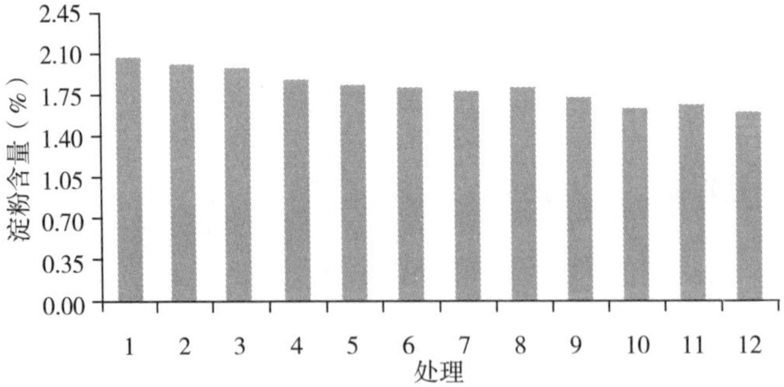

图2-8-26　不同处理下部叶淀粉含量

根据方差分析表2-8-35可知，A因素（摘除脚叶时间）单独作用对烤烟下部叶淀粉含量影响达极显著水平；B因素（二次打顶时间）单独作用及A因素与B因素（二次打顶时间）交互作用对烤烟下部叶淀粉含量影响不明显。从表2-8-27可以看出，处理①与处理⑨，处理②与处理⑪，处理③与处理⑩、⑫之间差异均达显著水平；但是处理①与处理②、③、④、⑤、⑥、⑦，处理④与处理⑧、⑨、⑩、⑪、⑫之间均没有显著差异。

表2-8-35　不同处理下部叶淀粉含量的方差分析表

变异来源	平方和	自由度	均方	*F*值	显著水平
A因素	0.754	3	0.251	18.46	0.000 1
B因素	0.021	2	0.010	0.755	0.480 3
A因素×B因素	0.015	6	0.003	0.184	0.978 5
误差	0.327	24	0.014		
总变异	1.116	35			

注：A因素代表摘除脚叶时间；B因素代表二次打顶时间。0.05=显著水平；0.01=极显著水平。

3.4.3.9　下部叶氯含量

从图2-8-27可以看出，处理⑫在所有处理中下部叶氯含量最高，为0.51%；

其次为处理⑪与处理⑧，分别为0.50%和0.48%；处理④下部叶氯含量最低，为0.32%。

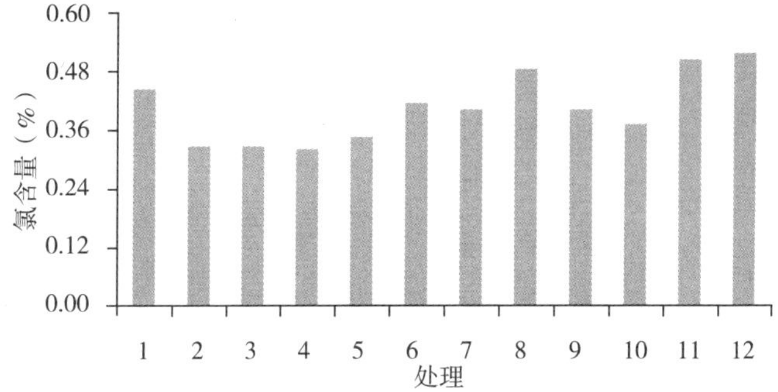

图2-8-27　不同处理下部叶氯含量

进一步进行方差分析，从表2-8-36可知，A因素（摘除脚叶时间）单独作用及A因素与B因素（二次打顶时间）交互作用对烤烟下部叶氯含量的影响均达极显著水平。B因素单独作用对烤烟下部叶氯含量的影响达显著水平。从表2-8-27可以看出，处理⑫、⑪与处理⑥、⑦，处理⑧与处理⑨、⑩，处理①与处理②、⑤，处理⑥与处理③、④之间差异均达显著水平；但是处理①与处理⑧、⑪、⑫，处理①与处理⑥、⑦、⑨，处理②与处理⑤、⑥、⑦、⑨、⑩，处理②与处理③、④、⑩之间均没有显著差异。

表2-8-36　不同处理下部叶氯含量的方差分析表

变异来源	平方和	自由度	均方	*F*值	显著水平
A因素	0.069	3	0.023	26.68	0.000 2
B因素	0.007	2	0.004	4.30	0.025 2
A因素×B因素	0.086	6	0.014	16.57	0.000 7
误差	0.021	24	0.001		
总变异	0.183	35			

注：A因素代表摘除脚叶时间；B因素代表二次打顶时间。0.05=显著水平；0.01=极显著水平。

3.5　摘除脚叶时间和二次打顶时间对烤烟香气物质的影响

3.5.1　色素和多酚含量

从图2-8-28可以看出，处理③在所有处理之中中部叶色素含量最高，处理⑪含量最低。打顶前7 d摘除脚叶时，中部叶色素含量随着二次打顶时间的推迟而增加。但是在其他三种摘除脚叶处理中，中部叶β-胡萝卜素含量随着二次打顶时间的推迟先减小后增加。打顶时摘除脚叶和打顶后7 d摘除脚叶各处理中，烤烟中部叶所含色素以下二棚烟叶采烤时二次打顶含量最高；打顶后14 d摘除脚叶，烤烟中部叶所含色素以采腰叶时二次打顶含量最低。

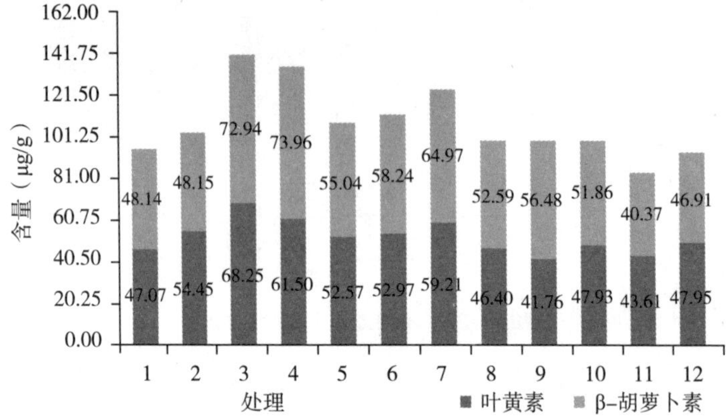

图2-8-28　不同处理中部叶色素含量

从图2-8-29可以看出，处理⑨在所有处理之中中部叶绿原酸含量最高，为13.91 mg/g，处理⑧含量最低，为8.23 mg/g。打顶前7天摘除脚叶时，烤烟中部叶所含绿原酸随着二次打顶时间推迟而逐渐减小，而芸香苷含量变化不明显。打顶时摘除脚叶，烤烟中部叶所含芸香苷和绿原酸随二次打顶时间推迟而逐渐增加。打顶后7 d摘除脚叶，烤烟中部叶所含绿原酸和芸香苷表现为先减小后增大。打顶后14 d摘除脚叶，烤烟中部叶所含绿原酸随着二次打顶时间推迟而增加，而芸香苷表现为先减小后增大。

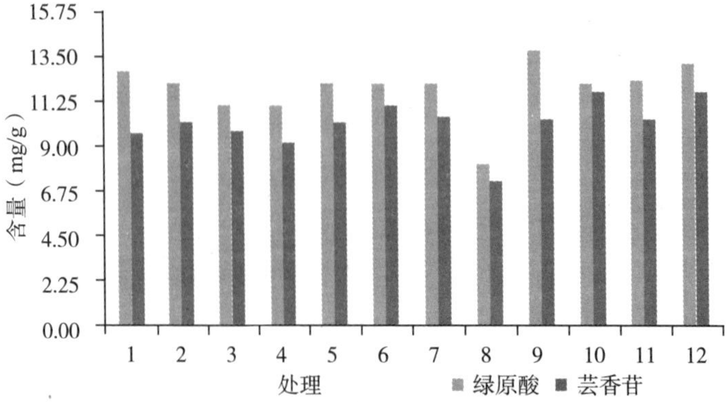

图2-8-29　不同处理中部叶多酚含量

3.5.2 中性香气物质含量

表2-8-37　不同处理中部叶中性香气物质含量（μg/g）

	不同处理											
致香物质	①	②	③	④	⑤	⑥	⑦	⑧	⑨	⑩	⑪	⑫
糠醛	13.09	20.01	18.59	22.90	20.82	26.46	18.18	25.37	18.31	27.19	32.55	29.67
糠醇	2.07	2.90	3.31	4.48	4.71	6.07	1.66	6.14	3.42	3.07	4.81	4.29
3-甲基-2（5H）-呋喃酮	0.39	1.05	0.79	1.04	1.03	0.92	0.74	0.88	0.89	0.46	1.29	1.01
2-乙酰基吡咯	0.78	1.32	1.14	1.12	1.12	0.94	0.99	1.28	0.99	1.24	1.09	0.94
棕色化产物类	16.33	25.28	23.83	29.54	27.68	34.39	21.57	33.67	23.61	31.96	39.74	35.91
苯甲醛	0.66	1.03	1.03	1.07	0.96	1.59	1.23	1.36	0.97	1.19	1.36	1.17
苯甲醇	0.59	1.66	0.72	0.97	1.33	1.16	0.16	0.82	1.04	0.75	tr	tr
苯乙醛	0.81	0.81	0.81	3.23	1.08	tr	0.80	0.81	1.20	0.85	2.32	2.25
苯乙醇	1.12	1.88	1.76	1.35	1.37	1.35	1.26	1.44	1.38	1.55	3.21	2.99
苯丙氨酸类	3.18	5.38	4.32	6.62	4.74	4.1	3.45	4.43	4.59	4.34	6.89	6.41
茄酮	12.26	12.35	12.37	12.43	12.45	12.51	12.32	12.55	12.29	12.63	12.78	12.15
类西柏烷类	12.26	12.35	12.37	12.43	12.45	12.51	12.32	12.55	12.29	12.63	12.78	12.15
β-大马酮	1.22	1.22	1.22	1.22	1.22	1.22	1.22	1.22	1.22	1.22	1.22	1.22
巨豆三烯酮3	1.71	2.14	2.20	3.04	2.06	2.37	2.86	1.35	1.44	1.91	2.18	2.07
巨豆三烯酮1	tr	tr	6.23	7.61	5.48	8.65	3.78	6.28	5.61	4.00	5.45	tr
香芹酮	tr	11.45	11.23	12.25	tr	tr	10.48	tr	tr	tr	tr	tr
金合欢基丙酮3	2.77	tr	22.96	26.58	42.00	49.10	13.22	4.82	45.17	22.92	52.62	37.76
6-甲基-5-庚烯-2-酮	0.47	0.66	0.51	0.52	0.56	0.55	0.54	0.67	0.52	0.58	3.39	0.96
α-紫罗兰酮	tr	6.69	8.27	8.05	6.23	4.78	6.80	6.16	tr	7.61	9.12	tr
香叶基丙酮	1.27	1.42	0.97	1.39	0.95	1.14	0.95	0.75	1.48	0.95	7.24	1.11
环柠檬醛	0.11	0.32	0.28	0.29	0.29	0.24	0.28	0.11	0.27	0.25	0.23	0.14
类胡萝卜素类	7.55	23.9	53.87	60.95	58.79	68.05	40.13	21.36	55.71	39.44	81.45	43.26

续表

	不同处理											
致香物质	①	②	③	④	⑤	⑥	⑦	⑧	⑨	⑩	⑪	⑫
新植二烯	190.55	190.77	191.36	194.95	191.04	190.84	191.06	191.28	191.65	191.31	189.89	191.86
氧化异佛尔酮	0.17	0.20	0.19	0.20	0.21	0.21	0.20	0.25	0.17	0.19	0.22	0.20
正氧化柠檬烯	tr	0.90	0.91	tr	tr	1.69	1.10	1.01	0.77	1.86	1.70	0.50
负氧化柠檬烯	0.37	0.62	0.56	0.60	tr	1.47	0.23	1.39	tr	tr	tr	tr
氧化石竹烯	0.74	0.90	5.76	3.73	4.73	10.12	0.35	6.03	1.94	0.91	0.71	0.23
总计	231.15	260.3	293.17	309.02	299.64	323.38	270.41	271.97	290.73	282.64	333.38	290.52

注："tr"表示痕量。

从表2-8-37可以看出，所有处理之中中部叶致香物质棕色化产物类总量以处理⑪最高，为39.74μg/g；处理①最低，为16.33μg/g。在相同的二次打顶时间处理下，打顶后14 d摘除脚叶处理比其他时间摘除脚叶处理中部叶糠醛含量明显要高。苯丙氨酸类以处理⑪最高，处理①最低。处理⑥中部叶苯甲醛含量比其他处理高，处理⑪中苯甲醇含量为痕量。中部叶所含类西柏烷类差异不明显。类胡萝卜素类以处理⑪最高，为81.45μg/g，处理①含量最低，为7.55μg/g。处理①、处理②以及处理⑫中巨豆三烯酮1含量均为痕量。处理②中金合欢基丙酮3含量为痕量。中部叶香气物质总量以处理⑪最高，为333.38μg/g，其次为处理⑥和处理④，分别为323.38μg/g和309.02μg/g。

3.5.3 非挥发酸含量

根据表2-8-38分析可知，处理②在所有处理之中中部叶草酸含量最高，为20.55 mg/g；其次为处理①和处理④，分别为19.88 mg/g和17.55 mg/g。处理⑥含量最低，为8.28 mg/g。在相同二次打顶时间处理下，以打顶前7 d摘除下部叶草酸含量最高。处理①中部叶苹果酸含量最高，为83.69 mg/g；处理⑪含量最低，为18.36 mg/g，降幅达65.33mg/g。处理②中部叶柠檬酸含量最高，为12.12 mg/g；处理⑥含量最低，为3.52 mg/g，降幅达8.6 mg/g。处理①中部叶亚油酸含量最高，为2.46 mg/g；处理⑪含量最低，为0.71 mg/g。处理①中部叶非挥发酸含量最高，为128.95 mg/g；其次是处理④，为103.71 mg/g；处理⑪含量最低，为40.03 mg/g。

表2-8-38 不同处理中部叶非挥发酸含量（mg/g）

处理	草酸	丙二酸	富马酸	苹果酸	柠檬酸	月桂酸	肉豆蔻酸	棕榈酸	亚油酸	总计
①	19.88	0.87	4.38	83.69	10.74	0.52	2.49	3.93	2.46	128.95
②	20.55	1.31	4.14	54.64	12.12	0.41	1.34	2.63	0.84	97.97
③	14.25	0.49	3.50	52.54	8.86	0.29	1.73	2.58	1.35	85.59
④	17.55	0.89	3.38	63.48	9.30	0.23	2.92	4.41	1.54	103.71
⑤	9.84	0.26	3.43	25.65	3.63	0.35	1.30	2.36	1.76	48.58
⑥	8.28	0.09	3.15	25.11	3.52	0.25	1.26	2.06	1.73	45.44
⑦	14.14	0.65	3.69	48.66	7.54	0.28	1.60	2.47	0.83	79.85
⑧	16.06	0.77	3.74	62.55	9.16	0.48	1.80	2.75	1.97	99.28
⑨	12.71	0.52	3.44	49.70	5.29	0.29	1.50	2.30	1.77	77.53
⑩	13.08	0.43	3.33	36.52	7.47	0.28	1.43	2.43	0.78	65.74
⑪	8.90	0.68	4.00	18.36	3.56	0.31	1.16	2.35	0.71	40.03
⑫	13.05	0.45	4.92	21.36	4.53	0.25	1.07	2.52	1.04	49.19

4. 小结

研究表明，下部叶不同采收时期对烤烟上部烟叶的转化酶、多酚氧化酶以及抗坏血酸氧化酶的活性均有一定影响。不同时间二次打顶对上部叶的产量和开片度有一定减少作用，但是会提高上部叶钾的含量，对优化烟叶等级、提高上部叶的卷烟工艺可用性有一定的积极作用。本试验研究了摘除脚叶时间和二次打顶时间对烤烟产质量及内在化学成分的影响，结果表明：

（1）摘除脚叶时间对烤烟株高有一定影响，对烤烟茎围、节距、最大叶长和最大叶宽影响不显著。而摘除脚叶时间和二次打顶时间对烤烟物理性状有较大影响。上部叶叶长、叶宽和单叶重均随着二次打顶时间的推迟而减小。而含梗率为打顶后7 d摘除脚叶、不二次打顶处理最大；平衡含水率为打顶后14 d摘除脚叶、下二棚烟叶采烤时第二次打顶处理最高。中部叶含梗率为打顶后14 d摘除脚叶、下二棚烟叶采烤时第二次打顶处理最低；平衡含水率为打顶时摘除脚叶、采腰叶时第二次打顶最高。下部叶叶长为第一次打顶前7 d摘除脚叶、采腰叶时第二次打顶处理最大；单叶重则以第一次打顶前7 d摘除脚叶、下二棚烟叶采烤时第二次打顶处理最大。而叶宽和含梗率都随着摘除脚叶时间的推迟而减小。可能是打顶后促进了根系的生长，提高了烟株吸收养分和合成烟碱的能力，从而增大了叶长、叶宽。

（2）摘除脚叶时间和二次打顶时间对烤烟经济性状有较大影响。产量为第一次打顶前7 d摘除脚叶、下二棚烟叶采烤时第二次打顶处理最大；产值、上等烟比例和上中等烟比例均为打顶后7 d摘除脚叶、采腰叶时第二次打顶处理最高。说明适时摘除脚叶和二次打顶有利于营养储存于叶片，能够增强烟叶品质，提高上等烟比例。

（3）上部叶烟碱和淀粉含量在摘除脚叶时间相同的处理中随二次打顶时间推迟逐渐减小。随着摘除脚叶时间的推迟，上部叶总氮含量逐渐降低，而钾含量逐渐增加。摘除脚叶时间和二次打顶时间交互作用对烤烟上部叶烟碱含量、总糖含量、还原糖含量、两糖差、糖碱比、总氮含量和氯含量的影响均达极显著水平；对钾含量和淀粉含量影响不明显。

中部叶烟碱含量在摘除脚叶时间相同的处理中，随着二次打顶时间推迟逐渐减小，淀粉含量逐渐减少，总糖含量、两糖差和钾含量表现为先增大后减小，且随着摘除脚叶时间的推迟，中部叶总糖含量升高。随着摘除脚叶时间的推迟，糖碱比逐渐增大，总氮含量逐渐降低。摘除脚叶时间和二次打顶时间交互作用对烤烟中部叶烟碱含量、总糖含量、还原糖、糖碱比、淀粉含量和氯含量的影响均达极显著水平，对钾含量影响不明显。

在相同时间摘除脚叶的处理中，随二次打顶时间的推迟，下部叶淀粉含量逐渐减少。打顶后14 d摘除脚叶处理比其他三种摘除脚叶处理下部叶烟碱含量低，而糖碱比值要高。总氮含量以打顶前7 d摘除脚叶处理最高。摘除脚叶时间和二次打顶时间交互作用对烤烟下部叶烟碱含量、总糖含量、还原糖含量、糖碱比和氯含量的影响均达极显著水平，对总氮含量、钾含量和淀粉含量影响均不明显。

上述情况可能是摘除脚叶和二次打顶时改变了烟株的生长中心和物质交换中心，从而改变原有的烟株库源关系，进而影响了烟叶内同化产物和化学元素的分配。

（4）打顶前7 d摘除脚叶时，所有处理中部叶色素含量随着二次打顶时间的推迟而增加。但是在其他三种摘除脚叶处理中，中部叶β-胡萝卜素含量随着二次打顶时间的推迟先减小后增加。中部叶香气物质总量以处理⑪最高，其次为处理⑥和处理④。处理①中部叶非挥发酸含量最高，处理⑪含量最低。

综上所述，适时摘除脚叶和二次打顶可以提高烟叶品质和烤烟的产量和质量。本试验研究表明：第一次打顶前7 d摘除2片脚叶、下二棚烟叶采烤时第二次打顶上部叶叶长、叶宽、含梗率和单叶重最大。产量为第一次打顶前7 d摘除2片脚叶、下二棚烟叶采烤时第二次打顶处理最高；打顶后14 d摘除2片脚叶、不二次打顶，采上部叶时弃去1片叶不烤处理最低。产值为打顶后7 d摘除两片脚叶、开采腰叶时第二次打顶处理最高；打顶后14 d摘除两片脚叶、不二次打顶，采上部叶时弃去顶部1片叶不烤最低。上中等烟比率为打顶后7 d摘除两片脚叶、开采腰叶时第二次打顶处理最高；打顶后14 d摘除两片脚叶、下二棚烟叶采烤时第二次打顶最低。打顶后7 d摘除两片脚叶、开采腰叶时第二次打顶化学成分相对较为协调。打顶前7 d摘除两片脚叶处理钾离子含量和中性香气物质过低，打顶后14 d摘除两片脚叶处理总氮含量过低。综合产量、产值和烤烟品质，各处理以打顶后7 d摘除两片脚叶、开采腰叶时第二次打顶1片叶为宜。

第三章　基地单元建设生产技术规范

第一节　植烟土壤改良技术规范

1. 范围

本部分规定了文山烟区集团基地植烟土壤养分诊断、改良技术、合理利用、土壤生态保护和管理信息的要求。

本部分适用于文山州植烟土壤改良、利用和管理。

2. 规范性引用文件

GB/T 17296—2009《中国土壤分类与代码》、Q/WSYC1.2—2010《基本烟田规划及保护》、Q/WSYC1.8—2010《种子管理规程》、Q/WSYC1.12—2010《土壤机耕技术规程》、Q/WSYC1.17—2010《缺素诊治规程》、Q/WSYC1.41—2010《植烟环境管理》。

3. 土壤诊断

3.1 取样

（1）按五点重复取样法，在0～20 cm、20～40 cm分层取样。

（2）土壤分类：参考GB/T 17296—2009中的土壤分类标准。

（3）土壤质地：包括土壤容重、孔隙度、各粒级比例等。

3.2 诊断指标

3.2.1 物理性状

土壤阳离子代换量、速效N、P_2O_5、K含量；土壤pH、有机质及土壤持水量。

3.2.2　营养指标

按Q/WSYC1.17—2010中烤烟诊治方法，诊断土壤中硫（S）、钙（Ca）、镁（Mg）、铁（Fe）、锰（Mn）、铜（Cu）、锌（Zn）、硼（B）、钼（Mo）、氯（Cl）及其他必需营养元素的丰缺程度。

3.3　土壤障碍因子

（1）土壤板结、结构不良，通透性差的地块。

（2）土壤有机质含量低，土壤供水和供肥能力低的地块。

（3）土壤酸化或者碱化的地块。

（4）土壤盐基不饱和，烟株可利用的矿质元素比较贫乏的地块。

4.　改良技术

4.1　合理轮作

以村、片为单位，执行《基本烟田规划及保护》（Q/WSYC1.2—2010），统一规划轮作。

4.2　品种轮换

按照《种子管理规程要求》（Q/WSYC1.8—2010），一个品种在同一区域种植1年，更换种植其他品种。

4.3　秸秆还田

4.3.1　还田时期

在作物收获后，在下茬作物播种前，把作物秸秆翻压入土，给下茬作物作底肥用；或在机耕前（即烤烟移栽前15 d ～45 d）将作物秸秆撒入要栽烟的烟田。

4.3.2　建议用量

把作物秸秆（稻草、小麦秆、玉米秆等）切碎，每段长10.0～15.0 cm，均匀撒在田间，其中小麦秆、玉米秆切成1.0～2.0 cm长或用孔径为0.32～0.53 mm的粉碎机打成糠。其中稻草不少于2 250 kg/hm^2；小麦秆不少于6 000 kg/hm^2；玉米秆不少于4 500 kg/hm^2。

4.4 改良土壤酸碱度

（1）土壤pH在5.5以下，用熟石灰900 kg/hm^{2}撒施，而后翻耕整地，隔年施用，撒施3次以上。

（2）土壤pH在8.0以上，用石膏1 000 kg/hm^2 撒施。

4.5 深耕晒垡

深耕25～30 cm，晒垡15～20 d。

4.6 增施有机肥

每公顷施用7 500～15 000 kg腐熟农家肥或300～600 kg饼肥。增加前作有机肥投入量，适当控制前作磷肥、尿素等施用量。

4.7 栽种绿肥

选择光叶紫花苕和毛叶紫花苕为小春绿肥当家品种，密度为100 000株/hm^{2}左右；在三月中旬前盛花期翻压，一般入土深10～20 cm；鲜草量为15 000 kg/hm^{2}左右，折合干草量（5 250～6 000 kg）/hm^2。

第二节 科学施肥技术规范

1. 范围

本部分规定了文山烟区基地烤烟测土配方施肥涉及的土壤取样化验，土壤供肥能力，不同品种、土壤肥力的烤烟施肥量确定，以及施肥时间和方法等技术要点。

本规程适用于文山烤烟测土配方施肥。

2. 规范性引用文件

GB 7172—1987《土壤水分测定法》；GB 7183—1987《土壤全氮测定法》；GB 9834—1988《土壤有机质测定法》；GB 9836—1988《土壤全钾测定法》；GB 9837—1988《土壤全磷测定法》；GB 18877—2002《有机-无机复混肥料》；GB 7849—1987《森林土壤水解性氮的测定》；GB 7853—1987《森林土壤有效磷的测定》；DB13/T 844—2007《土壤速效钾测定》；GB/T 6920—1986《水质 pH值的测定 玻璃电极法》。

3. 土样采集和化验

3.1 确定取样数

采样前要详细了解种烟地区的种烟面积、土壤类型、肥力等级和地形等因素，将植烟区域划分为若干个片区，每个片区取样3～5个。

3.2 采样时间

确定为植烟的地块，必须在前茬作物收获（秋后）或种植烤烟前取样。

3.3 耕层混合土样的采集

3.3.1 选点

按照“随机”“等量”和“多点混合”的方法，一般采用“S”形布点采样。

3.3.2 深度

以耕作层（土表面至犁底层）的深度为准，每个采样点的取土深度，上下土体和采样量要均匀一致，一般为0～25 cm。

3.3.3 采样

作常规分析的土样用铁铲取得，若要分析微量元素，应用不锈钢取土器或木器取样。取样时，先将所取处杂物去掉，挖1个深至犁底层的小坑，选一较完整的剖面，距剖面2～4 cm处用铁铲（或不锈钢取土器、木器）往下压至犁底层，把土撬取并舍去两边的小部分，把中间的土（约1 kg）装入样品袋内。同时注意清除石块、植株残体等杂物。

3.4 送样和化验

土样取好后要送到有资质的化验室进行化验分析，化验土壤pH、水分、有机质（%）、全氮（%）、全磷（%）、全钾（%）、碱解氮（mg/kg）、速效磷（mg/kg）、速效钾（mg/kg）和硼、锌、钼等微量元素的含量。

4. 配方施肥

4.1 施肥原则

（1）“控氮、稳磷、增钾、补微”的施肥原则。

（2）基肥与追肥结合，合理控制氮肥用量，基肥以中层施肥为主，适当增加追肥次数，选择以硝态氮源为主的氮肥作追肥，稳定磷肥用量，增加钾肥用量，适量补充镁、硼和锌等中微量肥的施用。

（3）有机肥与无机肥结合的原则，农家肥应在前茬作物施用，较瘦或土壤黏性重的地块可在当季适量施用充分腐熟发酵的农家肥。

（4）根据测土配方的结果，结合“四看两定”的施肥原则。四看：看热量、雨量条件，看土壤条件，看品种特性，看烟株营养状况。两定：即容器施肥定量到株，定适宜的施肥次数、比例、时间及方法。

4.2 肥料种类

按《有机–无机复混肥料》（GB 18877—2002）执行，由烟草部门统一调供化肥。当前生产中肥料的主要配方有N：P_2O_5：K_2O：B=8：12：14：1或10：10：25：1、N：P_2O_5：K_2O：B：Mg=8：12：14：1：1或10：10：25：1：1和N：P_2O_5：K_2O：B：Mg：Zn=8：12：14：1：1：1或10：10：25：1：1：1。

4.3 施肥量的确定

4.3.1 参照土壤pH确定酸碱性

表3-2-1 土壤pH

土壤pH	<4.5	4.5～5.5	5.5～6.5	6.5～7.5	7.5～8.5	>8.5
级别	极强酸性	强酸性	微酸性	中性	微碱性	强碱性

4.3.2 参照土壤有机质含量确定施有机肥

表3-2-2 不同土壤肥力的厩肥和油枯施用量

土壤有机质含量（%）	厩肥（kg/hm^2）	油枯（kg/hm^2）
＞3.0	不施	不施
1.5～3	10 000～15 000	300～450
＜1.5	15 000～22 500	300～450

4.3.3 参照土壤化验数据，确定纯氮量和氮、磷、钾比例

表3-2-3 施氮量和氮、磷、钾比例

养分种类	土壤肥力	土壤养分含量（mg/kg）	施养分纯量（kg/hm^2）	比例
N	高	>150	75～90	
	中	60～150	90～108	
	低	＜60	108～120	

续表

养分种类	土壤肥力	土壤养分含量（mg/kg）	施养分纯量（kg/ hm^2 ）	比例
P_2O_5	高	>40		1∶1（N∶ P_2O_5 ）
	中	10～40		1∶1.5（N∶ P_2O_5 ）
	低	<10		1∶2（N∶ P_2O_5 ）
K_2O	高	>250		1∶1.5（N∶ K_2O ）
	中	100～250		1∶2（N∶ K_2O ）
	低	<100		1∶2.5～3（N∶ K_2O ）

4.4　化肥品种和数量的确定

纯氮量和氮、磷、钾比例确定后，用下列公式计算复合肥施用量。

复合肥施用量 = 纯氮量 ÷ 复合肥含氮量

磷（钾）施用量

$$=\frac{\text{纯氮量}\times\text{纯磷(钾)与纯氮比例}-\text{复合肥施用量}\times\text{复合肥含磷(钾)量}}{\text{化肥含磷(钾)量}}$$

注：计算得出的磷（钾）施用量小于75 kg/ hm^2 ，不应再增施磷（钾）肥。土壤含氮量越高则增施磷（钾）肥越多。

4.5　施肥方法

（1）烤烟施肥分为底肥、提苗肥和追肥三种，其比例为50%～70%、10%和20%～40%。有机肥作底肥施用，按《文山植烟土壤改良技术规范》（DB 53/TXX—2009）执行。

（2）底肥。每公顷施用腐熟农家肥10 000kg以上，用有机无机复合肥作底肥。要求用施肥容器（量杯）量施，于预整地时用酒瓶或插条定位环施，距瓶或插条4～6 cm处。

（3）提苗肥。移栽后7～8 d，每公顷用10∶10∶25的粉状复合肥150 kg兑水8 100 kg，距烟苗5 cm处环状或打孔穴浇施，每株施肥液0.5kg。注意不要沾到烟苗茎秆和叶片。

（4）追肥。移栽后20 d左右，用所剩粉状复合肥和无机颗粒复合肥打穴深施。

（5）含砂较重或地下水位高的烟地，应因地适当减少底肥的施用量，增加追肥的施用量。

（6）中微肥。根据土壤化验和烟株缺素表现，本着“因缺补缺”的原则，采用加入烤烟专用复合肥或灌根、叶面喷施等措施。

附录B

（资料性附录）

土壤供氮能力指标与施氮量见表B-1。

表B-1 土壤供氮能力指标与施氮量

等级	有机质（%）	碱解氮（mg/kg）	不同品种施纯氮量（kg/hm^2）		
			K326	云烟85	云烟87
高	>3.5	>150	60～90	60～75	60～75
中	1.5～3.5	60～150	90～120	75～105	75～105
低	<1.5	<60	120～135	105～120	105～120

土壤供磷能力指标与施磷量见表B-2

表B-2 土壤供磷能力指标与施磷量

等级	速效磷（mg/kg）	不同品种N∶P_2O_5		
		K326	云烟85	云烟87
高	>40	1∶0.5～1	1∶0.5～1	1∶0.5～1
中	10～40	1∶1～1.5	1∶1～1.5	1∶1～1.5
低	<10	1∶1.5～2	1∶1.5～2	1∶1.5～2

土壤供钾能力指标与施钾量见表B-3

表B-3 土壤供钾能力指标与施钾量

等级	速效钾（mg/kg）	不同品种N∶K_2O		
		K326	云烟85	云烟87
高	>250	1∶1.5～2	1∶1.5～2	1∶1.5～2
中	100～250	1∶2～2.5	1∶2～2.5	1∶2～2.5
低	<100	1∶2.5～3	1∶2.5～3	1∶2.5～3

土壤含氯量见表B-4。

表B-4 土壤含氯量

土壤含氯量（mg/kg）	< 30	< 45	> 45
评价指标	适宜	次适宜	不适宜

土壤中微量元素含量见表B-5。

表B-5　土壤中微量元素含量（mg/kg）

元素	很低	低	中等	高	很高	临界值
水溶性硼	＜ 0.25	0.25～0.50	0.50～1.00	1.00～2.00	＞ 2.00	0.50
有效态钼	＜ 0.10	0.10～0.15	0.15～0.20	0.21～0.30	＞ 0.30	0.15
有效态锰	＜ 3.0	3～5	5～10	10～15	＞ 15	3.0
有效态铁		＜ 2.5	2.5～4.5	＞ 4.5		2.5
有效态锌	＜ 0.5	0.5～1.0	1.0～1.5	1.5～2.0	＞ 2.0	0.5
有效态铜	＜ 0.1	0.1～0.2	0.2～1.0	1. 0～1.8	＞ 1.8	0.2
交换性镁	0～25	25～50	50～100	100～150	＞ 150	50
有效态硫						12

第三节　绿色植保技术规范

1.　范围

本部分规定了文山烟区基地病虫害预测预报、农业防治、生物防治、物理防治、化学防治、施药技术和方法。

本部分适用于文山州基地单元内烟叶病虫害防治。

2.　引用规范性文件

YC/T 341.1—2010《烟草病害预测预报调查规程第1部分：赤星病》

YC/T 341.2—2010《烟草病害预测预报调查规程第2部分：蚜传病毒病》

YC/T 341.3—2010《烟草病害预测预报调查规程第3部分：黑胫病》

YC/T 340.4—2010《烟草害虫预测预报调查规程第4部分：斜纹夜蛾》

YC/T 341.5—2010《烟草病害预测预报调查规程第5部分：根结线虫病》

YC/T 341.6—2010《烟草病害预测预报调查规程第6部分：野火角斑病》

YC/T 341.7—2010《烟草病害预测预报调查规程第7部分：白粉病》

YC/T 340.1—2010《烟草害虫预测预报调查规程第1部分：蚜虫》

YC/T 340.2—2010《烟草害虫预测预报调查规程第2部分：烟青虫棉铃虫》

YC/T 340.3—2010《烟草害虫预测预报调查规程第3部分：小地老虎》

YC/T 340.4—2010《烟草害虫预测预报调查规程第4部分：斜纹夜蛾》

Q/WSYC 1.18—2010《病虫害预测预报技术规程》

GB/T 23222—2008《烟草病虫害分级及调查方法》

GB/T 23223—2008《烟草病虫害药效试验方法》

YC/T 371—2010《烟草田间农药合理使用规程》

YC/T 372—2010《烟草农药田间对比试验规程》

《中国烟叶公司烟草农药使用推荐意见》

《云南省推荐使用和禁止使用的烟草农药名单》

《云南省烟用农药使用管理办法》

3. 主要内容

为推进生态、安全、优质、特色的烟叶生产，秉承“绿色植保”的理念，以品牌烟叶原料基地单元建设作为核心任务，构建“以农业防治为基础、生物防治为重点、物理防治为辅助、化学防治为补充”的绿色植保技术体系，实现烟叶的高产、优质、高效、低耗，维护人、环境、自然与经济的和谐统一，把烟叶的发展建立在自然环境良性循环的基础之上，在烟叶的整个生长期，建立综合植保技术措施，从而实现绿色生态优质烟叶的可持续发展。

3.1 病虫害预测预报

建立烟草病虫害预测预报系统，对烟草病虫害的发生实施动态监控，科学预测病虫害发生与流行趋势，指导烟草病虫害的综合防控。

3.2 农业防治

选用抗病品种、采用合理轮作、深翻晒土、科学施肥和中耕除草等农艺措施，减少烟草病虫害的发生。

3.3 生物防治和物理防治

合理使用天敌（如烟蚜茧蜂、赤眼蜂等）、性诱剂、杀虫灯和黄板等措施降低烟草害虫的发生和危害；选用“多肽保（10%菌丝蛋白颗粒剂）”“植物蛋白”“S-诱抗素”等生物制剂及“中草药提取物”“食品EYO”等生物制剂，诱导烟株产生对病虫害及逆境的抗性；采用苦参碱、Bt、印楝素、苦皮藤素、烟碱、除虫菊素、鱼藤酮、蒿素、藜芦碱和松脂合剂等生物源农药预防和控制有害生物的发生与危害。

3.4 化学防治

在做好生物防治和物理防治的基础上，必要时按照《中国烟叶公司烟草农药使用推荐意见》《云南省推荐使用和禁止使用的烟草农药名单》和《云南省烟用农药使用管理办法》合理选择低毒、安全的化学农药进行病虫害的辅助性防控。

3.5 精准施药技术

在病虫害预测预报的基础上，选择高效、低毒和低残留的环保型农药，科学使用农药，包括适期、适量和对症用药，采用新型施药器械，提高药液雾化效果，以减少农药用量、提高防治效果。重点应用WS-15D电动喷雾器（圆形、扇形、F形3种喷头），雾星静电喷雾器B-I（圆形喷头），SHP-900T（KYOLI）共昱动力喷雾器（圆形喷头），东方红牌WFB-18G型、泰山-18型背负式机动喷雾机等精准施药药械，其雾化程度高，雾滴细，可节水省药，降低劳动强度，安全性能好，避免了“跑、冒、滴、漏”等问题。

4. 绿色植保生产技术

4.1 病虫害预测预报

完善烟草主要病虫害预测预报系统，在烟叶的整个生育期对烟草主要病虫害：炭疽病、立枯病、猝倒病、病毒病、赤星病、野火病、角斑病、白粉病、烟蚜、烟青虫、斜纹夜蛾、潜叶蛾和野蛞蝓等实施动态监测，科学预测病虫害发生与流行趋势，指导烟草病虫害的综合防治。

4.2 烟蚜茧蜂的繁育技术

幼苗繁蜂技术是针对烟蚜的趋嫩特性，增加单位面积内寄主植物的幼嫩数量，每平方米温室内寄主植物种植密度为400株左右，具体的饲养密度因寄主植物的特性而进行选择。在寄主植物的幼苗期饲养烟蚜，当烟蚜数量达到极限饲养量的1/5～1/4时，接入烟蚜茧蜂种蜂，利用烟蚜繁殖和烟蚜茧蜂幼虫生长发育的时间差得到所需要的蚜量与寄生量。根据寄主植物的生物习性和烟蚜的繁殖速率，确保烟蚜达到极限饲养量前大量形成有效僵蚜，从而最大限度获得所需的烟蚜茧蜂饲养量。

幼苗繁蜂技术又分为蜂蚜分接和蜂蚜同接两种方式，各地可根据情况选择。蜂蚜分接指的是繁蜂的过程分为烟蚜、烟蚜茧蜂饲养两个阶段，当烟蚜繁殖到50头左右时，按50：1的比例接入种蜂后进行烟蚜茧蜂饲养；蜂蚜同接指的是在繁蜂的过程中，接蚜时的种蚜携带有被寄生50%左右的烟蚜作为种蜂，利用烟蚜繁殖和烟蚜茧蜂幼虫生长发育的时间差，在烟蚜繁殖的同时获得烟蚜茧蜂饲养所需要的种蜂。

4.2.1 繁蜂烟苗培育及小棚育苗管理

品种：选用抗病性强适宜烟蚜取食的烤烟品种。

育苗：育苗按《烟草集约化育苗技术规程第1部分：漂浮育苗》（GB/T 25241.1—2010）进行。

接蚜前的小棚管理：在接蚜前小棚的管理按常规的漂浮育苗方法进行。

4.2.2 蚜茧蜂、蚜虫接种及繁蚜管理

接种前的准备：选择整株长势长相正常、无任何病症表现的烟株上寄生的生长正常、健壮无病、光泽度高的蚜虫作为接种的种蚜；接蚜工具采用小号排笔；在接蚜前的头一天需将烟株上的僵蚜和重寄生蚜进行人工清除，保留50%个体发育大，活动能力强的蚜虫作种蚜。

接蚜时期为生长到大十字期的烟苗。

接种量根据寄主植物的大小而定，一般为接种量每株±2头。

接蚜方法根据实际需要选择常规的挑接法、放接法或杆接法等接蚜方法。

蚜虫接种的方法为常规的杆接法或挑接法，首选能使蚜虫繁殖较均匀的挑接法；采用杆接法时，种蚜密度必须达到每株60头以上，蚜虫接种的时间应选择晴天，在中午12—17点，接入小棚内，每间隔30 min将遮阳网打开一次，打开15～20 min后又将遮阳网盖上，这样重复至下午五点半；在操作中要注意将防虫网盖严，进入小棚的种蚜要防止有翅蚜的迁飞，接蚜后棚内相对湿度在40%～50%之间。

待每烟株上有30头2龄以上蚜虫时接蜂，时间选择在早上，以日出为标志，日出后接种至12点为止；蚜茧蜂接种后控制棚内空气相对湿度在50%以上，但是不能超过70%；在接种蚜茧蜂前对烟苗喷20%的利于蚜虫生存的蜂蜜水。

根据烟蚜转移情况收走接蚜材料并集中销毁，繁蚜期间对蚜量及虫态进行跟踪调查，控制棚内相对湿度为40%，在晴天遮阳网要全天24 h覆盖，早上8点

钟拱膜揭开15 cm的开口，晚21点将拱膜放下，须留下7 cm的开口，不可封严，纱网必须全天封闭；遇到降雨时拱膜全天开口在20 cm以上，增强通风排湿。

接蚜10 d后，所接的寄生蚜开始羽化，要注意保持良好通风，除阴天、雨天不采取遮阴管理外，晴朗的天气下要加强遮阴管理，降低光照强度，控制棚内温度在12～32℃之间，湿度在20%～80%之间，促进烟蚜茧蜂的寄生和烟蚜茧蜂幼虫的生长发育，期间对蚜量和虫态进行跟踪调查。

在移栽后30 d，或烟苗每株上有40头以上的僵蚜和寄生蜂时进行大田放置防治。

4.2.3　烟田放蜂

放蜂时机：烤烟大田移栽后开始观测，于蚜虫始发期开始第一次放蜂，并在团棵期进行第二次放蜂，在旺长期进行第三次放蜂。

放蜂量：应根据烟田蚜量确定放蜂量。

蚜量调查，按照《烟草害虫预测预报调查规程第一部分：蚜虫》（YC/T 340.1）的规定进行，各蚜量对应的具体放蜂量见表3–3–1。

表3–3–1　烟田蚜量对应放蜂量参照表

生长期	发生程度	蚜量（头/株）	放蜂量（头/hm^2）
摆盘期	初发生	1～5	7 500
团棵期	轻度发生	6～20	7 500～15 000
旺长期	中度发生	21～30	15 000

放蜂准备：放蜂前后3 d内不应在大田烟株上施用任何杀虫农药。应在收蜂前准备好容蜂器，并对容蜂器进行消毒。应对运蜂车等运输工具进行消毒。

收蜂：用吸蜂器收集棚内的成蜂。

僵蚜采集：摘取带有烟蚜茧蜂僵蚜的叶片。

散放成蜂时间要求：应选择在晴天上午12：00前收蜂、放蜂。

成蜂在容蜂器中时长应不大于3 h，容蜂器内温度应不大于30℃。

吸蜂散放：采用大棚繁蜂时使用吸蜂散放的方法。待烟株叶片上僵蚜部分羽化成烟蚜茧蜂时，用吸蜂器收集成蜂装入容蜂器中，运至烟田。放蜂时打开容蜂器，边走边放，任其自然飞到大田烟株上。

自然散放：采用小棚繁蜂时使用自然散放的方法。待烟株上僵蚜大量形成时，用高效低毒杀虫剂杀死烟株上的蚜虫后，把繁蜂棚全部掀开，让僵蚜自然羽化后迁飞到烟田。

挂放僵蚜：当繁蜂烟株叶片上70%～80%以上烟蚜已形成僵蚜时，每隔7～10 d依次采下、中、上部叶片，用杀虫剂喷施叶片正反面，杀死成活烟蚜。在连片大田内插高60～100 cm的挂杆，在每杆上挂僵蚜叶片3～4片。挂放7 d后，清除烟田中的僵蚜叶片集中销毁。

放蜂方式：点状放蜂。将成蜂或僵蚜叶片集中放于烟蚜密度较高的田块或烟株周围。区域性放蜂。在烟田内边走边散放成蜂或挂放僵蚜叶片。

4.2.4 专业化饲养、散放烟蚜茧蜂模式

每年根据计划面积建设烟蚜茧蜂繁育推广基地，充分利用现有的育苗大、小棚资源，通过向外引进和自己繁殖种蚜种蜂两条腿走路的办法，采用高密度饲养法进行扩繁，以僵蚜苗和成蜂的方式进行投放，由烟蚜茧蜂繁育推广基地所在的烤烟生产专业合作社聘请专业化植保队员进行规模化繁育饲养，烟草公司提供相应的技术服务及资金支撑，田间散放成蜂由烤烟生产专业合作社统一安排调度，专车运送，烟站统一指挥协调，烤烟生产专业合作社统一组织专业植保服务队为主体具体实施，每100亩为一个放蜂点，通过利用移动网箱运输、放蜂笼进行田间放蜂的投放方法，形成一个自上而下放蜂网络，放蜂工序得到进一步简化，提高了成蜂成活率，降低了成本，为大规模推广奠定了基础。

4.3 烟草苗期主要病害及防治措施

4.3.1 烟草苗期主要病害

4.3.1.1 烟草炭疽病

感病初期，叶片出现水浸状小斑点，病斑呈圆形，周围隆起，中央凹陷，病斑颜色为灰白到黄褐色。苗床留苗过密，湿度过大排水不良，温度在25～30℃条件下易发病。

4.3.1.2 猝倒病

猝倒病主要在三叶期以前发生，发病初期幼苗茎基部呈水渍状腐烂，发病后期像开水烫过，烟苗成片死亡，呈“补丁状”，天气潮湿时，有菌丝。猝倒病发生与气候条件关系密切，低温、高湿是致病的主要因素，温度低于24℃、苗床排水不良、降雨过多时易于发病。

4.3.1.3 立枯病

立枯病的危害部位为茎基部，起初在病部表面形成褐色斑点，后茎部显著

凹陷收缩、变细，甚至倒伏。发病一般在三叶期以后发生，中温、中湿利于发病，温度20℃以下，往往在揭膜后，遇干旱风后引起发病。

4.3.1.4　病毒病

烟草病毒病主要包括普通花叶病（TMV）、黄瓜花叶病毒病（CMV）、马铃薯Y病毒病（PVY）和蚀纹病毒病（TEV），通常表现为明脉，花叶，病株叶片皱缩、扭曲，叶片变细，植株矮化，生长缓慢。但在苗期通常带病不显症，病毒病主要通过烟蚜和汁液接触传播，少雨干旱是病害严重发生的有利条件。

4.3.2　苗床期病害综合防治措施

4.3.2.1　苗床地的选择及苗床期卫生

选择地势高、背风向阳、无污染、水源方便、排水顺畅、交通便利、容易平整，如空闲地、荒地、水田地等作为育苗基地，严禁在房前屋后、离烤房和菜园地近的场地育苗。管理人员进棚要洗手，剪叶刀具必须做好清洗消毒，育苗区禁止吸烟，不能在营养液中洗手洗物，无关人员禁止进入育苗区；发现病苗后拔出抛出田外、烧毁深埋，间苗、拔草、剪叶剪根时要一律清除干净，保持育苗场地外环境的卫生。

4.3.2.2　苗床消毒

育苗场地建好后，用推荐使用的消毒剂和杀虫剂对场地周围、漂浮池、拱架等进行喷雾消毒1次，浮池中禁用水塘、水坑、水沟等处不流动、不洁净的水。育苗过程中如发现水变混浊、发臭等异常现象，应及时换水，撒施石灰粉等消毒剂和更换消毒池的消毒水，农事操作要规范。

4.3.2.3　苗床管理及药剂防治

严格控制苗床湿度，注意通风排湿；全程覆盖防虫网，在剪叶前、移栽前均应喷施抗病毒药剂如植物病毒蛋白等诱导剂预防病毒病的感染；必要时配合使用波尔多液、代森锌、甲霜灵锰锌、甲基托布津等药剂防治苗期以上几种常见病害。

4.4　烟草大田期主要病害及防治措施

4.4.1　烟草病毒病

4.4.1.1　烟草病毒病症状及发病条件

烟草普通花叶病（TMV）：烟株发病初期，叶脉及邻近叶肉组织色泽变淡，呈半透明“明脉”状，然后叶片出现浓绿或黄绿相间的“花叶”状，叶片厚薄不均匀。严重时病株叶片皱缩、扭曲，叶片变细，植株矮化，生长缓慢。TMV

主要通过汁液接触传染。种子、粪肥、土壤中的病株残体是主要的侵染来源，30℃的气温、少雨干旱是病害严重发生的有利条件。

烟草黄瓜花叶病毒病（CMV）：烟株发病初期，叶脉透明，几天后出现浓绿、浅绿相间的花叶。叶片常变窄、变薄、扭曲，叶基部拉长，表面茸毛脱落，失去光泽，叶缘一般向上翻卷。严重时受害烟株矮缩，根系发育不良。CMV主要在越冬蔬菜、农田杂草和一些树木上越冬。春季通过有翅蚜迁飞传到烟草上，烟草现蕾前易感病阶段的传毒蚜虫数量大，气候干旱，旺长期前后气温波动较大，出现冷雨降温以及干热风，有利于病害的发生。

烟草马铃薯Y病毒病（PVY）：烟株发病初期出现明脉，不久形成花叶型的斑驳，随后小叶脉间颜色变淡，叶脉两侧的组织呈深绿色带状。受坏死株系侵染的病株，叶脉呈褐色至黑色坏死，常延伸到中脉和茎。PVY主要在马铃薯块茎及周年栽植的茄科作物上越冬。自然条件下，主要靠烟蚜为主的多种蚜虫传染，也可通过汁液摩擦传染。烟田蚜虫数量多，烟株幼嫩，移栽后气温较高，天气干旱和遮阴条件下，尤其在烟草和马铃薯等蔬菜混种的地区或地块病害发生严重。

烟草蚀纹病毒病（TEV）：受害烟株症状一般在旺长中后期显现，叶部坏死症状多从下二棚叶开始自下而上蔓延。发病初期，叶面形成褪绿黄点，然后沿细脉扩展，连接呈褐色或白色线状蚀刻斑，严重时病斑布满整个叶面。后期病组织连片枯死脱落，仅留主、侧脉骨架。受害茎呈现干枯条斑，髓部组织坏死。TEV主要在越冬蔬菜和野生杂草上越冬。主要通过烟蚜等多种蚜虫传播，也可以通过汁液接触传染。在适于蚜虫发生的条件下，病害发生严重。

4.4.1.2 烟草病毒病综合防治方法

病毒病的防治应以减少病毒传染、切断传染途径和提高烟草本身的抗病性为根本。

全面实行无毒烟苗移栽。对移栽烟苗按大田每亩取一个样本进行快速检测。

均衡营养：采用平衡施肥技术，根据实测土壤的营养状况，按照“控制氮肥、配施磷肥、增施钾肥、补施微肥”的原则，确保养分平衡，满足烟叶生长发育需要，增强烟株自身抗病性。

搞好轮作：不与茄科和十字花科作物轮作、连作和邻作，与禾本科作物轮作。严禁与马铃薯邻作或间作。

避蚜防病：设置黄板。

地膜覆盖：建议使用银灰色地膜覆盖，在提高地温等综合效应下促进烟株生长，提高烟株自身的抗病性；同时也能有效地驱避病毒传播媒介蚜虫，极大地减轻病毒病的危害。

清洁烟田：在田间禁止吸烟；打顶时要先健株后病株。注意田间及周围环境卫生，移栽后剩余烟苗要及时处理，如深埋等；对早发病烟株要及早拔除，带出烟田销毁，以消灭再侵染源；打顶时的烟株及底脚叶等均应带出田外销毁。

防治烟蚜：采用天敌烟蚜茧蜂、赤眼蜂预防烟蚜，必要时喷施生物源及植物源农药进行防治。

4.4.2　烟草赤星病

4.4.2.1　烟草赤星症状及发病条件

赤星病是烟草生长中后期发生的叶斑病害，最初在叶片上形成黄褐色圆形小斑，之后变成褐色，边缘明显，具有明显的同心轮纹，外围有淡黄色晕圈，天气潮湿时，病斑中央会出现黑色霉状物，严重时叶片枯焦脱落，病斑一般在下部叶片开始出现，后逐渐向上发展，高温阴雨多露利于赤星病的发生。病菌以菌丝在病株残体上越冬，靠风进行远距离传播，雨水反溅是近距离传播的途径。

4.4.2.2　烟草赤星的防治措施

烟株打顶后3～7 d，当病情指数达10时，用10%宝丽安1 000倍液或19%噁霉·络氨铜水剂1 800倍液或40%王铜·菌核净可湿性粉剂500倍液或45%菌核·王铜可湿性粉剂500倍液等杀菌剂在叶面上喷雾1～2次，每次间隔7～10 d。

4.4.3　烟草黑胫病

4.4.3.1　烟草黑胫病症状及发病条件

在苗床和大田均可发生，主要危害大田烟草，成株期主要侵染茎基部和根部，受侵部位变黑，纵剖病株茎部，髓部变成黑褐色，干缩呈碟片状，碟片之间生有白色菌丝。病株叶片自下而上依次变黄、萎蔫，最后整株死亡。多雨潮湿时，底部叶片常发生圆形大块病斑，病斑无明显边缘，有水渍状浓淡相间的轮纹，病斑扩展到茎部，引起“腰烂”。高温高湿有利于黑胫病的发生。病菌可在土壤中的病株残体上存活三年左右，主要通过地面流水及雨水迸溅传播。

4.4.3.2　烟草黑胫病防治措施

抗病品种：移栽还苗后，当田间黑胫病病株率达1%时，用58%甲霜·锰锌可湿性粉剂150 g/亩等杀菌剂兑水100 kg灌根1次。第一次灌根后15～25 d，用

722 g/L霜霉威水剂110 mL/亩兑水100 kg灌根1次，共2次。

"红大"品种：移栽还苗后，用58%甲霜·锰锌可湿性粉剂150 g/亩杀菌剂兑水100 kg灌根1次。第一次灌根后15～25 d，当田间黑胫病病株率达1%时，先清除带病烟株，用72.2 g/L霜霉威水剂110 mL/亩兑水100 kg灌根1次，第二次灌根后7～15 d，从叶面向根茎部喷淋72.2 g/升霜霉威水剂800倍液1次（每株烟用药液50 mL），共3次。

4.4.4 气候性斑点病

发生危害：气候性斑点病多发生于刚成熟的底部叶或正在伸展的叶片尖端。叶片正面出现许多密集而不定形的水渍状小斑，大小为1～3mm。病斑常集中于主脉和侧脉两侧。之后病斑从褐色变成灰色或白色，中心坏死，边缘组织失绿。病重时斑点常融合成大斑，天晴时发脆破裂。主要原因是空气中臭氧（O_3）的毒害。一般在空气中有0.000 06～0.000 08%即有破坏作用，若过此量达24 h，即形成病害。一般土壤湿度高、磷钾肥不足、氮肥偏多时烟株发病较多。烟株进入团棵期，如遇下大雨或持续低温、多雨、日照少的气候时，易发病。品种间抗O_3毒害能力差异较大，美引品种发病较多。

防治方法：当田间病叶率达20%时，用80%代森锌可湿性粉剂600倍液等杀菌剂或3%～5%磷酸二氢钾溶液在叶面上喷雾1～2次，每次间隔7～10 d。

4.4.5 烟草青枯病

4.4.5.1 烟草青枯病症状及发病条件

烟草青枯病是危害最重的细菌病害，受病枯萎的叶片初期为青绿色，茎和叶脉内的导管变黑，外表发现纵长的黑色条斑，无病一侧正常，呈"半边疯"状态，挤压切口出现黄白色乳状"菌浓"。高温高湿是青枯病发生流行的主要气候条件，地势低洼、土壤黏重、排水不良的地块发病较重。

4.4.5.2 烟草青枯病防治措施

移栽后25 d，用生石灰水20倍液灌根（250 mL/株）预防，当田间出现零星病株时，用77%硫酸铜钙可湿性粉剂500倍液或72%硫酸链霉素可溶粉剂4 000倍液等灌根（50 mL/株）。

4.4.6 烟草野火病与角斑病

4.4.6.1 症状及发病条件

野火病主要发生于烟株旺长后期，初为黑褐色水渍状小圆斑，周围有一圈很宽的黄晕。之后病斑扩大为不规则的大斑，上有轮纹。天气潮湿时病部可形成薄层菌浓，干燥后病斑破裂脱落，叶片毁坏。角斑病在烟株生长后期发病较重，病叶上形成的角形黑褐色小斑，边缘明显，四周无明显黄晕；成株叶片发病严重时，病斑呈多角形或不规则形，黑褐色或边缘黑褐色，中央呈灰褐或污白色，且常出现重云形轮纹。空气和土壤湿度大尤其是暴风雨后发病严重；施氮肥过多，钾肥不足，烟株生长后期过旺时，易感病。

4.4.6.2　防治措施

采用三年轮作，销毁烟田病残体，减少侵染源，可有效降低危害。

合理施肥：N、P和K适当配比，适当增加磷肥和钾肥的量；适时早栽，适时打顶，提早收获；生长旺盛期每7 d喷雾施用生物制剂EYO一次，直到收获，必要时选用农用链霉素，每隔7～10 d施药一次，连施2～3次。

4.4.7　烟草根结线虫病

4.4.7.1　烟草根结线虫病症状及发病条件

烟株根部形成大小不等的圆形或不规则形状的根结，须根极少。地上部分矮小，叶片黄萎。连作田、干旱以及保水、保肥力差的砂土和砂壤土发病重。

4.4.7.2　根结线虫防治措施

当田间病叶率达20%时，用77%硫酸铜钙可湿性粉剂500倍液或72%硫酸链霉素可溶粉剂4 000倍液等杀菌剂给叶面喷雾1～2次。每次间隔7～10 d。

4.5　烟草大田期主要虫害及防治措施

烟田的地下害虫主要有蝼蛄类、地老虎类、金针虫类，在这几类地下害虫中，由于各地的生态环境不同，所发生的主要种类也不同，但其危害方式基本一致，均是在土表上下危害烟草的根、茎或近地面处的叶片，影响烟株正常生长发育，严重时造成烟株死亡。

地下害虫的防治措施应以农业防治措施为基础，药剂防治为辅，采用合理的轮作制度，如采用烟稻轮作、深耕细耙、冬耕冬灌、合理施肥等措施。通常采用不同的毒饵诱杀不同的地下害虫。

4.5.1　小地老虎

4.5.1.1　危害

低龄幼虫在烟株上取食嫩叶，造成叶片小孔洞或缺刻；进入3龄以后，幼虫常咬断烟茎造成缺苗，轻者造成缺苗断垄，重者导致毁种重播。在卵孵化盛期至第1、2龄幼虫盛发期时，若干旱少雨，则幼虫成活率增高，危害加重。

4.5.1.2 防治方法

物理防治：移栽后勤查苗情，发现危害症状，拨开被害株周围表土捕杀幼虫。在成虫发生期用灯光诱杀或用糖醋液诱杀。

农业防治：早翻耕晒垡，减少土壤中越冬的幼虫和蛹。清除杂草，减轻小地老虎的危害。

生物防治：利用天敌，如中华广肩步甲、夜蛾瘦姬蜂、螟蛉绒茧蜂等。

药剂防治：用25 g/L高效氯氟氰菊酯乳油1 000～2 000倍液、25 g/L溴氰菊酯乳油1 500～2 500倍液等杀虫剂在移栽当天傍晚喷雾防治。

4.5.2 金针虫

4.5.2.1 危害

金针虫主要危害移栽至团棵期烟苗，其幼虫钻入烟株根部及茎的近地面部分，蛀食地下嫩茎及髓部，使烟苗地上部分叶片变黄、枯萎，危害严重时造成缺苗断垄。

4.5.2.2 防治方法

物理防治：人工捕杀。

农业防治：合理轮作、深耕晒垡，清除杂草，减少越冬虫源。

药剂防治：用50%辛硫磷乳油75 mL拌细土2～3 kg撒施，施药后浅锄或在田间堆积新鲜杂草引诱成虫，诱捕后喷施25 g/L溴氰菊酯乳油1 500～2 500倍液等杀虫剂进行毒杀。

4.5.3 烟蚜

4.5.3.1 防治方法

打顶抹杈：及时打顶抹杈，恶化烟蚜的食物条件，促使无翅蚜转变为有翅蚜迁出烟田。

使用天敌：使用烟蚜茧蜂、赤眼蜂等防治烟蚜。

物理防治：采用性诱剂、杀虫灯、黄板等措施防治烟蚜。

药剂防治：烟草大田生长期，可采用生物制剂EYO驱避蚜虫，选用生物源、植物源农药苦参碱、Bt、印楝素、苦皮藤素、烟碱、除虫菊素、藤酮、蒿素、藜芦碱和松脂合剂等控制蚜虫的危害。

4.5.4 烟青虫

4.5.4.1 危害

在烟草现蕾以前危害新芽与嫩叶，有时还能钻入嫩茎取食，造成上部幼芽、嫩叶枯死。

4.5.4.2 防治方法

冬耕灭蛹：烟青虫在各地均以蛹在土中越冬，及时冬耕可以通过机械杀伤、暴露失水、恶化越冬环境、增加天敌的取食机会等，达到灭蛹的目的。

捕杀幼虫：在幼虫危害期，于阴天或晴天的早晨4—9时，到烟田检查新叶、嫩叶，如发现有新鲜虫孔或虫粪时，找出幼虫杀死。

诱捕成虫：利用杨树枝把或性诱剂诱杀成虫。性诱剂（诱芯）的设置方法：在简易的三脚架上放置盛水皿，直径为35～40 cm，水中加少许洗衣粉，诱芯挂距水面2～3 cm，诱捕器略高于烟株。成虫盛发期挂置诱芯，诱芯有效期在20 d左右，每亩设置1～2个诱捕器。

生物防治：注意保护天敌，充分发挥天敌的自然控制作用；采用生物制剂EYO驱避，选用生物源、植物源农药苦参碱、Bt、印楝素、苦皮藤素、烟碱、除虫菊素、藤酮、蒿素、藜芦碱和松脂合剂等药剂控制烟青虫的危害。

4.5.5 斜纹夜蛾

4.5.5.1 危害

斜纹夜蛾，又名莲纹夜蛾，俗名夜盗虫、夜老虎等。斜纹夜蛾是一种世界性的害虫，初孵幼虫群集在卵块附近取食，咬食烟叶下表皮和叶肉，呈半透明小孔眼，不怕光，稍遇惊吓即四散爬开，或吐丝下坠随风飘散，2龄后分散取食。3龄后白天隐藏不动，晚间取食，有假死习性。幼虫老熟后，在烟田入土2～3 cm做土室化蛹。

4.5.5.2 防治方法

诱杀成虫：采用黑光灯、糖醋液、杨树枝把等进行诱杀。

捕杀幼虫：在初龄幼虫集中危害时，捕杀幼虫或采摘被害叶片。

采摘卵块：在成虫活动盛期，到田间检查采摘卵块。

药剂防治：用生物制剂EYO驱避，选用生物源、植物源农药苦参碱、Bt、印楝素、苦皮藤素、烟碱、除虫菊素、藤酮、蒿素、藜芦碱、松脂合剂等药剂控制斜纹夜蛾的危害。

参考文献

[1] 蔡宪杰，王信民，尹启生. 烤烟外观质量指标量化分析初探[J]. 烟草科技，2004（6）：37-39，42.

[2] 吴殿信，袁志永，闫克玉，等. 烤烟各等级烟叶质量指数的确定[J]. 烟草科技，2001（12）：9-15.

[3] 杨虹琦，周冀衡，李永平，等. 云南不同产区主栽烤烟品种烟叶物理特性的分析[J]. 中国烟草学报，2008，14（6）：34-40.

[4] 刘百战，张映，孙磊，等. 卷烟烟丝香气成分的固相微萃取-气相色谱-质谱法分析[J]. 分析测试学报，2000，19（4）：28-31.

[5] 武德传，周冀衡，李晓忠，等. 湖南和云南烤烟单料烟感官质量因子分析[J]. 中国烟草学报，2010，16（1）：33-36.

[6] 周冀衡，杨虹琦，林桂华，等. 不同烤烟产区烟叶中主要挥发性香气物质的研究[J]. 湖南农业大学学报（自然科学版），2004，30（1）：20-23.

[7] 黄中艳，朱勇，王树会，等. 云南烤烟内在品质与气候的关系[J]. 资源科学，2007，29（2）：85-92.

[8] 黎妍妍，许自成，王金平，等. 湖南烟区气候因素分析及对烟叶化学成分的影响[J]. 中国农业气象，2007，28（3）：80-83.

[9] 石俊雄，陈雪，雷璐. 生态因子对贵州烟叶主要化学成分的影响[J]. 中国烟草科学，2008，29（2）：24-28.

[10] 张波，王树声，史万华，等. 凉山烟区气象因子与烤烟烟叶化学成分含量的关系[J]. 中国烟草科学，2010，31（3）：19-23.

[11] 陈向东，董建新，梁洪波，等. 四川省烤烟主要化学成分特征分析[J]. 中国烟草科学，2010，31（5）：22-27.

[12] 周翔，梁洪波，董建新，等. 山东烟区烤烟化学成分含量变化及聚类分析[J]. 中国烟草科学，2009，30（6）：21-25.

[13] 夏范讲. 影响南平烟区特色烟叶质量的主要因素分析[D]. 中国农业科学院，2010.

[14] 赵铭钦，陈秋会，赵明山，等. 南阳地区生态条件对不同基因型烤烟品种烟叶化学成分和香气物质含量的影响[J]. 中国烟草学报，2008，14（1）：41–45.

[15] 汪璇，徐小洪，吕家恪，等. 基于GIS和模糊神经网络的西南山地烤烟生态适宜性评价[J]. 中国生态农业学报，2012，20（10）：108–116.

[16] 秦松，刘洪斌，王正银. 贵州植烟区气象因素对烤烟评吸质量的影响[J]. 中国农学通报，2006，22（6）：385–388.

[17] 周翔. 山东烟区生态因子与烟叶品质的关系[D]. 中国农业科学院，2008.

[18] 丛日兴. 山东不同生态条件对烤烟感官质量的影响[D]. 浙江大学，2005.

[19] 彭新辉，易建华，周清明. 气候对烤烟内在质量的影响研究进展[J]. 中国烟草科学，2009，30（1）：74–78.

[20] 戴冕. 我国主产烟区若干气象因素与烟叶化学成分关系的研究[J]. 中国烟草学报，2000，6（1）：28–35.

[21] 谢华东，汪璇，王占伟，等. 基于GIS和模糊数学的重庆黔江烤烟气候适宜性评价[J]. 中国烟草学报，2011，17（5）：46–51.

[22] 赵巧梅，倪纪恒，熊淑萍，等. 不同土壤类型对烟叶主要化学成分的影响[J]. 河南农业大学学报，2002，36（1）：24–27.

[23] 李明海，任远伦，詹蓉晖，等. 不同海拔高度和土壤类型对烟叶产量质量的影响[J]. 中国烟草科学，1997（3）：29–32.

[24] 梁洪波，刘昌宝，许家来，等. 山东不同土壤类型对烟叶品质的影响[J]. 中国烟草科学，2006（2）：44–46.

[25] 孙公，杨树林. 土壤养分与烤烟化学成分含量间的关系[J]. 烟草科技，2008（8）：59–63.

[26] 罗华元，王绍坤，常寿荣，等. 烤烟钾含量与土壤pH、有机质和速效钾含量的关系[J]. 中国烟草科学，2010，31（3）：35–38.

[27] 吕乔，陈长清，刘晓晖，等. 云南烤烟和津巴布韦烤烟的质量差异分

析[J]. 河南农业科学，2009（7）：56–59.

[28] 刘晓晖，刘敬珣，陈必春，等. 部分替代卷烟配方中津巴布韦烟叶研究[J]. 烟草科技，2009（3）：14–19.

[29] 邵岩，宋春满，邓建华，等. 云南与津巴布韦烤烟致香物质的相似性分析[J]. 中国烟草学报，2007，13（4）：23–29.

[30] 黎妍妍，张翔，许自成，等. 河南烟区土壤养分状况分析[J]. 安徽农业科学，2006（10）：189–190.

[31] 孙建锋，宫长荣，许自成，等. 河南烤烟主产区烟叶物理性状的分析评价[J]. 河南农业科学，2005（12）：19–23.

[32] 王瑞新. 烟草化学[M]. 北京：中国农业出版社，2003.

[33] 吉书文，腾兆波. 烟草物理检测[M]. 郑州：河南科学技术出版社，1997.

[34] 杨虹琦，岳骞，黎娟，等. 高效液相色谱法测定烤烟类胡萝卜素[J]. 湖南农业大学学报（自然科学版），2006，32（6）：46–48.

[35] 朱小茜，耿明，鲁红侠. 云南烤烟标样烟叶中多酚类化合物与等级的关系[J]. 合肥师范学院学报，2008，26（6）：107–108.

[36] 张振平，刘孟军. 烤烟高打脚叶与二次打顶技术研究[J]. 西北农业学报，2002，11（2）：122–124.